战胜命运

跨越贫困陷阱　创造经济奇迹

林毅夫
〔喀麦隆〕塞勒斯汀·孟加　著

张彤晓　顾炎民　薛　明　译

北京大学出版社

图书在版编目(CIP)数据

战胜命运:跨越贫困陷阱,创造经济奇迹/林毅夫,(喀麦隆)塞勒斯汀·孟加(Celestin Monga)著;张彤晓,顾炎民,薛明译.—北京:北京大学出版社,2017.5

ISBN 978-7-301-28210-6

Ⅰ.①战… Ⅱ.①林… ②塞… ③张… ④顾… ⑤薛… Ⅲ.①经济发展—研究 Ⅳ.①F061.3

中国版本图书馆CIP数据核字(2017)第054077号

书　　　名	战胜命运——跨越贫困陷阱,创造经济奇迹 ZHANSHENG MINGYUN: KUAYUE PINKUN XIANJING, CHUANGZAO JINGJI QIJI
著作责任者	林毅夫　〔喀麦隆〕塞勒斯汀·孟加　著　张彤晓　顾炎民　薛　明　译
责任编辑	郝小楠
标准书号	ISBN 978-7-301-28210-6
出版发行	北京大学出版社
地　　　址	北京市海淀区成府路205号　100871
网　　　址	http://www.pup.cn
电子信箱	em@pup.cn　　QQ:552063295
新浪微博	@北京大学出版社　@北京大学出版社经管图书
电　　　话	邮购部 62752015　发行部 62750672　编辑部 62752926
印　刷　者	北京中科印刷有限公司
经　销　者	新华书店
	730毫米×1020毫米　16开本　22.75印张　295千字 2017年5月第1版　2017年5月第1次印刷
印　　　数	00001—10000册
定　　　价	68.00元

未经许可,不得以任何方式复制或抄袭本书之部分或全部内容。
版权所有,侵权必究
举报电话:010-62752024　电子信箱:fd@pup.pku.edu.cn
图书如有印装质量问题,请与出版部联系,电话:010-62756370

致　谢

英国小说家、诗人布莱恩·斯坦利·约翰逊（Bryan Stanley Johnson）曾邀请那些认为自己应该被他感谢的读者，将名字写在他作品的致谢部分。宗教学教授布伦丹·皮奇（Brendan Pietsch）经过近十年的努力，将自己的博士论文课题写成了一部学术著作，但却发现已经无法将在此期间帮助过他的所有人都罗列出来了。在他的致谢中，皮奇以开玩笑的口气责怪那些让他经历了写作痛苦的人——可能还包括他未来的读者们："这事儿要怪你们，"他写道，"写这本书是一种煎熬，那些不经意翻阅本书的读者或许可以不必过于内疚，但是，对于那些以支持和鼓励使我深受其苦的主要人物，嗯……你们知道我在说谁，你们欠我的。"

幸运的是，在写这本书的过程中，我们从未经历过任何大的不安或痛苦。事实上，我们非常享受于解决经济学中最令人兴奋的话题，那就是试图理解为什么有些国家实现了繁荣而有些国家却深陷于苦难之中。很多朋友和同事的观点及建议都使我们获益匪浅，在此我们想对他们致以诚挚的谢意,他们是 Joseph Stiglitz、L. Alan Winters、Finn Tarp、Kaushik Basu。此外,我们在北京大学和巴黎第一大学的学生们对知识的渴求,以及我们的研究助理 Youssouf Kiendrebeogo 和郭威的支持与协助,也使我们的工作能够变得更加轻松。

特别要感谢林毅夫的导师——"中国农村改革之父"杜润生先生,他在2015年去世,时年102岁,以及联合国工业发展组织(UNIDO)总干事李勇和亲善大使海宇。海宇女士作为"非洲制造计划"(Made in Africa Initiative)的首席执行官,一直充满激情地尝试着将本书的观点用于在几个非洲国家的实践。我们还要向持续给予我们鼓励的以下诸位表示感谢:Akin Adesina、Mustapha Nabli、François Bourguignon、Edem Kodjo、Geremie Sawadogo、Fabien Eboussi Boulaga、Cilas Kemedjio、Ambroise Kom、Elizabeth Asiedu、Hippolyte Fofack 和 Tertius Zongo。而且,我们非常幸运,拥有家人们始终不渝的支持和耐心,他们是云英、林旭初和林曦,以及 Madé 外婆、Anne-Mireille、Stephanie、Kephren、Maélys、Bradley 和 Hélène。

最后,我们要感谢 UNU-WIDER 在前期研究阶段对本书慷慨的资金支持(UNU-WIDER-ICA 605UU-1032)。

目 录

导论　令沧海变桑田的艺术 / 001
  小镇的美容业：店铺林立，缘于何故？ / 002
  演绎经济奇迹：沙漠中的绿洲 / 008
  中国马铃薯：成也"土豆"，败也"土豆" / 010
  马里的芒果：从内陆"远渡重洋"的历程 / 013
  超越轶事的佐证：经济发展中的已知与未知 / 016

第一章　陈腔滥调的言语暴行 / 022
  基础设施：是障碍，也是随手可牵的"替罪羊" / 024
  现实和神话：孱羸的人力资本基础 / 031
  穷懒汉的故事：生产率的分析 / 040

第二章　制度与金融发展：令人不快的真相 / 047
  "欠发达"的政治制度：治理之谜 / 049
  "欠发达的"金融制度：智力模仿的幻想 / 068

第三章　机会经济学：政策处方清单 / 078
　　殖民主义经济学：短命的歪理 / 080
　　发展思潮及各种遗害 / 085
　　增长：深奥难寻的求索 / 090
　　对实质性制约的随机搜索 / 093
　　增长诊断：潜力与局限 / 100
　　政策处方过量，改革成效寥寥 / 103

第四章　失败缘由与成功秘诀 / 114
　　随机增长的标准模型并不现实 / 117
　　验证神话："身残志坚"的标准模型 / 120
　　厘清真假实幻：误导的故事和修正主义那些事儿 / 123
　　不可或缺：协调和外部性 / 128
　　令人不快的副作用：对外国援助的软瘾 / 141
　　附录 4.1　援助成瘾国家表现的实证检验 / 150

第五章　进取的务实主义：首屈一指的经济原则 / 162
　　农业与工业发展的悖论 / 166
　　避免落入美化农村贫困的陷阱 / 172
　　了解全球增长的动态及其潜在红利 / 174
　　包容性和持续增长需要结构变迁 / 182
　　结构变迁主要源于工业化进程 / 190
　　校准起飞的节奏：延迟享受的益处 / 198
　　附录 5.1　全球经济相互依存关系分析 / 205

第六章　创造经济奇迹的艺术：行动指南 / 208
　　合理选择："战略的本质是选择不做什么" / 211

找到合适的切入点：合理地选择和实施 / 218

第七章　借力全球化：通往成功的路线图 / 261
全球贸易形势与模式：除了恐惧自身，我们无所畏惧 / 264
进入全球价值链，增加创造性，学习并成长 / 278
如何促进生产和贸易？超越集群的随机理论 / 287
为什么经济特区通常未能形成有自生能力的产业集群 / 296
建立成功的经济特区和工业园区：一些指导原则 / 308
附录7.1：全球价值链参与方：部门分组 / 319

结语　立足当下 / 320
哪里出了问题？过往的理论和政策失误 / 322
何去何从？重返务实主义 / 325
全球格局变动下的后发优势红利 / 327

参考文献 / 331

导论　令沧海变桑田的艺术

在南非的约翰内斯堡东北部，有一个叫迪普斯鲁特（Diepsloot）的小镇，凡是去过的人，无一例外都会产生触目惊心的深刻印象，这里的贫穷、尊贵以及矛盾纠结的情感令人震撼。各种尽人皆知和引人注目的故事，充满了可恨可悲的绝望——街头斗殴、强奸、劫持、武力抢劫，还有暴民正义——而夹杂在这一切之中又有些令人费解的现象，在悄然无息地孕育着欢乐和希望。在这里，生活着地球上最勤奋努力和最具有创业精神的穷人，到处都是商店，经营生意的基本上是目不识丁但又聪明能干的妇女和年轻人，他们的精力和信念在其自身的命运中重新定义了什么是企业家精神。在一个没有电、没有自来水，且很少有警察出没的地方，他们每天东方欲晓时起身，整日劳作，与各种形式的逆境和困难，包括犯罪行为，以及腐败税务官员经常性的骚扰抗争着。他们在未经授权的公共土地上定居，用微薄的积蓄抑或是从朋友及家人那里借来的钱做些小本生意，而且没有可以依赖的行政保护或法律援助，这一切使弱势的他们成为暴力和不公的牺牲品。

然而，他们依旧充满热情地相信自己有能力创造价值和营建繁荣，来改变自己的命运。

小镇的美容业：店铺林立，缘于何故？

提及迪普斯鲁特令人兴奋的创业，也许最令人惊讶的现象是其高密度的理发店和美容院。如果是在好莱坞、巴黎或米兰，你必然会与那些专注于美容业的非贸易服务创办者不期而遇。然而，这是在低收入的街区里，你却随处可见美容美发店，里面的服务人员和顾客都醉心于优雅的艺术和身体的美学。置身于这个最不平等的社会中最贫穷的地区之一，看着他们为这些事如此倾注精力和想象力，实令人感触良多——超然于这一现象，它其实是坚韧不屈的人类精神的一个有力证明。当然，你也可以赞同诺贝尔文学奖获奖作家 V.S. 奈保尔的描述，他们的这些行为举止是黑暗的虚无主义的映射。在奈保尔的许多游记中，他感叹非洲大陆悲惨的命运，常常嘲笑那里"诡异的"优先序列和人们的信仰体系。"非洲没有未来，"奈保尔曾经谈道，"正在被其居住者的繁殖所淹没。"① 这种愤世嫉俗的观点不仅与事实不符，也并不能诠释在迪普斯鲁特这样的地区，人民创业动力背后道德追求的真谛。

针对理发店和美容院的兴起——以及就此而言在几乎所有发展中国家的贫穷街区——有一个更具哲学意义的解释：贫穷的人，就像其他人一样，其行为举止有着崇高的理想境界，比如他们的决定不仅遵循生存的经济功利主义（收入和就业），也要符合自爱和自尊的道德标准，比如渴望"干净"、"漂亮"、"优雅"、"受人尊重"或"被人需要"。以这些理想境界为出发点，他们不希望自己完全被禁锢于当下所

---

① 参见郑云译《非洲的假面剧》（南海出版公司 2013 年版）。——译者注

处的贫困的社会经济现状，即使在最艰难的情况下，他们也要通过不断地重申尊严而追求卓越。的确，出于南非特殊的政治历史因素，迪普斯鲁特人在以许多微妙的方式克服种族隔离的丑恶残余，这也许是以上现象的合理解释。但是冲破这段屈辱的历史留下的阴影，对美和自尊的追求主要证实了这里的人们有一种共同的信念，那就是即使身处绝望之境仍然有拥抱希望的可能。正如马丁·路德·金的名言所述："璀璨的星辰只能显亮于黑暗之中。"①

针对这个似乎与迪普斯鲁特不相匹配的现象，还有第三个也颇为合情合理的解释：专注于美容业的小店遍地开花是基于一个简单直接的假设，即这一领域的风险收益率较低。美容业前期投入所需的资金比其他行业低，而对这一类服务的需求即使不增长，也是相当稳定的。无论导致这种现象的原因何在，在南非迪普斯鲁特这样的小镇，极不寻常的高度密集的美容商业远不止是一种比喻：它折射出在这片贫瘠且持续遭受着过往失败折磨的土地上，有一种强烈的创业活力。

自工业革命以来的经济发展是一个通过产业和技术的升级不断提高劳动生产率的过程，在此过程中，企业家精神起到了驱动作用，而有为政府则要因势利导，提供适当的基础设施和配套的机制，并鼓励产业和技术升级所需的学习和知识共享（Lin，2012a；Lin，2012b；Stiglitz and Greenwald，2014）。这一过程中的一个重要组成部分，是企业家承担风险的意愿，以及创建企业的能力，这些企业要能够产生收入、创造就业机会、凝聚社会力量，并且具备将实现自我价值与集体共同目标相结合的意识。然而，若要确保这一过程的可持续性，先决条件是国家资源必须到位，它会成为个人或私人企业努力的有力补充，能帮助他们克服外部性，解决诸如金融、基础设施、员工技能和监管环境等各种制约因素背后的协调问题。比如基础设施的缺口、员

---

① 出自美国黑人民权领袖马丁·路德·金（Martin Luther King, Jr.）的名言"Only in the darkness can you see the stars"。——译者注

工技能的缺乏，或者为降低新生行业的交易成本所需的监管环境的不完善，等等，这些并不是单个的企业家或私人企业可以完全解决的。世界上也没有一个国家拥有全部的行政能力和财政资源，蜂拥而上一整套的机场、公路、铁路以及其他针对某个部门的基础设施，去满足企业家的需要，或仅仅是随机轮训劳动力以满足行业启动和持续发展的需要。因此，必须要务实地考虑经济体自身的比较优势，即相对其他国家能以更低的要素成本生产出相似的产品和服务，有重点地选择、甄别，并有针对性地锁定产业。

从经济发展历史中的成功案例中可以看到，只有少数国家见证了人类本能驱动的创业精神，它们经历了创造性破坏的过程，即促进结构转型的过程（将资源从低生产率的部门重新分配到高生产率的部门），从而不断地攀登价值链阶梯，使本国经济的比较优势缓慢而持续地伴随着禀赋结构的变化而变化。① 与此相反，经济发展历史中的失败案例主要是政府的领导人无法与私人部门和其他利益相关者协同并进，未能将政府有限的资源和能力应用于必要的基础设施建设和商业环境改善，以帮助那些新兴产业的民营企业家降低交易成本，从而体现经济自身的潜在比较优势。②

像美国这样的高收入国家长期以来始终引以为傲的是其小型企业的创业者和强有力的私人部门——毋庸置疑这是正确的。然而，政府的角色也是十分必要的，它起着微妙而关键的作用。可惜的是，这一点在关于经济发展历史的文献中并没有充分地阐述。政府可以催生新

---

① 从第二次世界大战结束到2008年的经济衰退，只有31个经济体缩小了与美国的收入差距。即使在这一群体中，成功地缩小了这一差距的只有大约十几个非西方国家。参见 Lin and Rosenblatt (2012)。

② 在任何经济体中的一个新的行业，如果其生产要素成本低于其他国家的生产要素成本，那么我们就说它具有潜在的比较优势。这样的一个行业，通常使用经济体中相对丰富的因素作为其主要投入。这里的一个必要条件是要具备有效的市场机制，因为只有在一个有效的市场中，生产要素的相对价格才能反映不同要素的相对丰富程度，进而体现经济体自身的禀赋，并确定其在哪些行业具有潜在的比较优势。

的产业，或者至少能够帮助新产业转化为有自生能力的和有竞争力的经济领域，特别是在日益全球化的今天，合作和对接各种资源网络已成为取得成功不可或缺的重要元素。①

在低收入国家，创业驱动力和其他地方是一样强大的，但是相对发达国家，将个人努力和创造力与公共资源和政府资源对接却存在困难。这些国家往往不能确定广泛的战略领域，找不到自身潜在的比较优势，以利用其有限的资源和行政体制，去协调和提供必要的软、硬基础设施改善。这些改进会降低交易成本，有助于产业自力更生，创造更多的就业机会。相反，这些国家处于宏观和微观经济的扭曲状态，又掺杂着政治经济的种种问题，这往往也是它们不利的政策以及薄弱的体制和监管环境的结果。这正说明了为什么低收入经济体仍然存在于这个拥有共享繁荣的无限机遇的世界——这里有全球经济增长模式的变化、商品和服务生产过程中角色的重新分配、贸易的整体上行、诸多地区人力资本和人才的积累，以及人口迁移和资本流动瞬息万变的格局。一个令人十分遗憾的事实是，大多数发展中国家没有成功地支持潜在比较优势产业的发展，而是实施了"华盛顿共识"（Washington Consensus）的支持者所倡导的结构调整政策，试图消除所有扭曲——他们没有认识到，这些扭曲是出自旧的发展政策的次优制度安排。这些安排对以往进口替代战略下的优先产业中的企业提供着保护——如果没有保护的话，这些企业将无法生存。但如果这些扭曲骤然间被消除，这些曾在优先产业中的没有自生能力的企业就将会倒闭，进而引发国内生产总值（GDP）的收缩、失业率的飙升和严重的社会秩序混乱。为了避免那些可怕的后果，许多国家的政府就继续利

---

① 如果某一行业在世界上具有竞争力，其总成本，包括要素成本和交易成本，必须是在全球范围内都相对比较低的。为了降低交易成本，必须要优化全局性的和特定行业的基础设施、劳动技能、金融服务、法律规范、物流运输等，这些大都不是某个单一的企业力所能及的。成功的经济发展，需要政府有能力协调和提供这些方面的优化改进，从而促进经济体向其具有潜在比较优势的产业升级。

用其他变相的低效率手段，将补贴和保护投向没有自生能力的企业（Lin and Tan, 1999）。于是，在20世纪八九十年代，转型和发展中国家出现了比在20世纪六七十年代更差的增长表现和稳定性（Easterly, 2001）。

在成功转型的国家，如中国、毛里求斯和越南，政府采取了务实的、渐进的、双轨的方案。政府继续提供临时补贴来保护那些旧的违背比较优势的产业，但是，与此同时，对新的符合比较优势的产业也实行了宽松和鼓励的政策。它们的整体商业环境和基础设施仍然很差，但它们的政府发挥了有效的作用，创造了越来越多有利于潜在比较优势产业发展的飞地。

不管收入高低，也无论国家当前的状况如何，各个国家都有很多双赢的机会。即使在商业和行政管理环境非常不利的国家，仍然具有高速的包容性增长的潜力。如果迪普斯鲁特政府能够精心设计和实施发展战略，甄别出有较强竞争潜力的产业，并促使它们与全球贸易网络和价值链对接，那里的美容业店主和其他小微企业是能够茁壮成长并繁荣昌盛的。

经济发展面临的挑战，不只是实现高增长率，还要在没有保护和补贴的情况下维持这种增长（Hausmann, Pritchect and Rodrik, 2005），从而确保创造的财富能够使最广泛的人口受益。各种扭曲很有可能会继续存在，这是避免老旧行业瞬间崩塌所必要的。政府还要对那些符合国家潜在比较优势的新行业提供有力的帮助，通过改善软硬基础设施来降低交易成本，提高企业在国内和全球市场的竞争力。政府也可以采取一些激励措施，对那些新兴产业中的先行者提供支持，来弥补他们的外部性，比如在不产生价格扭曲或造成垄断的前提下，为这些企业提供减免税惠期。

本书直指经济发展理论中最常见的误解之一——这是一种观念性的误导——经济繁荣只能发生在一个商业环境良好的地方，而且其增长是艰苦的政治改革的结果。作者诠释了即使在次优的社会制度和薄弱的物质及人力资本的情况下，经济转型也是有可能发生的。基于新结构经济学及其增长甄别与因势利导框架（GIFF）的操作工具，以及我们在最近几年的其他论著中所阐述的内容[①]，本书有力地反驳了那种基于先决条件的错误的经济学。

本书探讨了在一个低收入国家（按照低收入国家的定义，必须是基础设施条件和制度环境薄弱的国家）发展具有潜在比较优势的产业的可能性。这其中政府应该发挥"有为"作用，利用其有限的资源和实施能力，在工业园或特区内创造一个良好的商业环境，鼓励企业进入这些产业并促进这些产业的增长。这样可以降低这些产业的生产要素成本，同时在工业园区所提供的有限环境里，也具有充分的基础设施和制度来降低交易成本。这样，即使整体的商业环境仍然很差，某些目标行业的生产成本（要素成本和交易成本）也有了相当的国际竞争力。通过政府的管理经验进行积极的投资拉动，该经济体就可以吸引到外国投资。经济体还可以生成有机的前后衔接链，这种连接对于知识和学习的外部性以及持续的成功是必要的。这是在一个贫穷国家启动动态增长的秘方。

简而言之，本书从经济史、经济理论和经济分析中得到结论，经济发展总是出现在成功发展的先决条件缺失或次优的情况下，而这一事实常被忽略。基于这一观察，本书提供了一个可以在发展中世界的任何地方创造共同繁荣的务实而实际的路线图。它强调了一个有为政府的促进作用，揭示了公私合作最有效的模式，并且指出了经济学家和政策制定者需要远离意识形态的立场，摆脱由扭曲和不明智的发展理论（旧结构主义和市场原教旨主义）所造成的滞后残留。

本章是本书的导论，展示了一些有关经济奇迹的故事，这些奇迹

---

① Chandra, Lin and Wang（2013）；Lin（2012a，2012b，2012c）；Monga（2013a，2013b）；Lin and Monga（2012，2013，2014）。

发生在不同国家的体制环境下，都是出现在最不可能发生的地方，通过串连这些故事，作者旨在于更广阔的叙事背景下诠释工业革命以来世界各地的经济发展。

演绎经济奇迹：沙漠中的绿洲

1956年，塞西尔·B. 戴米尔导演的经典史诗电影《十诫》被评论家广泛视为关于《圣经》中《出埃及记》故事的杰作。电影中有一个令人印象深刻的场景，摩西因试图让希伯来的奴隶得到自由，被逐出埃及。法老拉美西斯认为处以死刑对于摩西而言是过于轻松的惩罚，他给摩西的判刑是"活受罪"（suffer by living）。拉美西斯将摩西逐出埃及王国，而这里曾是他们一起如兄弟般被抚养成人的地方。拉美西斯押送摩西到荒芜干旱的西奈沙漠，让他在痛苦中慢慢死去。临别时拉美西斯扔给摩西一根拐杖，说这是摩西统治荒野的象征，并充满讽刺地说："这一片都是你的国土，而毒蝎子、眼镜蛇和蜥蜴将是你的子民。去拯救它们吧，把希伯来人留给我！"① 然后，摩西就带着那根具有象征意义的权杖，慢慢消失在地平线上。然而，随着故事的推进，摩西不但克服了沙漠中的逆境，还最终解放了自己的人民。

的确，这只是《圣经》中的一个故事，不过，即使是不信仰基督的人在两千年后来到以色列旅行，也不可能感受不到这一圣地的内在魔力。没有哪里会比内盖夫沙漠带给你更震撼的感觉，在这里人类的精神和智慧征服了"放眼便是广袤无垠的岩石和沙子，一个自史前以来始终荒凉的温床"（Auerbach，1987）。诚然，这里是地球上的最低点，在海拔1 200英尺以下，年均日照天数达355天，年降雨量几乎不到一英寸，白天的温度往往超过120华氏度，而夜晚可以降至冰点以

---

① 参考1956年《十诫》电影中文翻译。——译者注

下。然而，这个地方的农业生产和出口飞速增加已经长达几十年。长期以来，这里被认为是"不适宜居住的"土地，现在却是将近一百万人的家园，并且欣欣向荣的农业聚落点也是星罗棋布。从以色列的沙漠运到欧洲市场的有甜瓜、西红柿、茄子、辣椒、红枣、西葫芦和牛油果等蔬果，这些蔬果的成熟期比目的地当地要提早几周或几个月。一些农民每年有三到四个收获季，每英亩的食品种植量非常之大，年产量是美国的四到六倍（Auerbach，1987）。

这些作物中许多都是基因工程种植，取用沙漠中的大蓄水层的咸水灌溉。尽管这个地区的气候条件非常不利，赤地千里、植被稀疏，而且是岩石、尘埃的土质，却能生产多种农业资源，而且正在促进国家的经济发展。内盖夫沙漠的棉花产量高于美国的加利福尼亚州、亚利桑那州或者埃及；花生产量超过地理和环境条件有相当优势的美国的佐治亚州和西弗吉尼亚州。在这个荒凉到令人难以想象的地方，以色列人几十年前才决定要发展葡萄酒酿造业，现在已经生产出上千万瓶宴饮用的葡萄酒，而且用于出口。这里的温度条件极端不利，土壤缺少养分，纵然有水，也只是盐水抑或非常昂贵①，劳动力则因稀缺而奇贵无比。可就在这块曾经的不毛之地，人们已经取得了不凡的经济成就。

然而，以色列的这一切是从最贫穷和最困难的环境中开始的，他们绿化内盖夫沙漠的卓越成就被誉为技术和生物学上的突破，也是在沙漠环境中对土地管理和水资源管理的革新。以色列的土地和水资源几乎全部都是国家所有的，这一特征在发达经济体中仍然是独一无二的。以色列农业的另一个特色是具有主导地位的合作社（希伯来语：kibbutz 和 moshav）。虽然管理系统正在逐步私有化，合作社仍占农业产值的 80%。几十年来，政府都是通过农业政策、分配配额、控制价

---

① 一些大的农庄使用淡化水的滴灌系统，这有助于减少水的浪费。但由于海水淡化处理系统的高昂成本，也有人使用地表 2 200 多英尺以下的咸水来灌溉农作物和葡萄藤。

格、抵制进口和提供补贴的中央计划等干预措施来扩大农业的生产和出口。目前消除这些政策的有关改革正在进行中，但只能逐步地进行（OECD，2010）。

那些对色列的农业奇迹持怀疑态度的人可能会对这一切不屑一顾，认为这是一个代价高昂的、资本密集的虚幻空想，只有高收入国家才能负担得起。几乎没有哪个发展中国家能调动资金、技术和技能，在沙漠中实现如此这般的农业成功——尤其是在过去 20 年中，这个国家的农业生产相对份额已经在下降，其在总就业和 GDP 中的份额分别下降至 3% 和 2% 以下。然而，这个故事主要向我们展示的是，如果好的政策得以实施，有力地支持和促进竞争性产业的出现，即使在最不可能的地方也可以实现经济上的成功。以色列通过发掘一个潜在的而不是"天然的"比较优势，成为农业技术，特别是干旱种植技术方面的世界领军者，这是建立在知识和技术进步，以及来自国家大力支持的高成本融资基础之上的。与迪普斯鲁特小镇的人很相像，内盖夫沙漠中的以色列人同样显示了创业技能、创造力和坚韧不拔的毅力。但是，他们也受益于国家的大力支持，"有为"政府帮助他们甄别潜在的比较优势，并且排除约束发展的障碍，进而使经济由农业和资源向充满活力的制造业和服务行业转变。

中国马铃薯：成也"土豆"，败也"土豆"

马铃薯是世界排名第四的重要农作物，仅次于小麦、水稻和玉米。然而，在人类的食品序列中，马铃薯并非什么高档产品。历经五个多世纪的历史，它已被改良为一种能在所有大陆的高原种植的主要农作物和一款重要的餐桌主食。然而，它的声誉仍然是"大众化的"或是"二流的"，这也许是因为它原本是一种"抗饥荒食品"。如 Messer（2000）所言，马铃薯"为 18 世纪欧洲工业革命的加速做出了贡献，然而，之后19世纪中叶的爱尔兰饥荒又归咎于它……［它］还是欧洲乃至各个国家的菜系中的一种关键和独特的元素"(p.187)。第二次世界大战之后，随着饮食口味日趋全球化，像麦当劳这样的跨国公司研发生产了各种标准化生产的薯条、薯片和其他冷冻及加工方便食品，马铃薯又开辟了新的市场。

在20世纪90年代初，中国的权威部门确定了"土豆"（即马铃薯）是一个潜在的收入来源，并对其产业进行鼓励支持，但很少有人认同这样的意见。即使在甘肃省的安定地区①（这里的土豆种植已经有相当长的时间），它仍被视为一种有很大市场风险的次要作物，特别是在与小麦相比时，因为政府对小麦的收购价格是有保障的。此外，农民个人对土地拥有了使用权，这是20世纪80年代中国农村改革带来的一个变化，农民可以自己做出种植决策，国家不能强迫他们把作物种植品种从小麦转为土豆。

地方官员为了使农民相信土豆是本地区的比较优势并且能够带来优厚的收入前景，首先动员村干部在他们的土地上试验大规模种植土豆。虽然出场价格很低（因为较高的土豆产量很大程度上抵消了较低的价格），相对于种植小麦，第一批土豆生产者仍然获得了大量收入(Zhang and Hu, 2011)。收益的确很好：从种植小麦转为种植土豆，即使每公斤土豆的价格较低，总收入也是成倍地提高。除了种植土豆本身得到的较高的经济回报之外，政府还提供资助，使许多农民得以购买优质的土豆种子。安定区恶劣的自然环境是不言而喻的，却仍然适合土豆的种植：干燥的气候减少了对农药的需求，灌溉设施到位可以改善土地质量。

土豆产量的增长吸引了许多急功近利的商人，他们迫不及待地利用价格信息的不对称，从中获利。贫困农民对于城市批发市场的价格

---

① 指甘肃省定西市下辖区安定。——译者注

信息一无所知，他们甚至根本没有去过那些决定了他们农产品价格的大城市。在最终的消费者与农民之间有太多的中间商——从代理商到外埠商贩、批发商和零售商，信息的不对称使这些人从中获取了大部分的利润，这导致一些农民在21世纪初又回过头来继续小麦的生产和种植。

安定政府针对供应链的分析发现，农民种植土豆作物收入不高的主要原因是他们缺乏市场信息，而且他们的集体议价能力弱。政府帮助他们建立了农民协会，培训当地农民，使他们也成为有能力议价的商人。兰州大学经济管理学院甚至面向几乎没有教育基础的农民提供了一个月的营销培训，最终提升了他们在行业中的议价能力。当农民的土豆获得较高的价格时，他们便生产更多的土豆。由于土豆市场份额迅速增加，行业协会通过公私合作融资在安定地区建立了一个土豆批发市场，从而可以用一种更经济、更及时、更准确的方式获得商品价格信息，而不需要到中国各地的批发市场进行信息收集。考虑到土豆生产的季节性，政府部门与农民合作，帮助他们开发新的和更好的产品品种，并提供补贴，建设存储设施，激励土豆加工制造业的创建。当地政府为支持具有附加价值的加工行业的发展，还与银行联手，为投资者提供贷款，帮助他们解决消费市场剩余的低质土豆，并设定了保底价格。这既给农民带来了额外的收入，又增加了政府的税收收入。这种对农民的支持使农民能够将土豆储存更长的时间，在全年之内都可以平稳地供货，并以有利的价格销售出去。

总的说来，地方政府因地制宜的产业政策在中国最贫穷的地区之一成就了一个显著的转变。安定区已成为中国的"土豆之都"。土豆种植现在占安定全区耕地面积的60%以上，超过30%的农村人口参与土豆相关的生产、营销、加工活动，而且，60%的农民收入来源于土豆生产。然而，当土豆被认定为该地区一个重要的潜在收入和就业来源时，许多专家表示鄙夷，他们认为这简直又是一个失败的政府主导的产业政策。他们强调，中国的商业环境差、技能短缺，而且地理位置似乎不适合种植土豆。对此，张晓波和胡定寰曾反驳道："安定区恶劣的自然环境与许多撒哈拉以南非洲国家相比可谓有过之而无不及。然而，在过去 30 年，安定区的土地和劳动生产率都有显著改善。因此，安定区农业转型的成功可以为其他在相同发展阶段的国家提供一些有益的经验。"（Zhang and Hu，2011，p.5）

这样一个成功的故事，同样也可以看作纯粹的奇闻逸事，怀疑论者也会把它当作另一个"只有中国才能成功"的传奇故事，因为对于一个普通的、仍然贫困的、（也许）还不具备强有力的组织能力的国家来说，这一切似乎"过于复杂"了。如果从这个故事中得出这样的结论，那将是不正确的。事实上，除了遵循一般常识和从经济分析中得到借鉴，中国的有关机构在建设土豆生产集群上并没有做什么超常的事。就像沙漠中的以色列人，他们与农民和投资者选择的产业是一个与本地经济的潜在比较优势相吻合的产业。他们设计并实施了一个简单的政策方案，帮助消除生产和销售的桎梏障碍，并迅速将所取得的成果广泛地共享。为了促进集群的建立，他们研究了产业竞争力，进行了价值链分析，诊断出了主要的发展瓶颈，并向投资者提供了激励（以优惠价格提供用以兴建工厂的土地、电力和供水等基础设施），这一切使得每一个利益相关者都得到了令人惊喜的结果。

马里的芒果：从内陆"远渡重洋"的历程

即使在营商环境极其恶劣的低收入非洲国家，在特定的行业和领域也可以实现像以色列和中国那样的高速增长。Chuhan-Pole and Angwafo（2011）记述了其中一个关于非洲经济成功的故事，故事讲的是马里的芒果出口。在这个不同寻常的故事里有一个亮点：萨赫勒地区贫穷的内陆国马里，在 1996 年到 2006 年之间，出口到欧盟的芒果增加了6倍，在2014年进一步达到3800万吨，这提高了几百万农民的收入，改善了他们的生活。这一变化起始于20世纪90年代，那时国家的营商环境非常不理想——即使在2014年，马里的营商环境评级依然很低，世界银行对它的营商指数评级在全球189个经济体中排名第155位。

1990年，马里的农业产值占GDP的比例为46%，农业劳动人口占总劳动人口的80%。然而，由于缺乏必要的基础建设，马里无法将出口收益的好处向广大的农业区普及。全国只铺设了11%的道路（2011年达到25%）。马里芒果出口欧盟的高峰年度是2006年，即使在这一年，固定电话和移动电话拥有者也仅占全国人口的13%，低于世界低收入国家的平均值17%。只有不到10%的农场有银行信贷额度。政府治理的评级也非常低，世界银行的全球治理指数是衡量政府效率最常用的指标，1996年马里的得分只有可怜的9.3（数值区间为0—100，数值越高表示结果越好）。即使到今天，马里的营商和治理指标依然很低。

但是，马里政府依然决定将国家发展战略聚焦于自身具有比较优势的产业。由于南部较好的地理和气候条件，他们选择劳动密集型的农业作为有高增长潜力的产业。几种栽培作物被选为可能的标的作物，以实现其经济产品的多元化，包括腰果、西红柿、青葱和芒果。其中，芒果作为首选，是因为南部地区的布古尼和锡卡索具有适合芒果生长的优良的气候条件，以及欧洲市场对芒果的需求快速增长（Sangho, Labaste and Ravry, 2011）。不仅如此，私人部门已经认定芒果是具有竞争力的作物，小农场主也极其依赖芒果，把它们作为重要的收入来源。

尽管马里的水果和蔬菜有很高的品质，然而国家基础设施匮乏，空运成本过高，市场调研和其他外延服务能力缺乏，储存设施建设不足，所有这些都严重地限制了其销售和出口能力。结果，大量的马里芒果因为无法保存而白白浪费掉，或者被科特迪瓦的商人买走，这样马里便失去了创造更多附加价值的机会。

1992年，马里政府起草了国家农业发展战略——《国家农业发展指导纲要》(SDDR)，强调商业农业、出口激励和高附加值，并且开始引导资源投向这些目标。在一些援助组织的帮助下（尤其是来自世界银行和美国国际开发署的帮助），马里政府于1996年也设立了农产品交易和加工试点项目（PAVCOPA），旨在鼓励农业综合经营和出口。它允许利益相关者为提高产品销售寻找更有效的方法，与此同时，运输和物流系统的革新也使得种植者和出口商能够实现规模效益。

政府也在市场调研、价值链成本分析、标杆管理、产业限制评估等方面起到了因势利导的作用，同时还提供了技术支援和植物检疫方面的培训。这些政策举措促成了积极外部性的良性循环，马里出口水果的平均质量也明显提高（例如，装有水果的海运集装箱因为有果蝇而被拒绝的概率大幅降低）。并且，伴随着基于双赢的交易往来，出口商和种植者之间的关系进一步强化，在产品层面的反向关联已然形成。① 马里也能在互惠贸易的细分市场中找到稳固的立足点。

芒果出口增长的启动导致了相关子部门的转型，并且增加了私人部门的收益。这进一步以实例更好地验证了以下观点：只要政府和私人部门紧密配合，找出最有竞争力前景的产业——与经济的比较优势一致——并且设计一个可管理的、有目标的改革计划去消除限制发展最严重的瓶颈，那么经济成功的故事就可以发生在最不可能的地方。为了确保生机勃勃的马里芒果产业的长期稳定，并且创造一个强有力的国家农业经济战略的支柱，还有很多工作要做（比如，通过技能和

---

① 据 Sangho et al.（2011）的研究，出口商会为农民提供支持服务，如帮助他们管理种植园、努力消灭果蝇以及实施种植认证或设立可追溯程序。而作为回报，出口商可以购买农民的最终产品——二者之间往往连合同都没有。"通过这些交往建立的信任使出口商能获得更高品质的产品，因为得到援助的农民会更愿意尊重植物检疫控制。事实上，在芒果价值链中所有参与者之间的信任已经逐渐提高。"

劳动力发展计划建立和维持产能,增强必要的基础设施和物流系统,实施一个可行的产业和技术升级战略,加强与国际价值链的联系以改善商业和学习实践,确保稳定的金融渠道)。但是,在这样一个国际商业成功条件并不完备的国家里,芒果产业的出现证实了基于潜在比较优势的发展计划的有效性。

超越轶事的佐证:经济发展中的已知与未知

2002年,美国当时的国防部长唐纳德·拉姆斯菲尔德正在准备发动对伊拉克的战争,在一个新闻发布会上,有记者向他提出关于萨达姆·侯赛因政权和恐怖组织之间缺乏明确的联系这一问题,拉姆斯菲尔德依旧以他平时活泼的风格回应道:"我们知道,有一种知道的知道,就是有些事情我们知道自己知道。我们还知道有一种知道的不知道,也就是说,我们知道有些事情自己不知道。但是还有一种不知道的不知道——有些事情我们不知道其实自己并不知道。"[①] 他的这一番话瞬间成为全球地缘政治词典的一部分,令人联想到孔子对于智慧的著名诠释:"知之为知之,不知为不知,是知也。"[②]

很显然,通过之前讨论过的三个经济上的成功案例,并不足以完整地归纳出有关经济发展的知识。它们可能只是提供了轶事证据和部分真谛,或许作为特别的历史叙述是有用的,但是要建立严格的经济理论,这些既不够全面也不够合理。[③] 当我们要探索因果关系、搜寻复杂的社会现象的决定因素时,通常应该注意那些被忽略的变量的存在,包括"白噪声过程"(不相关的随机变量的随机过程),通过各种"已

[①] 美国国防部长唐纳德·拉姆斯菲尔德于2002年2月12日在华盛顿特区召开的新闻发布会上的发言。
[②] 出自《论语·为政》。——译者注
[③] 至少在大卫·休谟之后,因果分析和因果推理已经在哲学家和经济学家之间风靡起来。参见 Hoover(2001)针对这方面主题的主要思想的精彩评价。

知"强加于理论推导之上的许多限制,各种"未知",以及它们之间交互作用的神秘模式。又是这位拉姆斯菲尔德先生,当被问及为什么在推翻了萨达姆·侯赛因政权,控制了国家之后,美国军队仍无法在伊拉克找到大规模杀伤性武器时,他回应道:"没有发现证据,不代表证据不存在。"这又是一个明智的观点陈述,它令经济学家和计量经济研究者无不同意。

众所周知,在经济学领域,理解并构成因果推论并不是件容易的事,而要清晰地阐述发展学理论也极富挑战性,这不仅是学术领域的严谨课题,对于每个国家的政策制定者也是非常有用的(获得明确的、积极的结果)。这便解释了一些专业领域内最有影响力的思想者在提供政策处方方面所表现出的不情愿。第二次世界大战结束后的25年里,增长速度在7%以上的是13个治理方式迥异的经济体。由诺贝尔经济学奖得主迈克尔·斯宾塞(Michael Spence)领导的增长委员会通过对这13个经济体的深度研究,确定了一系列与持续和包容性增长相关联的典型事实:对全球经济开放,宏观经济稳定,高储蓄率和投资率,由市场配置资源,以及良好的领导力和治理能力。

但委员会很快得出结论:"我们不知道增长的充分条件。我们可以描述战后时期成功经济体的特点,但我们不能确定地说出它们取得成功的因素,也无法指出哪些是获得成功的非必要因素。如果情况正好相反就好了。尽管如此,委员们仍然敏锐地察觉到有一些政策可能至关重要——即使它们不能提供坚如磐石的保证,但是对于一个国家获得持续高增长的可能性会造成实质性的差别。正如我们不能说这个成分列表是充分的,也不能说所有的成分一定是必要的……一个成分列表不是一个处方,我们的列表也并不能构成一个增长战略。"(Commission on Growth and Development,2008,p.33)

罗伯特·索洛(Robert Solow)也是一位诺贝尔经济学奖得主,他被广泛认为是现代经济增长理论之父,但在讨论经济发展的谜题时依然十分谨慎。当被问及为什么经济学领域许多伟大的思想者往往回避详细阐述经济发展理论的挑战时，他解释说，这个主题实在太复杂了，不可随意轻言。而他自己的工作是致力于解释美国经济增长的主要特点，而不是提供一个经济发展理论。斯宾塞和索洛的谦逊确实令人仰慕。然而，寻找经济发展的秘诀至关重要，也正如另一位诺贝尔经济学奖得主罗伯特·卢卡斯（Robert Lucas）的名言所说的那样："是不是有什么政府行动措施可以让印度的经济像印度尼西亚或埃及那样增长？"卢卡斯很想知道："如果有的话，究竟是什么呢？如果没有的话，那么使得印度如此这般的'印度自身特点'是什么呢？这类问题涉及的人类福祉的结果是如此惊人：人一旦开始思考这些，便很难再做他想了。"（Lucas，1988，p.5）

本书承接卢卡斯的挑战，但是以不同于传统的方法穿行于一条求索真知的路途。从对于历史数据的观察入手，在工业革命之前，整个世界处于贫困之中（Maddison，2001），本书重点探寻的是诸多国家在经济发展中的经验教训。而如果纵观19世纪的英国、美国、日本，以及其他地方在工业革命之后和整个20世纪令人意想不到的经济成就，实际上，我们可以拼合出更大的图景和更完善的经济发展的知识图谱——经济发展总是出现在次优的环境中，这些地方并没有去实施那个冗长的结构性改革的清单。然而，占主导地位的理论话语仍然提倡线性、目的论的经济发展路径，这对贫穷国家只能意味着困难重重，而并不能保证它们取得好的结果。

自柏拉图的《泰阿泰德篇》以来，哲学家们一直在思索如何精准地定义什么是有用的知识以及如何得到它。他们的通用表述是"知识就是被辩明为真的信念"，也就是说，"相信什么是真实的，并有足够的理由相信"，这对于发展领域的经济学家和政策制定者是没有实践价值的。许多研究者一直致力于阐述各种理论，他们认为，如果所有的经济和社会问题的分析要具备严谨性、连贯性和有效性，就必须证明自己。

的确，脱离了其背后哪怕是隐含的理论基础，任何有关经济发展战略的考虑都无以立足。正如 Krieger（1976）对我们的提醒："我们的选择不是介乎有一个理论或没有之间，因为我们必须得有一个（或两个，或三个，或多个不相容的）。我们的选择反而是，是否认识到那些理论不可避免地引发的批评，或者没有这样的认识，只是一味前行。"（p.7）但是，总还是要有一个界线，理论化的动力在跨越界线之后，只会带来越来越少的知识收益和越来越危险的认识混乱。①

在经济学研究领域，由理论霸权造成的问题已被广泛认识到（Sen，1977）。而当人们意识到"理论和假设是同义词"，而且"假设另外的同义词是假说、前提和推测"时，这些问题会变得更加尖锐（Manski，2013，p.11）。但是，研究人员的挑战努力可能已经走得太远。经验实证主义的兴起（通常认为是源于约翰·洛克的思想，洛克认为，一个人获得任何真正的知识，主要是通过实践经验，而现在则反映在对随机对照试验的广泛依赖上，并已成为发展研究的主要工具）也导致了对数字游戏内在价值的宗教式信仰。然而，这些所谓的以证据为基础的方法，往往是"马后炮"，项目分析的经验教训并不适用于其他领域，也不能对未来的政策选择提供预示，因为它们对政府规划有效性的预测能力并没有提升（Cartwright and Hardie，2012），结果往往会造成误导或产生无用的确信。

在本书中，我们选择了这样一种方法论的途径②，借鉴经济理论的见解和经济历史的教训，采用一些经济分析与政策实践的经验。本书首先呈现了一个观察：如果各经济体的战略重点是基于其禀赋结构决

---

① Kavanagh（1989）的观点与文献理论有类似之处，Kavanagh 指出，"极限"一词应该在数学意义的背景下理解，是指超越某一个临界点会发生变化，在这一界线之外，一个事物成为另一个的质变情况就将发生。

② 本书的理论基础见于两位作者之前的一些作品（Lin，2012a，2012b，2012c；Lin and Monga，2013；Monga，2014）。

定的显性的和潜在的比较优势，那么在一个日益全球化的世界经济环境下，技术的发展就可以使生产要素应用在最大化其回报和效用的地方，国家之间通过贸易活动而互利互惠。通过追随精心挑选的领先国家，落后国家可以充分发挥其后发优势，这种雁阵模式自18世纪以来帮助很多经济体实现了赶超。

这些观点体现了新结构经济学的方法，并基于 Ricardo（1817），Gerschenkron（1962），Akamatsu（1962）等学者的见解，他们揭示了结构转型如何在社会、经济和体制条件不理想的环境中进行。对于拥有后发优势的落后的低收入经济体，持续和包容性增长的潜力甚至更大。此外，体量较大的中等收入经济体，如中国、巴西、印度尼西亚和土耳其，已经由低技能的制造业就业迁移到高薪资行业，这种经济上的成功和最终的"毕业"为低收入国家创造了前所未有的机遇。本书主张实施可行的战略，捕捉到这一新的工业化机会，这可以使低收入经济体步入一个结构变迁的动态路径，从而引领它们减少贫困，奔向繁荣。

本书其余部分的内容编排如下：第一至第四章对传统的发展学思想和虚设的前提条件提出挑战，认为解决发展问题的传统方法——专注于诊断诸多影响发展的障碍和限制，如"治理不善"、"人力资本不足"、"基础设施匮乏"——纯属误导。这些章节还指出，当前经济发展的主流观点所倡导的方法，即对于发展中国家仍然推行线性的、目的论的路径，会使政策制定——即使可能——也很困难，最后是将结果交于随机性和偶然性。认为旨在改善贫穷国家"治理"和商业环境的结构改革可以带来持续的经济增长，从历史和概念的角度来看都是不现实的。缘于何故？这种方法是以高收入国家拥有的或高收入国家做得相对较好的地方作为参考，用以确定一个发展中国家所缺乏的或做得不好的方面。然后，他们建议发展中国家争取得到高收入国家所拥有的东西，或者做高收入国家所做的事情。这种方法往往没能完全考虑发展中国家和高收入国家在发展先决条件上的差异。

第五至第七章列举了实现高增长的具体措施,即使是在制度和商业环境不利的贫穷国家,只要着眼于已有的基础,着手于自身擅长的方面,同样可以做得很好。如果经济学家和政策制定者拒绝接受那些强调先决条件的决定论,取而代之以加大对本国具有潜在比较优势的产业的促进力度,政府就可以利用其有限的资源和实施能力进行战略性规划,在工业园或特区内营造一个良好的地方商业环境,那么,可以说所有的低收入经济体就都可以实现包容性的高增长。要问制胜战略的主要成分配方是什么,那就是选择具有竞争潜力的产业,致力于推进破坏性最小且回报率最高的改革。

第一章　陈腔滥调的言语暴行

在非洲的一些城市，交通警察利用职务之便搞一些腐败的营生是人尽皆知的。他们会经常叫停正在行驶的车辆，想出各种理由向驾驶者勒索现金。这些流氓警察的目的并不是抓住违反交通法规的捣蛋驾驶者，而是设法从每一个被他们叫停的驾驶者身上榨取钱财。他们随意将驾驶者叫停在路边，在核验清楚他们没有什么政治背景，也不是来自上层主管部门之后，便会寻摸出其违反的条例套用在驾驶者身上——如果驾驶者不愿意给他们现金的话。他们通常是从查看驾驶者的车辆登记和保险开始，如果这些文件齐全，他们会勃然变色，然后要检查驾驶许可证，如果驾驶者仍能提供无误，他们更是会毫不掩饰对这些"不合作"驾驶者的不满。因为如果是这样的话，他们就必须找到其他的理由来证明自己开出的罚单和引用的条例是有合理缘由的。把其他不变的违规事项（车辆设备不齐或不当、安全带未系或不合规、儿童安全设施不符合要求等）一条条地都过了一遍后，下一个合乎逻辑的要求是……看看车里是否备有医药箱。的确，在许多国家行驶在路上的机动车被要求配备一个医药箱。但是，又有谁会知道法律规定中要求它里面必须放些什么呢？于是，这就成为流氓警察向驾驶者开出交通罚单的借口。

不过，也有些勇敢的驾驶者，他们拒绝服从这样的敲诈勒索，总是在车里预备好医药箱，随时做好与警察遭遇的准备。可想而知，那些流氓警察是不会善待他们的。面对这样的驾驶者，他们会采用一个"核选择"，这最后的一招儿就是问一个对方无法回答的问题："你能证明当我把你叫停时，你是以适当的速度行驶吗？"再加上一个讥讽的微笑："我们阻止你，是因为你开得太快了！"

到此为止，一个十分清晰的信息已经昭然若揭：如果遭遇这种坏运气，惩罚是必不可免的。再下面就是看驾驶者是否选择让这场游戏继续进行下去——向这一荒唐的指控认罪并且支付这笔索贿，或者证明自己是遵守律规的并坚持勇敢的抵抗。如果驾驶者拒不认罚并试图推翻交通违规之定罪，警察将会收走他的车辆登记证，并答应说会安排法院听证审理，听证会应该是在一个地方法官或大法官面前举行。自然，没有人愿意冒险将车辆登记证这么重要的文件撒手给一个流氓警察。因此，理性的（比较保险的，坦率地说也不太贵的）选择是接受对他的任何交通违规指控，然后与警察进行交易——赎金往往是几美金——以避免被进一步地骚扰。

经济发展领域的话语往往会让人联想到这种不对等的协商。当被问及为什么只有极少数的国家能够在20世纪80年代"华盛顿共识"实行以来表现不错时，许多专家的反应往往如同非洲街头的流氓警察——他们列举了千变万化的原因，陈述了无可反驳的事实。为了捍卫自己的认知议程，他们进行了长篇大论的解说，而政策制定者们又无法与其争辩，结果就只能是履行各种强加给他们的建议——就像那些在非洲街头无助的驾驶者们一样。

当然，得到答案，仍是大多数发展经济学家和专家学者虽历经困难却仍然真诚探索的动力，如果将这样的探索等同于坏警察的不道德和非法行为也是不恰当的。但是，证明一个预判和执行先验决定所采用的基本战术是相似的，往往是基于错误的诊断和依靠虚夸的诡辩。这就是为什么低收入国家的许多政策制定者经常承认他们总是感受到来自那些具有强大影响力的发展领域专家的压力，因为他们的观点很有分量，可以决定一个小的经济体能否得到外部的资助。在许多这样的国家，"华盛顿共识"的政策仍然是政策分析的主要知识框架和所有改革方案的论证依据（Monga and Lin，2015；Mkandawire，2014；Mkandawire and Soludo，1999；Mkandawire and Olukoshi，1995）。而针对低增长、低就业以及顽固的贫困状况的根源这类问题给出的一系列答案，都只是为了体现和验证一个预先决定的事实。在试图对发展问题做出其他解释却总是徒劳无功之后，政府官员们发现自己的处境和非洲的驾驶者是一样的，那就是主张不同意见和采取其他策略的机会成本太高，迎合当时的主流观点和遵循传统思维则成了理性的选择——接受那些几乎不可能得到预期增长结果的政策。

本章探讨了一些政策问题，这些问题往往作为经济表现不佳和发展不利的原因呈现出来。这里也明确指出了那些最为普遍公认的原因：匮乏的物质资本、恶劣的商业环境和糟糕的治理、不足的人力资本和薄弱的吸纳能力、低下的生产率、不良的文化习惯（懒惰），同时解释了这些原因为什么与历史和实践证据相悖。

基础设施：是障碍，也是随手可牵的"替罪羊"

对于如何使发展中国家的经济表现得到改善，很多经济学家会给出一个最为常见的政策前提，即基础设施的数量和质量。至少自亚当·斯密以来，经济学家们就认定交通基础设施的建设对推动经济发展和消除贫困发挥着重要的作用。最开始是在 Aschauer（1989）、

Sanchez-Robles（1998）和 Canning（1999）的论文中，研究人员提供了令人信服的理论和实证分析，对于基础设施所起的作用予以肯定。尽管关于具体在什么样的条件下基础设施才能发挥作用的实证观点还远没有定论，但是，广为接受的共识是在适当的条件下，基础设施的发展可以促进增长和平等——这两者都有助于减少贫困。基础设施服务可以直接提高全要素生产率（TFP），因为它们也是一种生产投入要素，而且对企业的生产率具有直接的影响。间接地说，基础设施服务可以降低交易成本和其他成本，从而使人们可以更有效地利用现有的生产性投入。此外，基础设施服务"会影响投资调整成本、个人资本的耐久性以及卫生和教育服务的需求和供给。如果运输、电力或电信服务不存在或不可靠，企业将会面临额外费用的可能（例如，购买发电机组），也会给采用新技术造成障碍。好的运输条件会增加劳动力市场的有效规模"（Dethier，2015）。

传统智慧有一个共识，所有经济体都严重依赖于各种基础设施和投资去改善现有条件和经济表现，从而使劳动力和货物更高效、更安全地到达当地、国内和国际市场。一个国家如果追求着繁荣，向往着能为它的人民提供一个良好的生活水平，就需要具备有效的运输、卫生、能源和通信系统。良好的公路、铁路、港口和机场是必不可少的，这是为了农业、工业、矿业、旅游业等重点行业的可持续增长——对发展中经济体来说这些尤为重要。良好的交通基础设施还能让更多的人享受到健康和教育等重要的社会服务。可以说，在大多数国家，如果没有一个运作良好的交通运输系统，经济活动将会陷于停顿。

无论对长期还是短期的经济发展，交通运输基础设施都会带来可观的经济收益。用于建造、维护或扩张道路和铁路网络的投资可以有效地增强经济效率，提高生产率，加快经济活动的增长。这些投资也是建筑行业和原材料生产行业的就业支撑，就职于这些行业的员工生活支出的增加对整个经济体会产生积极的连锁反应。短期效应可能因经济的不同阶段而有所差异。在一个经济周期的顶峰期，当经济运行达到或接近全部潜能的极致时，基础设施项目的就业收益可能会因为这些工人从其他生产性活动中转移出来而被抵消掉一部分，公共资金的投资也会"挤出"一些私人投资（EOP，2011）。但是，在就业不足和失业率仍然很高的状况下，世界各地经济的运行一般会显著低于其完全就业潜能。在产能过剩的情况下增加建筑材料的支出以及新雇工人的个人消费，几乎不太可能分流其他用途的货物或材料。事实上，如果大量资源闲置，将它们用于基础设施投资的机会成本就会大大减少。因此，在全球经济仍然有大量未充分利用的资源，包括超过2亿的求职人员的情况下，做出这样的投资是有高价值的。

然而，许多发展中国家的基础设施仍不完善，这限制了它们的增长和在全球经济中的贸易能力。亚洲的基础设施建设资金仍有巨大的缺口。[①] 拉丁美洲和加勒比地区的情况也不是很好。Calderon and Serven（2011）对这一地区基础设施的有效存在、品质、可使用性与其他地区的基准指标进行了比较，重点关注电信、电力、地面交通、水和卫生设施。总的来说，他们发现的证据表明，相对于其他工业化和发展中地区的"基础设施差距"在20世纪八九十年代被拉开了，他们对这一地区基础设施差距的量化增长成本也进行了估计。

与其他地区相比，非洲国家的基础设施面临更加艰巨的挑战。非洲国家的基础设施，尤其是能源和交通基础设施存量较小，而且，它们的信息和通信技术的潜力也没有得到充分的利用。匮乏的基础设施导致大多数非洲国家商业的交易成本增加。根据非洲开发银行的研究结果估测，基础设施的不足至少使非洲的年增长减缓了2%。相反，如果有充足的基础设施，非洲的企业可以实现高达40%的生产率增长。农业部门的情况更是令人担忧，Juma（2012）指出："非洲大陆无法养

---

① 在2005—2007年间，援助机构提供的用于基础设施的年度支出是80亿美元，在2008—2011年间，此项支出仅增长到110亿美元（Wignaraja，2013）。

活自己，不能激发农村创业，探其究竟，很大一部分原因在于其薄弱的基础设施（交通、能源、水利灌溉和电信）。大多数的非洲农村人口并没有生活在全年道路通达的地区，于是，他们也就没有能力参与任何有意义的创业活动。平均而言，在中等收入的非洲国家，约有60%的农村人口居住在距离四季可通达道路两公里以内的位置。例如在肯尼亚，大约只有32%的农村人口能达到这一标准，在安哥拉为31%，马拉维为26%，坦桑尼亚为24%，马里为18%，而埃塞俄比亚则低至10.5%。"

遗憾的是，太多的专家从这些诊断中得出错误的结论。能够正确地识别问题并不一定代表对它的意义和启示具有正确的理解。我们常常需要谨慎地理解阿尔伯特·爱因斯坦的话："如果我有一个小时来解决一个问题，我会用五十五分钟思考问题，然后用五分钟思考答案。"尽管基础设施差距问题必须得到解决，但是很多发展专家做出的假设是不正确的，他们认为差距必然阻碍发展中国家开启经济持续增长的进程。

基础设施落后的确是经济表现的主要约束因素，但这并不是经济转型不可逾越的障碍，尤其是在今天全球化经济的条件下：去中心化的全球价值链、与日俱增的自由贸易、灵活的资金流动和技术工人的迁移。经济发展和基础设施建设可以并行发展，相助互济。在人类历史上没有一个国家是在拥有良好的基础设施之后才开启它的经济发展进程——18世纪末的英国绝对不是，19世纪初的美国当然也不是，而在20世纪末只有一个非常小的高速公路网络的中国，自然就更不是这种情况了。的确，非洲地区的基础设施差距成为经济增长和社会福利的主要瓶颈，但是，如果说只有填补这一差距之后经济才有可能成功发展，这个观点显然是不正确的——事实上，在非洲大陆，即使人均GDP达到10万美元，这个差距也会一直存在。基础设施的开发和维护是一个需要政策制定者持续关注的问题，即使是高收入国家也需要不断进行产业更新和技术升级。①

此外,许多专家和政策制定者倾向于采取通用的、昂贵的、不切实际的解决方案,因为他们认为基础设施的差距是经济表现不佳的元凶,只有这个问题得以解决,持续增长才有可能发生。在2010—2020年间,亚洲国家整体基础设施的投资需求估计为8万亿美元,即每年7 300亿美元,其中的68%是新增产能的投入,32%用于维护和更换现有的基础设施(ADB/ADBI,2009;The Global Competitiveness Report,2011—2012),这些数字的确惊人。在接下来的十年中,印度的基础设施需求估计为1万到2万亿美元。非洲国家的基础设施缺口估计达每年930亿美元(Andres et al.,2013)。而在南非——大家公认的非洲大陆上最发达的国家,其基础设施的需求仍然很大,仅此一个国家,2012年政府公示的数据是三年970亿美元的耗资计划,用以改善道路、港口和运输网络条件,以提升煤和其他矿物的可得性,这项投入超出了埃塞俄比亚、坦桑尼亚和莫桑比克三国年GDP的总和。

"华盛顿共识"的拥护者认为经济增长是一个线性的和目的论的过程,在经济增长动态过程启动之前,所有的基础设施障碍都需要排除,他们普遍推荐的政策改革,是要将基础设施行业大规模私有化,并向其投入更多的公共和私人资金(Foster and Briceño-Garmendia,2010)。这样的建议涉及诸多漫无目的的政策和非常广泛的改革方案,往往由于政治上的原因而难以实现,所产生的结果也可能会抑或可能不会是积极的。

在发展中国家普遍存在的基础设施政策的瑕疵,折射出了"华盛

---

① 美国土木工程师协会发布了一个美国基础设施年度报告卡,对美国2013年的评级为D+,并预估在2020年之前,美国改善基础设施的投资需要3.6万亿美元。投资者调查的结果一向显示,德国是一个在基础设施的质量方面排名领先的国家,然而,德国也面临着巨大的挑战。2013年,由麦肯锡公司进行的一项研究估计,它需要投入690亿美元的资金,用于公路建设,才能满足未来几年的预期需求。一个由德国政府任命的委员会最近一致认为,在未来的15年里,德国需要每年花费97亿美元——大约比现有花费多出70%——才能使现存的基础设施恢复正常的标准(Daley,2013)。

顿共识"框架所规划的改革方案是不切实际和令人沮丧的。在财政和行政资源有限的情况下，没有一个国家愿意严格地执行那个长长的被认定为经济增长发生条件的改革清单。每项改革可能会有其独特的意义，也可能不会有。如果不划分优先级，这几十个甚至数百个政策处方在政治上是不可行的，也并不能直击那些约束潜在竞争性行业的真正痛处。这就是为什么成功的发展中国家通常对这些所谓的处方并不盲从。此外，世界银行发布的《营商环境报告》排名中存在的莫名其妙的前后矛盾，也说明了其提议的改革方案是令人质疑的。全球经济发展表现顶尖的一些国家，其营商便利度的评估在过去的 20 年中始终排名很低：巴西排名第 132 位，越南第 98 位，中国第 91 位，落后于哈萨克斯坦、阿塞拜疆、突尼斯、白俄罗斯和瓦努阿图等明星经济体（*Doing Business*，2013）。

表 1.1 列出了在过去的 20 年里增长最快的 30 个经济体，证据表明，那些用流行指标衡量的营商环境质量似乎都不重要，因为除了新加坡和马来西亚，其余经济体的营商指标评分居然都相当差！

表 1.1　不良商业环境中的出色经济表现：增长水平前 30 位的国家和地区，1992—2012 年

国家/地区	1992—2012 年平均实际 GDP 增长率	GDP 表现排名	2012 年营商便利指标排名	2013 年营商便利指标排名
赤道几内亚	19.2	1	164	166
中国内地	10.1	2	99	96
波斯尼亚和黑塞哥维那	10.8	3	130	131
利比里亚	10.4	4	149	144
佛得角	9.3	5	128	121
中国澳门	8.9	6		
不丹	7.8	7	146	141
卡塔尔	7.6	8	45	48
越南	7.4	9	98	99
柬埔寨	7.4	10	135	137

(续表)

国家/地区	1992—2012年平均实际GDP增长率	GDP表现排名	2012年营商便利指标排名	2013年营商便利指标排名
老挝人民民主共和国	7.3	11	163	159
乌干达	7.2	12	126	132
莫桑比克	7.2	13	142	139
印度	7.0	14	131	134
安哥拉	7.0	15	178	179
埃塞俄比亚	6.9	16	124	125
乍得	6.8	17	189	189
卢旺达	6.6	18	54	32
新加坡	6.5	19	1	1
巴拿马	6.3	20	61	55
缅甸	6.2	21	182	182
多米尼加共和国	6.0	22	112	117
马来西亚	6.0	23	8	6
加纳	6.0	24	62	67
约旦	5.9	25	119	119
布基纳法索	5.9	26	154	154
科威特	5.9	27	101	104
孟加拉国	5.8	28	132	130
斯里兰卡	5.7	29	83	85
阿塞拜疆	5.7	30	71	70

资料来源：作者计算。

一个更务实的做法是政府将有限的资源和执行能力用于打造"模范园区岛"，或精心挑选拥有良好的基础设施和商业环境的地区（即使是在整体的基础设施和商业环境不善的国家），充分挖掘和利用经济体的潜在比较优势，促进有竞争力产业的兴起。①

---

① 参见本书第七章。

现实和神话：屠赢的人力资本基础

基础设施缺口对于经济发展的重要性和关联性毋庸置疑，但却并不构成阻碍低收入国家经济增长的全部原因，那么问题是什么？依照流氓警察在非洲街头的逻辑，最明显的合理质疑应该是人力资本（通常定义为"体现于劳动者个体并可以为个人、社会和经济创造福祉的知识、技能、能力和特质"[①]），而且理由很充分：人力资本在发展中国家通常很弱。

人力资本理论是在 20 世纪 60 年代初期提出的，它阐述了教育和培训是对技能和能力的投资，劳动者个体的决策依赖于他所接受的教育和培训，对这种投资回报的合理预期是他们的生产率因此而得到提升（Schultz，1960，1961；Becker，1964）。在此之后的研究工作探究了劳动力的教育和技能水平与技术活力之间的相互作用，诠释了企业如果拥有教育/技能水平较高的劳动力，会更有可能采用和实施新技术，进而增强教育和培训的投资回报（Nelson and Phelps，1966）。Heckman（2003）很好地解释了人力资本对生产率的提升作用："首先，人力资本就是生产力，它对提高劳动者的技能水平有直接影响。所以，举例说明，如果一个人接受了会计培训，成为一个更好的会计师，这个人的工作业绩就会提升；如果一个工人对修理一台发动机是训练有素的，那么他修理发动机的效率就会更高。这些明显都是技能提升后的直接效果。但是，人力资本还会提高社会资源的配置效率和适应性，它会使工作人员在不同任务中更有效地配置资源，增强工作人员适应变化和应对新机遇的能力。"（pp. 796—797）

诸多的实证分析也对这些理论提供了不同程度的支持，但是这些

---

① 参见经济合作与发展组织报告（OECD，2001）以及 Liu and Greaker（2009）。

并没有解决人力资本与经济增长之间关系的方法和测量问题。Griliches（1970）最早估计出三分之一的所谓"索洛剩余"（即产出增长不能归因于劳动时间或资本存量增加的部分）可以由劳动力接受教育程度的增加来解释。Barro（1991）和 Mankiw et al.（1992）通过对不同国家不同发展阶段的横向比较研究，证实了这些关系是正相关的。

如果把人力资本看作一个集才华、技能、能力和知识于一体的组合，且工人可以通过各种形式的投资积累，使自己的工作更富有成效，那么人力资本指标确实是考虑增长前景的重要线索。从国家的角度来看，生产力和经济增长的一个重要条件便是拥有一个受过良好教育并拥有良好健康状况的劳动人口大军。因此，将发展中国家依然普遍贫穷的原因归结于它们普遍较低的人力资本水平，似乎是合乎逻辑的假设。但是，如果说挪威拥有与玻利维亚、布隆迪和缅甸相似的自然资源和人力资本，它们就会有一样高的人均收入水平吗？答案显而易见。

而且，在日益全球化的世界，随着货物、服务、知识和技能频繁地自由移动，是否可以推理出一个国家的人力资本水平与其经济增长率之间是如此线性相关的？实践中的情况显然比理论描述更为复杂。Pritchett（2001）发表了一篇具有挑衅性标题的文章"教育都去哪儿了？"（Where Has All the Education Gone?），在该文的激发下，掀起了一场关于发展中国家人力资本积累和经济增长关联的特性和强度的争论。该文分析了跨国家的数据，发现使劳动力教育程度不断上升的人力资本投入提高与人均产出增长率提升没有关联。尽管它指出不同国家之间教育对发展的影响力有些不同，但都普遍低于预期，这是由于三个可能的原因。首先，治理与制度环境配置如果与教育相悖，教育资本的积累实际上会降低经济增长；其次，随着受过良好教育的劳动力供给迅速扩张，而同时对其需求保持平稳，教育的边际回报就会迅速下降；最后，教育质量可能很低，即使接受多年教育仍不能形成有效的人力资本。

的确，Pritchett 的这篇文章是充满争议的，其方法和测量问题也受到了批驳。① 但是，这个研究强调了一个不可回避的典型事实，即教育及卫生指标与经济繁荣之间的关系，即使用无可争议的精确分析，也是难以说清楚的。它不是一个明确定义了乘数标度的齐次函数。企业调查显示，在大多数发展中国家，有 20% 到 40% 的企业明确肯定了缺乏职业技能是企业发展的一大制约因素。政策制定自然不应该仅以调查结果为依据（Lin and Monga, 2011），而且，跨国研究也揭示了教育和健康投资也许并不能转化为整体经济福利改善的一系列原因。

不同经济发展水平的国家，往往需要不同的技能才能使它们的劳动力更加有效地就业并释放全部生产力，这是一个重要但又常被忽视的议题。刚果民主共和国是一个人均收入 200 美元的经济体，拥有 3 500 万的劳动力（他们中的大多数人只有小学学历），而新加坡的人均收入是 43 000 美元，只有 250 万的劳动力（其中大多数人受过高等教育），两者所需要的人力资本类型不会一样。因为持续的经济增长是一个产业和技术升级与制度变迁携手并进的过程，其成功与否取决于是否能够有效依托已有的比较优势推进产业发展，而比较优势又取决于资本、劳动、土地、自然资源这些因素的相对分布。从经济的真实需求出发，以显性的和潜在的比较优势为驱动力，这就决定了在不同发展阶段的国家需要不同技能的劳动力。

把人口的大部分安置于基本装配活动或轻工制造的工作岗位并不会使经济蒙羞。实际上这正是发展良好的经济体在发展历程中的所作

---

① 人力资本存量的测量是通过间接的（如残差估计）或直接的方法。间接的方法通常包括以用于生产国民净收入的投入（自然资源存量、人力资本存量、物质资本存量和金融资产）来估计国民财富。通过对其他财富组成的收入流的计算，人力资本存量可以作为残差或国民净收入中难以解释的部分而被扣除。一个类似的残差计算方法是基于国民账户，将人力资本作为财富总量和有形财富的总和（即生产资本和自然资本）之差来计算。这种间接的残差法越来越被认为是不理想的，因为它不能解释人力资本为什么是发展的原因以及它是如何发展的，所以几乎不能为政策制定提供什么建设性的信息。此外，人力资本的间接推算方案也会受到会计等式当中各项指标测量误差的影响。

所为。在工业革命持续了一个多世纪之后，西方国家才开始对人力资本这一话题产生兴趣。直到20世纪之交，人们才认识到对初中及以上人群的扫盲后教育可以大大提高经济生产率。正如Golding（2001）所言："1900年，除了美国有一小部分青年参加全日制中等教育，其他国家没有哪个是这样做的。工业界已经认识到普及识字的重要性，但对于大众来说，接受小学以上的教育在当时是超前的。"即使在英国和美国这两个当时经济领先的国家也不例外，自1850年以来它们的人均收入接近，是产品市场上激烈竞争的对手，但决策者和战略家经过了一段时间才认识到人力资本对于经济福祉既不可或缺又贡献巨大。

　　同样，当经济增长开始时，世界许多地方都有人力资本存量不足的现象。这种现象后来有了改善，是因为繁荣的经济为禀赋结构的不断改变和适应提供了可能性。Bertola and Sestito（2011）在回顾意大利150年来教育机构的演变和成果时指出："正规教育似乎并没有对战后经济繁荣起到什么主要作用……尽管在相当长的一段时间内，意大利的正规教育水平相对较低，但是，如果排除了地理上的差异，其仍然维持了较高且增长的生活水平。这一显然违反常识的现象，也许是由于不那么正式的信息传递机制和职业学校等培训在一些特定环境下，向高度专业化的产业区域的人口提供了合适的技能培训。"（p.26）经过过去一个世纪，意大利各地区的教育和扫盲指标已经有了很大程度的改善，但是在相当长的经济快速增长阶段，这些指标表现极差。从图1.1可以看出，人力资本积累与经济增长之间的关系远不是线性的。意大利25—64岁人口的平均受教育年限（定义为达到最高学历至少需要的年限）从1951年后仅为4.1年，缓慢地增加到2010年的10.8年。然而，意大利在1951年已经是最发达的经济体，当时的人均GDP接近4 000美元。

　　1980年，中国平均受教育年限为3.7年，相当于同年加纳的水平（3.6年）。然而，中国仍然用其薄弱的人力资本取得了美国总统贝拉

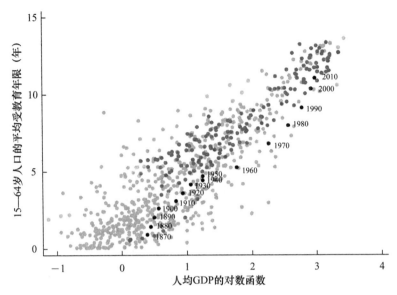

图 1.1　平均受教育年限和人均 GDP，1870—2010 年

注：深灰色点为 12 个西欧对照组国家，意大利的观测值为黑色点并加注了年份。

资料来源：Bertola and Sestito（2011）。

克·奥巴马所称的"人类历史上空前的成就"[①]：长达 30 年的经济增长都在 9.8% 的惊人速度。但即使在今天，尽管公共和私人教育支出是巨大且进步显著的，中国的平均受教育年限也仅为 7.5 年，大约相当于加蓬和利比亚的水平，甚至低于阿尔及利亚。

如果历史有任何指导意义，那么从图 1.1 可知，人均 GDP 的增长和平均受教育年限之间存在较强的正相关关系。即使对于意大利这样的工业化国家来说，教育年限虽然随着时间的推移而不断增加，但也并不是经济增长的先决条件。

中国只用了一代人的时间就取得了惊人的增长表现，这令今天仍然贫穷的经济体尤为关注。这里非常适合验证人们常说的那些增长前提条件的有效性——不是要寻找一个可复制的"模式"，而是要通过观

[①] 美国总统贝拉克·奥巴马于 2009 年 11 月 16 日在复旦大学的演讲。

察发现哪些方面即使在最困难的环境中也是可以做到的。诸多实证研究的方法和测量技术往往会强调人力资本对中国经济增长贡献的重要性。但是在 1994 年之前，人力资本的总体积累主要是缘于人口的增长，而人均人力资本的增长成为主要驱动力基本是在 1995 年之后（Li et al.，2009）。直到 1999 年，显著的教育扩张性增长才开始促进人力资本的加速形成。在 1997—2007 年间，中国高校的招生增加了近 5 倍（Whalley and Zhao，2010）。

1978 年，中国的经济政策制定能力还很薄弱，国家也比世界上大多数贫穷国家还要踉踉跄跄。当 74 岁的邓小平接掌了这一大国的领导权时，人民正饱受着饥饿并且淤积着愤慨。邓小平的传记作家傅高义是这样描述的："邓小平深知当时的中国是一个烂摊子，国家仍因"文革"的混乱而步履蹒跚——在"文革"中，年轻人被动员起来批判高级干部，依靠毛的支持把他们拉下马，使这个接近十亿人的国家陷入一片混乱。当时占人口总数 80% 的中国农民人均年收入只有区区 40 美元，人均粮食产量还不及 1957 年的水平。"① （Vogel，2011）当时中国的人均 GDP 是 154 美元，约为加纳或喀麦隆的五分之一。

20 世纪 70 年代，"军队干部和革命造反派取代了被赶下台的老干部，但他们对自己占据的职位既无准备又缺省素养。军队变得臃肿不堪，并疏于军务，有些在地方任职的军队干部享受着当官的特权，却不务正业。交通与通信设施破败不堪。大型工厂的生产仍在采用 1950 年代从苏联进口的技术，设备也处于失修状态。大学在过去 10 年里基本上被关闭。知识青年被迫下放农村，但让他们继续留在那里变得越来越困难。城市又无法为他们提供就业，更不用说那些想进城又不敢有此奢望的千百万农民。再者，城市居民担心自己的饭碗，并不欢迎新来的人"（Vogel，2011）。

---

① 引自中文版《邓小平时代》（三联书店 2013 年版），译者冯克利，下同。——译者注

在酷爱桥牌的邓小平（在他生命的最后几年唯一的正式头衔是"中国桥牌协会荣誉主席"）看来，驻足于过去发生了什么，或纠结于谁的过失导致了这一切已经不是当下的主题，所以不必为此浪费时间。"就像他打牌时的表现一样，他只想把摸到手的牌打好。他能认识并接受权力现实，在可能的范围内做事。"邓小平并没有勾画一幅致富的宏伟蓝图，而是务实地承认他是在"摸着石头过河"。他坚信，自然资源的匮乏、人力资本的孱羸、基础设施的短缺，甚至中国商业环境的糟糕现状都不会阻止他创造经济奇迹。他只是觉得他亏欠着他的人民。他采取了一些常识性的原则，这最终证明是在全球发展历史中最惊人成功的秘诀，是对当时主流范式、主导思想、老朽教材的传统政策处方的有力控诉。

邓小平是一个集谦卑、自信和专注于学习知识于一身的完美典范。他在新加坡会见李光耀时，向后者询问了关于如何规避中国经济所面临的发展制约的一些基本问题。他鼓励学习新加坡和韩国，还借鉴了日本以及中国台湾和中国香港地区的成功经验。他向其他官员提出要求，要求他们扩大自己的视野，去世界各地访问并带回新的理念、新的管理办法、有前景的新技术，并进行实验。他解决问题的方法类似于刚果巴特克人中的伐木者，他们认为"要通过砍伐树木来学习如何砍伐树木！"他主持了劳动密集型产业的发展，吸纳了中国当时大量的低技能人口，这不仅实现了高参与率和低失业率，而且还使低技能工人通过工作和学习提高了自身的人力资本，获得了在职培训和"软技能"，为中国制造业部门的产业和技术升级做好了准备。从宏观经济的角度来看，邓小平的劳动密集型战略也促进了竞争力较强的私营行业的诞生，这提高了政府的税收水平，也为国家的储蓄和投资政策拓展了空间。

对于玻利维亚、布隆迪、缅甸这些低收入国家，其劳动力的规模比较容易管理，中国近年来的经济发展为它们提供了令人鼓舞的经验：

人力资本基础薄弱对激发经济增长不构成根本上的约束。通过充分利用自身的禀赋结构，选择最丰裕的生产要素（通常是劳动力、土地和自然资源），即使是人力资本非常薄弱的国家仍然可以实现高增长率。在这个过程中，它们积累了充足的储蓄和资本，从而逐渐实现了禀赋结构的升级。在较低的经济发展水平下，如果将自己薄弱的人力资本投入到与它们的比较优势相一致的产业——通常是处在价值链低端的劳动密集型产业，落后的经济体仍能收获好的成效。当这些国家成为中等收入经济体并向技术前沿迈进时，它们在攀登价值链的过程中，又会需要不同类型的技能（高水平的技术和复杂创新、设计、分析和解决问题等认知技能）。

经济学文献中会频繁地指出，在许多低收入国家，质量普遍较差的教育体系是经济增长和发展的约束条件。的确，这是一个普遍且严峻的现象。在许多非洲国家，虽然基础教育已经取得了实质性的进展，但是教育质量和学习效果仍然不好。调查结果显示，在非洲大陆领先国家之一的坦桑尼亚，20%的七年级学生无法阅读一段斯瓦希里语（Bold et al.，2012）。但是，研究人员如果从这样的调查结果得出结论，认为"高质量"的教育成果（作为高水平人力资本的替代指标）是开启经济增长进程的绝对先决条件，恐怕还为时尚早。

事实上，这种断言似乎在概念上是很有道理的，然而，却难以用实证和历史来验证。认为贫穷国家的劳动力状况既规模有限又很难令人满意，使人想起了伍迪·艾伦的一个故事片段：一个女人生气地抱怨着餐厅的菜不好吃，她的同伴不仅欣然同意，还添油加醋地说菜的分量给得太少……此外，无论国家的经济发展水平如何，教育培训质量和劳动力素质始终都是政策制定者们需要关注的问题。[①] 这也很自

[①] 学生能力国际调查（PISA 的 15 岁学生以及 TIMMS 的四年级、八年级学生）的结果总是显示，在类似的正规教育情况下，个人的实际能力在不同国家（以及同一国家的不同地区）具有很大的差别。

然：增长和发展总是意味着禀赋结构和经济体比较优势的变化，随着追赶过程（在此期间通过模仿可以实现高增长）的结束，技术水平越来越接近前沿，发现新的商机变得越来越具有挑战性，这种变化的速度也会逐步下降。

低素质的劳动力似乎是经济发展的障碍，而绕过这一障碍并不困难。如今的世界，技术创新使知识转移和培训的成本比以前低了很多，各种发展要素——包括高技能劳动力——的移动也越来越频繁，贫穷国家能够吸引到几乎所有它们需要的能力和专业人才，它们的方法也是多样的，可以利用自然资源给它们带来的收入（有些海湾国家一直在这样做），也可以围绕自己的比较优势设计和实施增长战略，以发展竞争性产业（比如毛里求斯）。

同理，高素质的劳动力并不一定可以转化为更高的经济增长率和贫困削减。许多发展中国家从微薄的财政资源中拨款打造优质的人力资本，却并没有得到预期的经济收益。这不仅仅是古巴的情况，像印度、加纳、喀麦隆或肯尼亚这些国家，在20世纪六七十年代，都优先发展教育，并培养了大批各个领域的专业人才，这些公共支出通常来自向贫困农民所征的高额税收。然而，这一战略并没有培育出具有竞争力的产业和创造出就业机会，许多高技能人员不得不背井离乡，这导致了它们花费重金积蓄的稀有人才的流失。

最近，甚至有不少这样莫名其妙的故事，马拉维前总统穆塔里卡经常讲述他曾经的工作重点之一是培养世界一流的护士。他将大量的公共开支用于这项培训，取得了显著的效果。马拉维的护士迅速成为全世界的抢手货，英国政府甚至推出了吸引他们的招聘计划。当然，由于马拉维缺乏相应的工作岗位，许多护士在毕业的那一天就离开了自己的国家。这令穆塔里卡总统在疑惑中无奈道：难道人均国民收入300美元（2010年）的马拉维应该为当年人均国民收入36 000美元的英国医疗体系提供补贴吗？面对这样的矛盾，一些研究人员强调所谓的人才流失收益,即那些移民可以寄回自己国家的潜在的大量汇款。各种实证研究的确表明,这些汇款额往往是相当可观的,并可以通过多种渠道有力地影响经济增长和减少贫困(Imai et al.,2012)。然而,这样的分析忽略了无法量化的正外部性,那就是当贫穷的社会里最训练有素的年轻人移民国外时的损失。假设这些受过良好教育的年轻人并没有远走他乡,仅仅是他们的存在本身就将在本国产生巨大的社会效益。这些人会成为年轻女孩们学习的榜样,为国家带来社会和经济上的红利。爱因斯坦曾这样说道:"教育者,学校所习尽数送还先生以后之余剩也。"①

穷懒汉的故事:生产率的分析

全面性的基础设施不足,加之人力资本薄弱,这样的组合使得诸多研究人员和政策制定者发现了造成国家持续性贫穷的第三个因素:生产率水平低。由这一通行诊断得出的合乎逻辑的结论便是:需要提高生产率水平才会出现经济增长。暂且不讨论这一诊断的正确性,值得一提的是,这一结论经常贯穿于经济发展的思想领域,有时带有种族主义色彩。在德国经济起飞之前的19世纪中叶,英国思想家和政治领导人经常把德国人描述为"一群单调沉闷的人"(Hodgskin,1820,p.50)。Chang(2007)通过观察发现:"'好逸恶劳'经常与日耳曼人的本性联系在一起……一位雇用德国工人的法国制造商抱怨他们'想要工作时才工作'。"(p.169) John Russell是一位旅行作家,在他的描述中德国人是"单调乏味,容易满足的一群人……禀性中既没有敏锐的感知也没有快速的反应"。这些经常令人联想到那些今天形容低收入国家中的人的说辞。Russell坚定地认为德国人不接受新的思想:"让

---

① 译文引自林语堂的《林家次女》,原文为"Education is what remains after one has forgotten everything he learned at school"。——译者注

[一个德国人] 理解一个对他来说全新的东西极其耗费时间，唤醒他追求激情也是难上加难。"（Russell，1828，p.394）

日本人被视为一个沉迷于努力工作的社会群体，而在此之前日本人也承受了类似的偏见。Sidney Gullick 是一位受人尊敬的美国学者和传教士，他在日本居住了 25 年，他的著作《日本的发展》（*Evolution of the Japanese*）里讲到有很多日本人"给人的印象……是懒惰，对时间的流逝完全漠不关心"（Gullick，1903，p.82）。Chang（2007，chapter 9）则指出，尽管 Gullick 对日本文化有着强烈的刻板印象，觉得日本人是一个"随和"、"情绪化"、"活于当下"的民族，并用其一生的大部分时间代表亚裔美国人争取种族平等，但是，这样的评论未免太过讽刺了。

在 1911—1912 年间，英国社会主义领导人 Beatrice Webb 曾经在亚洲进行参观访问，他不屑一顾地认为日本这个国家"显然没有教人去思考的意愿"，并形容韩国人是"1 200 万个肮脏、堕落、沉闷、懒惰和没有信仰的野蛮人，他们无精打采地穿着臃肿邋遢的白色衣衫生活在肮脏的泥土棚屋里"（Webb，1978，p.375）。还有类似的故事，带有偏见地讲述了中国工人或者印度人——以及所谓的"印度经济增长率"。然而，有趣的是，当东亚经济体以崛起的发展态势还击那些 20 世纪 60 年代最有影响力的经济学家的悲观预测时[①]，文化论的观点再次抬头，开始用以证明其优秀的经济增长表现。他们探究为什么韩国 1965 年的人均收入（150 美元）约是哥伦比亚（280 美元）的一半，而仅仅经过 20 年之后，1985 年，韩国的人均收入就超过了哥伦比亚（韩国是 2 150 美元，哥伦比亚是 1 320 美元），或者，为什么美国的服装

[①] 诺贝尔经济学奖得主 Gunnar Myrdal（1968）发表了对亚洲经济未来的悲观评价。在此两年前，Chenery and Strout（1966）曾在《美国经济评论》上发表了全球增长预测，其中甚至没有包含中国香港和新加坡，因为它们被认为太微不足道。同时，他们的研究预示着斯里兰卡和印度将会在中期展现出巨大的经济前景。然而，就在 1980 年——还不到 15 年后——城市国家新加坡以 250 万人口却创造出了超过当时 7 亿人口的印度的出口额。

买家选择了韩国,而没有选择比较近的哥伦比亚,据 Hofstede and Bond(1988)推测,这是因为韩国有更多样的选择、更好的质量、更低的价格和更可靠的交货时间。他们还指出:"较好的管理显然是与此相关的,但这种解释未免太过简单,原因有二:首先,管理的质量取决于被管理者的素质;其次,管理的质量解释有赖于对以下问题的回答:整个国家是如何全面形成比他国更好的管理的?为寻求真正的解答,我们必须考虑文化领域。"(p. 8)

在拉丁美洲和非洲,工人的思维方式和文化习惯所经受的指责和怀疑更是有过之而无不及。在好莱坞的电影大片里,墨西哥人一向被塑造成懒惰的形象。人们在谈论中常常指责阿根廷人和巴西人所谓拖延的习惯,这也被认定是他们的国家之所以处于"发展中国家"行列长达百年之久的原因之一。

主流且有影响力的研究人员普遍将非洲工人描绘成因自己的文化选择而无法推动经济发展的形象。亨廷顿就创造了"文明的冲突"这一流行却充满误导性的概念,他认为文化差异是韩国和加纳经济表现不同的最重要解释:"毫无疑问,许多因素发挥了作用,但是……文化肯定是很大一部分的原因。韩国人重视节俭、投资、勤奋、教育、组织和纪律。加纳人则有不同的价值观。总之,文化是关键。"(Huntington,2000,p. xi)。加纳人有"不同的"价值观?难道他们都是挥霍、浪费、懒惰、蒙昧、混乱和违法乱纪的吗?

更有甚者,Kabou(1991)竟然声称非洲大陆持有不赞同发展经济的观念。同样,Etounga-Manguelle(2000)也认为:"非洲,缠系其祖先文化的所在,笃信历史只是在反复地重演,其对未来的担忧只是表面上的。然而,没有对未来的动态感知,那将是没有规划、没有远见、没有场景构建的;换句话说,也就是不会有什么影响事态发展的政策。"(p. 69)

如果这些观点不是经常出自一些有影响力的思想家和政治人物——他们的信念和行动往往会对国际经济关系的动态产生相当大的

影响，那么也就不值一提。2007年，法国总统尼古拉·萨科齐成为国家元首之后首次访问非洲，他在塞内加尔的达喀尔做了一场重要演讲，其内容引发了争议。他说："非洲的悲剧是非洲还没有完全进入历史。非洲的农民千百年来一直按照季节过着日子……除了时间的永恒延续，他们一无所知……在这个虚拟的世界里，一切都周而复始，人类的冒险或进取的观念没有任何空间……这些人（传统的非洲人类）从未走出自己的世界，迈向未来。"

有一种方法可以核验这种陈述的经济正确性，那就是考察劳动生产率在低收入国家的表现，在这些国家，劳动生产率也许是最重要的增长驱动力。分析其究竟，是因为贫穷的经济体往往只有有限的国内需求，它会依赖出口来扩大其产品的市场规模，并赚取外汇来支付它的进口消费。因此，这种必然"开放"的经济可以以两种方式促进人均消费的增长：第一，进口更多，同时不增加出口——这意味着他们必须有钱支付额外的进口（借款）；第二，获得更有利于他们的出口价格，这样就不需要借钱来支付额外进口的成本。要想实施第一个方案，国家必须有足够的储备和优良的信誉来支付额外的成本，但是，无论如何，这样不能持续很长时间——因为贷款毕竟是需要偿还的。第二个方案最现实，但是，这意味着非洲国家能够说服外国人对他们的出口货物支付更高的价格，而这只能通过提高生产率来实现，即生产更好的产品和服务。这也有助于理解贸易条件的重要性。①

---

① 讲述同一个故事还有一种更系统的方式，因为它依赖于代数，所以更受经济学家们的青睐。这些广为流行和接受的模型，是 Dornbusch（1988）为研究小型开放经济体的经济增长决定因素而开发的，可以适用于大多数发展中国家的情况。生活水平（SL）被定义为通过一个小时的工作所产生的收入的购买力。劳动生产率被定义为每小时工作的产出（a）。国内产出价格记为 P，消费者价格指数记为 Q，工作一小时的购买力是 $SL=aP/Q$。消费者价格指数是国内价格和进口价格的乘积。假设它是一个指数加权平均，$Q=P^{1-b} x (P^*)^b$，其中 $1-b$ 是国内商品的支出份额。代入前一个方程中，就会得到 $SL=a\,(P/P^*)^b$。这个公式展示了提高生活水平的两种方法。第一种方法是提高劳动生产率（提高每小时产出便会增加消费，消费可以是在国外的交易也可以是在国内的消费）。第二种方法是通过更好的贸易条件，因为对于任何一个国家而言，如果它出售产品的价格相对于其购买进口产品的价格（P/P^*）增加了，那么它的实际收入便提高了。

因此，读到关于贫穷国家生产率低下，以及大多数发展中国家和工业化经济体的差距在扩大这些标题醒目的文章，总让人心生不安。例如，据估计，拉丁美洲的 TFP 相对美国的平均总生产率的比值为 0.76（Pagés，2010）。换句话说，如果它使用的是在美国使用的资本和劳动力投入，那么它将生产出大约为美国四分之三的产出。不仅如此，近几十年来，拉丁美洲的 TFP 相对美国一直在下滑，1960—2007 年间，在该地区只有四个国家（巴西、智利、巴拿马和多米尼加共和国）成功缩小了与美国的收入差距（Powell，2013）。1955 年，拉丁美洲的人均 GDP 相当于美国的 28%。而到了 2005 年，这个数字是 19%。核算结果表明，自 20 世纪 70 年代中期以来，拉丁美洲经济缓慢的生产率增长，是导致差距拉大的主要原因（Busso et al.，2012）。Etounga-Manguelle（1991）引证了世界各地区劳动生产率的数据，并讽刺地评论道，非洲的数据缺失对这块大陆的尊严来说也许是最好的了。

但是，发展中地区的低生产率可以讲出各种故事，有些是极具误导性并被错误诠释的。海宇是一位中国商界的女强人，她于 2012 年成功运作了一次搬迁，将一家大型皮革制造公司从她的祖国搬到了埃塞俄比亚——世界上最贫穷的内陆国家之一。在过来建厂之前，她所听到的关于非洲工人的描述经常是"懒惰的"。她说，她的埃塞俄比亚员工就像世界上所有的工人一样，只要规则和激励机制到位，明确他们的责任，保障他们的权利，就都是很敬业的。她在两年内建立了一个拥有 3 500 名员工的工厂，富有竞争力地将女式时装鞋出口到美国和欧洲市场。只要经过三个月的培训，当地工人的生产率就达到了他们中国同行的 80%。[①]

在所有低收入国家中，非洲国家似乎表现出了全球最低的生产率

---

① 参见《2014 非洲转型报告》（2014 African Transformation Report），第 83 页。

和最弱的竞争力。然而，当我们仔细地对数据做进一步的研究时，就会发现情况完全不同。实证研究表明，如果排除投资环境质量这个因素的影响，平均而言，相比东亚、东欧和中亚以及拉丁美洲，撒哈拉以南非洲的公司效率更高（Dinh and Clarke，2012）。如果没有控制任何变量，非洲的劳动生产率比其他地方似乎都要低。然而，通过明确控制了基础设施、法律法规、贷款可行性以及其他政治和地理差异的详细分析，研究发现非洲企业的平均表现是优于其他地区的（Harrison et al.，2014）。

　　细致的实证分析揭示了一个微妙的现实，那就是在贫穷的国家里，企业层面的人均产出与热门话题所谈论的总生产率数据似乎是脱节的。怎么解释这一现象呢？有一个原因，那就是劳动生产率并不代表工人的文化习惯或他们努力工作的决心这一基本事实。如果技术水平提高或者人均资本上升，生产率也会提高。不仅在美国和挪威等高收入国家是这样，在玻利维亚、布隆迪或者不丹这些国家，这也是事实。除了这种标准分解方法之外，我们还必须强调人力资本在经济发展过程中所起到的补充作用。20世纪，由于物质资本与人力资本是互为补充的，因此拥有受过良好教育的劳动力，可以使物质资本更好地服务于经济增长。随着更好、更先进的技术在经济中得以推广，不同技能和教育水平的工人可以通过精心设计和实施的教育政策重新安排在各种生产岗位，这也会使劳动生产率得到进一步的提高。

　　研究人员通过对历史数据的观察发现，受过良好教育和高技能工人供给与需求关系的变化使美国普通工人的人力资本水平发生了转变，对劳动生产率和经济增长也产生了相应的影响。Goldin and Katz（2008）对此提供了有力的证据，例如，整个20世纪，除了在40年代有一个短暂的下滑之外，对高教育水平工人的需求相对于低教育水平的工人是稳步增加的。在供给方面，他们观察到，劳动力教育程度分布的变化来自两方面——在美国得到教育的工人和受到不同层次教育后移居到美国的工人。当对高教育水平工人的需求增长超过了供给增长时，不同教育水平工人的收入差距会增大，例如在那些拥有大学学历和拥有高中学历的工人之间，或者在从事要求高技能的岗位和要求较低学历的岗位的工人之间。①

因此，总生产率的提升通常是由企业的生产流程改善、产品升级或机器更新所驱动的，另外，也受到在人力资本、创新发明、研究与开发（R&D）这些方面的投资的影响。在这种情况下，TFP 增长缓慢可能是由于那些阻止新商务模式扩散和实施、妨碍新技术采用的障碍所导致的结果（Parente and Prescott, 2002）。此外，一些政策失败和市场失灵可能导致在市场中的企业的错误选择，以及企业之间的资源配置扭曲，致使一些政策和市场失灵，这也可能是 TFP 增长缓慢的原因。在这种情况下，即使那些具有竞争力的公司，事实上也会由于这种资源配置扭曲导致经济损失，这种损失就足以使 TFP 降低（Restuccia and Rogerson, 2008）。因此，如果没有考虑教育和人口动态因素的影响，低收入国家劳动生产率的测算水平会比在高收入国家中所观察到的要低，也就不足为奇了。

总之，在发展学的文献中，很多经常被提出的低收入国家经济表现不佳的原因（比如，物质资本的匮乏、人力资本和吸纳能力的屡羸、生产率水平的低下）通常都是问题的症状，而不是其根源。没有一个国家是在经济持续增长启动时就拥有了"适当"数量的物资资本和人力资本。同样，文化主义者所提出的经济表现解释也经不起实证和历史的检验。经济的起飞和减贫进程已经在具有各种不同文化背景以及政治和行政议程的国家中发生着。这就引出了围绕制度和金融发展概念的另一系列"经济发展的先决条件"。这些因素便是下一章中我们要讨论的。

---

① 这种动态趋势可能对不同类别的工人的需求和他们的收入产生深远的影响。据 Goldin and Katz（2008）观察，20 世纪美国较高技能工人的收入相对较低技能工人的收入形成了一个 U 形图案，在上半个世纪是下降的趋势，而在下半个世纪转为上升的趋势。

第二章 制度与金融发展：令人不快的真相

美国人托马斯·爱迪生为世界带来了灯泡和其他诸多富有启发性的想法，是一位拥有上千项专利的杰出的发明家，他在招募工程师时会采用一个非常简单的规则。他总是邀请入围的候选人（那些他认为在技术上能够立即胜任工作的人）共进午餐并仔细观察他们的行为。他的目的不是检查他们的餐桌礼仪是否优雅得体，而是尝试从他们最不自觉的行为中推断他们的决策过程。他所观测的一个重要信息就是他的交谈对象们是否倾向于在食物一端上来，还未品尝就撒盐加胡椒。就是这种简单、司空见惯、通常是下意识的行为使候选人丧失了录用资格，因为它透露出了一种不称职的倾向，即并非出于思考和对证据的检验做出决定，而是盲目地受本能驱使。

许多从事发展中国家制度发展工作的研究人员和政策制定者今天仍可能犯爱迪生所鄙视的那种"巴甫洛夫行为"。只是简单地看到工业化国家体制发展的现状，便认为已确切地知道那意味着什么，以及如何对其进行评估。他们机械地将这些国家的政治、行政和金融制度加以对比，而无视它们的经济发展水平。他们在贫富国家之间找到一些差距，并由此自然而然地推出一个通用的改革议程和一些政策建议而不是基于无可辩驳的证据。而且，他们还忽视了那些已经完成了工业化的经济体的历史经验和教训，所有这些经济体成功的发展历程都源于它们的政治、行政和金融制度尚有欠缺之时。所有国家都有完善治理的需要，这种广泛的（和多少有些抽象的）直觉有着强烈的伦理和理论基础：维持经济增长，确保共同繁荣，同时建立社会信任和促使局面稳定，这些都是该做的正事。但是，那种认为低收入国家应该以高收入国家的治理制度作为它们发展起始点的传统观念则是一种不切实际的和不合历史的幻想。

本章驳斥了在发展经济学中流行的对政治和金融制度的线性的和几乎是目的论式的处理方式，简要地讨论了现有的理论问题，并建议政策应兼顾时间和地点的要求，即体现不同水平的重要性。本章认同制度发展问题确实是经济增长的主要障碍这一观点。但是，与传统观点相反，我们认为，制度问题往往与经济发展水平相关。从这个角度看，今天许多贫穷国家在治理与金融体系中所存在的广为人知的缺陷，通常所反映的是其发展水平的低下，以及失败的政府干预和错误的经济发展战略所造成的扭曲的后果。

本章其余部分的安排如下：第一部分通过对治理概念的分析，阐述政治和行政制度的概念。第二部分关注金融体制。与流行的看法相反，本章认为在达到与之相应的收入水平之前，第三世界国家可能并不需要第一世界的金融制度。比起建议把类似第一世界的治理和金融制度作为第三世界国家实现持续增长的主要配方和先决条件，发展经济学家更应设计出与当前比较优势和现有企业结构相匹配的政策框架，从而提供最大的成功可能性，同时将寻租和政治俘获的机会减至最小。

拥有竞争力的企业的兴起和产业的蓬勃发展最终会引领制度的发展。

"欠发达"的政治制度：治理之谜

制度的发展一般被认为是"良政治理"的反映或结果。众所周知，国际货币基金组织（IMF）是一个严肃的机构，而鲜为人知的是，这个组织同时也拥有一个颇具幽默感的专家团队。A. Premchand 是来自该组织的一位经济学家，他的研究很好地说明了为何良政治理仍然是一个不解之谜，是一个难以评估、测量和充分把握的概念。他观察到治理就像是意淫，"因为很难给其以法律层面的定义"（Premchand，1993）。

关于这一问题，全球治理指数（WGI）也许是最全面和最权威的知识来源。这些指标每年公布一次，被学术界和政策界广为引用，发布者是驻在华盛顿地区的一个优秀研究小组。他们把治理定义为"一个国家行使其权力的传统和体制，其中包括选择、监督和更换政府的过程；政府有效制定和实施健全政策的能力；以及公民和政府对于管理他们之间经济和社会相互作用的制度的尊重"。他们确定了评估治理的六个维度：政府效率、监管质量、法律法规、抵制腐败、检举问责和维稳除暴。围绕这些维度，各种智库、调查机构、国际组织、非政府组织以及私人部门的企业纷纷用其所产生的数据对该概念框架进行了多方经验验证。因此，全球治理指数是一组综合指标，它囊括了工业化和发展中国家中大量企业、公民和专家受访者的观点和看法。

将治理这一复杂概念赋予具体含义的勇敢之举诚然是值得尊敬的，但是，全球治理指数在其理论和哲学基础上存在很多可质疑的地方。首先，对一个国家权力行使的传统和体制的质量的评估必然会受到以价值判断为基础的主观因素的影响，因此很容易体现出一种民族中心主义（如果不能算作家长专制主义的话）的倾向。我们没有理由相信，这样的评估应该在中国、阿拉斯加或桑给巴尔等不同地区一成不变地实行。当今世界，全球化并未妨碍人们对于维护主观定义文化的特殊性的追求，即使是那些曾一向被认定是稳定的和同宗的古老国度有时也会分裂①，人们仍有落入普遍主义和相对主义双重陷阱的风险。总会有人宣称所有人类社会应共有相同的目标，采用国际公约中有关良政治理的全球标准和广泛准则。然而，也总会有人认为这些良政治理的全球标准，实际上是在"普遍性"的幌子下实施人类价值观西方化的证据。两大阵营都有其理论上的合法性，尽管一些以避免西化世界为由而拒绝推行良政治理议程的人可能是隐藏在文化相对主义外衣下的专制维护者，但也不能完全就此否认他们所持有的观点。毕竟，即便是妄想症患者也有可能真的处于众敌环伺之中。

全球治理指数和其他一些良政治理指标或民主化指标对于摆脱理论（普遍主义与相对主义）僵局并没有真正的帮助。而且，即便有人能列出同时满足普遍主义和相对主义的要素清单，关于良政治理是否可以定量地描述并通过主观感受调查加以衡量的话题也将一直争论不休。行为经济学表明，即使是被要求识别出哪些约束因素会真正影响对他们至关重要的活动以及利益，人们往往也会做出错误的判断。例如，计量经济分析显示，诸如世界银行营商环境指标这样的流行调查结果与实际中存在的对私人企业运营的制约并无明显的相关性（Bourguignon，2006）。那么，也就是说，即使是世界上最成功的商业人士通常也不能凭直觉识别出阻碍生产率增长和企业发展的真正障碍。如果是这样的话，我们对认知、观点、自我评估或对他人福祉的评估有多少信心呢？至少自叔本华关于意志自由的著名论文以来，哲学家们尚未能对这些问题给出令人满意的回答。

一方面，是对良政治理与有效政治和行政体制两者之间关系的认

---

① 联合国成员国的主权国家数量从1945年的51个增加到2014年的193个。

知，另一方面，就像许多现有经济文献所建议的那样简单，即观察经济的表现。事实上，体现良政治理的认知性指标和体现经济表现的实际指标之间存在本质的差异。这些差异也揭示出主观主义和种族中心主义的一些根本问题，这让人联想到了由 Said（1978）所分析并经其他几位非洲学者（Ela，1990；Monga，2015）所研究的"东方主义"。

一个很能说明这个问题的例子是国家腐败程度的排名。腐败程度的排名一直是良政治理的一个重要指标。然而作为典型的和最有代表性的治理质量指标，世界腐败区划图所提供的却是一幅令人困惑不解的图像。参看来自"透明国际"（Transparency International）的调查结果，如图 2.1 所示，全世界基本上被分为两类国家：高度腐败国家（用深色显示），轻微腐败国家（用浅色显示）——很有可能就是具有良政治理的地区。在看这幅图时，很难不认同一些相对主义者的论点，因为它描绘了一个被"恶政治理"的非西方世界所包围的"良政治理"的西方世界。透明国际是一个享有极高声誉的组织，从事着许多好的事业。但其调查结果的视觉效果却显示了摩尼教①的世界观，这一点令人深感不安。

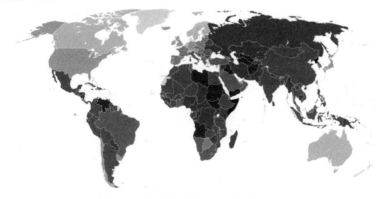

图 2.1 世界腐败程度：善恶二元论？
资料来源：Transparency International（2014）。

---

① 摩尼教（Manicheism），起源于 3 世纪的波斯，是一种典型的二元论宗教，认为善恶是永远对立的。——译者注

鉴于反腐斗争是良政治理议程的一个重要组成部分，令人困惑的是，为什么腐败在整个人类历史中普遍地存在而且生生不息，规模往往还不容小觑，即使在高收入的国家中也不例外。只要简单地翻阅罗伯特·卡罗四卷本的《林登·约翰逊的岁月》（*The Years of Lyndon Johnson*）——一部关于这位美国总统的浩大传记，里面详细记述了美国参议院的高度腐败——或 Abramoff（2011）的作品，你就会意识到，即使在早期的民主体制中，腐败也无时无刻不贯穿始终。可见，非善即恶的二元论观点是多么大的误导。

对腐败的报道与记述，反复不断地出现在报刊的头条新闻、实证研究和政治传记里，都在见证着腐败即使在被认为最不可能出现的地方也会顽固地滋生出来。近年来，因挪用公共资金和滥用公众信任，法国前总统杰克思·希拉克被判处两年的缓期徒刑。在美国，在过去七任伊利诺伊州州长中，有四位被定罪并收监，包括历史上首位被弹劾的在任州长罗德·布拉戈耶维奇。他是在 2011 年被提出多项腐败指控的，其中包括试图将奥巴马总统的前参议院席位"出售"给出价最高者。就连圣邦梵蒂冈最近也被有关其腐败的报道震动，据记者透露，梵蒂冈市副市长、大主教卡罗·玛利亚·维加诺在给本尼迪克教皇的数封密信中记录了其最高管理层中存在的腐败……在日本这个并非西方的、具有较早民主传统的高收入国家，许多战后的政府高级官员因腐败丑闻被迫下台（Mitchell，1996）。腐败问题的蔓延已经远远超出了政界圈，在那个通常被认为是世界上管理较好的官僚体制中渗透着（Johnson，2001）。

当然，对于那些低收入国家，贫困人口占据大多数，腐败和恶政治理所导致的经济损失可能会高于那些收入较高的国家。但是，如果腐败——这一恶政治理之表征——到处可见，我们就需要回答以下几个问题：究竟什么是腐败？为什么有些国家尽管腐败盛行，似乎却仍兴旺繁荣？所感知到的恶政治理程度与经济表现之间的真正关系是什么？

对腐败无处不在和没有一个人类社会可以为道德立法这一无法美化的事实，一种典型的反应就是论证腐败在高收入国家"少于"其他国家，并且，高收入国家的体制要"更强"——强度体现在起诉数量上。但是，这些优雅的论点是很难为实证研究所证实的。首先，对腐败给予一个在任何时间、任何地点都正确的严格定义是困难的，跨越时间和地点对它进行比较量度同样不易。其次，以美国为例，很多游说者和政策制定者之间公开和隐蔽的交易在世界其他地方大都被视为腐败。最后，许多低收入国家已在对腐败进行严厉的公诉，然而这些国家的此类法律行动却反而被视为不良治理的进一步例证。这方面一个典型的例子是在喀麦隆，数十位位高权重的政客和最高级别的公务员（包括一名前总理、多名部长、总统的幕僚长、最大的国有企业负责人、驻外大使等）被审判并判处贪污公款罪。然而，很少有分析者会认为喀麦隆是一个良政治理的国家；恰恰相反，政府高级官员被逮捕入狱的越多，就有越多的专家相信，腐败在喀麦隆根深蒂固。

定义腐败：一些基本的概念问题

在查询文献时，人们会发现其中对腐败的定义是非常模糊的，这便是腐败分析不可回避的困难的第一个标志，这类分析对于给定国家应该拥有哪种适合它的政治体制具有强烈的指向性。人们通常采用的是 Shleifer and Vishny（1993）所提出的定义，他们认为"政府的腐败就是政府官员以出售政府资产谋取个人利益。比如，政府官员经常以发放许可证和执照、授予港岸通关许可或阻止竞争者的进入来收取贿赂，这些都是他们用国家财产获取私利的实际案例。在大多数情况下，政府官员所出售的物品并非他们自己所需，但却恰恰是私营业主从事其经济活动所必不可少的。规范私人经济活动的法律法规都有各种要求，比如执照、许可证、护照和签证。只要政府官员对这些物品有自由裁量权,他们就可以利用职务之便从私营业主那里收取贿赂"(p.599)。

这一广为采用的定义所带来的一个明显问题就是其合法性。如果那些阻止政府官员过度地或任意地行使自由裁量权的法律没有到位怎么办?如果他们的一些行为,在道德上和政治上是错的并会造成经济成本,但严格地说并不违法怎么办?腐败是否本质上就意味着违法?如果是这样的话,这一定义的逻辑推断就是有些行为在某些国家或地区可能被认为是"腐败",而在另一些国家或地区却可能不被那样认为,这使得对这一现象程度的评估及其跨时空的比较分析进一步复杂化了。

腐败可以从几个维度加以分解。首先,必须区分它的普遍性,特别是在分权或联邦制的大国。"即使腐败在中央政府层面被有效地控制了,它仍可以在地方政府层面广泛地存在着。以美国和印度为例,腐败在一些州比在另外一些州要严重得多。"(Knack,2007,p.256)其次,必须考虑到被划分为不端行为的"腐败"的目的。必须将那些旨在影响法律法规设计和内容(政治俘获)的贿赂,与那些意在改变或规避法律法规执行(行政腐败)的贿赂区别看待。再次,有必要对参与各种形式的腐败的角色加以分类:穷人参与的通常被称为小腐败,而涉及高级别官员和政治人物的则为大腐败。最后,腐败可能以不同的规模和性质出现,这取决于滋生它的行政机构(学校、海关、医疗中心等)。

透明国际可以说是全世界最活跃的非政府性的反腐倡廉组织,这个组织选择了更为狭义的定义:腐败在操作上被定义为"滥用委托的权力牟取私利"。该组织进一步区分"遵守规则"的腐败和"违反规则"的腐败之间的不同。"疏通费",即行贿者支付给受贿者从而换取法律允许范围内的优惠待遇,属于第一种贿赂。第二种贿赂是受贿者向行贿者提供了法律禁止提供的服务。

虽然透明国际对腐败的定义更加清晰，但它亦引发了另一系列的问题：首先，由于贿款没有公开记录，实际上几乎不可能计算出它所产生的金钱交易。其次，贿赂并不尽然是以金钱的形式，优待、礼物、服务甚至威胁和讹诈都是常见的贿赂形式。这些因素凸显了一些新的问题，比如司法体系的力度及其以尽可能低的成本有效处理投诉的能力；流行的文化和行为规范；等等。更难以量化的是腐败所造成的社会成本。"没有人知道一个活跃的企业家或一个著名的科学家给国家造成了多大损失。此外，那些在辞职、文盲或医疗不足背后的人间悲剧，又岂是社会成本的美元估值所能衡量的。"①其实，无论如何定义，这一切都说明了为什么无法衡量腐败所带来的社会和经济成本的真正净值。

事实上，一般来说大部分对治理——且不管它是如何定义的——或制度的研究，都会明示或暗指腐败是一种少见的现象，只能在收入位于一定水平之下的国家才能被明显地观察到。尽管必须承认腐败也会发生在高收入国家，但只被视为少数政府官员或个别商业人士微不足道的出轨行为的个别范例，而并非有代表性的现象。尽管其中一些高调的案件往往占据头条新闻，它们还是被认为是极端的个例或极少数的事件（即所谓的"烂苹果"），因此或被视而不见或不被主流经济研究所重视。何谓悖逆于事实，恐怕莫过于此吧。

定义和衡量腐败是一项艰巨的任务，不仅是因为它通常并不被视为一种犯罪，还因为它往往与多种犯罪行为有关，比如行贿罪、违反信托罪、滥用权力罪以及挪用公款罪等。对这些犯罪行为的定义不但因为国度的不同而迥乎异样，甚至在同一国界之内也不尽相同。例如，全日本都接受同一刑法典，因此也就使用一个统一的定义，但是美国有50个州的不同刑法（每个州各持己律），还有一部国家（联邦）刑

---

① 参见 http：//www.transparency.org/news_room/faq/corruption_faq。

法，因此造成多重定义；此外，日本有对腐败行为的详细统计数据，而美国则没有对腐败行为的集中收录（Castberg，1999）。

除此之外，来细看一下统计数字：1987—2006 年间，联邦检察官将美国超过 20 000 名政府官员和参与公共腐败行为的公民定罪[1]，也就是说在这几十年中，平均每年都有 1 000 人左右。这些数字尚未包括由州地方检察官或检察长所起诉的政府腐败案，所以，该数据实际上还会更大。此外，任何一个州的政府官员都可能有腐败行为，但并未被指控，因为联邦检察官没有足够的力量或政治意愿提出申诉并赢得诉讼；这样的公务机关腐败案件并不会在美国司法部的数据库中有所体现。

由此可见，对腐败给出一个严谨且具有跨国可比性的定义谈何容易，这些概念上的挑战也说明了为什么不同领域的社会科学家们所提出的腐败理论会相互矛盾，而大多数检验其对经济增长和政治自由化影响的实证证据又无法令人信服。

腐败和治理的学术转向

因此，主流观点所信奉的良政治理是经济成功的先决条件的观点其实是一种误导。传统的与治理相关的文献把重点放了寻求全球治理标准的决定因素上，而这些因素往往反映的是特定的政治、哲学和权力的意识形态观念，所以迄今为止的研究成果寥寥，并未提供一套切实可行的政策，使实施政策的贫穷国家能够以一种务实而激励相容的方法促进包容性增长。

事实上，良政治理始终是一个难以实现的追求。自从联合国人权委员会在第 2000/64 号决议中把透明度、责任、问责、参与和对人民需求的反应确定为良政治理的关键指标后，反腐斗争已成为对治理启发

---

[1] 数据来源于美国司法部（U. S. Department of Justice, 2006），被起诉总人数为 23 550 人，其中 20 513 人被定罪。

性最强、讨论最广泛的切入点。关于腐败问题的学术态势已经发生了转变,从以前称赞腐败对经济效益的有利影响转而强调其对整个社会在经济、社会政治甚至道德方面所造成的诸多代价。

关于腐败的理论探讨,最早是强调它在发展中所起的积极作用。知名学者中有 Leff(1964)和 Huntington(1968)等,他们认为,腐败可能使商人的工作效率更高,因为它使他们得以绕过官僚程序,从而避免了繁文缛节的过场。类似的论点在随后的研究中也出现过:Lui(1985)研发了一种平衡排队模型,用以表明腐败让队伍得以重排,导致了时间的有效分配,因为它为那些认为时间就是金钱的人提供了前移的机会。Lien(1986)也提到了同样的效率论点,他甚至认为腐败实际上有助于确保中标合同被授予最有效的企业(那些能通过行贿而取得最大利益的企业)。

第二类文献试图废除前面的这些分析,比如,他们认为,贿赂除了可能改变排队的顺序以外,实际上还可能让公务员减慢他们处理排队中的商业交易的速度(Myrdal,1968),或者说官僚程序不应仅仅被看作寻租活动的原因,还是其后果(Tanzi,1998)。Boycko et al.(1995)也强调由腐败造成的可执行性引起了较高程度的不确定性和较大的成本。

还有人认为,即便从表面上看,在腐败社会里最有能力的经济主体也可能从事并受益于寻租活动,这种人才资源的再分配也不具有经济有效性。例如,Rose-Ackerman(1975)观察到,一旦腐败根深蒂固,它就会变得如此普遍而不可能只被限定于那些从经济角度看"受欢迎"的地方。

第三类也是最近的研究集中在腐败(更广泛地说是指恶政治理)对经济增长的负面影响上。Murphy et al.(1993)认为,寻租收益的递增最终可能挤走生产性投资。Romer(1994)提出了类似的观点,强调腐败是对事后利润的附加税,可能会抑制新产品和新技术的流动。

Mauro（1995）提供的经验证据表明，看得到的腐败的盛行也许会对经济表现产生负面影响，并率先开拓了计量研究在该领域的应用。他的结论被 Keefer and Knack（1997）和 Poirson（1998）所证实，他们也观察到腐败大大降低了经济增长率。这些问题在自然资源丰富的国家会变得更糟，特别是在那些发展中国家，在那里寻租活动的机会通常是非常大的。

尽管从所有不同阶段的研究中获得了一些见解，腐败和治理问题及其对经济发展的影响仍然没有得到解决。治理对经济增长影响的实证检验往往是基于主观认知的指数，它的局限性是众所周知的。发展中国家的政策制定者对如何设计政策以实现其经济和治理目标，仍只有少数可行的建议可循。此外，对改善治理的传统建议往往涉及遏制政治领导人（其中一些不是民主选择的）的权力。然而，社会科学文献没有为政治领导人提供激励相容的机制，以改善治理和消除腐败。对于低收入国家，潜在的更加富有成效的解决方案是检查并确定良政治理的可能因素，以及从这些因素中推断哪些政策可能会有助于限制那些成就政治领导人个人目标的寻租机会。

"良政"治理的机会成本之辩

关于"良政"治理的机会成本的辩辞，以及要求低收入国家拥有与高收入国家相同的政治制度的痴迷思想，也许可以通过刚果总统德尼·萨苏-恩格索虚假腐败丑闻的故事得到很好的解释。恩格索总统于 2009 年 9 月去纽约出席联合国第 60 届峰会，此行的官方目的是在联合国大会上作 15 分钟的演讲，并同其他政治领导人和世界商界人士会面。

当他下榻酒店的结账单以及多达 56 人的随行团被泄露给新闻媒体后，引起了众多质疑。酒店结账单被作为头条新闻登载在世界各地的报纸上。诚然，第一眼看去这些数字令人感到不可思议。军人出身的恩格索曾于1979—1992年统治刚果,1997年,又通过导致成千上万人伤亡的内战再次上台。酒店单据显示,恩格索在纽约麦迪逊大街上的皇宫酒店住了八个晚上,花费是295 000美元,其中81 000美元花在他自己的套房上。他所住的三层套房每晚收费8 500美元,该酒店仅有四套被作为亮点标榜的独具艺术装饰风格的三层套房,这是其中之一。这一套房在纽约市是无与伦比的,它拥有大理石地板、可俯瞰曼哈顿市中心全景的18英尺超高窗户和宽敞的私人屋顶露台。套房包括一间有一张特大号床的主卧室、两间有两张双人床的卧室以及六个洗浴室,还有自己的私人电梯。有媒体报道指出,恩格索总统有一个按摩浴缸和一个50英寸的等离子电视屏幕,而他9月18日一天的客房服务费就达3 500美元。在他逗留期间,客房服务费用总计12 000美元。

记者们近乎病态地探寻着富有刺激性的细节,试图找出这么多钱都花到了哪里。但是酒店并没有提供收费明细,所以,他们就只能根据客房服务单上的项目进行推测,其中包括珍宝蟹、松露碎料、苏格兰海螯虾、香煎鹅肝、鸡肉炖摩丝蜗和其他一些异国美食。刚果代表团只为房间预付了51 000美元的订金,最终却以177 942.96美元的现金结账。记者们对此大做文章,一位记者认为"酒店客人携带如此大量的现金是不同寻常的"①。总统的随从们用成打的百元美钞结清了26间客房的账单。

这个故事之所以让记者们震惊,是因为恩格索总统当时是代表着非洲大陆53个国家的非洲联盟主席,并正在与世界银行和国际货币基金组织就削减这两个多边机构所持有的大部分刚果的债务进行磋商,因为该国无力偿还其全额债务。为了找到解决这些债务国偿债困难的可协调和可持续的方案,他的政府同时也在同巴黎和伦敦俱乐部进行沟通,这两个组织分别为官方和私人的非正式债权人团体。因此,这

---

① T. Allen-Mills, "Congo Leader's £169 000 Hotel Bill." *The Sunday Times*, February 12, 2006.

样一个国家的领导人选择了一家曼哈顿最昂贵的酒店，令政治分析人士震惊不已。

这一消息所引起的震惊和愤怒是可以预见的，尤其是对刚果人民来说，他们可能会希望他们的税钱花在其他更急需的地方。被恩格索总统明显的挥霍行为所激怒的非政府组织和反腐败运动的领导人联名致信世界银行行长，敦促他反对所有的刚果债务减免行动，直到该国的领导人具有更好的公共财政管理能力。著名的反腐败组织"全球见证"（Global Witness）发布了一份报告，声称刚果石油财富的"管理长期以来一直以少数精英的私人利益，而非全体人民的利益为目的"。毫不奇怪，世界银行行长保罗·沃尔福威茨更倾向于屈从于压力。直到世界银行董事会中代表非洲法语国家的执行董事办公室采取了强有力的回应以后，对刚果债务减免的讨论才得以重新回到对实际亟须解决问题的关注上来。

让我们退一步，透过正常的外交惯例看待这起事件。为什么一个大型总统代表团正式访美时的几十万美元的酒店账单会引来如此义愤？毕竟，纽约的酒店，特别是少数豪华酒店的套房在9月份是收费昂贵的。出于安全原因，当参加一年一度的联合国会议时，外国的元首们被迫下榻这些豪华酒店。就是那些抗议酒店花费的人也不至于希望刚果总统和56名随行人员在出席峰会期间露宿纽约冰冷的街头，或是住在邻近新泽西州或康涅狄格州的一个两星级的酒店里吧？希望不是：即使是"穷"如刚果的总统也应当得到"富"国总统在国外公务出差时同样的待遇。

无能和腐败，哪个更糟？

对刚果和其他低收入国家，亟须讨论存在的许多重要的经济问题，甚至是治理问题。但是，如果专注于一个主权国家的总统在美国正式访问时的酒店账单这种表面问题，就将真正的问题掩盖了，那就是其政府实施的公共政策是否足够健全，从而为人民带来强劲的经济增长和繁荣。虽然酒店账单可能是贵些，但把它透露给新闻界的真实原因，是一些刚果的债权人已通过美国和英国法院对该国的企业债务偿还提起诉讼。这些债权人都是"秃鹫"投资基金，它们通过投机，并以折扣价购买穷国的债务而获取利润。两名英国高等法院法官的判决指出，刚果官员对他们国家的债务"不诚实"，通过这一裁断，这些秃鹫投资基金经理用法院传讯的方式获得了恩格索总统酒店的账单，并将其作为腐败的证据泄露给媒体。然而，很少有媒体在报道恩格索总统耸人听闻的酒店账单故事时，投入时间和资源来调查更重要的有关这些秃鹫投资基金的事——它们是什么，它们如何运作，以及世界各地的贫穷国家应该如何同它们打交道。

引用这些基金的一名经理所述，总统的酒店套房每天的花费"超过了一个刚果人平均十年所得"[①]。这可能有些夸大其词，但它并不是要点。如果酒店账单来自一个有着良好声誉的国家的领导人，媒体还会有如此兴趣吗？如果一个工业化国家的总统为其在纽约的停留花费同样之多，会引发这些问题吗？有没有人计算过美国总统纽约之行每天的费用（包括空军一号从华盛顿到纽约的飞行费用），并同美国人均年收入 30 000 美元加以比较？问题只是关于刚果无法忍受的贫困水平吗，还是源于其他动机而对恩格索的攻击，诸如无知、阶级偏见、种族偏见，等等？

美国总统奥巴马也许是看到类似恩格索酒店账单故事的新闻报道和简报备忘录，受到了影响，利用他对非洲的首次正式访问（加纳首都阿克拉，2009 年 7 月）对腐败的领导人发起宣战："萧条的形式是多样的，太多的国家，甚至是那些有了选举的国家，仍受到导致人民贫困的问题的困扰。如果它的领导人掠夺经济中饱私囊，或者它的警察

---

① T. Allen-Mills, "Congo Leader's £169 000 Hotel Bill." *The Sunday Times*, February 12, 2006.

可以被毒贩收买，那么这样的一个国家是不会创造财富的。没有企业愿意在政府揩脂20%或存在港务腐败的地方投资，没有人愿意生活在一个法治让位于野蛮和贿赂的社会里，这不是民主。即使你偶尔在那里用选举做些粉饰，这也是暴政。现在是结束这种执政风格的时候了。"

这些讲话得到了礼遇性的掌声。但是，许多非洲国家的领导人和知识分子反对这种家长式的讲话语气，并明显地感受到奥巴马公共伦理演讲中的双重标准。博茨瓦纳共和国前总统费斯图斯·莫哈埃讽刺地指出，在首次正式访问非洲期间奥巴马对腐败的批评似乎相当有选择性："［奥巴马］到过中东、土耳其、俄罗斯、欧洲、英国——英国是个议员一直在为自己做事的地方，在德国，西门子公司被指控贪污，俄罗斯和中东地区在反腐倡廉上并不为人所称道……所以，虽然总统提出腐败问题是正确的和适当的，但只有当他到了非洲时才提出这个问题，这一事实助长了腐败只存在于非洲这一错误观念的蔓延……"（2009）

恩格索总统酒店账单的故事说明，当过度迷恋良政治理而导致了公共政策偏离到错误的发展目标时，混乱和空想常常陷公共政策于困境。由于把注意力放在相关但次要的问题上，他们未能关注公共投资重点这类更重要的经济问题，有缺陷的债务管理策略和过去几十年在经济政策上的失误对刚果造成的损失更大。类似的故事可以在许多其他国家听到。在邻国刚果民主共和国，2013年对腐败和良政治理的公开大辩论起因于15个政府官员在2012年私吞了5 200万美元的开矿租金。再次重申，这是一个值得关注的问题。

但是关于腐败和良政治理的公开辩论并未抓住更大的问题：采矿业占刚果民主共和国三分之一的GDP，但只占财政收入的10%。这明确地表明在国家和外国企业之间的租金分配上存在着严重的弊端。刚果民主共和国从在该国经营矿业的企业产生的收入中的抽成不到5%，而这一比率在海湾国家或其他非洲国家如阿尔及利亚则高达60%—80%！诚实的无能和拙劣的经济政策对生产率发展和经济增长有着潜在的严重影响，但是这些都被忽略了（见图2.2）。

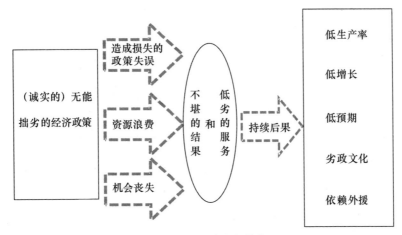

图2.2 治理：被遗忘的方面
资料来源：本书作者。

同样，非洲联盟投入了很多资金用于宣传其人权与行政司法委员会2012年度反腐败报告的发现，该报告估计，每年由于腐败造成的损失大约是1480亿美元。显然，这种浪费是值得公开和反思的，因为这些往往是投向学校和医疗项目的资金，却被转入了腐败的政府官员的私人腰包。然而，与这一数额相对的是非洲大陆2万多亿美元的GDP和大量被浪费在非生产性公共支出上的资金。比贪污腐败造成更大损失的诚实的政策失误也应该作为治理议程的一部分，进行适当的讨论。

治理：一个激励相容的政策框架

关于什么是良政治理的决定因素的大多数研究都基于类似Becker（1968）或Krueger（1974）的论点。Becker把腐败作为一个纯粹的非法活动加以分析，并建议必须把刑事犯罪作为具有外部影响的"经济活动",对其的惩罚可以理解为一种税收。从这一总体框架出发,他推测犯罪的可能性主要取决于处罚的轻重和被抓住的概率。此外,刑罚的威慑价值取决于当局执法的意愿和力度,以及人们对国家机构的认可程度。这意味着,有效的反腐执法和良政治理,总体来说只能出现在政治稳定和规则透明的国家。

在 Becker 极具见地的分析中,腐败者消耗资源用于窃取,社会作为受害者而承担其所造成的消极外部后果。利用负外部性的庇古解决方案,即对产生外部性的活动收取费用或税金,他建议把禁止措施与罚款或其他处罚相结合,形成一个收费系统。遗憾的是,这种事后补救的反腐措施可能于事无补。由于当时的社会风气和惯例,产生外部性的活动(即腐败)在一些国家不易被识别,或者对其加以抑制的费用高昂,因而这种反腐措施可能是无效的。在几乎所有贫穷国家,管理一个配员充足、装备精良而且运作良好的国家司法体系的成本往往远远超出了公共部门的承受能力。更加严重的问题是,在许多非洲国家腐败已经深入社会、经济和权力关系中(Monga,1996),几乎所有的国家机构,包括司法体系,都陷入了被 Joseph(1998)称为"受俸牧师政治"的低平衡动态之中。

但是,"腐败不只是发生在贫穷国家的事情"(Glaeser and Saks,2004,p.1)。从历史的角度来看腐败,在今天高收入的国家同样曾经出现过当前在撒哈拉以南非洲可以看到的恶政治理的一幕,甚至更糟。哈佛大学的经济学家 Edward Glaeser 在他引人入胜的《腐败在美国》(*Corruption in America*)一书中,分析了这个世界上最为民主的国家在历史上以不同方式和模式呈现的恶政治理记录。其结果令人不安。"19 世纪和 20 世纪早期的美国传统历史所描绘的腐败现象,与那些当今出现在许多现代化转型经济体和发展中地区的腐败问题类似或相同。在 19 世纪,许多美国城市政府的民选官员为诸如清扫街道和建筑等基本服务超额付费巨大,以换取回扣。政府将公共服务承包出去,以名

正言顺地收费和换取合法的贿赂。"（Glaeser and Goldin，2006）

这些分析研究为腐败和治理问题提供了一个重要的线索，即它们是内生于经济发展水平的。换句话说，按定义，低收入国家就是（被认为）存在腐败问题的国家，它们的治理指标随其经济表现的提高而提高。期待刚果民主共和国——一个人均收入不到 200 美元的国家，构建起像人均收入 80 000 美元的挪威那么有效的政府机构是不现实的。

图 2.3 验证并说明了简单的历史真相，它清楚地显示了良政治理认知和收入增长之间的相关关系。如果真是这样的话，那么在低收入国家打击腐败、改善治理的关键就是有一个能够减少政治俘获和权力寻租活动机会的发展战略。换言之，解决腐败的主要方法是创造一个减少此类产生外部性活动的机会和相应收益的政策环境。如果政府采取遵循比较优势的战略，处在优先领域的企业将在一个开放、竞争的市场中有自生能力，因此政府就不需要通过各种形式的扭曲来保护或补贴它们，从而导致有力的增长以及寻租机会和租金的降低；相反，如果政府采取违背比较优势的战略，结果也只会相反（Lin，2009）。

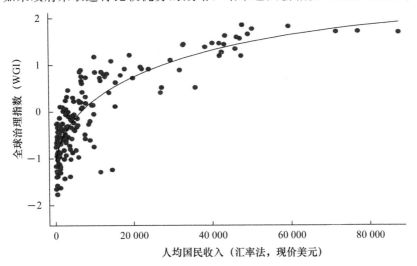

图 2.3　治理表现和人均国民收入：代数解谜

资料来源：Lin and Monga（2012）。

这给我们留下了什么启示？如果（至少由认知指标来衡量）恶政治理确实是一个低收入的通病，那么实现良政治理显而易见的方法就是把重点放在发展战略和政策上，最大限度地减少政治俘获和寻租的机会。总之，"良好的政治治理"是一个难以操作化的概念，并没有一般的或普遍的处方可用。尽管有联合国言辞凿凿的条约以及来自世界各国政府对良政治理议程的承诺，却没有国际单位和研究机构有资格对他人的治理质量给出具有合法性的衡量。良好的政治治理应该是一个重要的公共政策目标，由各国人民和领导人自由设定。它不应该是好的经济表现的先决条件。持续的经济增长、就业的创造和贫困的减少，甚至可以在极为不良的治理环境下实现。此外，良好的政治治理总是一个无可穷尽的过程。

良好的经济治理也是一个崇高的目标，并且它的一般原则为不同的国家和文化广为接受，但是其操作可能因时因地而有很大的变化。要成功实现这一目标，需要就如何使用有限的国家资源有一个战略性的和明智的政策规划。重点领域应包括：制定经济政策，以确保只鼓励与比较优势一致的活动；确保各级政府有工具手段、奖励机制以及纪律惩处，以促进竞争性行业发展中的公私伙伴关系；并制定持久和有效的游戏规则（透明度、时间限制、集体行动等）。

Krueger（1974）在提出政策导向型方法之后，通过实证研究发现了以下七个导致腐败的主要因素：

• 贸易限制，它使必要的进口许可证变得非常宝贵，并变相鼓励进口商去考虑如何贿赂掌握发放权的官员。

• 目标混乱的政府补贴，为那些不适用的企业所挪用。

• 价格管制，目的是让一些产品的价格低于市价（通常基于社会或政治因素），但产生了个人或团体贿赂官员的动机，以维持这类商品的流通，或以低于市价获得不公平份额。

• 多重汇率的做法和外汇分配方案，不同汇率间的差异往往会诱发人们极力争取最优惠的汇率,虽然这个汇率可能并不适用于外汇的使用意向,并且多重汇率制度往往与反竞争性的银行体系共存,使得一个拥有较强政治关系的特殊银行通过在汇市之间套利而获取巨额利润。

- 低于私人部门的公务员工资,往往导致公务员利用其职位,以收取贿赂作为一种收支平衡的方法,特别是在预知被抓获的可能性较小时。
- 自然资源禀赋。
- 社会因素,如民族语言分化(Mauro,1997)。

考虑到世界上几乎所有的政府,包括那些成功的民主国家的政府,都定期地对其经济进行干预,并制定不同种类的规定,那么重要的问题就是:哪一种特殊的政策环境,为实现良政治理提供了最强的动机?新结构经济学试图对这个问题做出回应(Lin,2012)。先把Krueger所建议的最后两个因素放在一边,新结构经济学特别建议采取政策和保障措施来确保国家基本职责的执行,以减轻政治俘获和寻租风险为目标,它还建议逐步取消贸易限制、价格管制和多重汇率,并意识到诸如此类的干预和扭曲是暂时的需要,旨在保护违背比较优势的产业中缺少自生能力的企业。即使在与比较优势一致的行业中,它也提倡采用谨慎的、有针对性的(在有限时间内的)激励措施,并应以透明的分配方式弥补创造了外部性的先行企业。

这样一个框架将使腐败的机会最小化,它只赞成政府干预那些企业在开放、竞争的市场中有自生能力的行业,这些行业的投资和生存不依赖于任何保护、大量的预算补贴或是垄断租金、高关税、配额限制或补贴信贷形式的直接资源分配。一旦植根于公共政策的大额租金不复存在,轻易成为政治获利目标的扭曲就难以生存。当政府促进符合该国由禀赋结构决定的比较优势变化的新产业发展时,就会大大减少许多低收入国家治理问题普遍存在的可能性。

大多数政治领导人通常的执政目的是尽可能地延长当权时间,建立为人所称道的政治遗产（如果他们的当权地位未受到威胁）。他们中的大多数人都明白，促进经济繁荣是实现其目的的最佳途径。新结构经济学建议政府支持私人企业进入有比较优势的行业。基于新结构经济学的发展政策可以减少腐败，给国家带来活力。因为不存在为了补贴和保护在优先部门的企业而制造租金的必要，良政治理将成为这样一个战略的必然结果。所以，这为发展中国家包括贫穷国家的政治领导人提供了一个激励相容的方式去解决具有挑战性的治理问题。

"欠发达的"金融制度：智力模仿的幻想

经济增长和削减贫困的障碍及先决条件清单上，出现最为频繁，也是常常在文献中被突出为制约经济发展的下一个关键性因素，就是获取融资的局限性。如同前面所讨论的挑战，金融部门的薄弱制度发展也是经济增长、创造就业和减少贫困的一个主要障碍。由于金融在现代经济中扮演着重要的角色，研究人员长期以来一直在讨论银行和金融市场在金融体系中的相对重要性。2008—2009年的全球金融和经济危机也产生了要求改善国内和国际金融法规及监管的呼声。

货币显然是家庭和企业必不可少的一种商品。在调查结果中，它也似乎是限制创业和发展的一个主要瓶颈。此外，银行家和金融家是公认的恶棍，其贪婪和短视的倾向使得企业家无法指望在价值创造启动期得到他们的帮助。在White（2011）编辑的有关银行家和金融家的笑话中，她叙述了一个广为流传的信念："银行家们能帮助你解决的是，没有他们你就不会有的问题。"她还讲述了一个男人去见他的银行经理的故事。他问道："我应该如何开始做一笔小生意？"经理回答说："从大的开始做，等待6个月以后……"

毫不奇怪，普遍存在于低收入国家的薄弱和欠发达的金融系统，被认为是增长和减贫道路上的主要障碍。至少自亚当·斯密和阿尔弗雷德·马歇尔起，关于金融系统在经济中所起作用的讨论就已有许多。约瑟夫·熊彼特、亚历山大·格申克龙以及其他人把银行称为工业化经济体中经济增长的引擎。继 Goldsmith（1969）、McKinnon（1973）和 Shaw（1973）的开创性研究之后，众多的理论和实证文献强化了这样的观点，即金融部门所能协调的信贷金额是经济表现的一个重要决定因素。金融并不只是发展过程中的副产品，而是推动增长的动力，这几乎已经成为共识。对该问题的经济研究结论，概括来说就是：一个健全而运作良好，并拥有深度和流动市场的金融部门可以提供支持经济增长和减少增长波动所必需的信贷资源。

　　这里再次指出，尽管做出这样的判断的理论推理似乎相当强，实证分析却提供了一个更复杂的事实。理论推理如下：经济繁荣，作为改善物质和人力资本以及生产率的追求和结果，在理论上取决于对生产性资产的有效和最佳利用，以及让尽可能多的人口参与这一过程。因此，有效的金融中介对于这一过程的顺利展开是必不可少的，它们鼓励手握余款的储蓄者（可能是国内或国外的家庭和企业）以最佳的成本提供资金，支持企业的投资。政府还应建立适当的监管框架，以确保这些资金由金融系统分配给最具生产力的使用方式，并将风险和流动性控制在一定的水平，使企业能够创造价值和有效运作。储蓄者和投资者都面临风险和不确定性，金融系统可以帮助他们减轻风险或对其加以利用。否则，储蓄者通常无法选择与他们个人风险承受能力最相匹配的投资项目——除非付出高昂的成本，而在无法把他们的钱汇集起来的情况下，他们不能利用投资规模来增加回报（Stiglitz，1998）。

　　Demirguç-Kunt and Klapper（2012）对金融系统减贫能力的共识作了很好的总结："运转良好的金融系统都服务于一个至关重要的目的，那就是为有各种需求的人提供储蓄、信贷、支付和风险管理产品。一个普惠金融系统——通过众多渠道提供不设置价格或非价格使用限制的金融服务——尤其可能施惠于穷人等弱势群体。如果没有普惠金融系统，穷人就必须依靠自己有限的积蓄投资于教育或成为创业者，小企业也必须依靠自己有限的盈利来追求有前途的成长机会。这有可能导致持续的收入不平等和缓慢的经济增长。"

但实证研究趋于表明，金融发展、经济增长和减贫之间的关系更为复杂，并且会由于其他许多因素而变化，如国家的发展水平、金融结构和现有的法规律制。Cecchetti and Kharroubi（2012）探讨了两个简单的问题："不论金融体系的规模和增长率如何，[金融发展都有益于经济增长]是真的吗？或者，一个臃肿的金融系统会像一个吃得太多的人那样成为经济其他部分的包袱吗？"（p.1）通过对发达和新兴经济体的样本研究，他们指出，金融发展水平在达到某一点之前是好的，在那以后它会成为增长的累赘。此外，当聚焦于发达经济体时，他们还明确表明，金融部门的快速增长是不利于总的生产率增长的。

这些发现向政策制定者提出了一些重要的问题。金融机构的类型，它们的建立和扩张所依赖的标准，它们在其特定市场中运作的规则，甚至它们所使用的主要工具，包括将家庭和企业的储蓄转化为企业投资和家庭消费的工具、监测投资和分配资金的工具，以及定价和疏散风险的工具，确实都应是政策考虑的关键因素。它们的重要性在于，在市场经济中金融中介具有很强的外部性，它可以是积极的（如提供信息和流动性），也可以是消极的，甚至威胁到整个经济（如过度冒险行为、对不良事件的传播与放大以及系统性的金融危机）。

寻求合适的金融制度

尽管分析各种银行结构相对优势的文献浩大，但作为一个整体，现有的研究还没有就各种类型的金融结构在促进经济增长中的优势和劣势达成共识。在这里，金融结构被定义为金融系统的组成及其在各种金融制度安排中的相对重要性。① 研究人员在基本的重要政策问题上也没有太多的共识：各种类型的金融结构有哪些优势和劣势？它们为什么可能会在不同的国情下促进经济的增长？文献中存在这些缺陷的原因在于，其对实体经济在每一个发展阶段的具体特点，以及与其相应的金融结构需求的忽视。了解金融结构的差异及其与经济发展的关系是必要的，它可以为许多国家，尤其是那些正在努力加强它们的金融系统的发展中国家提供政策建议。

经济研究表明，金融市场在人均收入较高的国家往往比银行更活跃（Goldsmith，1969；Demirguç-Kunt and Levine，2001）。文献的焦点集中在金融结构和经济增长之间的因果关系上，即以市场为基础的或以银行为基础的金融结构，哪一个更有利于经济增长。② 基于银行结构的支持者认为，银行和其他金融中介机构在收集和处理信息上有优势，而金融市场对事前收集信息和事后监控借款人（或股票发行人）并没有提供太多的激励。因此，金融市场无助于缓解信息的不对称，因此，以银行为基础的金融系统结构应在资源配置和促进经济发展上有更好的表现（Grossman and Hart，1982）。

毫不奇怪，那些偏爱以市场为基础的金融系统结构的人，更关注大银行所产生的问题。以银行为基础的金融系统可能涉及一些对企业影响巨大的中介机构，它们可能损害经济的增长（Rajan，1992）。而且，银行在本质上倾向于谨慎行事，所以以银行为基础的金融系统可能会阻碍经济创新和经济增长。此外，人们通常认为金融市场能为市

---

① 这个定义比现有文献通常所使用的定义更为广泛。通常的定义是局限于问题的一个维度，比如局限于金融市场和金融中介机构的相对重要性。金融结构的概念可以从不同的角度来审视。例如，为了研究金融中介的渠道，金融市场和金融中介机构的相对重要性将是焦点。在长期或短期融资方面，货币市场和资本市场的组成是很重要的。对于政府监管的讨论，正规金融和非正规金融的区别和组成都是相关的。在银行业，应分析大银行和小银行的分布情况。参见 Lin et al.（2009）的讨论。

② 一些作者淡化区分以银行或市场为基础的金融系统的重要性，认为银行和市场提供了互补的服务。参见 Merton（1995）和 Merton and Bodie（1995）。

场参与者提供更丰富和灵活的风险管理工具,而银行只能提供基本的风险管理服务。

关注银行结构的经济文献倾向于考察是竞争性的还是垄断性的银行结构更有利于经济增长。一些作者认为,垄断性银行可能会从企业中提取太多的租金,支付较低的存款利率,从而导致更严峻的信贷配给,这对经济增长有极大的负面影响。但也有人认为,垄断性银行有更大的激励去收集信息,筛选和监控借款人,并与借款人形成长期的关系,因此,投资项目有更多的机会获得融资。在竞争性的银行部门,借款人可以更容易地从一个贷款人转到另一个贷款人,因此,银行可能有较少的动机和能力与借款人或贷款人形成这种长期的关系。借款人和贷款人之间的这种关系对初创企业和新企业是特别有价值的。对该问题的实证结果还远远没有定论。一些研究表明,银行业的集中性与其稳定性之间存在正相关关系(Beck et al.,2007)。其他人发现在银行业更集中的经济体中,新企业的增长速度更快,而老企业则受益于更具竞争性的银行结构(Petersen and Rajan,1995)。

尽管其结论不同,这两个主要的思想流派实际上采用了一个相似的研究视角。他们通常从考察各种金融制度安排的特点出发,然后讨论金融结构对经济发展的可能影响。研究人员采用这一视角可能是因为他们的研究兴趣在于金融结构对经济增长的影响。然而,如果该考察与对金融结构是如何确定的考察相脱离,那么它就不可能恰当地确定金融结构对经济增长的影响。当对银行结构的研究主要聚焦于银行业的集中度时,不同规模银行的分布及其经济意义这样的重要课题却被忽视了。一个公认的事实是,小企业作为发展中国家商业运作的主导形式,通常难以从大银行那里获取贷款,这表明银行的规模对银行业的分配效率具有重要的作用。

一些研究探讨了影响决定金融结构的机制。例如,Rajan and Zingales(2003)用利益集团理论来解释处于相似发展阶段的国家中金融结构的差异。其他人则强调了法律制度在决定金融结构中的重要性，认为法律对投资者的保护及有效的实施对金融市场的运作比对银行更为重要。因此，以银行为基础的金融系统对于一个法律体系薄弱的国家是有其优势的。然而，这种逻辑并没有解释以下事实：金融发展水平和金融结构在具有类似的法律起源但处于不同发展阶段的国家通常是不同的，即使在同一国家，金融结构亦随着国家的经济发展而变化。事实上，任何有效的金融发展理论都应在分析金融结构与经济发展之间的关系时考虑金融结构的内生性。

综上所述，现有的许多文献采用供给侧的方法，从考察各种金融制度安排的特点出发，然后讨论不同金融系统对经济增长的可能影响。金融结构实际上被视为无关的，实体经济的特点也被忽视了。采取一个完全不同的需求侧的方法是同样重要的，它以分析实体经济的特点和实体经济对金融服务的需求为起点。这种方法转变的原因非常简单，金融结构的有效性应由一个重要的标准确定：金融结构是否可以最好地调动和分配财政资源，以服务于实体经济的金融需求。

重新定义金融结构及其优化

实证研究表明，几乎没有一个国家，即便是工业化国家，其证券市场实际上能为企业提供它所需的大部分融资。Mayer（1990）的比较研究专注于八个发达国家的产业融资，在企业融资替代理论的背景下对这些模式进行了评估，得出的结论是其证券市场平均净贡献率接近于零，凸显了股市的不足。这并不意味着股票市场扮演了一个不重要的角色。"它们可以通过提供引导资源配置的价格而提高资源分配的效率，或通过对现有资源的再分配，如企业收购，来提高生产率。但在企业融资的总体上，它们的作用似乎有限。相反，大多数外部融资来自银行。"（p.325）

金融结构的两个方面严重影响了金融系统在经济发展中履行其基

本职能的效率：一是银行和金融市场的相对重要性，二是不同规模银行的分布。银行是低收入国家中金融中介的主要形式。它们调动储蓄、分配资本和分散风险的机制与金融市场是非常不同的。因此，银行和市场的相对重要性构成了金融结构最重要的一面。在银行之间，大银行做生意的方式明显有别于小银行，这对不同规模的企业获取金融服务，特别是贷款服务的渠道，有一定的影响。

长期以来，银行一直被视为促进经济增长和减少贫困的核心。但受20世纪七八十年代普遍的腐败和银行倒闭潮的冲击，以及往往紧随其后的金融抑制政策的影响，银行所扮演的这个角色破灭了，尤其是在发展中国家。因此，许多有影响力的发展机构，如世界银行（World Bank, 1989）改变了其政策建议，主张同时使用证券市场和银行促进增长。事实上，按照"华盛顿共识"框架设计和实施的经济改革和结构调整方案的中心就是拆除传统的发展融资模式（基于银行的系统、定向信贷、公共发展银行、封闭的资本账户、利率上限和积极的货币干预），这种模式是战后在发展中国家建立起来的。

资产非常有限的小银行不可能提供大额的贷款，因为集中投资将迫使它们不得不承担更高的风险。因此，小银行只能做小额贷款。大银行有能力做更大额的贷款，并更好地实现风险分散。由于贷款的交易成本，至少在一定程度上，同贷款规模无关，大银行更喜欢向大企业而不是小企业贷款，这是可以理解的。大银行往往远离小企业，而着眼于大企业，小银行则专注于小企业贷款（Jayaratne and Wolken, 1999）。这种专业化表明，除了对银行和金融市场匹配的了解之外，不同规模的银行的分布可能是理解金融结构和经济发展的另一个重要方面。因此，大银行及规模较小银行的分布对银行业的表现会有很大的影响。

新的金融结构标准模型，已作为传统智慧，旨在反映金融发展的迫切性。它一直受到发达经济体中所出现的金融市场自由化的影响。至少在导致转向另一个极端的2008年大衰退之前，这些发达经济体已从基于国家银行的金融系统转向开放的资本市场。其后，美国和欧洲的保守政府突然转向并采用新的法律法规来遏制金融市场并对银行实行国有化。

在过去的几十年里，世界各地的发展中国家致力于金融业改革，期待提高储蓄和投资水平，降低宏观经济不稳定性，提升增长率，并创造就业。这些目标基本没有实现。相反，自20世纪90年代中期以来，已经发生了几次金融危机，并且对生产部门的大企业以及一般的中小企业的投资在下降。这是影响持续增长和贫困减少的一个主要问题（FitzGerald，2006）。

最近的分析研究中，Lin et al.（2013）的结果表明，在促进金融交易时，金融体系中的每一种制度安排对调动储蓄、分配资本、分散风险和处理信息都有其优点和缺点。实证观察表明，随着一个国家变得更富有，股票市场相对银行会变得更加活跃，小企业无法进入股票市场，并且一般来说较少可能通过大银行的贷款获得资金（见图2.4）。

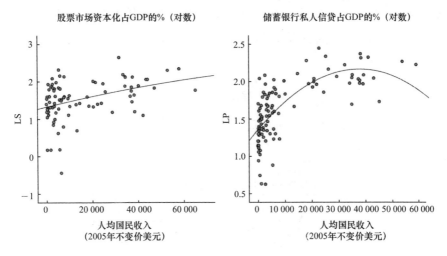

图 2.4　股票市场、私人信贷与 GDP
资料来源：本书作者。

对这些典型事实的解释在于要素禀赋这一关键概念，它本身决定了企业的竞争力，决定了支持它们的金融机构的盈利能力。金融系统促进经济增长的效率取决于它把财政资源分配给在经济中最有竞争力的行业中的高效企业的能力。换言之，经济发展每一个阶段的要素禀赋决定了在实际部门中的最佳产业结构，这反过来又构成了有自生能力的企业的规模分布和风险特征的主要决定因素，从而隐含地指出了在该阶段与之相适应的金融服务制度安排。因此，每个发展阶段都有一个内生决定的对经济最优的金融结构。

理由如下：在每一个发展阶段，一个经济体都有其特定的要素禀赋结构（即相对丰富的多种生产要素，主要是劳动力、资本和自然资源），它内生决定了该阶段的最优产业结构（见图 2.5）。不同行业中的企业在企业规模、风险和融资需求上都是不同的。因此，在一定的发展阶段，实体经济对金融服务的需求会系统地不同于同一经济在另一阶段的需求。只有当金融结构的特征与经济的产业结构相匹配时，金融系统才能有效地发挥其基本功能，并有助于经济的可持续和包容性发展。因此，每一个经济发展阶段都存在一个最优的金融结构。当金融结构偏离其最优路径时，将导致金融系统效率的降低，并阻碍经济

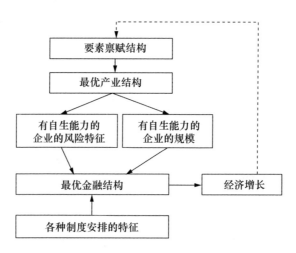

图 2.5　最优金融结构的动态变化

资料来源：本书作者。

的发展。虽然规制和监管不力可能会导致金融危机，但金融结构和产业结构之间的严重不匹配会降低金融资源调动和配置的效率。

在资本密集的大型企业和高新技术企业占主导地位的发达国家经济中，资本市场和大银行占主导的金融系统将更有效地分配财政资源，促进经济增长。在以风险较小的劳动密集型小企业为经济增长主要动力的发展中国家，最优的金融结构将以银行，特别是地方性小银行占优势为其特征。随着经济的发展、要素禀赋结构的升级和产业结构的变迁，任何一个国家的最优金融结构都会随之而调整。

剩下的主要挑战是选择适当的政策框架，以发展可持续和有效的金融机构。在这方面，政府可发挥其重要的作用。股票市场和银行都需要政府制定法规和实施监管，以减轻内在的道德风险，减少金融危机的发生及其危害。虽然一个国家的禀赋结构和由此导致的最优产业结构是塑造其金融结构的最根本的力量，但是政府的政策也会影响到金融系统的实际演变。事实上，一些曾由政府推动的发展战略和相关政策是导致产业结构和金融结构偏离其最优结构的最重要的因素之一。如果一个资本稀缺的发展中国家采用违背比较优势的战略，优先发展资本密集型产业，其金融结构将偏离其最优路径而把稀缺的资本投入政府的优先部门。在许多发展中国家出现的"金融抑制"就是这种发展战略的结果。

发展中国家的政策制定者应该对一种特别昂贵的隐性扭曲保持警惕：那就是复制发达国家的金融系统，而非充分考虑其国家实体经济对金融服务的需求特点。正像良政治理的认知指标一样，金融发展是一个国家经济发展水平的体现，而非先决条件。

第三章　机会经济学：政策处方清单

漫画家 Adama Dahico 在其最受欢迎的一件作品里，将非洲大陆刻画成了一个去看病的病人。医生的任务本是治病，然而，尽管语气非常自信，这位医生却给出了严峻但并不准确的诊断，认为病人的不良健康状况是由多种原因造成的。医生根本不听病人说什么，却开出了一系列药方，范围从治疗债务的药品，到改善经济治理和民主的措施。

Dahico 的讽刺作品并不牵强：非洲最高政府层面的政策制定者们也常常觉得自己总是处于类似的情况下。当他们找到一个似乎有能力给他们提供正确战略和政策建议的专家时，他们往往又大受打击。专家的建议通常不是模糊且笼统的，就是过于具体和微观，导致冗长和复杂的政策框架。更糟的是，这些建议通常似乎并没有将最宝贵的货币——时间，纳入政治考虑。对于政治领导人，时间限制确实是硬约束，因为它们往往将已经非常艰巨的政治经济约束复杂化。不管是什么样的政治制度，时间都是最宝贵的货币之一，必须小心处理。然而，大多数政治领导人都倾向于忽视那些没有明确、快速的获利机会，也不太可能成为成功的宣传广告的经济发展战略。

对于那些曾经在外国统治下的低收入国家来说，情况更为复杂，它们的发展战略和政策是由外部专家和机构设计的，因此也就被认为是不合法的——如果不是为了永久统治而做的蓝图规划的话。几年前，在一次为布基纳法索举行的日内瓦捐助国会议上，进行了一场紧张而有趣的交流。许多双边和国际机构的高级代表们与布基纳法索政府成员聚集在一起，讨论该国的发展战略和资金需求。一个来自布雷顿森林机构的主管发言总结了捐助者的感受，尽管被寄予厚望，但是几十年来，该国在结构改革上取得的进步非常有限，他对此提出了严厉批评，他把布基纳法索比作"已经坐在停机坪上多年的飞机，大家都在等待起飞，却从未发生过"。

该国的经济发展部部长 Bissiri Sirima 不喜欢被一个国际组织的官员如此挑战，因为他深知这个国际组织僵化的内部程序和沉重的官僚主义。他反应强烈但又幽默地对在场的捐赠方代表说，他们是在以纡尊降贵的态度来对待他的国家。他告诉与会者，在这个会议召开之前，他收集了布雷顿森林机构为布基纳法索准备的最重要的框架文件，并汇总计算了作为那些正在进行的计划和项目的条件而施加于他的政府之上的改革推荐方案的数目。这一年所有政府部门的改革方案总共超过 500 个！他列出了所有的政策处方，从确保宏观经济稳定的措施，到促进电信事业竞争或保护环境的改革。他说："为了满足你们，布基纳法索政府整整一年每天都必须执行 1.5 个附加条件！"

Sirima 部长还提醒与会者，几乎每天，成群结队的捐赠代表从华盛顿、巴黎、布鲁塞尔和其他地方到达瓦加杜古（布基纳法索的首都），并且往往都没有事先通知。他们来到政府办公室，要求召开会议，并且不是与相应技术水平的管理者，而是与总统、总理和其他高级政府官员。这一持续不变的"即兴外交芭蕾"迫使他本来就不大的团队和几乎各个部的官员,就为了满足捐助者提出的文件要求而没日没夜地工作。他出乎意料的发言为随后的讨论带来几丝谦恭的气氛和基本的常识,这也使那些认为他的政府在改革方面没有取得足够进展的不满情绪平复了些许。

诚然,对于那些需要一个具体的行动蓝图的政策制定者们来说,发展经济学并不总是一个值得信赖的来源。从20世纪六七十年代宏伟的项目融资(干预政策)到八九十年代的结构调整(自由放任),历经了几十年的模式转变。过去60年来波澜起伏的发展思潮带来的各种令人失望的结果,使得研究人员和政策分析者们放弃了许多以前认可的办法,而是改为仔细考察证据。知识总是建立在古老的智慧之上,然后通过新的学习来加强。

本章讨论了最流行的政策处方的基本点,这些政策处方是提供给发展中国家的繁荣蓝图。最开始,本章描绘了殖民时期决定经济政策的历史知识背景。然后,回顾了各种发展思潮的兴落,这些思潮从第二次世界大战以来就主导着研究和政策制定。本章还重点提到了一些在发展中国家增长分析方面的问题,以及对发展约束的个别研究。发展中国家通常接受和采用了一系列冗长的政策处方,并得到了令人失望的结果,本章在最后回顾了这些结果,并进行了总结。

殖民主义经济学:短命的歪理

几个世纪的殖民主义在发展中国家造成了许多影响深远的后果,也许最令人痛心的就是坏主意的接踵而至,这些主意往往源自其他地方,而且无视时间、地点和环境状况就被接受了(如果不是强加给它们的话)。快速回顾殖民政权在19世纪和20世纪初其统治下的国家和地区所实施的经济政策,可以看出各种形式的 Said(1978)所称的

"东方主义",即西方思想家和政治领导人将其他的社会和文明通过自己的框架和模型进行观察和概念化的一种倾向。尽管偶然也有意识形态上的差异,殖民经济政策往往还是反映了一种舆论思想,基本上趋于迎合当时主流的西方思维模式,而忽视了每个社会特定时刻的具体情况。此外,这些政策的目的是促进和优化殖民开发或建立技术结构,以支持更广泛的殖民目标(Austin,2015,2010)。

因此,在殖民时期,发展中世界的经济争论往往简单地反映出发达国家普遍存在的主要观点,这自然毫无疑义。Austen(1987)研究了殖民时期非洲的经济史(这是经济发展挑战最艰苦的区域),发现了两个主要的思想流派。① 一个流派是从市场(或新古典主义)的角度,采取后来被称为"理性选择理论"的原则作为主要的分析工具,另一个流派又分化为马克思主义、依赖性和实体主义理论两个分支。正如随后的宏观经济辩论所反映的那样,这两大阵营对经济主体的行为和动机持有极度不同的假设。市场理论者认为经济主体的目标是利用生产要素在特定的环境约束条件下最大化收益或回报,同时最小化风险。结构主义者倾向于关注总体性目标,比如对决定经济行为规则的社会秩序的协调(实体主义),或者是主导和从属社会群体或世界各地与经济控制相抗争的等级体系(马克思主义和依赖理论)。

在分析西非对殖民世界贸易的参与时,市场导向流派的主要支持者 Hopkins(1973)解释说,市场体系在世界的那部分地区最初的失败,并不是因为经济主体不认可市场体系,而是因为可用的国内资源数量不足以刺激有效需求的增长。据 Hopkins 所说,那里的经济发展受限是由于人口密度过低和运输成本较高。因此,在 19 世纪之前,国

---

① 殖民主义经济学中一个重要却往往不被讨论的问题是与"分期"有关的。它是指对所分析的时间和周期的最优或相关排序。虽然西方历史学家划分时间类别的传统方法是类似远古时代、中世纪、启蒙时代等,但是一些非洲历史学家却对此提出质疑,认为这是一种按意识形态设计的事件顺序。例如,Cissé(1998)建议使用一个完全不同的较长时间的框架(从新石器时代开始),以便评估跨时的表现。

际贸易在西非没有作为一个经济增长的驱动力而发挥作用，是因为奴隶贸易不但是罪恶的和不道德的，而且只产生了很小一部分的出口贸易，这一小部分贸易"对经济体的其他部分几乎没有带来什么利好"。

但在19世纪初期，非洲的经济发展有了一个重大的转折点：贸易变得越来越合法，而且越来越密集，因为那些曾经占据主导地位的武力企业家们发现众多的小生产者和商人出现在了他们面前。非洲社会的内部动力（非常勤劳的当地企业家阶层的涌现）以及法国作为西非殖民势力所扮演的日益重要的角色，使这种出口生产企业的结构性转变持续了数十年。在工业革命之后，由于军事技术精细化的提升，加之资产阶级的文化自信，欧洲精英们产生了一种感觉，即他们的生活组织方式代表着权力和进步的双重意义。

到19世纪末期，这一新兴经济体遭受了严重的挫折。全面性的经济危机可以解释为经济和政治因素：1860年之后持续下滑的棕榈油和花生作物价格，以及奴隶贸易网络的寡头为了保持对经济的掌控的绝望挣扎。此外，贸易公司的不良商业行为最终鼓励了殖民主义：由于利润下降，垄断行为开始盛行，商业关系变得更加政治化。殖民势力觉得有必要顺应形势，以符合其政治目标的方式，越来越深入地参与到对这些领土的统治当中。

20世纪初期，殖民势力试图骄傲地彰显其在所占地域的经济中扮演的"建设性"角色。20世纪30年代，它们在欧洲举办了几次大型的博览会，展示当时被认为是殖民成就的各项成果，包括重大公共工程的启动；老生常谈的感恩欧洲统治的观点，认为对外贸易（尤其是商品贸易）是推动经济增长的主要动力，从而引领黑色大陆融入国际经济；以及殖民国家具有使多元人群和文化结成"和谐、和平的国家"的能力。正如Hopkins所描述的，殖民主义标志着"一个新型的，从广义上讲，是向现代市场经济演化的领土扩张主义阶段"。

为了给殖民主义经济学以有力的辩解，Bauer（1976）也曾经写道："殖民政府建立了法律和秩序，保护了私人财产和契约关系，组织了基本的运输和医疗服务，并引入了一些现代金融和法律制度。这种环境也促进了外部契约的建立和扩展，鼓励了外部资源的流入，特别是行政、商业和技术技能以及资本的流入。这些契约也使人们了解了新的需求、作物品种、商品和耕作方法，开辟了新的、广泛的商品供给来源。这些变化孕育了一个对物质进步及其保证手段的新的展望：无论善恶，这些契约都推进了那些阻碍物质进步的传统价值观、目标、态度以及习惯的加速消亡。"（p.149）换言之，"殖民主义是'现代化'的必要手段，它将帮助人们做到以前他们靠自己做不到或做不好的事"（Fieldhouse，1981，p.43）。

实体主义和马克思主义研究者显然没有苟同这一评价。他们认为，在19世纪之前，尽管非洲和亚洲这些地区的经济增长缓慢，但是基于本地生产的农产品和工业品，已经具有了强大的贸易网络。例如，Akinola（1997）就指出"非洲是欧洲的贸易伙伴，而不是它的经济附庸"（p.324），殖民主义促使事态发生了变化。从中间商（像东非海岸的斯瓦希里国家和像尼日尔三角洲国家奥波博国王贾贾这样的商业巨头）手里争夺对贸易的控制便成了一个转折点。事实上，几场旨在抵御欧洲对尼日尔南部、东部非洲和刚果盆地渗透的战争，最初也是欧洲国家为控制贸易而发动的。

随后的殖民地边界划分，以及欧洲消费品在非洲市场的泛滥对前殖民时期工业的扼杀，使得殖民地经济确立了直至今天仍然是非洲经济主导特征的进出口导向。据 Akinola（1997）所述："然而，可可、花生、咖啡、茶叶和棉花这些经济作物被鼓励种植，这样安排是为了确保一个殖民地专注于生产一种主要的作物，例如，可可在黄金海岸和科特迪瓦，花生在塞内加尔和冈比亚，棉花在乌干达。即使在这些区域，仍然有欧洲企业或生意红火的商人和农产品买家，他们在非洲

生产者和世界市场之间做中介，捞取了大部分的利润。"（p.325）

实体主义、马克思主义、依赖论的理论家们对殖民主义进行了谴责，认为殖民主义是剥削，并且描述了独立前的经济政策是由殖民势力为了自己产生利益而强行施加的策略，并没有激发被压迫地区的发展。Hobson（1902）将殖民主义与资本主义关联起来，认为欧洲的消费不足是造就帝国主义的主要驱动力。通过把工人的工资维持在很低的水平，并不断地把利润投入到更多的生产中，西方资本家很快面临的状况是，国内市场已经不足以吸收他们产生的盈余，然后，每个国家集团向他们的政府施压，令其找到新的、受保护的海外殖民地市场。

许多经济学家和历史学家现在评估殖民主义经济学时，认为它主要是作为一种纯粹的吸金手段，目的是为殖民资本家生产利润，防止在非洲经济体的资本积累，并且深化这些经济体对这种进口和进口商品的依赖性。[①] Austin（2010）研究了殖民统治和非洲在殖民时期的行动是如何影响其随后的经济发展所需的资源和制度环境的，通过这些研究，Austin 总结了当前对殖民主义经济学背后这一有缺陷的知识框架的共识——不论其支持者的意识形态倾向如何——以及这门经济学的危害作用。他得出结论认为，殖民地政府和欧洲企业投资于基础设施和（特别是在南部非洲的）制度建设，是要将非洲开发成初级产品出口型的经济。这两种情况都是强迫劳动力的旧经济逻辑在继续起作

[①] Hynes（1979）研究了商会和殖民办公室的文件记录，表明了英国政府各部门所承受的来自商人和制造业者的巨大压力，游说他们在非洲和南亚的各个地区都施加英国的影响。由于英国商品在传统出口上的下降和世界市场保护主义的兴起，在1995—1880年间，英国对非洲市场的关注急剧上升，形成了英国在西非的参与格局。法国当局更是直截了当地提出了他们参与非洲殖民地的经济理由（Manning, 1988）。他们决定建造铁路和公路，引入其货币，还于1939年在法国统治的领土之间组建了一个货币联盟（Monga, 1997），通过结束奴隶制和维和手段使劳动力流动起来。Suret-Canale（1971）的研究表明，法国政府的专制和压迫的行政系统，是使非洲国家成为殖民地经济的强制力量，它迫使当地生产商为法国商业寡头的利润供应主要产品。Marseille（1984）持有同样的观点，然而，他还强调了法国的政治家和商人在法国殖民即将结束时的意见分歧。

用，无论是奴隶制在早期殖民地的热带非洲的继续存在，还是利用大规模的土地抢夺促使移民劳动力流动到"殖民者"经济当中。

但是，事情是在不停地演变和变化着的。Austin 还指出，产生贫困、福利和结构变迁差异的主要决定因素是"殖民者"经济和"农民"经济之间不同的显著特征。"正是那些'农民'的殖民地有适合生产高利润作物的最好的土地，这里的非洲人民在购买力方面才有很大的改善，并得到了最大限度的福利改进。然而，就是在这些国家，殖民统治者并没有直接为经济体攀登价值链阶梯做什么准备，部分原因在于财政上的限制，可能还有对短期经济前景的现实评估。因此，第一代后殖民统治者把控的经济仍然太缺乏接受过教育（且廉价）的劳动力，也没有足够（而且足够便宜）的电力，因此无法成功启动工业化进程。如果国际竞争环境可以支撑的话，后殖民统治者还需要投资于西非乃至整个热带非洲的教育和其他公共设施，以使其更有可能实现劳动密集型制造业的显著增长。"（Austin，2010）

对比之下，"殖民者"的殖民地在减贫方面的成绩反而糟糕，尤其是考虑到南非和南罗得西亚等地的丰富矿产资源，但是，它们在结构变迁方面成效显著。"大规模的高压政治形成了白人统治下的经济建设的基础，特别是在南非，利润最终高到足以使一种部分由政治推动的进口替代工业化政策取得了一定成效。因此，从非洲榨取的劳动力租金使结构变迁水到渠成，虽然这一过程在推进中弄巧成拙，却对种族隔离的瓦解有所助力。"（Austin，2010）

发展思潮及各种遗害

随后，那些专注于研究发展中国家的经济学家和政策专家们将殖民主义经济学放大，并且进行了辩论。发展经济学的第一波思潮在第二次世界大战后开始成为现代经济学的一门新的分支学科，它在很大程度上受到结构主义的影响。它提出,发展的良性循环基本上依赖于单个企业层面的规模经济和市场规模大小之间的相互作用(Rosenstein-Rodan, 1943)。具体来说,它假定只有在市场规模大到足以使生产率优势弥补高工资支付时,现代生产方法才会比传统系统更高效。

但市场规模的大小取决于这些现代技术的应用程度。因此,如果现代化可以在超大规模的情况下启动,经济发展将是自我强化和自我维持的。否则,国家将会无限期地陷入贫困中。早期结构主义者受到Rosenstein-Rodan著作的启发,非常强调结构变迁的重要性,虽然这是正确的,但他们将其不足归咎于市场失灵,并且提出利用政府干预来修正这一点,然而许多干预并不成功,最明显的是进口替代战略。

早期的结构主义者尝试缩小低收入和高收入国家之间的结构性差距,这也是正确的。但是,他们没能找到差距存在的原因。他们将低收入国家无力创建高收入国家的先进产业归因于市场的僵化。在此假设的基础上,他们力推内向型政策以建设这些产业,而这样的产业在开放、竞争的环境中是没有自生能力的。虽然补贴和保护在一段时间内使一些国家取得了投资引导的高增长,但是,这一战略伴随着高昂的扭曲代价,在中长期不具备可持续性。而这种方法自然也不能帮助它们跻身高收入国家的行列。

到了20世纪70年代,第二波思潮的势头逐步转向自由市场政策,在20世纪八九十年代达到高潮,并强调政府失败。它的主要政策框架便是众所周知的"华盛顿共识"(Williamson, 1990),它通过广泛考察经济体的总体运作及其市场、制度、资源分配机制以及监管和激励体系等方面来间接地进行结构分析。许多发展中国家实施了"结构"调整方案,这些方案的支持者们认为恢复外部和国内的平衡是启动经济转型和变革的必要先决条件。他们的政策处方——宏观经济稳定、自由化、放松管制和私有化——也往往会导致经济混乱和社会局势紧张。其结果充其量不过是充满争议的,有些人甚至将20世纪八九十年代描述为发展中国家"失去的二十年"。

"华盛顿共识"将政策的钟摆指向市场原教旨主义。通过痴迷地关注政府失败而忽视结构问题,他们认为自由市场将自动地创建自发势力来纠正国家之间的结构差异。然而,从外部性和协调角度看,市场失败是结构变迁的必然。在一个国家,如果没有政府推进,刺激这一变革的自发过程将会太慢,甚至永远不会发生。但是,即使是"华盛顿共识"的"扩增版",也忽略了这个事实。[①]"华盛顿共识"还忽略了另一点,即在发展中国家中的许多扭曲现象是一种次优的安排,是用来保护那些在该国结构主义者的优先部门里不具备自生能力的企业。如果不解决企业的自生能力问题,取消这些扭曲可能会导致这些企业的崩塌、大量的失业以及社会和政治的不稳定。因担心这种可怕的后果,在许多国家,政府又推出了变相的保护和补贴政策,这种做法相比旧的方案效率更低。

由于持续的贫困,也因为发展中国家没能缩小与高收入国家的差距,国际援助团体将他们的工作转向对人道主义项目的援助,比如直接投资于贫困人口的教育和卫生。但是,在大多数国家,服务的交付仍然令人失望,这便使得提高项目的成效成为一个新的重点。麻省理工学院的贫困行动实验室(Poverty Action Lab)率先利用随机对照试验对此进行了研究。Woolcock(2012)评价了发展思想从早期的结构主义/"华盛顿共识"向基于项目或部门的方法的演变,将其形容为从"大发展"向"小发展"的转变。了解项目绩效影响因素的重要性显而易见,尽管如此,这是否真是通向经济繁荣的必经之路,仍然值得怀疑。毕竟,为数不多的几个缩小与美国差距的经济体,并不是通过小微

---

① 所谓的"华盛顿共识"的"扩增版",就是在前面的政策处方清单的基础上,又添加了以下十项条款:反对腐败、社会安全网络、公司治理、灵活的劳动力市场、有针对性的减贫、"谨慎"的资本账户开放、金融法规和标准、世界贸易组织协定、非中间汇率制度,以及独立的中央银行/通货膨胀目标。参见 Rodrik(2002)和 Fischer(2012)。

的项目开始其发展历程的,而是源于宏大的创意。

减贫致富,攀登繁荣之梯谈何容易:从 1950 年到 2008 年(大萧条之前),全世界只有 28 个经济体成功地将它们与美国的差距缩小了 10% 以上。在这 28 个经济体中,只有 12 个是非欧洲和非石油出口国。这么小的一个数字是发人深省的:这意味着,大多数国家已经陷入了中等收入或低收入的状态。然而,迄今为止,从不同的发展思潮中涌现出的各种政策框架仍不能交付令人满意的结果,它们在诊断现代经济增长的本质和原因方面是无效的。另外,除了意识形态的分裂,以及在市场失灵与政府失败甚至援助者失败之间的摇摆不定,这些政策框架还反映了其制定者在分析问题上的滞后性:他们都是甄别出无穷多个限制增长的障碍,然后总结出一个冗长的政策建议清单(见表 3.1)。

表 3.1 发展思想的主要流派:要点总结

主要特征及政策建议	优点	缺点
早期的结构主义:关注市场失灵		
提出发展的良性循环基本上是依赖于单个企业层面的规模经济与市场规模之间的相互作用 如果现代化可以在超大规模的情况下启动,那么经济发展将会是自我强化和自我维持的 市场里总有各种难以克服的缺陷,政府是一个功能强大的辅助手段,用以加快经济发展的步伐 为了避免被发达国家剥削,发展中国家要通过所谓的"进口替代"过程来发展本国制造业 需要以现代化的、先进的资本密集型产业为目标	强调创新以及技术变革在增长过程中的重要性 努力缩小低收入和高收入国家之间的结构性差距	忽略了比较优势,因而会导致没有竞争力的产业的发展 对问题根源的判断是错误的。将低收入国家无力创建像高收入国家那样的先进产业归因于市场的僵化。在此假设的基础上,力推内向型政策以建设这些产业,而这样的产业在开放、竞争的环境中是没有自生能力的。虽然补贴和保护在一段时间内使一些国家取得了投资引导的高增长,但是,这一战略伴随着高昂的扭曲代价,在中长期不具备可持续性。而这种方法自然也不能帮助它们跻身高收入国家的行列

（续表）

主要特征及政策建议	优点	缺点
结构调整：关注政府失败		
提出在贫困经济体里，国家支持的发展战略必然导致不正确的相对价格，从而扭曲激励机制 认为恢复外部和国内的平衡是启动经济转型和变革的必要先决条件 政策处方建议：宏观经济稳定、自由化、放松管制和私有化	利用价格体系以确保资源的有效分配，鼓励高效率	忽略了协调和外部性问题，而这些并不是通过市场机制能够解决的问题 没有解释技术传播如何发生在不同国家，并产生或维持增长，以及为什么它没有植根于其他区域 它的政策处方没有包括影响增长和结构变迁的关键要素，比如人力资本或制度因素
强化的"华盛顿共识"：关注政府失败		
建议以"华盛顿共识"框架为起始点，补充相应的政策措施，以提高社会和制度发展水平	重点关注治理、制度和人力资本开发问题，这些通常被视为维持动态增长的关键要素	具有与"华盛顿共识"相同的缺点 此外，没有认识到一些问题，比如部门间预算分配的权衡问题，并且没有为利益关联分析做出规划 仅仅为良政治理和制度发展提供了一般性的建议，而这些实际上是内生于经济增长的
随机对照试验和微观处方：关注政府和援助者失败		
提出减少贫困的政策要以"科学依据"为基础，方法是利用随机对照试验（RCT）或社会实验 广泛应用于项目和方案评估	随机对照试验是好的工具，有助于了解一些特定的微观项目和方案的成效，以及它们为什么成功或失败 突出什么可行，什么不可行，即便如此，一种环境下的教训或经验在另一种环境下也不一定适用 有助于确保特定项目和方案物有所值 向发展的利益相关者提供一些有用的"微观"反馈	如何用一种特定的方法解决最高优先级的认知差距，这样一个清晰的战略评估是必需的。然而，随机对照试验往往没有先进行这样的评估。每次只对一个特定项目的影响进行评估，而不考虑行为及其交互影响所涉及的许多异质性来源——也就是每一个这样的项目都只是通常跨越多个部门的一揽子发展战略的一部分这一事实——可能会导致偏误 向面临着庞大战略性"宏观"决定的政策制定者提供的洞见很有限 不允许对项目和方案的随机选择，这也许就过滤掉了其他的一些学习机会，这些机会至少对于提升我们对经济转型的理解同样重要 随机对照试验没有对经济发展的主要问题提供解答，那就是一些国家为何以及是如何成功地完成了根本上的经济转型的，而另一些国家却失败了，于是仍然深陷于贫困

（续表）

主要特征及政策建议	优点	缺点
增长诊断与产品空间：关注政府和援助者失败		
对于结构变迁在经济发展中的中心作用给予认可，并认为每个国家都会有对经济增长的制约因素，这意味着即使诸多方面都很理想，如果在某一方面出现问题，也会阻碍经济增长 提出找到制约增长的最大因素是经济政策的关键 经济进步的出现是因为国家不断升级它们的产品。这种做法表明，国家应当将它们目前的产品，向一般认为更复杂、更相关的产品方向发展。产品线的相关度越高，就越容易使这些国家重新调动它们的能力，并逐步取得进展	强调需要利用影子价格揭示的信息对改革进行优先排序 提供了产业和技术升级的一种简单方法（产品之间的关联网络）	适用于任何一个国家想要极力发展的新产业，并认为这种新兴产业的选择应取决于单个企业的自我发现过程。但是，由于这种方法并非明显地基于比较优势理论，因此新选择的产业几乎是随机发展的，在这种情况下，它们很可能具有结构主义方法所针对的相同特性，在竞争的市场中没有自生能力

增长：深奥难寻的求索

位于华盛顿特区的医学研究院在其题为"人孰无过"（To Err Is Human）的1999年研究报告中披露，由于医院的失误，仅在美国每年就有98 000人死亡。这一报告引起了世界医学界的震惊和怀疑，起初大家对这个数字存在争议。然而，近些年来，包括医生和医院官员在内的医学界专家已经对此形成了广泛的共识——实际情况远比这一数据更糟：2010年，美国政府自己也承认，仅仅是政府医疗保险（Medicare）计划中的病人，每年就有180 000人死于不当的医院治疗。颇具声望的《病人安全杂志》（Journal of Patient Safety）最近发表的研究结果更是出人意料，在这项研究中，美国宇航局的一位杰出毒理学家（James，2013）表明，由于错误的诊断和错误的处方而造成的死亡率实际上更高。据估计，每年有210 000—440 000名去医院接受治疗的患者由某种本可避免的伤害导致了死亡。在一个拥有堪称世界顶级的医疗保健体系的国家尚且有如此高发的医疗事故,那么,可以想象,在一个不收集和发布此类统计数据的低收入国家,又是何等的景象。

充满着挑战的经济发展过程也是以高风险为特征的,在一些社会和国家,有着与医学界如出一辙的案例,这些案例对我们深有启发,但更令人惶恐不安,这类错误往往是由战略专家和政策制定者在他们的经济诊断和战略建议中做出的。人们很难想象,误导性的政策建议会给低收入国家在之后的很长时间里造成怎样的政治、社会和经济的隐性成本。无论是什么,这些成本肯定是极其高昂的,且会对这些国家的几代人都产生叠加的影响。本节将讨论在甄别经济增长制约因素的过程中普遍存在的一些问题,以及基于错误的诊断而配制出的冗长且具有逻辑误导性的政策处方。

为了回答发展经济学中最根本的问题——"贫穷国家怎样才能依据自身的具体背景和情况,启动包容性的增长并且维持这一增长进程?"——经济学家往往过于依赖跨国经济增长回归,假定增长依赖于某些先决条件、制定因素和政策变量。

但这种研究范式却变成了令人失望的反面教材。传统增长理论预测发达国家和发展中国家的增长表现将趋于收敛,然而两者之间的表现却仍然是分散的。尽管我们看到国家间的政策在收敛,但却看不到GDP有收敛的趋势。一个与之相关的问题是,在研究经济增长的文献中,大部分证据都是依托于平稳性假定(假设所有在过去观察到的现象在未来仍将出现)。还有一些证据表明,世界经济的跨国分布可能是多峰态的,在少数"收敛俱乐部"之外,大部分国家往往陷入相似的经济增长水平,看不到未来增长的明确前景(Ben-David,1998)。

在这样的失望中,一些研究人员便得出结论,如果制定的政策和所选择的行动手段是以巴罗收敛性回归的通用结论为基础的，那么，由此得出的政策处方及对回归有效性的预期就一定是错误的（Rodrik，2012）。另一种观点认为，经济增长的研究人员对异质性（每一个国家以及许多不同类型的企业和家庭的具体特征和情况）的关注可能不够。第三种批评是经济增长研究对于"线性化"复杂模型具有一种强烈的倾向：传统方法一直专注于经济增长的多元决定因素的独立影响，这导致了复杂的理论模型的线性化。然而，各项影响增长的因素是相互作用的，要取得某些政策改革的成功，必须配套实施其他的政策改革。因此，有必要采取一种政策互补的方法。① 但是，即使在分析中引入了互补性，异质性问题仍然存在。如果在不同的国家和不同的时间，不同企业（按规模、位置、所有权等进行分类）的表现存在差异，这就意味着由主导思维模式制定的"放之四海而皆准"式的政策处方很可能是无效的，甚至会适得其反（不恰当的政策往往不仅花费成本，而且还会造成社会动荡不安的长期恶果）。

这些失望导致了对新的经济增长模式的反思和探索，然而，此举可谓非一般的挑战。事实上，尽管面对各种批评（比如非结构性，对复杂现实的线性近似，以及最终结果的不够可靠），人们仍然可以证明使用跨国回归的合理性，并指出如果没有使用这样的方法，分析路径将是不明确的。首先，在同一个国家的不同地区之间，以及在同一个地区的不同个人之间，都可能存在与国家之间同样的异质性。换言之，忽视异质性不是跨国增长回归的内在缺陷，这样的不足也同样适用于其他任何类型的回归。其次，对于许多宏观经济问题（如政策或制度对经济增长的影响），观察的基本单位是国家，除了比较跨国数据的变化之外，几乎没有其他的数据可以替代。最后，使用跨国数据进行结构性或非线性估计并不容易，面临的是急速消失的自由度，另外，由

---

① 这种方法的典型例子包括 Acemoglu and Zilibotti（2001）关于技术采用和人力资本，以及 Banerjee and Newman（2004）关于贸易和金融发展的研究。

于缺乏有效的工具，确定完整的结构模型也实在艰难。

基于这样的思考，关于经济增长的分析达成了新的共识：各种分析方法应该被看作互补的，因此，最优化的策略是明智地将跨国分析与微观和国别研究相结合，而不是选择一种"首选"的方法。以此为基础，通常建议采用一种三步法来进行增长的国家研究：第一，利用跨国比较，营造一个国际背景，对整体增长的决定因素的平均影响和某些改革的潜在收益进行估计。第二，利用微观数据，允许异质性在经济体内（国家内部和国家之间）存在，并探讨增长的制约因素在行业/部门或企业的不同层面是如何运行的。为了能够更充分地了解增长经济过程及其强化政策，就必须开展更多的实证调查研究，并对投资环境、资产分配、政治改革等方面进行更好的动态分析。事实证明，企业层面的微观数据对于进一步的研究大有益处，特别是对就业相关问题的研究。第三，国别分析有助于对因果关系以及政策或制度变化或者外国援助影响增长的各种作用传输渠道进行更好的理解。

这一广泛共识显然推动了我们在确定增长政策问题上的步伐，但它仍然没能为发展中国家的政策制定者提供可操作的政策工具，以形成持续的、包容性的增长和繁荣。尽管还没有解决政策制定者应该如何集中力量发展具有最高潜在回报的产业部门这一重要问题，发展经济学家和政策专家已经把他们的注意力投向了改善商业环境的必要性上。

对实质性制约的随机搜索

"华盛顿共识"有一个挥之不去的滞后效应，那就是经济学家们达成了广泛的共识，所有国家，特别是发展中国家，通过改革使商业环境得到改善，有助于吸引和留住投资，从而培育竞争市场、促进经济增长并创造就业机会。通过改革来改善投资环境，这在很大程度上被视为促进私人部门发展和提高竞争力的一种有效途径，因而研究和开发新的诊断工具、产品和服务也就成了为许多重要制度所支持的蓬勃发展的新领域。① 对于任何一个国家来说，这些都有利于分析世界银行已经广为接受的营商环境指标（横跨十个政策领域的法律和法规基准）及其企业调查（在一个类似的主题范围内考察企业的经历）。企业调查为世界银行的投资环境评估（Investment Climate Assessments，ICAs）提供了原始资料。②

企业成长是经济发展的关键，所有这些数据库和工具已经在全球范围内激发起了人们对如何最有效地促进经济和产业增长以及国家表现排名的强烈兴趣。营商环境指数和投资环境评估尽可能充分地描述了企业经营的政策和制度环境，因此，它们成为发展中国家制定经济政策和确定优先事项的核心要素。尽管有这些用途，然而，它们所产生的结果往往并不一致，也很难令人满意。如同营商环境指标那样（见第二章），投资环境评估的结果也可能被滥用或误解。

投资环境评估是对一个国家的企业绩效与企业家的观点进行分析，并将分析结果与投资环境调查所发现的定量数据进行关联。企业会列举出阻碍其成长的各种商业环境特征。通常情况下，在一个抽样调查

---

① 例如，世界银行通过部门的投资贷款和发展政策贷款对投资环境改革予以支持，其贷款的实质要件涵盖了监管和竞争、贸易便利化和市场准入、对中小企业的支持以及税收征管改革。除了贷款以外，世界银行的投资环境咨询服务（Investment Climate Advisory Services）部门还为政府客户提供一系列的咨询服务，以帮助他们改善国内外投资者的投资环境。这些都有助于促进投资、加强公平竞争、实施改革，从而减少企业所面临的不必要的成本和风险。投资环境改革工作主要集中在几个方面：破产、商业税收、商业监管、贸易物流、工业基础方案、公私对话、替代性纠纷解决方案、投资政策和促进以及经济特区的发展。世界银行还通过贷款产品以及从事经济和产业部门分析的咨询服务提供技术援助。多边投资担保机构（Multilateral Investment Guarantee Agency）通过政治风险保险支持新兴市场的外商直接投资。

② 其他一些流行的基准工具包括跨国界投资（Investing Across Borders），这一工具比较了世界各地的外商直接投资，对很多方面给出了定量指标，包括经济法律法规和实践是如何影响外国企业进行跨部门投资、创办企业、获得工业用地以及进行商业纠纷仲裁的；还有全球投资促进最佳方案（Global Investment Promotion Best Practices），它调研了政府授权的投资促进机构的能力，这些投资促进机构通过向潜在的外国投资者提供他们所需要的国家和产业部门信息，推动外商直接投资。

中，被抽到的企业的管理人员要对每一个投资环境维度（如腐败、基础设施、融资可得性等）对于企业绩效的阻碍程度进行从 1 到 4 的量化评价，任何一项投资环境维度的高均值评分都可以作为对增长制约严重程度的证据。

但是，事实也不尽如此，人们对投资环境维度的程度理解并不等于这些维度变量对企业增长、经营业绩或企业生产率所造成的实际影响。尽管企业对其自身的业务流程和经营环境有直接的了解，但是，企业可能还是无法充分认识到它们的主要问题的真正根源，而将一个并不太明显的问题表现出的症状错误地当作了一个制约因素。

Ayyagari et al. (2008) 的里程碑式的实证调查就指明了商业人士对成长障碍的看法和实际的企业绩效并不一致。这项研究对究竟哪一项商业环境特点会直接影响企业成长进行了考察，其样本是 80 个国家的 6 000 多家企业，他们运用企业层面的调查结果和几项投资环境变量的平均报告值对以下项目做出评估：每个由企业报告的商业环境障碍是否真的影响其成长；阻碍企业成长的多个障碍的相对经济重要性；每个障碍是直接影响企业的成长，还是通过强化其他有直接影响的障碍而间接地产生阻碍作用；以及这些关系是否因不同的经济发展水平和不同的企业特征而有所变化。

在来自所有 80 个国家的企业的总体样本中，企业报告了税收和监管、政治不稳定、通货膨胀和融资是增长的几项最大的障碍。通过观察这些平均报告值的排名情况，这些投资环境调查结果可以为国家级别的政策审议组织提供参考。因此，如果一个国家投资环境的某个特定维度的平均报告值高于其他维度（也高于其他国家的平均值），那么，这一投资环境变量就被认为对这个国家的增长构成了一个障碍（如表 3.2 中的黑体字所示）。

表 3.2　投资环境感知变量：平均报告值

成长障碍	平均报告值			
	总体	孟加拉国	尼日利亚	新加坡
税收和监管	**2.97**	3.03	3.10	1.55
政治不稳定	**2.83**	3.08	3.43	1.50
通货膨胀	**2.83**	2.86	3.26	1.61
融资	**2.81**	2.60	3.11	1.97
汇率	2.59	3.09	2.92	1.88
街头犯罪	2.54	3.07	3.30	1.22
腐败	2.54	3.61	3.37	1.28
反竞争行为	2.39	2.40		1.58
基础设施	2.27		3.68	1.42
司法效率	2.16	2.38		1.32

注：80 个国家的 6 000 多家企业报告的企业成长障碍。报告值区间为 1—4，其中 1 表示没有障碍，4 表示重大障碍。

资料来源：Ayyagari et al.（2008）的计算。

但如果进行更深层次的挖掘，很快就可以发现，识别企业成长障碍的这种流行方法实际上并不可靠。Ayyagari et al.（2008）细致的计量分析表明，企业管理者们所感知到的某一投资环境变量阻碍企业成长的程度，与这一变量对企业生产率、投资行为和企业成长的实际影响往往是完全不同的。回归分析表明，拥有最大和统计上最为显著的经济影响估值的制约因素是融资、街头犯罪和政治不稳定（如表 3.3 中的黑体字所示）。换句话说，当企业管理者面对调查时，他们做出的回答往往是不正确的，他们会列出那些他们认为是制约其企业表现的障碍。这也的确不足为奇：在回答调查问卷时，管理人员可能直觉地想到利润或其他的主观因素，而不一定是生产率增长的真正决定因素。

表 3.3 投资环境变量的实际情况：企业成长影响估值

成长障碍	经济影响估值			
	总体	孟加拉国	尼日利亚	新加坡
融资	−0.101**	−0.094**	−0.112**	−0.070**
街头犯罪	−0.096**	−0.117**	−0.125**	−0.046**
政治不稳定	−0.074**	−0.080**	−0.089**	−0.039**
通货膨胀	−0.031	−0.031	−0.035	−0.018
司法效率	−0.011	−0.012		−0.007
税收和监管	−0.006	−0.006	−0.006	−0.003
腐败	0.013	0.018	0.017	0.006
基础设施	0.018		0.029	0.011
汇率	0.041	0.049	0.047	0.030
反竞争行为	0.043	0.043		0.028

注：经济影响估值是指制约因素相对其相关（总体或特定国家的）样本均值的变化对企业成长的影响。

资料来源：Ayyagari et al.（2008）的计算。

表 3.2 和表 3.3 结果之间的相互矛盾，可以利用 Bourguignon（2006）提出的具有分解层面的异质性的增长模型来解释。某个特定的投资环境维度 Z^m 对特定企业 i 的某个绩效指标 y_i（如企业生产率、投资或企业成长）的影响确实可以估算出来：

$$y_i = \sum_m \delta_m Z_i^m + \varepsilon_i \quad (1)$$

这里的 δ_m 是指投资环境变量 m 的影响弹性，然后我们来看乘积 δZ——放松某个特定的制约条件对企业绩效的影响——而不是制约本身的值或"高度"Z。事实上，放松投资环境的制约的影响估值可能与其被感知的平均值是完全不同的。[①] 表 3.2 显示的是投资环境制约因素相对其相关（总体或特定国家的）样本均值的变化对企业成长的影响估值。因此，影响的估值数据是乘积 $\delta_m Z_m$，这里的 δ_m 是由一个类似方

---

① 等式（1）包含了一个限制条件：假定 δ_m 在所有的企业都是相同的。这意味着企业对政策变量的反应具有同质性。这种简陋的假设并不完全令人满意。一个丰满的经济计量模型会超越这样的单一反应，对 δ 系数引入异质性。参见 Bourguignon（2006）。

程（1）的回归方程估计得到的。

表 3.2 和表 3.3 之间结果的不一致显示了对企业成长障碍的主观感知与制约因素对企业绩效的实际影响之间的差异。政策和制度环境的不同维度的相对重要性及其对企业绩效的影响可能会被误解，而这两张表格之间的不一致所凸显的只是诸多误解中的一支半节。

此外，对制约因素的分析不应该局限于某个独特的场景，其中假定影响在不同国家的弹性估值是完全一致的，也就是说，表 3.3 中的估计结果暗示了投资环境变量对企业绩效的影响是不区分于不同国家或企业特点的。如果真的认为在各国，比如新加坡、孟加拉国和尼日利亚，政局不稳定因素对企业成长的影响弹性是一样的，这将是一个非常鲁莽的假定。

在这一点上，研究人员面临着数据的局限性，而常用的分析工具又很难成全他们的想法，Bourguignon（2006）对研究者面临的疑难问题做出了阐释："难点在于我们会遇到自由度不够的情况。在同一个国家，在给定的时间点，政策环境没有足够的变化——相比政策环境，企业绩效的变动幅度更大。因此，我们没有足够的自由度来对国家内，乃至部门内，以及同一年限和规模类别内的弹性分别进行估算。"

问题在于，如果可用的数据集在不断扩展，无论是国家层面的异质性（国家政策随时间的推移而演变）还是企业层面的异质性（企业绩效因规模、位置及其他因素而不同），都只能通过令人满意的分析工具来解决。这样一个昂贵的解决方案既不实用也不现实。因此，经济学家们一直试图在融资、司法效率、政局不稳定以及税收和监管这些定义模糊的投资环境变量背后，努力找出可操作的政策工具。

显而易见，从政策制定者的角度，若要寻找切实可行的方法来提升某个特定制造业的竞争力，从而刺激就业，并创造更多的工作机会，异质性是必须要纳入考虑的。Dinh and Monga（2013）的方法与大多数对发展中国家增长潜力的研究有所不同，他们不是将抑制成长的因素制成一个冗长的通用列表（包括腐败、教育、基础设施以及各种繁文缛节），而是给出了少数更为具体的、随部门和企业规模而变化的制约因素。他们运用了几种方法①，通过跨部门和企业的研究，甄别出六个制约了坦桑尼亚轻工制造业竞争力的主要因素：工人技能，贸易物流，融资渠道，工业用地使用权，投入品的可得性、成本和质量，以及企业家的技术和管理能力。在小企业中，最重要的制约因素是土地、投入品、融资和企业家技能。在大企业中，最重要的制约因素是土地、投入品和贸易物流（见表3.4）。在此基础上，他们对坦桑尼亚被确认为具有良好增长潜力的四个轻工制造行业——纺织服装、皮革制品、木材制品以及农业综合——进行了深入的诊断分析。

表 3.4 坦桑尼亚案例：聚焦关键点！

产业部门	企业规模	投入品	土地	融资	企业家技能和人脉	工人技能	贸易物流
纺织服装	小	关键	重要	重要	重要	重要	
	大	重要			重要	关键	重要
皮革制品	小	关键	重要	重要	重要		
	大	关键	重要	重要	重要		重要
木材制品	小	重要	重要			关键	
	大	重要	重要			关键	重要
农业综合	小	关键	关键	重要			
	大	关键	关键	重要			

资料来源：Dinh and Monga（2013）。

---

① 坦桑尼亚轻工制造业的潜力分析是一个大项目的一部分，该项目还覆盖了中国、越南、赞比亚、坦桑尼亚和埃塞俄比亚，其中借鉴了多种分析工具：世界银行企业调查；对五个国家约300家企业的定性访谈（包括对各种规模的企业的正式和非正式访谈）；对五个国家约1400家企业代表的定量访谈（包括对各种规模的企业的正式和非正式访谈）；对约300个正规中型企业的深度访谈，主要关注价值链；以及一项关于为中小企业主举办的对"改善式"管理培训影响的研究。详细的讨论内容参见 Dinh et al.（2012）。

投资环境调查有两个局限性：第一，无法提供那些在一个国家尚未出现，但却具有潜在比较优势的产业的信息（Lin and Monga, 2011）。第二，被调查的产业可能与国家的比较优势并不一致，要么是因为它们太先进（违背比较优势型发展战略的产物），要么是因为它们已经从根本上失去了竞争力（随着国家的发展工资普遍增长的结果）。这两个额外的局限性使得投资环境调查更倾向于选择那些满足了自生能力的标准，并可以代表经济的真实潜力的企业作为调查样本。

增长诊断：潜力与局限

上述讨论会使增长领域的研究者和政策制定者对几个重要的问题产生疑惑：那些对增长的决定因素的探索是不是没有找到正确的切入点？重点是否应该放在制度和制度结果上面，而不是或不仅仅是政策？如何获得良好的制度结果（假设它们没有反映出其他的因素）？在增长研究中处理非线性问题最有趣的尝试之一是 Hausmann et al.（2008）提出的增长诊断工具，也被称为"决策树"方法。该研究指出，增长需要一些"大原则"——市场、开放、健全的货币、产权——但它们可以采取多种形式，其实现还需要所在国家的特定背景和信息。特别是，这些原则不必采取任何一种精确的制度或政策形式。

首先界定一个前提，那就是在任何国家，开展少数而高效的改革项目是更富有成效的——这是 Hausmann et al.（2005）对增长速度提升的实证研究所推行的观点。然后，他们试图再利用一个逻辑的、有序的方式来确定增长的制约因素是什么（使用所谓的决策树方法），这种方法使得他们可以观察到问题是否出在低回报的某些方面（外部性、高税收、劳动力或资本的低社会回报、产权之类事项的弱专属性，等等）。对于任何一个国家而言，接下来就可以基于直接证据和间接证据来开发出一个用于实证分析的增长诊断框架，其中直接证据系统性地集中于一系列"影子价格"的清单（实际利率、运输成本、教育回报等），间接证据则是描述性的（非正式性、合同的自我执行等）。简而言之，该方法旨在获得与某国近期的成长历史相一致的经济议程，并避免逐项确认包括政策（因为它们并不指出任何优先顺序）、国家基准（因为这是针对结果变量的，与在别处实施的政策无关）和跨国回归模型（因为它们只关注平均值）在内的复杂清单。

因此，该研究的主要意图是，通过影子价格披露的信息来确定抑制增长的主要制约因素。在增长诊断的知识领域里，增长分解和跨国回归一直是主要的分析工具，Hausmann 提出的这种方法代表了一个新的和富有前途的发展方向。很少有人会反对这样的主张，每个国家都有抑制增长的制约因素，这意味着即使所有其他的维度都是令人满意的，只要有一个维度表现欠佳，就会对增长产生阻碍，而随着时间的推移和国家的不同，制约因素也会有所差异。因此，增长诊断方法为发展的优先顺序提供了充分而具有说服力的理由。

但是，在不同国家各自的背景下，其在操作层面最后仍归结于对一些传统的宏观经济问题的政策建议，给人以诊断范围受限的印象。这是不可避免的，因为决策树方案的结构仅限于几个宽泛的问题，而在微观和制度层面出现的问题（往往能够解释宏观层面所观察到的问题）并没有得到充分而具体的呈现。决策树对所谓一阶约束因素和二阶约束因素不加以任何区分，其诊断结果是有一定风险的，因为会将症状和缓慢增长的原因混为一谈。

事实上，"制约"这个概念在 Hausmann et al.（2008）提出的模型里也是颇为尴尬的。① 如果一个经济体受到融资约束，那么，该增长模型包含了两个方程来概述增长：

$$g = \frac{r(1-\theta)(1-\psi)p - \rho}{1-\beta}$$

---

① 就这一主题，我们与 L. Alan Winters 进行了深入的讨论，感谢他的见解和建议。

$$r = \left[a^\alpha (1-\alpha)^{1-\alpha} a (1-\gamma) \nu^{-(1-\alpha)}\right]^{1/\alpha} \frac{1}{1-\sigma}$$

再加上一个遵循平衡增长路径的福利方程：

$$W_c = \frac{\log[r\theta + \rho(1-\beta)] - \log(1+\delta) - \log(1-\beta) + \log k_0}{\rho}$$
$$+ \frac{r(1-\theta) - \rho}{\rho^2 (1-\beta)}$$

其中，

g：增长（平衡）

r：资本回报率

θ：外部性程度（协调失败）

ψ：低效税收的广义解释

p：源于微观或宏观原因的"征用"概率

ρ："相关的"国际利率

β：融资约束＝借款/股本

α：产出中的私人投入（x）比例；（$1-\alpha$）：公共投入比例

a：全要素生产率

γ：产出/收入税率

ν：公共服务成本

σ：购买（x）补贴

k：禀赋

这些方程是用来整理思路的简单工具，并不起预测的作用，变量是故意留有不精确性的。因此，这也就解释了为什么以上建议的框架极具宏观经济的特点，但其引发了许多关于产业之间的相互作用和权衡取舍的异议。首先，关于增长的严肃政策讨论最后总是细化到具体的产业和部门——已有部门是具有竞争力的，尚未出现的部门则是具有潜力的（即具有潜在的比较优势）。此外，很多参数和变量在本质上是微观经济层面的（从投入补贴到税收弹性和无效率）。因此，对微观组成部分的良好的诊断和政策反馈是不应该被忽视的。

其次，除了融资约束，此模型实际上没有任何其他约束。方程是针对连续变量的，所以在方程右边的任何改进都会产生一个小的增长成就。比如说，改善公共服务效率（ν 降低了）可以精确地通过降低税收（τ）来替代。至于那些有关"约束条件"的余下的问题，则存在于各种制约因素的影子价格中，它们将福利方程里的概念或方程中各项之间的相互关系的概念联系在一起。例如，$\frac{\partial W}{\partial \beta}$ 取决于本地的收益 $r(1-\theta)$ 超出资本成本 ρ 的部分。补贴企业的优势取决于财政资源的影子价格。这被 Hausmann 认为是一种次优的应用。因此，虽然就针对发展中国家的案例研究而言，增长诊断框架是一种不错的系统性方法，但是，在实践中，与其说它是一门科学，不如说是一门艺术更合适些。对于如何消除这些制约因素，它鲜有介绍，而关于改革是否必须联合进行才能取得成功，也无法形成一致的观点。

政策处方过量，改革成效寥寥

尽管那些流行的用以甄别增长制约因素的方法在分析问题方面很难经得起推敲，但是，许多发展中国家的政策制定者通常被建议采用一套通用的政策，旨在实现宏观经济稳定和结构及制度改革。这些处方来自三个简单的想法，被 Williamson（1990）称为"华盛顿共识"的依据：对市场经济种种优点的崇尚、宏观经济规律的重要性，以及所有经济体开放贸易和外商直接投资的需要。Williamson 为这一仍然占主导地位的政策体系提供的理论基础不仅是作为一种经济逻辑，而且指出了富裕的 OECD 国家和贫困的发展中国家实行相似经济政策的必要性。他认为："在大多数情况下，['华盛顿共识'政策]是十全十美的典范，这也是为什么它们能够谋得共识。……长期以来，这些观点一直被 OECD 成员视为正统宝典，但也曾有一种全球性的种族隔离倾向,声称发展中国家来自不同的宇宙,这使它们受益于通货膨胀(以收获通货膨胀税从而刺激投资)、工业化初始期政府的主导作用,以及进口替代。'华盛顿共识'宣称,这个种族隔离时代已经结束了。"(Williamson,2002)

20世纪80年代,发展中国家往往面临着严重的收支平衡问题、债务可持续性挑战、外部融资短缺和低增长率(Monga,2006)。在此基础上,这些国家收到的典型政策处方皆以恢复内外收支平衡为目的,并使它们走上长期可持续增长的道路。这些政策处方由布雷顿森林诸机构设计并整理成结构调整方案(SAPs),将贷款作为改革的交换条件。结构调整方案有两个重叠的目标:宏观经济稳定,定义为减少国家支出,使其与国民产出或收入相一致;调整,包括通过更有效地利用资源增加国民收入或产出的政策。

主流发展经济学中的共识观点认为,稳定经济通常意味着采取的降低通货膨胀率、减少经常项目赤字、恢复外部竞争力和限制国际储备流失的政策。建议策略是收缩国内消费,这可以通过收紧货币和财政政策轻而易举地达到。当过度不平衡出现的时候,货币的实际贬值也是必要的。结构调整方案还提供了与提高国民经济的生产能力和改善国家资源的使用效率相补充的稳定性政策。当经济达到国内平衡(宽泛地定义为充分就业,没有明显的经济政策扭曲)和外部平衡(经常账户余额处于可持续的状态)的时候,宏观经济就取得了成功。其理由是,在一个相互依存的世界,小型开放经济体,例如那些国内储蓄仍然处于低水平的发展中国家,非常迫切地需要拓展贸易、吸引外国储蓄以支付其进口和投资,更有效地利用自己的资源,创造就业机会,提高收入,并减少贫困。

用以实现稳定和结构改革双重目标的政策框架可以概括如下:

① **财政约束**。这适用于区域内几乎所有国家都出现了巨额赤字,并导致国际收支危机和高通货膨胀率的情况,在这样的情况下,主要

受害人是那些穷人，因为富人可以把钱放在海外。

② **重整公共支出的优先排序**。这是建议将公共支出转移到扶贫上来，具体包括无差别补贴或基础健康和教育等。

③ **税制改革**。构建一个结合了适度的边际税率与广泛税基的税收体系。

④ **利率自由化**。回顾过去，我真希望能够用更广泛的金融自由化来定义这一点，并且强调在多快实现这一目标方面的不同看法。

⑤ **竞争性汇率**。我担心自己有些一厢情愿地陷入一种思路，坚持认为大家对确保汇率的竞争性已达成共识，这意味着采取一种中间汇率制度，而事实上，华盛顿方面已经开始接受"两端"学说。

⑥ **贸易自由化**。关于应该多快实现贸易自由化这一问题，我曾经陈述过一个不同的看法。

⑦ **外商直接投资流入自由化**。我特别将全面的资本账户自由化排除在外，因为它没能在华盛顿达成共识。

⑧ **私有化**。这是唯一一个起源于新自由主义思想的观点得到广泛接受的领域。我们一直以来都非常理性地知道，如何实现私有化是至关重要的：资产以其真实价值微不足道的一部分为代价转移到特权精英阶层，可以是一个高度腐败的过程，但事实证明，如果做得恰到好处，它也能带来利益。

⑨ **放松管制**。这一点特别强调的是削弱进入和退出壁垒，而不是废除那些出于安全或环境的原因而设计的管制规定。

⑩ **产权**。这主要是关于向非正式部门提供支持，使它们以可接受的成本获得产权（Williamson，2002）。

如果孤立地考虑，任何一个政策建议似乎都是合理的。但是那些低收入国家的发展程度是不同的，所以它们表现出的禀赋结构、比较优势以及发展能力也都良莠不齐，因此，这种具有预先决定顺序的一揽子政策建议所提出的通用的、"放之四海而皆准"的经济战略可能不会产生预期的结果。此外，在每个具体国家的国情下，各种政策工具可能是以不同的方式来实现预期的目标，需要同时考虑社会和政治约束、环境及机会。根据不同的国家及其规模、表现和经济结构，也有可能存在不同的方式来推动经济从稳定到增长，并将需求限制和供应措施结合起来。

毫不奇怪，结构调整方案从一开始就是充满争议的，很多人认为其会为经济带来沉重负担（至少在短期内），为政治和社会带去痛苦，总之，不是很有效。由世界银行和 IMF 等所做的一些研究，也确实突出呈现了部分早期结构调整方案所导致的一贯性的消极后果。[1] 事实上，结构调整方案的支持者似乎对发展中国家效率低下的经济体系更加顾虑重重（被称为无谓损失三角），而对理解如何实现企业绩效提升、经济增长、就业增加的必要性关注不足。在这些表现不尽如人意的经济体中，优先考虑的是通过消除扭曲获得效率收益，而不是有效的增长战略。

结合实施结构调整方案以及常规的一揽子政策建议留下的经验教训，在 20 世纪 90 年代和 21 世纪初期，由 Williamson（2002）总结的十项政策建议得到了进一步的补充，加入了其中最明显缺失的一些要素：制度改革和人力资本形成。于是，发展业界的一个新的传统智慧可以一言以蔽之：任何一个发展中国家，如果可以逐步实现广为流行的 IMF 意义上的宏观经济稳定，并采取多边开发银行所倡导的那种结构和制度改革，它们就会取得高速增长，并减少贫困。表 3.5 提供了这一常规的一揽子政策的摘要。

---

[1] 参见 World Bank（2005）。IMF 关于传统宏观经济框架及其政策有效性的认识和政策的演变已是有目共睹。参见 Blanchard（2009）和 Blanchard et al.（2010，2013）。

表 3.5　经济繁荣的扩展蓝图

政策建议	理论依据
宏观经济稳定	
财政约束	遏制巨额赤字，以免导致国际收支危机和高通货膨胀
税制改革	构建一个结合了适度的边际税率与广泛税基的税收体系
重整公共支出的优先排序	将公共支出转向扶贫，具体包括无差别补贴或基础健康和教育等
限制性货币政策	抑制通货膨胀并建立信誉
竞争性汇率	减轻外部冲击，将国际收支赤字控制在一定范围内
结构与制度改革	
利率自由化	结束金融抑制和资本外流
金融部门自由化	结束金融抑制，改善金融中介
外商直接投资流入自由化	吸引外国储蓄，激发知识转移
贸易自由化	消除扭曲，刺激竞争性出口
私有化	消除扭曲，鼓励竞争，缓解管理不善的国营企业对公共财政的成本压力
公共部门改革	减轻公共财政中公共管理部分的负担，使之与"现代"经济的需求更加一致
放松管制	削弱进入和退出壁垒，建立一个企业间公平竞争的环境
产权保护	使非正式部门能够以可接受的成本获得产权
劳动力市场自由化	使企业可以根据需要灵活地雇用和解雇员工
人力资本	为公共部门和私人部门企业提供发展所需的技能基础
改善商业环境	进行基础设施建设，刺激私人部门发展，消除所有制约增长的障碍
改善治理	强化行政机构，打击腐败和寻租，创造一个透明的公共部门
部门改革及各种战略（水、农业、电力、电信等）	制定与中期预算框架和长期发展目标相一致的改革方针

资料来源：本书作者。

遗憾的是，这些通常由 IMF 编纂且仍然主要基于"华盛顿共识"框架的政策处方——即使得到了扩展——也几乎没能在发展中国家取得预期的经济成果。所有采用并实施了这一政策框架的撒哈拉以南非洲国家就是直接的证据，它们疲弱的增长表现令人十分失望。即使在 IMF 规划实施了 30 年之后，这些国家大都仍只有非常低的增长水平，甚至平均增长率为负（见表 3.6）。

表 3.6　撒哈拉以南非洲地区的增长表现与 IMF 规划年限

国家	SAP 启动以来的年限（至 2012 年）	SAP 以来的平均增长率			
		前 5 年	10 年后	15 年后	20 年后
贝宁	23	3.8	4.1	4.4	4.3
布基纳法索	21	4.0	5.4	5.8	5.7
布隆迪	26	3.7	0.7	0.0	0.5
喀麦隆	24	−4.5	−1.5	0.5	1.2
中非共和国	32	0.6	0.9	0.4	1.1
乍得	25	4.5	2.8	3.4	6.3
刚果民主共和国	31	1.9	0.9	−1.7	−2.3
刚果共和国	26	−0.3	0.1	0.9	1.7
科特迪瓦	31	0.3	0.8	1.0	1.6
赤道几内亚	32		0.9	3.1	14.7
埃塞俄比亚	31	−1.2	2.4	2.0	2.7
加蓬	32	3.5	1.9	2.3	2.2
冈比亚	30	3.4	3.6	3.1	3.6
加纳	29	3.8	4.2	4.2	4.2
几内亚	30		4.1	4.2	4.0
几内亚比绍	31	6.4	5.1	4.5	3.1
肯尼亚	32	2.8	4.2	3.3	3.2
莱索托	24	6.2	5.1	4.2	4.1
利比里亚	32	−2.5	−4.5	−13.3	−1.7
马达加斯加	32	−1.6	0.4	0.2	1.0
马拉维	32	1.3	1.7	1.6	2.9
马里	30	0.3	1.4	2.0	3.3
毛里塔尼亚	32	1.0	2.2	1.8	2.5
毛里求斯	32	1.3	4.3	4.7	4.7
莫桑比克	25	7.1	5.6	6.5	6.8

(续表)

国家	SAP启动以来的年限（至2012年）	SAP以来的平均增长率			
		前5年	10年后	15年后	20年后
尼日尔	29	−1.5	−0.5	0.6	1.4
尼日利亚	29	−3.7	0.8	1.3	1.8
圣多美和普林西比	27				4.4
塞内加尔	32	1.6	2.4	1.9	2.6
塞拉利昂	31	0.9	1.0	−1.0	−0.7
索马里	32	0.1	1.7	1.4	1.4
苏丹	30	0.4	2.7	3.4	4.1
坦桑尼亚	32		3.8	2.7	3.3
多哥	31	−0.2	1.1	1.0	1.9
乌干达	32	2.7	3.0	4.3	5.3
赞比亚	31	0.5	1.1	0.3	0.9
津巴布韦	31	4.4	4.5	3.4	3.2

资料来源：本书作者。

令人失望的消息确实在整个发展中世界普遍存在着。确实，在拉丁美洲以及历经了从社会主义转型到市场经济突变的东欧国家，基于传统的政策处方的经济改革也取得了一些积极成果。一个典型的例子是玻利维亚，这是一个资源丰富、具有很强的增长潜力的国家，却始终是拉丁美洲最不发达的国家之一。它于1825年挣脱了西班牙的统治，尽管获得独立已有近两个世纪之久，该国仍然长期面临着社会动荡、普遍贫困以及非法的毒品制造等问题。一直以来，政治不稳定被视为玻利维亚经济表现欠佳的主要解释之一（它的历史包括了差不多200次连续的政变和反政变）。

1982年，玻利维亚恢复了平民统治，但在20世纪80年代初，这个国家遭受了重大的经济危机。前后差不多有20年，历届政府都实施了"华盛顿共识"式的改革，其中包括养老金改革、财政调整、中央银行独立、公共管理去中心化、开放对外贸易、公有企业资本化和私有化、价格放开、汇率和利率、建立金融监管和监督体系以及强化关键公共机构的作用，比如国税局、海关和国道管理部门。Jemio et al.（2009）对改革的结果做出了批评："虽然改革措施提高了生产率，但却未能提供确保其长期持续的政治支持。恰恰相反，反改革措施迄今已享有广泛的政治支持，但自这个过程开始，生产率便处于停滞，经济增长和就业机会出现下滑——这样的发展趋势很可能会削弱反改革措施的进程。"（p.4）

这些改革在20世纪90年代结束恶性通货膨胀（从1985年的12 000％降为2006年的10％）、促进私人投资、刺激经济增长和削减贫困率方面的成功得到了肯定。不过，玻利维亚仍然面临相当大的挑战，比如收入差距仍然居高不下，其经济增长还不足以缓解占全国人口50％以上的高贫困率。此外，一些社会指标仍然低于拉丁美洲的平均值。玻利维亚总统埃沃·莫拉莱斯在他2006年的就职演讲中说道："我们在10年前、15年前、20年前就被告知，私人部门将会解决这个国家的腐败问题和失业状况，但是这么多年过去了，却出现了更多的失业、更多的腐败，经济模型并不是一个适合我国的解决方案，也许在欧洲国家或非洲国家它是一个解决方案，但在玻利维亚这里，新自由主义模式并不起作用。"

最近的另一个例子是格鲁吉亚，2003年效果不理想的"休克疗法"已经被广泛认为是一种失败。但是在短短十年的时间，它成功地成为一个运转良好的市场经济体，在世界银行2013年的营商环境指标排名中排在第八位。格鲁吉亚对基础设施质量、商业环境和公共财政管理的改良，以及对贸易壁垒的削减，都增进了投资。其年度增长率在2004—2013年甚至平均达到6％。尽管如此，格鲁吉亚仍是欧洲和中亚少数在2013年仍然没有达到1990年实际GDP水平的国家之一。经济改革创造净就业的机会并不多。事实上，"公共部门的裁减冗员及其作为某些老旧部门经济转型的结果意味着显著的劳动力流出和微小的净就业机会。而新的增长领域，特别是旅游业和其他服务行业，一直没能像强大的农业企业或制造业那样有效地创造出正式的就业机会。劳动力队伍中的大部分人——超过55%——从事农业（主要是个体经营），占据了GDP的8.2%，其特点主要是以家庭为基础的自给自足农业和规模相对较小的农业企业。较低的农业生产率水平已经成为农村高度贫困的显著原因"（World Bank，2014，p.2）。此外，如果使用国家统计的绝对贫困线数据衡量，格鲁吉亚与区域内的其他国家相比，其贫困和极端贫困程度仍然很高。

实施来源于"华盛顿共识"框架的常规政策方案所导致的令人失望的结果，远远不止玻利维亚和格鲁吉亚。从经济的角度看，对许多拉美国家而言，20世纪80年代是一个众所周知的"失去的十年"（Ocampo，2005）。一些东欧经济体在20世纪90年代进行的转型选择了一次性的改革策略，而没有采取一种更现实和谨慎的渐进主义方案，最后也承受了更加沉重的社会和经济成本（Popov，2007）。而结构调整方案下的非洲的经历，一般来说则更加痛苦（Soludo and Mkandawir，2003）。

在一篇被广为引用的从批判性角度重新评估"华盛顿共识"政策的文章中，Rodrik（2006）指出："政策建议游说者在热带国家的工作曾经是相对简单的，观察没完没了的政策荒唐事，而贫穷国家就无言地承受着这些，任何训练有素的、善意的经济学家都有理由说些从专业角度来看显而易见的事实：把你的宏观平衡理顺，使国家远离企业，然后让市场自由发挥。'稳定、私有化和自由化'已成为在发展中世界一展拳脚的一代技术官僚和由他们提供咨询的政治领袖们的圣歌……除非在极端个别的情况下，宏观经济政策、价格扭曲、金融政策和贸易开放对于国家的经济增长率具有可预测、强有力的、系统性的影响的事实证据都是相当薄弱的。堪比山高的财政赤字或自给自足的贸易政策可能抑制经济增长，但在适当的情况下，经济结果可能会有很大的差异。"（pp.973，975）

回顾往昔，"华盛顿共识"明显是过于处方式的，它并没有考虑到，在不同的国家背景下，可以有许多方式来实现一个特定的政策目标。2005年，世界银行发布了一个重大的研究报告，指出："'宏观经济稳定、国内自由化和开放'的原则被狭义地解释为'降低财政赤字、最小化通货膨胀、减少关税、最大化私有化和金融自由化'，而且假设在任何时间、任何地点，这些变化都是越多越好——忽略了这些应急方案只是践行这些原则的一些方式这一事实。"（World Bank，2005，p.11）它令人惊讶地承认，每个发展中国家在不同的情况下，具体的政策措施和行使方法，以及所应采取的行动序列不应该被统一规定。

这些政策建议还未认识到许多政府干预的内生性。在发展中国家，许多市场扭曲是内生的，因为政府需要保护和补贴那些由政府先前的进口替代战略支持的没有自生能力的企业，取消保护和补贴就等于宣判了这些没有自生能力的企业的死刑，从而导致大规模失业，减缓经济增长，滋生社会和政治动荡。为了避免这些后果，就要继续扶持没有自生能力但仍被视为现代化基石的资本密集型行业，因而，即使是按照"华盛顿共识"的规定取消了以前的保护和补贴，政府往往还会继续通过新的隐性的手段来保护这些行业。新的保护和补贴的效果通常比先前还要差，在苏联和东欧的转型经济体中体现得尤为明显（World Bank，2002）。

总之，旨在优化资源配置的市场导向的古典政策处方所提出的均衡预算、竞争性汇率和供给侧政策等，对于增长的回归也许是一个必要条件，却不是充分条件（Dornbusch，1991）。在许多发展中国家，低迷的增长表现往往是由于协调失灵以及传统的政策框架对外部性问题的考虑欠周全（Lin，2012；Serra and Stiglitz，2008）。那些认为低收入国家也必须遵循类似于OECD成员实施的经济政策策略的观点，可以说是传统的经济增长方案的主要缺陷之一。

许多经济增长的研究人员发现自己的才智处于一个僵局，主要是因为他们往往忽略了过去 300 年中最为强有力的线索：现代经济增长是一个技术和制度升级不断持续的过程，必须立足于特定时期的经济结构。研究人员已然忽略了亚当·斯密的基本教导，即洞见源于对"国民财富的性质和原因的研究"。恰恰相反，他们往往采取了一种不可持续的方式，试图去识别和收集所有可能阻碍增长的启动和持续的因素。

这些因素的清单不仅是一个几乎不可能完成的任务，还很可能是开放式的、没有穷尽的——也是不现实的。因此，当遇到过多的变量时，难怪经济增长的研究者们就会为他们模型的正确函数形式而顾虑重重。这种跨国研究方法对差异较大的各个国家施加了诸多结构性要求，但案例研究方法又不能做到归纳概括其中的普遍规律。选择高收入经济体作为世界上所有低收入经济体的榜样参照，依托一个基于市场的通用政策处方来探索经济增长，这样的做法已然没有什么实效，这也导致政策制定者仅仅注重于增长制约因素的无穷列表——从而忽略了其中的组成部分——由此产生了无效的政策处方。下一章我们来分析增长失败的缘由与经济成功的秘诀。

第四章　失败缘由与成功秘诀

　　阿根廷是一个曾经被军事独裁统治过很多年的国家，1978年年初，这里发生了一个体育史上最令人费解而又很具有启发性的故事。当时阿根廷正在筹办世界杯足球赛，这是他们有史以来第一次举办这样的体育盛会，试图借此机会重新树立阿根廷作为一个值得信赖的经济强国的形象。世界杯赛事是全球体育界最重大的事件之一，阿根廷军政府希望抓住这个独特的机会来颂扬阿根廷的历史，展示其成就，并恢复其被玷污了的名誉。阿根廷的经济进程确实是砸了他们国家的招牌：它在19世纪已经是高收入国家，远远领先于许多今天的先进经济体，但是在20世纪却失去了光彩，从此始终挣扎在中等收入陷阱不得脱身。

　　因此，世界杯对于他们来说超过了一个体育赛事的意义，甚至相比通过投资和旅游来促进经济增长，意味着更多的机会。这是一个难得的时机，可以重振该国过去的辉煌，重塑其在国际舞台上的形象。每个处于领导岗位的人都理解这次机会的独特性，也深知此时对错误是零容忍模式。足球可以帮助阿根廷抹去其几十年的欠佳表现，还原其在拉丁美洲的主要领导地位，甚至可以启动一个更加繁荣的全新进程。

全国上下到处都有一种紧迫感，但是最明显的莫过于被称为"蓝白军团"的阿根廷国家足球队。阿根廷队的主教练塞萨尔·路易斯·梅诺蒂有一个独特的理念和不寻常的制胜战略：他坚定地认为必须建立一个团结战斗、纪律良好、体现国家优势特点的团队。他从来都不觉得一个团队只靠队伍里的某一个超级球星就可以赢得比赛的胜利。前球员加布里埃尔·卡尔德隆说："他告诉我们，他做我们的教练是因为他相信我们的潜力，他特别强调每个人的优势，每个在球场上奔跑的球员都十分清楚地知道自己要做什么，而且坚定不移地做着。"（Fifa.com）

梅诺蒂在实施他的理念的过程中做了一个最富有争议的决定：尽管公开承认年轻的天才球员迭戈·阿曼多·马拉多纳是当时"世界上迄今为止最好的足球运动员"，但是他表示，马拉多纳杰出的才能和足球技巧并不适合团队的战略，并使得阿根廷队的其他球员不能最大化地释放自己的能力。在这个国家里，每个人似乎都对足球战略有着很强的意见和观点，1978年的国家队名单里不包括马拉多纳的决定激起了强烈的公愤。然而，面对舆论的批判，教练并没有放弃自己的决定，最终他还是选择了一个经验丰富但知名度大打折扣的前锋马里奥·肯佩斯作为队长人选。

之后便是一段佳话，在梅诺蒂的专业指导下，阿根廷队以出色的表现在世界杯比赛中获胜。在1978年7月25日的总决赛上，阿根廷队将一场独具特色的、观众翘首以待的比赛呈现给了世界，以3比1的比分战胜荷兰队，踢进两个球的不是别人，正是马里奥·肯佩斯。这是梅诺蒂职业生涯的至高成就。时至今日，这一壮举不仅被球迷和业界人士所津津乐道，也是社会学家讨论和研究的案例，它被认为是一个重振国家精神的历史性时刻（Miller，2009）。引用 Kuper（2006）的话，它已成为"一个几乎像粒子物理学或神经学一样的，［在阿根廷］受人尊敬的学术领域"（p. 220）。

据国际足联（FIFA）报道，这是足球运动的最佳国际案例，"阿根廷足球，公认的世界一流，获得如此崇高的地位，塞萨尔·路易斯·梅诺蒂可谓功不可灭。［他的］就任是阿根廷国际足球组织和规划的一个转折点"（FIFA，1994）。1978年世界杯足球赛并没有使阿根廷从中等收入陷阱中脱离出来，但一些历史学家和社会学家认为这次盛会是阿根廷复兴并成为拉丁美洲强国的重要因素，它增强了民族自豪感，进而推动了20世纪80年代的民主改革——貌似矛盾的是当年组织这场盛会的军事政权在改革的进程中垮台了。

视梅诺蒂为阿根廷政治和经济复兴的建筑师或许有些牵强，但是，对于那些寻求经济繁荣的发展专家和政策制定者来说，他大胆的策略正是可以借鉴的。那就是这样的一个理念基础：成功取决于对资源的充分利用，而不是大量地引进各种想法和各种不可持续的因素。其策略的主要构成可以借以比喻本章的基本论点：任何低收入国家如果可以准确地认识其禀赋结构，合理使用其具有竞争力的要素，充分发掘其比较优势，就能够实现持续和包容性的增长。

本章论述了经济发展中的失败缘由和成功秘诀。首先介绍了稳定和结构调整的标准模型，这是已经在世界各地占主导地位的发展思潮和政策，并且经过了几十年的批判性研究依然存在。本章接下来探讨了这一模型之所以能够经受住来自各个意识形态流派的批判的原因，这种批判持续了几十年，在20世纪八九十年代尤为甚。由标准模型总结出的传统政策框架往往并不有效，本章针对这一问题进行了分析，指出增长战略中重视协调和外部效应的必要性。关键是要从现实出发，既要谦虚谨慎，又要具备胆识和魄力，在此基础上了解经济体的禀赋结构及优势，充分相信国内要素，为工业、科技和制度升级设计出一个动态战略,使这一进程能够持续,同时保持合理节奏——就像1978年梅诺蒂与他的阿根廷世界杯足球队留给我们的故事。本章最后讨论了这个标准模型及其增长方案导致的一个主要"副作用":许多低收入经济体对外国援助的极端依赖("援助成瘾"),这种现象在非洲国家尤为严重。

随机增长的标准模型并不现实

全世界的物理学家都依赖于一种叫作"标准模型"的东西,这个模型描述了一切宇宙万物皆由几种基本粒子构成,并被已确认的几种基本力所控制。该模型是在20世纪70年代早期建立的,它解释了物理学几乎所有的实验结果,并精确地预测了各种各样的现象。随着时间的推移,标准模型便已经成为一个久经考验的成熟物理理论。

经济学家们一直以将本学科建设成为最难的社会科学为目标,并试图在各自不同的分支领域建立标准模型。诞生在第二次世界大战之后的发展经济学,自一开始就历经了无休止的意识形态和方法论上的争辩(从早期的结构主义到后来的"华盛顿共识"的支持者和随机论优越性的信徒),在此过程中一个占主导地位的框架出现了,它强调公认的传统智慧,并以此制定许多发展中国家的政策。或正式或隐晦地,多边发展机构和双边援助机构已把它作为一个分析低收入经济体的框架和判断是否向接受国提供财政援助的工具。标准的发展经济学模型并不能直接指定公共资金流向贫穷国家,即使如此,它依旧为像IMF这样的主要机构提供宏观和微观经济分析支撑,向私人贷款者和投资者"示意"他们对国家表现的评估结果。所以,它是相当有影响的。

模型最基本的公式可以参见IMF的增长模型(Khan and Knight, 1985),它假设实施稳定计划的国家预期可以在两年的时间内实现明显的增长红利!这样的结果首先应在需求侧政策下出现,之后通过供给侧的措施和政策提高外部竞争力。这样一个乐观故事背后的分析框架是从实际部门出发，其中总需求驱动着实际产出的增长[①]：

$$\Delta y = \alpha\Delta g + \beta\Delta d + \delta\Delta x + \lambda(y^* - y)$$

以上等式中，所有小写字母表示下列实际变量的对数变换：

y：国家的总产出

g：政府实际支出总额

d：国内私人实际信贷额

x：实际出口额

y^*：产出能力

$y^* - y$ 代表 GDP 差距。这是模型的核心，因为它意味着通过实施稳定和结构调整方案所带来的产能扩张，可以自动转换为更高的 GDP。

该模型依赖于几个等式和假设。潜在产出的增长 $y^* - y$ 是由劳动力的增长 n 和投资率 ω 所驱动的：

$$\Delta y^* = \sigma\omega + (1-\sigma)n$$

但在模型模拟的过程中，劳动力和投资率是作为外生变量的。而且由于没有信贷市场，利率也是外生变量，从而私人部门的实际信贷增长同样也是外生变量。所有这些因素都被强行植入。

实际出口额的增长是由产出能力和竞争力的变化所决定的：

$$\Delta x = \gamma\Delta y^* + \theta\Delta\Psi$$

竞争力是以美元计算的外生的世界价格（p^*）与国内价格（$e+p$）比率的对数形式：

$$\Psi = p^* + e - p$$

通货膨胀 μ 是受到两项因素影响的结果：实际余额 m 与实际货币需求 m^d 的差距，以及外生的贸易品价格的上涨率，因此，我们得出：

$$\Delta p = \mu(m - m^d) + \Delta(p^* + e)$$

[①] 我们在这里所使用的是 Dornbusch（1990a）模型稍加修改的简易版本。

虽然这个"标准"增长模型已经有一些更复杂的版本，但是，它的基本构件大致如上所述。① Khan and Knight（1985）在运行这个模型来模拟稳定性政策时，专注于需求和供给两方面措施的预期影响。为了展示如何能产生经济增长，他们制订了一个稳定和调整方案，假设了持续 10% 的名义国内信贷增长减少和名义政府支出减少，以及初始的一次性 10% 的名义贬值。它还包含了可以每年累计提高 2.5% 的产出量的供给方面的措施（提高投资率）。

该模型预测出正向增长的结果是通过一个稳定和调整过程而得到的，其机制可以描述如下：首先，一次性贬值使竞争力的提高立竿见影，而且随着时间的推移，总需求得到刺激。其次，短期而言，货币贬值会引发通货膨胀，从而降低实际需求的增长，至少对给定名义信贷增长率是如此。再次，因为最初的通货膨胀，名义国内信贷和名义国内消费增长率的下降限制了实际需求在短期内的增长。最后，货币供应量是由国际收支决定的，而通货膨胀率则是由外生的贬值率以及国内信贷创造所决定的。

贬值和金融抑制趋势在短期内会减缓经济增长，但是，仅在不久之后——通常为一年——贬值的扩张效应和通货膨胀率下降对实际信贷增长的有利影响将产生可想而知的魔力：经济增长率上升，价格逐步回落，通货膨胀率下降并稳定在低于其初始水平 10% 的位置。有几个因素可以解释这一高增长速度。在最初的不利冲击和实际需求减少之后，通货膨胀率下降最终刺激了复苏的加速，这对于政府开支和私人部门是有利的，而竞争力的增强又会使实际进口下降和实际出口渐成规模，这样可以补偿实际国内需求的减少。此外，由于投资的外生增长，潜在产出也随之增加。

无论人们对 Khan 和 Knight 的模型作何评价，几十年来，在不知

---

① 为了便于模型展示，方程的顺序已被改变。

不觉中，这个模型不仅仅是稳定和调整模型，而且成为经济增长的"标准"模型，它的各种变形版本也被主流宏观经济学家和政策制定者应用于增长实践当中。有一点必须承认，从会计角度它的确是精美简洁和协调一致的。它已延展至宏观经济学领域之外，成为众多经济发展战略未命名的主力模型，应用于世界各地许多的低收入国家，尤其是20世纪80年代的拉丁美洲、20世纪90年代和21世纪初的非洲。但是，从分析和政策的角度来看，这个模型具有严重的缺陷，它将只会导致各种失望。

验证神话："身残志坚"的标准模型

詹姆斯·卡梅隆的科幻电影《终结者2：审判日》可谓是里程碑式的作品。故事讲述了善恶两方为保护或杀掉一个男孩而战，这个男孩注定要成长为人类的救世主，使世界免于沦为被电脑控制的绝境。这场战斗发生在两个机器人之间，一个是改良的终结者机器人T-1000，它从未来降临，目的是杀掉这个男孩，另一个是旧版模型T-800，它被派来保护这个男孩。然而，T-1000可以变成任何形状，有着变色龙般的能力，而且几乎永生不灭。这部电影使人联想到那些关于发展中国家增长模式的争论，总有良莠不齐的想法出现，但最终主导的方案往往并非最佳。

尽管这个稳定—调整—增长的标准模型有各种不当之处，但它已经掌握了经济发展的话语权，而且到了坚不可摧的地步。就像在卡梅隆的动作惊悚片里的T-1000，它已成为大多数发展中经济体几乎无法推翻的政策框架。自始至终，标准模型的支持者不仅认为它是生死存亡的关键，而且把它作为一条通往繁荣的不可回避的道路。尽管几代研究人员指出，它从一开始就有许多分析方面的不足之处，然而，这些都无济于事。

首先，有来自意识形态偏左的宏观经济学领域的批判，尤其是早期和新古典结构主义者，他们从20世纪80年代模型诞生以来就向其发起了挑战（例如，Taylor，1981，1988，1993）。从财务、生产及商品市场的安排角度来考察，半工业化经济体的特点与那些高收入国家是非常不同的，Taylor给出了重要的关系式，并推导出一组IS（投资—储蓄）和LM（流动性—资金）曲线来描述短期内的经济。他的中心假设是，传统模型得出的标准政策在执行中会有严重的风险，由于短期成本增高，会使不良的经济状况进一步恶化，以限制需求为目的稳定政策最终却使供给减少，甚至超过需求的减少，通货膨胀将会发生。

民粹主义的政策并没有意识到货币增长和价格增长之间，或实际汇率和贸易表现之间的关联，这往往导致总体经济和政治的崩溃。但是反之也成立：实施正统的稳定性计划的政府希望在两年的极端困难后重建平衡，但可能在第一年就生存不下去了。所以，仅仅因为短期成本太高，整个努力就可能毁于一旦（Dervis，1981）。由此得出的结论是，相对于Khan-Knight模型提出的"休克疗法"及其政策处方，渐进主义反而更为可取。然而，这些有根有据的观察并没有改变稳定—调整—增长的标准模型在知识界的主导地位。

随后，又有一些包括主流经济学家在内的右派学者的批判，也许其中最中肯的批评来自Dornbusch（1990，1991），这位如假包换的新古典主义经济学家的意识形态动机是毋庸置疑的。他在论文中重点指出了分析中缺失的收入分配变量，这引发了有关该增长模式有效性和针对性的强烈质疑，特别是对于拉丁美洲和非洲国家。

该模型假设实际折旧的实现并不影响实际总需求，即使它几乎总是意味着实际工资的下降。这种对收入问题的善意忽视是不现实的。在有些国家，如果经济曾经由扩张性的政府政策所推动，稳定和调整方案通常可以实施。通过中止扩张性的政策进程，稳定和调整方案就可以启动一个新的政策机制，需要将增长引擎转移到贸易部门和私人投资领域。这种转移要求财政整合,从而降低了实际工资和内部需求,这些趋势使得私人企业丧失了投资意愿。随着货币的贬值,作为这一政策方案的重要组成部分,一个极具竞争力的汇率就意味着实际工资是非常低的。虽然这可能最终会促进出口,但短期内会出现更高的进口价格和通货膨胀。

几乎无一例外,货币贬值所带来的通货膨胀和经济衰退不仅仅是短期的。如果从财政整合中释放的资源没有立即用于支撑进口替代——这并不是一个自动程序——预期的增长可能就不会发生。较低的实际工资和财政整合可能造成更多的贫困和社会动荡,如玻利维亚和墨西哥在 20 世纪 80 年代,还有在非洲的情形(Lizondo and Montiel,1989;Dornbusch and Edwards,1989;Christiaensen et al.,2002)。

Khan-Knight 模型还假定实际贬值是一种可以自动产生更多净出口的方式,的确如此,因为这是对长期的出口和进口弹性的最优选择。经济体的出口方可以模型化为依赖于"合适的"实际汇率的产业的竞争力。换句话说,(预期的)供给是不受其他因素的影响而产生反应的,如产业的经济活力、金融和全球价值链的接入、不断变化的国际价格走势(对于许多发展中国家尤为重要,因为这些国家往往只有很少的几种商品为贸易主体)等。该模型对经济增长来源的分析是静态的和僵化的,它忽略了一个事实,即动态和可持续增长体现的是一种关注比较优势转换的发展战略。

因为在该模型里,投资是外生因素,于是可以很容易地选择任何数值,以便模型提出的线性稳定机制可以产生更高的潜在产出增长,从而实现更高的实际增长。这是一个信念上质的飞跃:该模型并不支持任何增长前景与甚至是一些最为广泛认可的已知决定因素(投资者信心、信贷市场状况、潜在的投资回报率等)之间的联系。在模型中也没有针对储蓄(国内外)对金融投资的可得性进行讨论。财政协调是该模式的基本特征,可以假设它会带来预期收益,为更多的私人部门信贷打开空间。但高利率的政策建议也可以减少投资。然而，Khan和 Knight 的文章通过模拟，信心满满地预测了在一个典型的稳定和调整方案里，供给侧措施可能会使经济增长趋势增加 2.5%。

Dornbusch（1990b）从宏观经济学的角度对标准模型进行了评论，他概括写道："在稳定性讨论方面，传统观点认为财政紧缩、竞争性实际汇率、健康的金融市场以及放松管制为恢复增长提供了前提条件。然而，区别必要条件和充分条件的差异还是有必要的。毋庸置疑，调整是必要的，但不是充分的。资产持有者可以延缓外逃资本的汇回，投资者可以推迟项目的启动，所以，协调问题是重要的，但是古典经济学并没有认识到这一点。"

标准模型历经几波发展思潮的批评，尽管如此，仍然带着满身缺陷生存了下来，并已悄然成为许多发展中国家经济增长的主导方案。就像詹姆斯·卡梅隆的 T-1000 可以变成任何形状，有着变色龙般的能力而且近乎完美，标准模型也可以乔装改扮来转移批评的视线，最终凌驾于知识界，占尽主导优势。

厘清真假实幻：误导的故事和修正主义那些事儿

当基于标准模型的增长和经济发展面临令人失望的结果时，标准模型的支持者们往往认为其主要原因是发展中国家的政策制定者不愿实施他们的政策框架或执行力太弱。他们经常强调说，那些权属不明的改革通常都是不受欢迎的，在政治上难以实施，还时有政策的逆转倒退（Mussa and Savastano，2000）。他们还指出，无效治理和腐败问题，以及既得利益的存在往往会阻碍改革。

但是，这些观点却经不起推敲。在 20 世纪八九十年代，贴着"华盛顿共识"标签且诞生于标准模型的改革方案之所以在大多数发展中国家失败，并不仅仅是因为这些建议是"外国制造"的。纵观历史，所有的发展中国家都实施了许多国外设计的政策。拉丁美洲、亚洲和非洲国家都接受并通过了社会主义或结构主义所提倡的进口替代政策，这些不正是苏联或中国的设计思想吗？

导致标准政策处方被拒绝的主要原因，纯粹是这些国家政治领导人对成本收益进行分析的结果，这些国家经过几十年扭曲的摧残，其糟糕的经济表现已经是次优或次次优的状况。在这样一种微妙的环境中，基于"标准模型"的传统改革方案在经济上和政治上都很有风险：它们承受着沉重的短期经济和政治成本，而其未来收益却并不确定。

因此，在许多发展中国家，这一最优的改革建议未能得到全心全意的拥护，并非总是由于政治精英和既得利益集团的政治俘获，或是缺乏国内共识。"华盛顿共识"政策以推动经济自由化和公共企业私有化为目标，是具有轰动效应的一系列改革。然而，以往的经济发展计划催生了一些"优先"的部门，政府需要进行干预以保护这些"优先"部门中不具有自生能力的企业，在这种情况下，改革就变得步履维艰。如果断然取消政府保护，就将导致这些企业的倒闭，造成大量的失业和社会不稳定，失去宝贵的外汇和财政收入。

纵使在有些国家，如俄罗斯以及其他独联体和东欧国家，取消扭曲已成为共识，政府往往也不得不重新引入一些隐蔽的保护和扭曲，其结果甚至比原来次优的政策措施更缺乏效率。这就是为什么这些尝试了"休克疗法"的独联体和中东欧国家表现得比白俄罗斯、斯洛文尼亚、乌兹别克斯坦还要差，因为后者采取了一种更为渐进的改革方式。20世纪70年代时，毛里求斯发明了一种双轨制的改革方式，紧随其后，中国和越南在80年代也采取了同样的方式，这种方法可以减缓政策制定者推动改革的政治阻力，同时实现稳定和动态的增长，是一种更好的方式。

一些发展专家认为，非洲国家之间存在着差异化的战略和结果，如科特迪瓦（自20世纪70年代以来，据称是实施着标准模型的政策处方）和加纳或坦桑尼亚（政府只在20世纪八九十年代采取了标准模型的政策处方）。但事实是，加纳和科特迪瓦之间的表现并没有呈现出显著差别。两国独立之后已有五十多年，在经济上几乎没有差别，仍然被认为是贫穷国家。加纳的人均收入是1 230美元，科特迪瓦的人均收入是1 160美元。加纳独立于1957年，首任总统克瓦米·恩克鲁玛认为政府的作用是帮助国家承受在结构转型过程中市场失灵的打击，这并没有什么错，但他实施的战略措施却是违背本国比较优势的。加纳1959年推出的加纳二次开发计划背后的经济战略旨在通过发展先进的高资本密集型产业，使该国以史无前例的速度实现现代化。其实，在20世纪50年代末期，他应该从加纳自身的特点出发，利用其比较优势，促进私人部门主导的劳动密集型产业的发展，而不是试图建立一个以资本密集型重工业为核心的"现代"工业部门。

同样，1960年科特迪瓦独立后，对费利克斯·乌弗埃-博瓦尼总统的经济战略的拥护也是极具误导性的。该国经济的确历经了超过20年的快速增长，但是没有政府的推进，其经济也没有进行结构性转型。在数年的动态增长之后，其经济的出口仍以农产品，如咖啡、可可、甘蔗、菠萝和棕榈油为主，缺乏多样化会造成三个不利后果，首先，增长不是包容性的，少数精英和多数人之间的不平等急剧增加，这些情况在包括世界银行在内的一些实证研究（Addison and Demery, 1985；Christiaensen et al., 2002）里均有展示。其次，由于缺乏多样化，其经济不适应外部和自然的冲击。世界经济出现衰退和局部地区发生干旱使科特迪瓦的经济深陷于危机之中，导致了20世纪八九十年代一段时期的社会政治动荡，紧随其后的便是21世纪初的内战。最后，科特迪瓦过去50年来的经济表现相比其他具有类似起点的经济体显得较为平庸，那些经济体的政府根据自身的比较优势，采取了多元化的战略，使经济不断升级（见图4.1）。

坦桑尼亚莫罗戈罗鞋厂的破产也是一个发展战略失败的证据，在

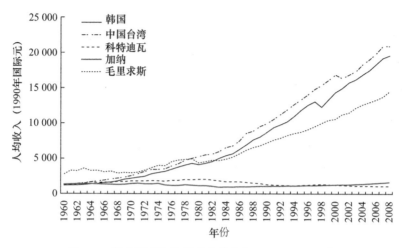

图 4.1　样本国家和地区的人均收入，1960—2008 年

资料来源：Angus Maddison，Historical Statistics of the World Economy，1—2008 AD.

这里，政府选择了可以支撑结构转型启动的某些产业。20 世纪 70 年代，世界银行提供了融资，并用了最新的设备帮助工厂装备齐全。该计划是生产 400 万只鞋，除了向整个坦桑尼亚供应，再将余下的四分之三出口到欧洲。后来发现，设立的工厂并不适合坦桑尼亚的气候条件，于是，连一只鞋都没有出口，生产于 1990 年停止（Easterly，2002，p.68）。

莫罗戈罗工厂的故事也许确实是商学院一个有趣的国家案例研究，但它说明了在利用比较优势设计和实施经济战略时，国家的上层领导也会失败。坦桑尼亚拥有非洲最大的牛种群，它的皮革业便是其具有发展前景的潜力部门。基于生产要素成本，国家在劳动密集型制鞋业中具有比较优势，其发展不需要租金。尽管如此，该鞋厂却没有成功地出口产品，原因在于，该国有鞋厂不仅管理不善，而且也没有国际市场的销售渠道。此外，其制鞋业也没有形成集群，这就增加了运输和其他与交易相关的成本。如果坦桑尼亚通过一个基于产业集群的工业园区的方法来吸引外商直接投资，其在当时甚至现在仍可以发展制鞋业。埃塞俄比亚便是一个典型的例子，尽管有许多政策的扭曲，在以私人企业为主导、政府提供扶持的皮革业取得了一定的成功之后，其制鞋业子部门也得到了发展，在短短的三年时间就创造了5万个新工作岗位。没有几个发展经济学家预测这样的成功会发生在一个贫穷的内陆国家，那些通常所需要的发展"必备条件"，这里几乎都不具备（Oqubay，2015）。

非洲经济从20世纪90年代3%的年增长率，提速为最近的将近6%，如此快速的增长是由于实施了"华盛顿共识"政策，这是对来源于标准模型的政策处方合理性的另一种解释（Devarajan，2012）。虽然宏观经济稳定无疑是一个重要因素，但是，许多非洲国家增长表现的改善也可以归因于全球商品的繁荣，而宏观经济稳定性的改善只是增长表现的一个结果。一个简单的跨国回归表明，撒哈拉以南非洲国家增长表现最重要的条件是该国的资源密集度。商业环境及其改善对增长表现并不具有一致的显著作用，某种迹象甚至表明，它们的影响可能是刚好相反的。这些结果使修正主义者用最近的非洲经济增长为"华盛顿共识"加分的企图完全失败了（见表4.1）。[①]

表 4.1 非洲近期增长表现的决定因素：一个简单的跨国分析

因变量	资源密集度（1=资源丰富）	人均国民收入（1999年现价PPP）	营商指数（2006年）	Δ营商指数（2008—2006年）	常数项	R^2 N
撒哈拉以南非洲国家年均GDP增长率，2000—2008年	0.0244 (0.0133)**	−0.0001 (0.0001)	0.0484 (0.0384)	0.0946 (0.0904)	0.0609 (0.0095)*	0.1203 35

注：营商指数排名转化为0—1的得分，1表示在计算年度营商便利度上排名最高，0表示排名最低。* 在5%的水平上显著，** 在10%的水平上显著。

[①] 由于这个回归是基于一个相当小的数据样本，并且控制条件较少，因此结果只是象征性的。营商指标数据缺乏随时间的变化性——虽然整体排名随时间的推移而存在变化，个别类指标（获得建筑许可证的时间、注册一家企业需要的流程数量等）有时在这一期间并没有变化。另外，也有一些计算方法上的局限性：个别类指标的变化没有考虑方差变化的权重，导致一些数据的偏误。这对我们结果的影响尚待讨论，但是我们相信它是最小化了的。

还有一种常见的说辞，即基础设施和技能的贫乏是解释非洲国家结构转型不成功的理由，但实证研究的证据是不支持这种普遍说法的。一些非洲国家如加纳、肯尼亚、塞内加尔、喀麦隆和科特迪瓦，没有表现出严重的人力资本和物质资本约束，然而结构转型也没有自发出现。更为关键的是，尽管突尼斯和博茨瓦纳两国都有很好的商业环境，结构转型也没有在两国自动发生。相比之下，尽管商业环境欠佳，中国、巴西、越南、印度和印度尼西亚却取得了显著的结构转型和经济增长。它们能够进行重大的结构改变是因为政府帮助其推动了经济的发展。

一个国家即使没有好的商业环境，也不必等到铲除了所有的扭曲和不明智的政府干预之后才开始经济起飞。但需要引以为戒的是，应该遵循比较优势，促进目标产业的发展，政府应积极帮助克服增长中的内部协调和外部性问题。许多扭曲肯定是起因于政治俘获[①]、保护/补贴没有自生能力的企业（金融抑制），或产生收入的需要（对进口汽车征收高关税）。务实主义在这样的环境中是至关重要的，政治领导人总是有一些自由裁量权，不一定成为精英俘获的对象。成功的关键在于他们可以在实现快速成功的领域使用这些自由裁量权，下文将进一步讨论这一点。这需要对内部协调和外部性有一个良好的理解。

不可或缺：协调和外部性

除了之前讨论的宏观经济的弱点和不一致性，对协调问题和外部性的忽视也已经构成了发展经济学标准模型的主要缺陷。对于一些面

---

① 正如 Devarajan（2011）所述，基础设施的约束不只是硬件方面的。"很多都是与规定有关的。非洲被广泛认为缺乏竞争力，因为有许多内陆国家不得不通过港口和劣质的道路运送货物，这增加了成本。但我们对非洲的四条主要道路运输通道进行了研究，发现纯车辆的营运成本并不高于法国。然而，其运输价格却是世界上最高的，其差别就在于利润由货运企业获得。这些利润率在中非是最高的，超过了100%。这是因为缺乏竞争，禁止货运业准入的规定已经执行了50年之久。但是，在卢旺达，货运业的管制放松，其实质价格下降了75%。"（牛津商业集团采访）

临着不可持续的内外失衡的国家,稳定性和结构调整可能是恢复经济增长的初始条件,但不是充分条件。增长模式和经济战略必须充分考虑到与微观经济的结合,以及使经济体克服协调问题的制度要求,这不是单个的经济主体可以解决的问题。它们还必须明确指出国民经济要如何在企业和产业之间产生正的外部性,这些问题仅仅依靠标准模型所建议的市场和价格机制是不能完全解决的。

要理解其中的原因,我们必须具体剖析现代经济增长,并详细地说明使低收入经济体,尤其是那些自然资源匮乏的经济体产生递增的资本和劳动力回报从而提高生产率的动力机制。因此,亚当·斯密所说的对"国民财富的性质和原因"的探究,应当以对一些基本机制的良好理解为出发点。比如,小企业和微型家庭企业可以发展壮大,成为充满活力的经济实体,从而创造就业和利润,扩大税基,激发繁荣。然而,有哪些外力和过程阻止了这一结果的实现呢?几个世纪以来,经济学家都集中精力研究禀赋特点(在一国内生产可以使用的土地、企业家精神、金融资源和劳动力规模),但却忽视了对其中的机制和决定因素及其演变过程的理解。

在熊彼特的创造性破坏过程中,传统的手工生产模式会逐渐从对最低资本和低技能劳动力的单纯积累转向更高水平的产出和生产率上来,并最终提高生活水平。对这一过程的真正制约因素的研究,应当从对现代经济增长机制的系统分析开始。

是什么在维持增长?

持续增长是因为不断的技术升级、制度创新和结构变迁。在这个过程的核心有一个重要但往往被忽视的力量:要素禀赋的动态变化,这是增长过程中最具启示性的特征。所有模型、增长理论和政策处方都应致力于识别每个国家在给定时期的要素禀赋是什么、理解它们为什么经常得不到充分的利用甚至受到抑制,以及它们如何变化、怎样开发和积累。而发展思想和政策的各种主导浪潮，其研究发现都被强行套用在标准模型的框架之内，因此没有做到以上这些。如果未能理解这些动态机制，就无法设计出最优的政策框架来维持和激发这种变化，因而导致了停滞和发展不良的结果。对标准模型的依赖正是所有贫穷国家所犯的错误。

卡塔尔、卢森堡、新加坡是2013年人均GDP世界排名前三的国家，其经济结构与排名最后的马拉维、刚果民主共和国和中非共和国是截然不同的（IMF排名，以现价国际元计算）。[①] 因为这两组国家分别处于不同的发展阶段，所以它们的经济结构也因禀赋的不同而存在差异。第一组国家（表现优异者），它们的禀赋结构中相对丰富的要素通常是资本（以卡塔尔来说，还有其自然资源），而不是劳动力。它们更可能在资本密集型产业上具有比较优势，其生产也具有规模经济。它们的经济是由大型企业驱动的，并以先进的、高附加值的制造业和服务业为主导，这些产业都在国际市场上占有一席之地。

相比之下，第二组（这些国家处于初级发展阶段，人均GDP排名很低）的要素禀赋特质通常是资本相对稀缺，而劳动力或资源相对丰富。它们的生产往往是劳动密集型或资源密集型的（主要集中在渔业、畜牧业、自给农业以及采矿业），并通常依赖于传统的、成熟的技术，生产"成熟的"、完善的产品。除了采矿和种植业，它们的生产规模有限，企业规模通常较小，交易也多是在当地市场与熟人之间进行的非正式交易。

增长模型及其战略经常会遗忘一些令人惊奇的典型事实，就像所有其他的高收入国家一样，卡塔尔、卢森堡和新加坡这些国家曾经的禀赋结构与如今的马拉维、刚果民主共和国和中非共和国是大致相当

[①] 2013年，卡塔尔、卢森堡和新加坡的人均GDP分别是146 000美元、90 000美元和79 000美元，而马拉维、刚果民主共和国和中非共和国分别只有750美元、650美元和600美元。

的。卡塔尔在开始其繁荣求索的初期，是一个贫穷的英国保护国，主要以珍珠和渔业闻名。它缺乏基础设施和人力资本（至少以今天的定量工具衡量是这样的），而且治理水平非常糟糕（还是以今天流行的以民主为基础的指标来衡量）。然而，卡塔尔震惊了世界，它不仅摆脱了"资源诅咒"，解决了与巴林和沙特阿拉伯长期的领土争端，还通过对自身巨大的石油和天然气财富的开发，提高了公民的福利水平（包括建立先进的医疗卫生和教育制度，扩建该国的基础设施），并且推出了一项规模恢宏的经济多元化战略。虽然卡塔尔的GDP在很大程度上仍然是由石油价格的变化和在能源领域的投资所驱动的（2013年石油和天然气的占比超过GDP的50%，约为出口收入的85%、政府收入的50%），其经济政策在基于石油和基于知识之间，不断朝着均衡发展的方向调整，目标是建立多元化的国家经济，确保一个稳定和可持续发展的商业环境。

卢森堡直到20世纪初都一直没有稳定的生活条件，在启动自己的经济增长进程时，还是一个落后的、经常与一些邻国关系紧张的内陆共和国。虽然在该国南部发现铁矿标志着卢森堡工业化的开始，"然而，在第一次世界大战之前的二十多年建成的大型综合炼钢厂，使得现场将铸铁加工成钢制品和轧钢产品成为可能，这才是这一经济部门乃至整个国家自此之后的发展关键"（Letz，2007，p.110）。该国最终充分利用了其地理位置毗邻法国、比利时和德国的优势，日益多样化地发展了其他工业部门，包括橡胶、化工、汽车配件以及其他产品。此外，随着时间的推移，该国不断推进结构转型，仅金融部门目前就占了全国GDP的三分之一多。

新加坡在殖民时期曾经是英国在东南亚的一个海军基地，本是马来亚的一部分，"但是其占绝大部分的华人人口却让一个试图以马来族多数作为其民族身份的国家感到望而却步。马来亚之所以将新加坡驱逐出去，是因为它不知道如何应付这样庞大的华人人口，或者更不客气地说，如果新加坡被迫重回后来的马来西亚联邦，它不知道如何使其养成依附的习惯"（Kissinger，2000，p.9）。新加坡没有石油或矿产，基础设施又很薄弱，劳动力技能低下，然而，在李光耀的领导下，根据国家的比较优势，启动了一个极富魄力的发展战略，先从出口导向的劳动密集型加工业开始，随着劳动力变得相对稀缺，逐步向工业阶梯上资本更密集的区段上移，这使新加坡成为领先世界的经济体之一，而这一过程仅仅用了不到两代人的时间。

所有今天的高收入经济体都经历了类似的结构转型过程。它们是怎么做到的？这些经历了此类结构转型的经济体是怎样从资源贫乏的内陆经济体转变为动态增长者的？

如果追溯今日富裕国家的繁荣之路，可以发现它们的禀赋结构是（定义为要素禀赋的相对分布）在不断变化和发展的。成功的经济体通常以其初始禀赋结构开始它们的财富之旅，并将其作为增长战略的核心以及经济政策的着力点。在任何时候使经济最具国内和国际竞争力的产业结构就是经济的最优产业结构，是内生于由当时经济的禀赋结构所决定的比较优势的。换句话说，表现良好的经济体会从战略意义和务实角度出发，将资源（尤其是资本和劳动力）分配在具有潜在比较优势的产业——这些产业在某一特定的时间在国际比较中具有要素成本优势。相比之下，那些忽视自身的禀赋结构，不能识别具有潜在竞争力的产业的经济体往往表现欠佳。

因为任何时候最优的产业结构都是内生于现有的要素禀赋的，所以一个国家要想在技术发展的阶梯上有所提升，就必须首先改变其禀赋结构。随着资本的积累，经济的要素禀赋结构会发展变化，推动产业结构偏离其由先前的发展水平所决定的最优位置，这便开启了良性循环的可能性，也有可能是一个恶性循环：在那些取得了持续增长的国家中，企业会顺应要素禀赋结构的变化，从现实的角度出发来升级其产业和技术，从而保持市场竞争力。

如果经济在其产业发展中遵循其比较优势，其产业将在国内和世界市场上具有很强的竞争力。其结果是，它们将获得最大可能的市场份额，并产生最大可能的盈余，资本投资也将有可能获得最大的回报。因此，家庭将拥有最高的储蓄倾向，从而使该国的禀赋结构更快速地升级。曾经的低收入国家卡塔尔、卢森堡和新加坡遵循了自身的比较优势，选择和发展那些体现其不断变化的要素禀赋结构的产业。一开始时，它们利用的是自身的地理位置（卢森堡、新加坡）、自然资源（卡塔尔）甚至劳动密集型产业（美国、英国、日本）。这些战略选择使它们的企业具有竞争力，取得经济上的成功，进而使它们逐步向更复杂、技术更先进的产业迁移，这一动态过程也体现了禀赋结构的不断变化。

马拉维、刚果民主共和国和中非共和国迄今未能这样做，而且还将自己陷入了一个恶性循环：它们没有去发展能使经济迎来繁荣的劳动密集型产业。但是，在这个日益全球化的世界，有很多像中国、印度、巴西、印度尼西亚这样的中等收入经济体为低收入国家开辟了新的经济机会（Lin，2011），所以，我们还是有理由乐观的。发展中国家也可以得益于自身的后发优势，根据其比较优势来推进产业的发展，在升级过程中取得比发达国家更快的增长速度。发展中国家的企业可以受益于本国与发达国家的工业和技术差距，通过向发达国家学习和借鉴，掌握与当前新的比较优势相一致的产业和技术创新。随着表现良好的中等收入国家工资的上涨，劳动力成本会提高，世界各地的低收入国家则可以将那些基本的组装制造业吸引到本国，从而创造它们急需的就业机会（Monga，2014）。

为什么错失了机会？

由标准发展模型所推演的传统政策框架，在发展中国家实施时是以高收入国家的产业和制度作为其发展政策目标的。在设计增长模式和政策框架时，关键问题应该是如何确保经济的发展与其比较优势相一致，从而使经济在国际上具有竞争力。结构主义者所推行的进口替代型赶超战略要求政府优先发展资本和技术密集型产业，这是高收入国家的主导产业，与发展中国家的比较优势是相悖的。在这些产业中，企业将会在开放和激烈竞争的市场中失去自生能力，如果没有政府的保护和补贴，企业家不会自愿投资于那些注定要在竞争激烈的市场中失败的产业。结构主义者错误地认为，市场失灵是发展中国家未能发展先进的资本密集型产业的原因，于是，他们呼吁政府保护和补贴那些违背比较优势的无自生能力的企业。

由新自由主义者所倡导的"华盛顿共识"的改革，鼓励发展中国家采取类似高收入国家的市场机制，但没有认识到政府干预的内生性，以及政府促进结构变迁的需要。在发展中国家，市场扭曲是内生于政府保护和补贴无自生能力企业的需要，这些企业是因为先前推行的进口替代战略而产生的。如果消除保护和补贴，这些没有自生能力的企业注定要破产，这将导致大规模的失业、经济增长放缓，以及社会和政治动荡。为了避免这些后果，并继续支持这些没有自生能力却仍被视为现代化基石的资本密集型产业的发展，政府在根据"华盛顿共识"的要求解除了先前的保护和补贴后，往往继续通过新的更隐蔽的方式来为这些企业提供保护。

新的保护和补贴通常比旧的方案效率更低，特别是在苏联和东欧的转型经济体中。此外，新自由主义者是把婴儿与洗澡水一起倒掉，强烈抗议政府在促进结构变迁中所起的任何作用。大多数企业的目标是利润最大化，也就是说，假设其他条件相同，这是一个要素投入相对价格的函数。当企业要选择产业和技术时，通常的标准是资本、劳动力和自然资源的相对价格。因此，企业要遵循经济体的比较优势来选择技术和产业，其前提条件就是有一个可以反映禀赋结构中这些生产要素的相对稀缺程度的相对价格体系。不可否认，这样一个相对价格体系只存在于竞争性的市场体系中，在发展中国家，通常不是这样的情况，所以政府有必要采取行动，改善各种市场制度，以创造和保护在产品及要素市场上的有效竞争。标准增长模型反映的是对市场机制优越性的盲目信奉和对政府干预的强烈质疑，并没有对政府角色进行讨论。

成功的产业升级还需要对要素禀赋的不断调整和升级。像马拉维这样的人均 GDP 低于 1 000 美元的经济体，不需要与人均 GDP 近 150 000 美元的高收入经济体卢森堡具有相同的物质资本、人力资本与制度类型。此外，合法的和持久的制度对促进持续增长和稳定发展的作用是必不可少的，但其设计和建设是非常困难的，尤其是在那些常常陷入政治冲突的低收入国家。表 4.2 以 1985—2009 年作为比较基础，显示了这 24 年间制度质量指标的变化情况，数据表明这确实是一个缓慢的过程。一个国家从脆弱不稳的状况（如阿富汗）进步成为低收入状况（如孟加拉国），即使是改革进程最快的 20 个国家，平均也需要 36 年来改善其"政府效率"这项指标。即使是改革进程最快的国家，仍然需要 13 年的发展才能获得这样相对微小的改善。而法制指标的进展甚至更为缓慢，即便以最为激进的步伐，通常也需要几十年。所以，这更凸显了设计增长战略需要切合实际，而不能寄托于制度质量的快速提升。

表 4.2　制度建设的缓慢进程

制度质量指标 （1985—2009 年）	从"脆弱不稳"步入"低收入"状况所用的年份	
	最快的 20 个国家	最快的国家
官员素质	20	12
腐败	27	14
法制	41	18
政府效率	36	13

资料来源：S. Devarajan and Lant Pritchett, WDR Background on Conflicts.

以往的历史表明，低收入国家的大多数人依靠农业来维持生计。

促进这类生产的技术、制度、基础设施和人力资本都是有限且相对简单的。在这些国家，即使它们的劳动力技能较低，通过充分利用后发优势，依靠合理安排的基础设施，瞄准具有潜在竞争力的产业，建设运转良好的基本金融和治理体系，它们仍然能够在较长时期内保持较高的增长率。农业技术方面的改进是关键，它可以增加农民收入，减少贫困。但是经济发展也需要不断地多样化，升级到新的、资本更密集型的产业。如果没有这种结构变迁，人均收入的持续增长将会遭遇瓶颈。

与之相反，高收入国家则显示出了完全不同的结构特征。它们处在技术的前沿，需要一流的基础设施、教育基础良好的劳动力队伍、顶尖的生产工艺水平、先进的金融体系（比如发达的股票或股权市场），以及优秀的治理制度体系（比如先进的法律体系）。这些国家发展所需的各类硬件基础设施（电力、电信、公路、港口设施等）和软件基础设施（监管和法律框架、文化价值体系等）一定要符合国内和全球市场的一些必然要求，这样才能保证远距离、大规模、高价值的商业交易的完成。

各个产业的资本密集程度不同，发展中国家可以在整个产业谱系中进行选择。它们必须根据其当前的要素禀赋，选择具有潜在比较优势的产业，并且在政府的帮助下攻克外部性和协调问题的障碍，把它们的比较优势转化为竞争优势。如果政府能够发挥因势利导的作用，经济体便可以产生最大可能的经济盈余，并以最强的激励，最快地储存和积累资本。通过升级其禀赋结构，它们可以在产业阶梯上迈进（Ju，Lin and Wang，2015）。它们在攀登产业阶梯的同时，也增大了生产规模，这是因为资本设备的不可分割性。它们的企业变得更大，需要一个更大的市场，这又对电力、交通、金融安排以及其他软件基础设施的相应变化提出了要求。

产业升级和多元化也增加了企业所面临的风险。随着企业向全球技术前沿靠拢，借鉴发达国家的成熟技术变得越来越困难。它们越来越需要发明新的技术和产品，因而面临更大的风险。伴随着产业结构的升级，企业规模会增加，市场范围会扩大，风险特点也改变了，这些都对软硬件基础设施服务提出了更高的要求。如果基础设施不能与时俱进地完善，升级过程中各行业可能就会面临 X-无效率的情况，Leibenstein（1957）曾经探讨过这个问题。

顺势而为

为什么卡塔尔、卢森堡和新加坡能够成功地设计和管理其发展升级过程，但是马拉维、刚果民主共和国和中非共和国到目前为止还没有成功？今天高收入国家的企业所选择进入的产业和采用的技术是与本国的比较优势相一致的，而比较优势是由该国不断变化的要素禀赋结构所决定的。这样的战略选择才能使其经济最具竞争力。随着竞争性产业和企业的成长，它们会在国内外市场占有较大的份额，并以利润和工资的形式创造出最大可能的经济盈余。因为产业结构相对其禀赋结构是最优的，所以用于再投资的盈余也会获得尽可能高的收益。随着时间的推移，这种循环使它们的经济体有效地积累了物质资本和人力资本，要素禀赋结构和产业结构不断升级，从而使国内企业在资本和技术密集型产品的生产上更具竞争力。

在马拉维、刚果民主共和国和中非共和国这样的国家，最大的困难是贫困挑战，采取遵循比较优势的经济发展战略，可能会遇到进展缓慢和令人沮丧的情况。现实中，这是积累资本、提升禀赋结构的最快方式，如果能够获得那些先进国家已经开发完善的技术，并进入那些先进的产业，就可以加速产业结构的升级。在每一个发展阶段，发展中国家的企业都可以获得适合它们的禀赋结构的技术（并进入正确的产业），而不必另起炉灶（Gerschenkron，1962）。借鉴现成的技术并进入已有的产业是有可能的，近些年来东亚的一些新兴工业化经济体能够维持每年8%—10%的GDP增长率正是得益于这种可能性。

当一个国家在产业和技术的阶梯上迈进时，许多其他的变化也会随之发生。企业所使用的技术变得更加复杂，对资本的要求会增加，市场规模和生产范围得到扩大，市场交易也越来越多地发生在一定距离之外，于是，一个灵活的、顺畅的工业和技术升级过程，就需要在法律、金融、教育机构和硬件基础设施方面同时得到改善，这样，企业在新近升级的产业中就可以降低交易成本，并尽量靠近生产可能性前沿（Harrison and Rodríguez-Clare，2010）。

新型的法律、金融以及其他的软件（无形的）和硬件（有形的）基础设施对于促进生产和市场交易有着持续的必要性，它们可以逐步使发展中国家达到生产可能性边界。表4.2中的数据表明，这些基础设施的建设并非易事。此外，这些软硬件基础设施的改进需要一定的协调，这是单个企业的能力所不及的。没有哪一个私人企业可以或应该得到全权委托，去决定港口、机场和公路的建设，或者对相关的商业或银行法做出（也许是牟取私利的）改变。很显然，单个企业不能有效地将所有这些变化内部化，而许多企业为应对这些新挑战而自发进行的协调往往也是不可能的。基础设施的变化需要集体行动，或者至少是在基础设施服务提供方和工业企业之间的协同合作。基于这个原因，政府便承担起了引入这种变革或者主动协调工作的责任。标准模型和传统发展政策框架并没有将这一增长和发展难题的关键部分纳入考虑。

企业需要有关于生产技术和产品市场的信息，这事实上是产业升级的另一个重大挑战。在进入壁垒和监管较少的情况下，企业与同行业中成熟的和知名的其他企业竞争是相对简单的。新进入的企业必须确保其成本结构具有竞争性，而且那些潜在客户愿意给它们一个机会，去尝试它们的产品和服务。如果采取高效的营销策略，与供应商和银行沟通良好、交易顺畅，都将有助于新企业在业内取得成功。

企业要进入新产业则难得多，即使是进入那些与经济体的潜在比较优势相一致的产业。如果生产技术和产品市场的信息是免费可得的，那么每一个企业都需要投入资源来搜寻、收集并分析这些信息。因此，对于发展中国家的每个企业来说，产业升级是一种高回报、高风险的过程。尝试进入新产业的第一个行动者可能失败，因为他们选错了目标产业，也有可能成功，因为其所选择的产业与国家新的比较优势是一致的。成功者的经验可以为其他的潜在进入者提供宝贵的和免费的信息，并且由于来自新进入者的竞争，他们也不会享有垄断租金。此外，这些先行者往往需要投入资源培训员工，当员工掌握了新的业务流程和技术后，他们可能被后来的竞争对手雇用。可以说，先行者使原本不存在的市场需求和人力资本从无到有。即使新的产业并不具备自生能力，使先行者们以失败告终，他们的负面教训也为其他企业提供了有价值的知识。然而，失败的成本则必须由这些先行者独自承担。换言之，先行者们以其投入为整体经济带来的社会价值相对于为特定企业带来的私人价值要更为卓著，先行者们成功的收益和失败的成本是不相对称的。

因此，经济发展是一个动态的过程，具有明显的外部性，需要进行协调。虽然在每个发展阶段，市场都是资源配置的必要机制，各国政府必须发挥积极的作用，促进经济体从一个阶段发展到另一个阶段。它们必须进行干预，以使市场能够正常运作。为实现这一目标，政府需要进行以下工作：

- 提供有关新产业的信息，这些产业是与经济禀赋结构变化所决定的新的比较优势相一致的。
- 协调相关产业的投资和必要的基础设施改进。
- 补贴在产业升级和结构调整中的外部性活动。
- 通过孵化培育或吸引外商直接投资来帮助新产业克服社会资本和其他无形约束。

今天的高收入经济体都已经经历了成功的结构转型过程，因为它们在增长和发展战略中都遵循了自身的比较优势。它们以一个切实可行的节奏开放经济，生产符合其禀赋结构的产品和服务，并向国际市场出口，同时进口不符合其比较优势的产品。它们的贸易依存度就内生于它们的比较优势，并且要高于在其他情况下的比例。它们的经济体也变得具有竞争力，禀赋结构和产业结构都能以最快的速度升级。因为它们可以获得动态增长的收益，而不需要补贴没有自生能力的企业，所以其财政状况即使不够充裕也至少是可持续的。这样的经济体也能够创造更多的就业机会并降低失业率。

如果由于财政危机、货币错配或产业失去竞争力而出现了国内危机，这种战略也是可以保护它们的。由于它们的国际竞争力以及经济增长对资本流入的有限依赖，它们建立了强大的外部账户，如果经济受到由全球危机引发的冲击，政府处于有利的位置来采取反周期措施。它们的竞争优势地位还为企业带来了巨大的经济盈余（利润），这又为经济积累了丰厚的储蓄。具有竞争力的产业还意味着在这些产业领域投资的高收益，这也是储蓄和投资的激励因素。此外，良好的公共投资可以提高经济的增长潜力，降低在私人部门的交易成本，提升私人投资的回报率，并最终产生丰盈的税收收入来偿付初始成本的消耗。

标准模型建议采用市场体系分配资源，这的确是经济体在发展中顺势而为的一个必要条件，因为它可以最大限度地减少扭曲，为私人企业追求利润创造条件。但是，这一过程必须有国家对产业升级的促进作用作为补充。

除了其中的不完整性之外，也许采用标准增长模型及其不切实际的政策处方最严重的后果是，许多低收入国家，特别是非洲国家，对外国援助的极端依赖。这种依赖性导致了这些国家长期的经济表现欠佳，并扭曲了关于发展战略的公开讨论。

令人不快的副作用：对外国援助的软瘾

许多遵循了来自标准增长模型的传统政策处方的发展中国家，已经深陷于低增长和难以自拔的高度贫困的状况，这使它们的借款能力受到限制，即使是为了开展具有高回报潜力的活动，也无法向国内外进行借贷。在这种情况下，它们往往没有其他的融资渠道，而只好依靠外国援助。20世纪50年代以来，针对在发展中国家的外国援助的有效性展开了激烈的争论。本节不去讨论争论各方的观点，因为它们是众所周知的。此外，从新结构经济学的角度看，援助不是持续增长的一个绝对的先决条件，因为任何国家从务实的角度出发，侧重于利用比较优势，并把它转化为竞争优势，都可以设计和实施一个成功的经济发展战略。之后，它将能够建立起在经济上具有自生能力的产业，并迅速从贸易和全球化中获取收益。但是，如果有针对性地为受援国具有潜在比较优势的产业兴建基础设施，那么，外国援助也可以帮助贫穷国家更快地实现产业和技术目标。下一节将总结有关援助有效性的观点分歧和新兴的共识，然后考察那些往往被忽视的"外国援助成瘾"。

谨慎许愿……

自2000年梅尔泽报告（Meltzer Report）的发布引发对大型国际金融机构在发展事务中的有效性方面的质疑以来，最近几年针对外国援助问题出现了大量的争论和困惑。[1] 许多怀疑者指出，外国援助宣称

---

[1] 1998年11月，美国国会立法授权向IMF增资约180亿美元，并成立了由艾伦·梅尔泽出任主席的国际金融机构咨询委员会（International Financial Institution Advisory Commission），重新探讨了以下七个国际金融机构的未来作用：世界银行、世界贸易组织、亚洲开发银行、非洲开发银行、国际货币基金组织、美洲开发银行和国际清算银行。委员会没有呼吁废除一个或多个这样的机构，也没有决定将机构合并成一个更大的多功能的机构。绝大多数成员一致认为，如果加以适当改革，使其工作更加有效，消除重叠和冲突，增加透明度和问责性，并重拾或承担具体职能，这些机构都应继续运营下去。委员会的报告被称为梅尔泽报告，参见http://www.house.gov/jec/imf/meltzer.htm。

的目标以及双边和多边援助机构经常重复的承诺,是在极端贫困的国家促进经济增长和减少贫困的,但却并没有成功,所以,有人认为它应该被叫停或至少全面修改(Easterly,2006,2003)。

但是,自从全球向往的《千年发展目标》(Millennium Development Goals)和《联合国2015年后发展议程》(United Nations Post-2015 Agenda)发布之后,一些援助乐观主义者得到了动力。尽管他们都认识到了援助承诺和援助成就之间存在很大的差距,但也有学者认为,贫穷国家不能获得足够的私人融资以支持其发展需要——当然在市场失灵的农村地区提供公共服务是不可能达到的。他们甚至主张要加大国际金融援助,特别是对那些非洲最贫穷的国家。这一观点被Sachs(2014)做了更强有力的表述:"我们生活在一个拥有巨大财富的世界里。富人们坚称可获得的全球资源是如此'有限',我们不需要接受这种谬误。2012年,撒哈拉以南非洲得到的援助总金额大约为捐助国GDP(约450亿美元)的0.1%。我们可以而且应该动员更大的支持。富裕国家GDP仅仅1%的比例,已经可以对消除全世界各地区的极端贫困产生深远的影响。当然,我们也应该把重点放在真正有用的工作上,并采取有效的方案对其进行大规模的推广。自2000年以来的积极证据表明,精心设计的援助已经产生了巨大的影响。"他提出类似的观点已经很多年(例如,Sachs,2005),最近得到了强有力的支持,支持者包括比尔·盖茨和梅琳达·盖茨夫妇等全球有影响力的慈善家。

这些争论往往被误解和疑惑困扰着,围绕着援助的定义,以及用以调查其影响的实证策略有各种不同的看法。这就是为什么其他人采取了一种更微妙的立场,强调援助、经济增长与贫困减少之间关系的复杂性和非线性,援助回报递减的可能性(Hansen and Tarp,2001),考虑具体国情和政策环境的需要(Burnside and Dollar,2000),抑或是区分援助类别(人道主义援助与支持人力资本和基础设施的援助是不同的）和时间效应（短期与长期之间的分化效应）①　的重要性。Arndt et al.（2015）更是进一步扩大到对结果的评价，包括经济增长的直接资源（比如物质资本和人力资本）、社会福利指数（比如贫困和婴儿死亡率）以及经济转型指标（比如附加值中的农业和工业份额）。他们的结论是，过去 40 年的援助刺激了经济增长，促进了结构变迁，改善了社会指标，并减少了贫困。

外国援助是指可以用来支持储蓄有限的发展中国家进行生产性投资的新的优惠金融资源。但是，对长期援助模式的实证分析显示出了成瘾②的证据，这里的"成瘾"被定义为对援助的依赖到了使社会、经济、政治成本大于其潜在收益的程度，这对许多非洲国家的经济发展产生了有害影响（Monga，2014）。这里所描述的援助成瘾现象已经远远超越了 Collier（1999）所批判的援助依赖主题，Collier 只重点关注了金融和经济方面的援助。除了与大量援助相关的众所周知的宏观经济问题以外，援助成瘾的分析范围有所延伸，还包括对外国援助的过度依赖对社会政治的影响。

这样一个全面的研究有几个含义。第一，援助成瘾是一个广义的概念，涵盖了一个过度依赖于慷慨外援的国家在经济和金融的不同方

---

①　援助的短期影响可能确实显著不同于长期影响。Clements et al.（2012）将援助分为三类：（1）紧急和人道主义救援，通常与增长负相关，因为这些援助通常发生在极端贫困的国家；（2）帮助建立社会资本（健康、民主、教育、环境），这只会影响长期的增长，因而不会出现在跨国分析中，因为跨国研究往往关注较短的时间范围；（3）针对生产部门的援助（预算、基础设施和国际收支支持）。通过将官方发展援助资金在不同的类别之间进行分解，他们发现第三类援助约占援助资金的一半，并在 4 年期内与经济增长有着正向因果关系，收益呈递减趋势。

②　"成瘾"最初作为一个药理学术语在医学中使用，用以描述一种药物的使用达到足够的数量时，会引起耐药性，从而造成一种状况，即随着时间的推移，为了达到相同的医治效果，必须使用更大剂量的药物。药理学家认为这种成瘾是一种疾病状态。有些精神科医生更愿意用依赖性来指代这种状态。其他医生也认为这是一种疾病，因为上瘾的人会不顾自己的最佳利益而继续使用这一特定的药物。目前，医学研究对生理依赖性（以戒断症状为特征）和心理依赖性（或简称"成瘾"，定义为"不受控制的强迫性使用"）进行了理论区分（American Psychiatric Association，2000）。

面所要发生的事，这些善款大多来自带有不同政治动机的西方国家的支持。第二，援助成瘾不仅意味着外部金融帮助是政府能力的关键决定因素，而且也说明，在没有外部金融援助的情况下，国家是无法运作的。第三，超越经济和金融领域，也超越公共部门问题，援助成瘾不仅对整个社会具有潜在影响，还使个人产生了负面的预期、态度和行为。

援助能成为经济增长和减贫的一个巨大的催化剂，但必须适度使用。作为依赖于标准模型的传统增长战略的逻辑结果，援助成瘾引发了各种政策问题：

- 大量的资金流入往往会造成宏观经济和金融风险——体现于实际汇率升值和不可预测的财政收入表现。
- 公共和私人投资的不确定性，以及中长期经济预测中的重要不稳定性。
- 私人消费和援助资金的变化具有高度的相关性，因为外国援助不仅是公共投资的主要资金来源，而且有时也为包括公务员工资在内的经常性成本提供资金支持。
- 在从事经济活动之前，有些私人部门会向捐赠团体提出某种形式的"示意"、"保证"和"保险"要求，即使是对那些有明确的正回报率的活动也不例外。
- 在设计、执行、监测和评价公共政策方面，外国机构占据了极端主导地位。
- 政府单位和政治机构效率低下，而且外向性程度高，其政策议程必须服务于捐赠者的目标，遵守由外部决定的激励和规则。
- 不管援助的相关部门是否与经济的比较优势相一致，政府在经济中的作用都是有限的——无论是作为直接参与者还是作为监管者。
- 扭曲的期望和脆弱的问责制度，这是因为公共政策是不是符合国内宪法的，只是用来满足未经选举的外国援助者。

……

援助成瘾和标准增长秘诀的超经济学

尽管来自标准增长模型的政策处方的经济影响及其必然结果，即许多低收入国家对外国援助的极度依赖现象，在经济文献中经常被讨论，但是传统发展战略非经济方面的影响还没有被系统地思考过。从超经济学的角度看，发展中国家的援助成瘾也有一定的副作用，包括缺乏经济政策的自主权和扭曲的期望，这些都背负着沉重的政治和心理代价。

扭曲的期望和强迫的行为

就像吸毒造成的行为变态，援助成瘾会影响几乎所有的利益相关者（援助者、政策制定者、政府和社会机构），常常导致对金融资金各种形式的强迫性心理需要。在援助成瘾的国家，发放"官方发展援助"（ODA）资金使得外国捐助者可以合法地设定国家的发展目标和优先项，确定使其实现的战略框架和政策措施，并决定衡量和监测标准，即使最后没有援助机构愿意在失败的情况下承担责任。在20世纪八九十年代，国际货币基金组织和世界银行在低收入国家的发展计划都要求各国签署一些"政策框架文件"（PFPs），这些文件由华盛顿方面起草并被送到各国进行为期数天的各项"讨论"。这些冗长的政策框架文件罗列出了很详细的全国所有部门的优先顺序（由援助者决定，反映了他们的价值观）和数百条决定援助发放的前提条件。低收入国家如果不同意布雷顿森林机构专家的提议，便不能获得外部融资，因为其他多边、双边甚至私人融资者需要国际货币基金组织的批准（"示意"），才会考虑资助计划或项目。

在20世纪90年代末和21世纪初，IMF和世界银行承认，这样的做法并不是最理想的。随着各种减债举措的推出，以及在许多非政府组织的施压下，政策框架文件被搁浅，取而代之的是"减贫战略文件"

(PRSPs),其本意旨在反映ODA受援国对本国政策优先项和发展战略具有更大的自主权。然而,尽管流程经过了重新包装,事实上布雷顿森林机构仍保有在政策上的否决权。所有申报的发展战略和政策优先项必须符合IMF所编制的"宏观经济框架"。这便是个合理的借口,许多国家的计划和项目往往没有通过华盛顿专家的明确认可,它们因为被认为"代价太大"或"太过激进"而被直接拒绝。

许多捐助方代表下意识地认为自己是所援助国家的统治者。他们深知这些财政支持对受援国的政府职能与国家稳定有着多么重要的作用,这些未经选举的外国人就像殖民时期的地方总督一样,只是恰好被指派到受援国做通常为短期的工作,而对这个国家的历史、文化或社会机制几乎一无所知。荷兰的一位负责某项发展合作的部长承认:"捐助者必须要比过去更有帮助。我们并不是完美无缺的,我们经常带着我们最新的游说团队去打扰发展中国家。我们在他们的预算上强加了对等和经常性的成本,而没有事先与他们交谈,了解这样那样的计划是不是一个好主意。我们一直做着微观管理。"(Herfkens,1999,p.484)

这种捐助方的傲慢态度往往会扭曲国内政策制定者、政治领导人甚至广泛的社会期望。无论是国家元首还是最低级别的公务员,无论是企业领导者还是普通公民,许多人都寄希望于捐助方来确立自己国家的"发展"议程,决定与这个议程相一致的宏观经济框架,设计"适当的"经济战略,甚至选择(或至少给他们清晰的引领)将要实施的重大投资项目,并明确国家可能负担的"足够的"公务员人数和工资单。这些扭曲的期望导致了一种从领导人到公民无声的集体卸责。这创造了一个政策真空,由外部参与者进行填补,他们自然会毫无障碍地强加自己的"愿景",向受援国指出它们应该去向何方,以及为实现这一目标所要实施的政策。

在接受援助额度较高国家,集体卸责往往转化为(而且会因此而更加恶化）公务员和个人对援助团体支持的经济政策的强烈反对或怀疑。在接受援助额度较高的国家的民意调查显示，很少有人对其国民经济的状况表示满意：这个指标在加纳是34%，在马拉维是26%，在坦桑尼亚是22%，在赞比亚是19%。[①] 唯一的例外似乎是乌干达，数据显示大多数民众对经济状况是满意的（62%）。而且，大多数人认为他们的生活水平会随着时间的推移而恶化。当被具体问及有关国际金融机构如世界银行和IMF所推动的结构调整方案时，相对于知道这是"民主"的人，很少有人声称对此有所了解：在乌干达，这两个比例分别为74%和55%（Bratton et al., 2000）。

令人窒息的政策空间和信任

外国援助成瘾造成的扭曲的期望在公共政策领域最为显著，这往往导致援助团体与受援国的政策制定者之间难以建立起彼此信任和全面的伙伴关系。Easterly（2009）给出了有关这个问题的事例证据，他描述了在低收入国家，陷入困境的政府官员要想获得外国援助必须采取的步骤："在诸多事宜中，他们必须准备一份参与性'减贫战略文件'（PRSP）——世界银行和IMF在给予债务减免和提供新的贷款之前要求出具的详细的扶贫计划书。该文件必须依次符合世界银行全面发展框架长达14条的清单，该清单涵盖了从木材政策到劳动实践的一切细节。这还不够：如果想要获得援助资金，政策制定者还必须准备一份财务管理信息系统报告、一份关于遵守标准和守则的报告、一份中期支出框架以及一份重债穷国增强计划的债务可持续性分析。"在这里，Easterly指出，每一份文件都可能长达几百页，并耗费数月的准备时间。他还表示，尼日尔的2002年减贫战略报告长达187页，花了15个月的时间准备，并制订了开支计划，甚至详细到每年17 600美元的

[①] *Afrobarometer Briefing Paper* no. 1，参见 http://www.afrobarometer.org。该项调查是于2001年年中进行的。每个国家的调查结果均基于全国代表性样本——通常为1 200名受访者。

"交通循环人口敏感化"这样的单项。

　　Easterly的评论强调了极端依赖外国援助的超经济学的另一个特点。透过对改革的制约性和自主性的折射，他们提出了受援国政策制定者和援助团体之间的信任问题。制约条件通常被定义为存在于外部债权人或援助者批准或继续提供资助以及接受资助的国家执行具体的经济政策项目之间的联系纽带。① 援助者通常给出的原因是，这向债权人提供了必要的保障，使后续的资助款项只有在关键政策到位的情况下才会发放。它还向受援国提供了保证，只要它们将继续执行所设计的政策，就可以继续获得融资。

　　但是，制约条件还有其他一些逻辑道理。它代表的是一种激励形式——援助是用以激发改革的；它是一种家长式作风，外部参与者声称知道什么是受援国应遵循的最佳发展路径；它是一种约束的手段，一种使政策选择对私人机构可信的承诺机制；它也是一种信号机制，向外部投资者表示政府会遵循市场规则，改善商业环境（Collier et al.，1997；Killick，1997）。有一些发展中国家的政策制定者对这种约束条件极为厌恶，视其为对国家主权的侵犯和对其发展战略自主权的削弱。另外一些政策制定者似乎更容易接受这种制约，即便并非出于自愿。当乍得国民议会修改了于1999年为换取世界银行对乍得—喀麦隆管道的支持而通过的《石油收入法案》时，布雷顿森林机构于2006年1月做出反击，削减了1.24亿美元的财政援助，冻结了在伦敦的1.25亿美元的政府托管账户的使用费。乍得总统伊德里斯·代比公开抱怨世界银行的"帝国主义"条件。但是，科特迪瓦总统洛朗·巴博最近宣称："如果你寻求外部的金钱援助，那些给你资助的人自然要把自己的危机分析及其解决方案强加于你。"②

　　事情是怎么到如此地步的？制约性，这在IMF或世界银行的协议

---

① 参见 IMF（2001）；World Bank（2005）；Koeberle et al.（2005）；Polak（1991）。
② 参见塞内加尔电视台于2006年2月24日对洛朗·巴博的采访。

条款里并没有提到，但是在过去的 50 年里，已经发生了变化。在 20 世纪 80 年代末，其范围有所扩大，这是因为在某些情况下，国际收支问题被认为来源于结构的僵化和扭曲。结构调整方案的启动导致了对新的融资工具的采用，所以需要超出 IMF 传统重点领域（促进宏观经济稳定和开放交换）之外的政策和机构行为。世界银行也超越了其最初的资助议程，由投资项目转为致力于纠正生产、贸易和价格的结构性失衡。两个机构现在都承认，它们对低收入国家提供资助的附加条件可能是过为已甚。图 4.2 显示了 1980—2005 年间，世界银行贷款业务平均条件数量的下降趋势，但自 2000 财年以来，基准数量又有所上升。①

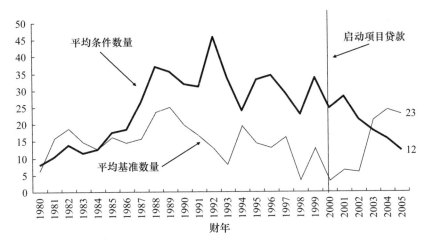

图 4.2　世界银行贷款业务的平均条件和基准，1980—2005 年
资料来源：World Bank（2005，p.10）。

援助成瘾的超经济学的另一个重要方面在于其政治经济方面。Lancaster（1999）在考察了向非洲国家提供大笔资金的标准和依据之

---

① 世界银行认为"条件"是在进行执行董事会演示之前的行动，或是有效性和分笔发放的前提，它们是与受援国签署的法律协议中必须提及的部分。"基准"是对改革进展的监测指标，是在董事会文件中列出的具体政策措施。它们没有法律约束力，但是，这些是主观评估的基本构成，是世界银行用以决定是否继续准备新贷款的依据。IMF 区分了"绩效标准"与"结构基准"，前者是指除非董事会给予豁免，否则必须满足的融资条件，后者则用来谋划通往政策目标的一系列步骤，如未完成，本身不会使 IMF 中断融资。

后提出:"捐助者仍然会出于非发展相关目的而提供援助,包括维持势力范围(如法国的情况)、赢得在联合国的赞成票(如日本,希望得到安理会的席位),或促进商业利益(如法国、意大利、日本等国的情况)。"(p. 498)

通常情况下,他们选择哪一个"发展"计划去进行资助的理由与受援国的优先事项无关,而更取决于政治动机,以及看到自己的国旗悬挂在某个建筑物上和电视上颂扬他们国家的伟大的美好愿望。荷兰的赫夫肯斯部长证实说:"援助未能成功的其中一个原因,是捐赠者希望他们的贡献是可以看见的。因此,我们建立了医院和学校;你会发现在发展中国家到处都是这些医院和学校,上面的牌匾表达了对荷兰或瑞典人民的感谢,由这个或那个部长揭匾,但是完全运转不下去,因为从来没有人想过,谁来为那些药品或教师、护士的工资提供支持。"(Herfkens,1999,p. 485)

在此背景下,可以说,外国援助成瘾是一种慢性的经济"疾病",其特点是对"官方发展援助"资金如饥似渴,但是,这些资金不一定用来资助最具竞争力的产业或支持最具潜力的生产部门。它还带来了明显的行政社会政治的不良后果。那些成功经济体的经验,以及经济历史和政策中的政策教训,揭示了经济务实主义的原则,这应该是可持续和包容性增长战略的核心。下一章将对这一问题进行讨论。

附录 4.1　援助成瘾国家表现的实证检验

如何识别援助成瘾的症状?一个简单的方法是通过收集实验证据来支持这样的观点。一直以来,外国援助已经代表了越来越多的非洲国家非常大的收入来源,但援助成瘾的国家一般来说并没有比其他国家表现得更好。

基本统计和事实

自20世纪60年代初以来,非洲大陆吸引了最多的外部经济援助,对其的分析表明,几个最大的受援国已经对外部的金融支持十分习惯,以至于它们的大部分公共支出(投资和再投资)如果没有外部资金持续不断地流入,就没有了资金来源。就像上瘾一样,这些国家往往需要更高水平的外国援助,才能维持同样的经济水平。

在过去的50年里,更多非洲国家的国民收入的更大部分,实际上都在依赖外国援助。1965年,六个国家所获得的以ODA计量的外国援助相当于其国民总收入(GNI)的10%以上。到了2012年,这一数据已经跃升为21%(见表A4.1)。

表 A4.1　非洲国家援助占 GNI 的比例，1965—2012 年

援助 (GNI 占比)	国家数量					
	1965年	1975年	1985年	1995年	2005年	2012年
<2%	3	3	8	8	15	12
2%—5%	13	13	5	5	4	10
5%—10%	9	9	11	7	11	8
10%—15%	3	6	8	10	7	14
15%—20%	1	5	4	6	5	4
>20%	2	3	9	13	10	3

资料来源：本书作者。

长期严重依赖于援助的国家已经达到了相当的数量,这证实了援助成瘾的趋势已经不容忽视。一个国家如果在长达30年或以上的时间里GNI中ODA资金占比的排名一直处于全球中位数之上,就被认为是援助成瘾。[1]

---

[1] 尽管援助占GNI或GDP的比例是最常用的指标,但是,它只是用来计量援助的三个指标的其中之一。另外两个指标是以(名义或实际)美元计量的ODA流入和人均援助(Radelet, 2006)。这些指标都是有用的,但是如果独立分析可能会产生误导。此外,如果用于分析的时间段较短,它们也会给出不同的结果。

数据还显示，各国长期以来获得援助的金额与援助成瘾之间具有很强的相关性，这证实了极端依赖外国援助确实已经成为很大一部分非洲国家的成瘾症状（见图 A4.1）。这种现象可以被称为援助滞后作用。援助本是用来刺激私人资金流动并促进贸易和经济发展，而与世界其他地区不同的是，很少有非洲国家设计并实现了从高额援助资金中退出的战略。如上所述，长期以来，关于援助有效性（特别是对经济增长的影响）一直存在争论，有来自各方面的强烈反对的声音。即使不深入争论过程，只要借助于援助成瘾和援助滞后作用的概念，检验在一直依赖于 ODA 资金的国家和其他国家之间是否存在宏观经济表现及社会指标上的明显差异，就可以对援助有效性问题做出判断。下一节将在高度援助国家和其他国家之间进行一个直接的比较。

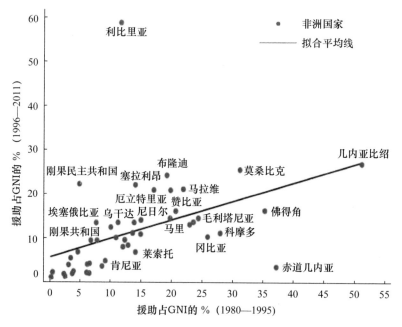

图 A4.1　援助滞后（援助占 GNI 的百分比）
资料来源：本书作者。

实证检验：援助成瘾国家的表现是否优于其他国家？

我们使用了 49 个非洲国家的数据，时间跨度为 1960—2010 年。援助成瘾的阈值是通过这一时期每一个国家的 ODA—GNI 比率的平均值得出的。① 阈值定义为 ODA—GIN 比率的样本中位数：高于（低于）这一样本中位数的国家就被认为是援助成瘾国家（其他国家）。利用样本中位数（而不是样本均值）的一个优点是，它对异常值不敏感。这两个国家分组的名单可参见后文表 A4.3。

我们使用了一个 probit 模型对倾向得分进行估计。② 因变量是我们的处理变量，也就是援助成瘾的虚拟变量，1 表示援助成瘾国家，0 表示其他国家。这个模型的思路是利用一组变量建立方程，估计援助成瘾的概率，具体包括实际人均 GDP、一个表示一个国家是不是重债穷国（HIPC）的虚拟变量、贸易开放度，以及 CPIA（国家政策和制度评估）相关的制度质量。这里的潜在假设是，这些变量体现了援助者在分配 ODA 时所关注的国家特点。检验结果相当直观（见表 A4.2）。人均 GDP 与成瘾概率负相关，反映了 ODA 更倾向于投向低收入的国家，而且重债穷国与援助成瘾的概率是正相关的。

表 A4.2 产生倾向得分的 probit 估计

因变量	援助成瘾＝1
Ln Real GDP PC	－0.601***
	(0.150)
HIPC＝1	0.469**
	(0.203)
IDA 资源分配指数	－6.093***
	(1.004)

---

① 在稳健性检验中，我们还使用了获得的净官方发展援助（占中央政府开支的百分比）这一指标，得出的结果与在这里报告的一致。

② 使用 Tobit 方法没有使我们的主要结果发生改变。

(续表)

因变量	援助成瘾＝1
CPIA 财政政策评级	0.940***
	(0.281)
CPIA 公共部门管理和制度	4.154***
	(0.617)
CPIA 社会包容性/公平政策	1.816***
	(0.472)
贸易开放度	1.25e-03
	(2.82e-03)
常数项	1.656***
	(1.009)
观测数	301
Pseudo R^2	0.262

注：括号中的数字是标准差。星号表示显著性水平：*** $p<0.01$,** $p<0.05$,* $p<0.1$。CPIA 是世界银行的国家政策和制度评估指标。IDA 是国际开发协会。

这一结果表明，重债穷国更可能对援助成瘾，这与人均 GDP 系数为负是一致的。平均来说，IDA 资源分配指数较低的国家更有可能援助成瘾，设想捐助者的目的是向制度更好的国家分配 ODA，这个结果是令人惊讶的，但也证实了低收入国家很可能制度不佳。但是 CPIA 各分项指标的结果与我们的期望是一致的，任何一个国家，如有更好的制度——财政政策、公共部门管理和社会包容性——会增加得到 ODA 的概率。贸易开放度与成瘾的可能性正相关，但其相关系数并无统计意义上的显著性。

主要结果与讨论

这里的第一步是构建一个对照组，它们的倾向得分要尽可能地与成瘾国家相像。这些得分是利用 probit 模型进行预测得出的，表示每个国家在给定估计中回归变量的情况下成瘾的概率。因此，配对思路就是将一个援助成瘾国家的倾向得分与它最接近的国家（或多个国家）进行对照。为此，我们使用了三种不同的配对方法：置换法下的近邻配对、半径配对、核配对。近邻配对是将每一个援助上瘾国家与拥有最接近的倾向得分的对照组国家进行配对。半径配对是将每个援助成瘾国家与对照组中倾向得分在一定半径范围的国家进行配对。至于核配对，是将一个给定的援助成瘾国家与加权后的所有对照组国家进行配对，权重系数由援助成瘾国家与对照组国家的接近程度决定。

这项研究的着重点是估计援助成瘾对国家表现的影响，包括三大类：宏观经济稳定，经济和社会发展，基本基础设施的可得性和投资环境质量。因此，根据每一类对国家特点的比较在第二步中进行。

宏观经济稳定方面的结果展示于表 A4.3 中。从 1960 年到 2010 年，援助成瘾国家的实际人均收入经历了快速的增长。这一结果反映了一种"追赶"情形，最初的低收入国家逐渐向富裕国家靠近，特别是因为资本回报递减。但是，在援助成瘾国家，劳动生产率（以劳均 GDP 表示）是较低的，可能是由于在这些国家劳动力成本相对较低。援助成瘾国家也往往会出现较低的内部失衡（以通货膨胀衡量）和较高的外部失衡（以经常账户余额衡量）。援助成瘾国家和其他国家的财政收支余额没有统计学上的显著差异。虽然宏观经济稳定是政策制定者的一个核心目标，但对于发展中国家来说，经济和社会发展才是最终和最重要的事业。

表 A4.4 所呈现的是利用经济社会发展指标进行分析的结果。这里的总体情况是，虽然援助成瘾国家在社会领域的支出相对较高，但它们平均的经济和社会发展水平却很差。与其他国家相比，社会支出在援助成瘾国家是比较高的，尤其是在卫生支出方面。但是，在援助成瘾国家，有更多的人日均消费不到 1.25 美元。

小学生与老师人数的比率、儿童死亡率、营养失调患病率（一定

表 A4.3 援助成瘾国家和其他国家表现对比（处理组的平均处理效应）

	近邻配对			半径配对			核配对		
		平均值			平均值			平均值	
宏观经济稳定	ATT	AA	其他	ATT	AA	其他	ATT	AA	其他
实际人均 GDP 增长	0.543	2.637	2.093	0.572*	2.666	2.093	0.598	2.666	2.068
	(0.462)			(0.295)			(0.709)		
Ln 劳均 GDP	−0.087	7.730	7.817	−0.129**	7.687	7.817	−0.292	7.687	7.980
	(0.094)			(0.051)			(0.212)		
财政收支余额（占 GDP 的 %）	−0.263	−0.332	−0.068	−0.311	−0.380	−0.068	1.888	−0.380	−2.269
	(1.970)			(1.817)			(2.416)		
税收（占 GDP 的 %）	2.027	15.929	13.901	1.935*	15.837	13.901	1.806	15.837	14.030
	(1.311)			(1.109)			(1.898)		
Ln[1+通货膨胀率，消费者价格（年 %）]	−0.381***	1.881	2.262	−0.327***	1.935	2.262	−0.574***	1.935	2.510
	(0.119)			(0.062)			(0.178)		
经常账户余额（占 GDP 的 %）	−8.526***	−11.852	−3.326	−8.169***	−11.495	−3.326	−2.403	−11.495	−9.091
	(1.736)			(1.190)			(2.427)		

注：括号中数字是标准差。星号表示显著性水平：*** $p<0.01$，** $p<0.05$，* $p<0.1$。AA 代表援助成瘾国家。ATT 代表处理组的平均处理效应。处理组的平均处理效应(TOT)定义如下：TOT=$E[Y,(1)-Y,(0)|T,=1]$。其中，i 是样本个体；$E[Y,(1)|T,=1]$ 是指处理组（非随机样本个体 i 在处理条件下的平均处理结果；$E[Y,(0)|T,=1]$ 是指对照组（非随机样本个体 i 与对照组在相同条件下获得 ODA 的结果差异。ODA 的条件下"。所以，TOT 是处理组任何一个随机样本个体 i 与对照组在相同条件下获得 ODA 的结果差异。

援助成瘾国家：布基纳法索、布隆迪、中非共和国、佛得角、科摩罗、赤道几内亚、厄立特里亚、几内亚比绍、莱索托、利比里亚、马里、毛里塔尼亚、莫桑比克、尼日尔、卢旺达、塞拉利昂、圣多美和普林西比、坦桑尼亚、冈比亚、赞比亚、马拉维、安哥拉、贝宁、博茨瓦纳、喀麦隆、乍得、刚果民主共和国、科特迪瓦、加蓬、加纳、几内亚、肯尼亚、马达加斯加、毛里求斯、纳米比亚、尼日利亚、塞内加尔、塞舌尔、索马里、南非、苏丹、多哥、乌干达、津巴布韦

其他国家：安哥拉、贝宁、博茨瓦纳、喀麦隆、乍得、刚果民主共和国、科特迪瓦、加蓬、加纳、几内亚、肯尼亚、马达加斯加、毛里求斯、纳米比亚、尼日利亚、塞内加尔、塞舌尔、索马里、南非、苏丹、多哥、乌干达、津巴布韦

表 A4.4 援助成瘾国家与其他国家表现对比（处理组的平均处理效应）

经济和社会发展

	近邻配对			半径配对			核配对		
	ATT	平均值 AA	平均值 其他	ATT	平均值 AA	平均值 其他	ATT	平均值 AA	平均值 其他
社会支出（占 GDP 的%）	1.298*** (0.480)	7.432	6.134	1.623*** (0.329)	7.758	6.134	1.055* (0.561)	7.758	6.702
教育支出（占 GDP 的%）	0.465 (0.385)	4.420	3.954	0.541** (0.260)	4.496	3.954	0.228 (0.415)	4.496	4.268
卫生支出（占 GDP 的%）	1.176*** (0.146)	3.230	2.054	1.223*** (0.119)	3.278	2.054	0.708*** (0.171)	3.278	2.569
以日均 1.25 美元衡量的贫困人口比例	14.237** (7.220)	58.217	43.980	12.251*** (3.671)	56.232	43.980	9.596 (10.047)	56.232	46.636
基尼系数	1.805 (2.607)	43.642	41.837	0.508 (2.088)	42.346	41.837	-0.806 (2.564)	42.346	43.152
收入最低的 20%人口的收入占比	0.049 (0.521)	6.028	5.979	0.304 (0.430)	6.283	5.979	0.422 (0.514)	6.283	5.860
小学生—老师比率	3.043* (1.836)	47.217	44.173	5.152*** (1.452)	49.325	44.173	9.758*** (2.181)	49.325	39.567
小学入学率（%净值）	-1.675 (2.386)	75.345	77.021	-2.908* (1.723)	74.113	77.021	1.391 (2.753)	74.113	72.721
小学毕业率	2.409 (2.807)	65.398	62.989	-0.754 (1.882)	62.234	62.989	-5.895* (3.457)	62.234	68.130

(续表)

	经济和社会发展								
	近邻配对			半径配对			核配对		
		平均值			平均值			平均值	
	ATT	AA	其他	ATT	AA	其他	ATT	AA	其他
出生婴儿的预期寿命	0.418 (0.783)	55.462	55.044	0.755 (0.548)	55.800	55.044	−1.647* (0.965)	55.800	57.447
青少年识字率	−12.347** (5.718)	57.480	69.828	−11.710*** (4.368)	58.118	69.828	−5.210 (8.609)	58.118	63.328
童工	0.912 (4.811)	38.319	37.406	−1.230 (2.680)	36.175	37.406	−6.659 (7.239)	36.175	42.834
婴儿死亡率	0.172 (2.691)	108.7	109.854	−2.807 (1.812)	67.075	69.882	6.171* (3.549)	67.075	60.903
儿童免疫、白百破	6.092*** (1.941)	80.784	74.692	6.670*** (1.187)	81.362	74.692	0.256 (2.967)	81.362	81.106
儿童免疫、麻疹	8.392*** (1.738)	79.315	70.923	9.014*** (1.116)	79.937	70.923	3.551 (2.620)	79.937	76.385
孕产妇死亡率	−7.153 (57.944)	572.846	580.000	−19.978 (41.687)	560.021	580.000	41.691 (71.564)	560.021	518.330
营养失调、年龄身高	6.406*** (2.319)	41.068	34.662	6.873*** (1.761)	34.662	41.535	8.425*** (3.018)	41.535	33.110
营养失调、年龄体重	3.871** (1.834)	22.264	18.392	3.052** (1.489)	21.445	18.392	4.963** (2.230)	21.445	16.481

(续表)

经济和社会发展

	近邻配对			半径配对			核配对		
	ATT	平均值		ATT	平均值		ATT	平均值	
		AA	其他		AA	其他		AA	其他
营养不良患病率	4.204** (1.889)	26.846	22.641	7.928*** (1.496)	30.570	22.641	12.666*** (2.254)	30.570	17.904
新生婴儿由技术卫生工作人员接生的比例	-1.987 (3.426)	52.990	54.978	-3.984 (2.890)	50.994	54.978	-4.110 (5.034)	50.994	55.104
医院床位（每千人）	0.358** (0.161)	1.209	0.850	0.398** (0.166)	1.248	0.850	0.387 (0.251)	1.248	0.860
失业，总体	3.122*** (0.781)	9.353	6.230	2.734*** (0.627)	8.965	6.230	4.422*** (0.821)	8.965	4.542
失业，青年	3.953*** (1.114)	14.329	10.375	3.414*** (0.874)	13.789	10.375	6.293*** (1.232)	13.789	7.495
弱势就业群体	2.716 (1.726)	91.650	88.283	2.988*** (0.831)	91.271	88.283	2.988* (1.675)	91.271	88.283
劳动力，总体	-1.545*** (0.146)	14.287	15.832	-1.218*** (0.124)	14.613	15.832	-1.234*** (0.174)	14.613	15.847
劳动力，女性	-0.064*** (0.022)	3.745	3.809	-0.036** (0.015)	3.772 (0.026)	3.809	-0.092***	3.772	3.865

注：括号中的数字是标准差。星号表示显著性水平：*** $p<0.01$，** $p<0.05$，* $p<0.1$。

年龄的身高和体重)、营养不良以及失业率(总体、青年和弱势群体)这些指标在援助成瘾国家明显高于其他国家。儿童免疫(百白破、麻疹)率和医院床位也在援助成瘾国家相对较高,这与它们相对较高的医疗支出是一致的。但是,出生婴儿的预期寿命、青少年识字率、小学入学率、小学毕业率以及劳动力(总体和女性)这些指标在援助成瘾国家是严重低于其他国家的。

在收入不平等(由基尼指数和收入最低的20%人口的收入占比来衡量)、童工、孕产妇死亡率以及新生婴儿由技术卫生工作人员接生的比例这些指标上,援助成瘾国家和其他国家之间在统计意义上几无区别。虽然经济和社会发展指标是"最终"发展结果,但我们也需要关注"中间"发展结果,以提供一些改善发展结果的机会。

在这方面,接下来看基本基础设施可得性和投资环境质量这类指标的国家差异(见表A4.5)。结果表明,从"中间"发展结果的角度来看,援助成瘾国家是显著不同于其他国家的。比如基本基础设施可得性方面,援助成瘾国家的电力水平相对较低,而它们的水和卫生设施相比其他国家要高。但在商业环境质量方面,援助成瘾国家比其他国家的表现更好。合同执行流程以及财产登记时间在这些国家都明显较低,这反映了捐助者对投资环境质量的影响。

总之,虽然结果出现了交叉,但平均而言,援助成瘾国家在经济和社会发展以及基本基础设施和投资环境质量方面最不同于其他国家。而在宏观经济稳定这一方面,区别两组国家的最主要的因素是通货膨胀和经常账户余额。

表A4.5 援助成瘾国家与其他国家表现对比（处理组的平均处理效应）

	近邻配对			基本基础设施可得性和投资环境质量 半径配对			核配对		
	ATT	平均值 AA	其他	ATT	平均值 AA	其他	ATT	平均值 AA	其他
电力（占人口的%）	−18.381*** (−2.638)	18.443	36.825	−19.266*** (−1.75)	18.443	37.71	−36.527*** (−12.648)	18.443	54.971
改善的水源（占人口的%）	3.890** (−1.706)	68.826	64.936	2.763** (−1.237)	67.76	4.936	−1.816 (−2.229)	67.7	69.516
卫生设施（占人口的%）	3.305* (−1.906)	29.662	26.356	1.619 (−1.351)	27.976	26.356	5.828** (−2.565)	27.976	22.147
合同执行流程（数量）	−3.147*** (−0.604)	38.544	41.691	−3.260*** (−0.403)	38.43	41.691	−1.791** (−0.822)	38.43	40.221
财产登记时间（天）	−14.551* (−8.801)	81.11	95.661	−13.867*** (−5.137)	81.793	95.661	−6.888 (−13.114)	81.793	88.68

注：括号中的数字是标准误。星号表示显著性水平：*** $p<0.01$，** $p<0.05$，* $p<0.1$。

第五章 进取的务实主义：首屈一指的经济原则

古语有训："惊喜总比失望好。"加纳已故前总统克瓦米·恩克鲁玛在1966年被军事政变罢免后，一定好好思索过这句话。1957年，当加纳成为第一个获得独立的非洲国家时，它有望迅速成为整个非洲大陆和其他第三世界国家的希望之灯塔。整个发展中世界都为它的经济前景感到兴奋。克瓦米·恩克鲁玛曾成功率领加纳追求独立，他似乎已经为眼前的挑战做好了准备。作为一个受过良好教育、一心向善且充满了个人魅力的领袖，他拥有成功者需要具备的所有素质。他还是一位天才的演说家，一位坚定的泛非主义者，他的演讲旁征博引，将历史分析与道德思考和地缘政治探讨相融合，扣人心弦，引人入胜，被他的人民尊称为"救世主"克瓦米·恩克鲁玛。他对祖国怀有美好的憧憬，对实现联合国非洲框架的蓝图充满激情，他有着强大的内在力量，能够赢得加纳民众的热爱和政治力量的支持，他的智慧使他必定能够大有作为。他甚至还招募了一些国际知名的学者担任自己的高级顾问，其中包括阿瑟·刘易斯爵士——诺贝尔经济学奖得主中唯一的黑人，曾经是并且现在也是公认的最伟大的经济学家之一。

然而，克瓦米·恩克鲁玛对加纳和非洲的宏伟构想并没有成为现实。他的经济发展战略未能取得成效，而且还在这个国家引起了愤怒和政治动荡。他曾经被视为解放者，但很快就被加上了独裁的标签，在对越南北部和中国进行正式访问期间，恩克鲁玛被一群军官不费吹灰之力地罢免了。他被放逐到几内亚的科纳克里，从此过着凄苦的流亡生活，直到1972年孤寂地离开人世。加纳在非洲转型中的伟大实践不仅令人失望，而且还摧毁了一个充满活力、紧密团结和繁荣富强的非洲神话。加纳是一个拥有优越禀赋条件的经济体，它的地理位置得天独厚，保留着牢固而传统的制度体系，即使在成为英国殖民地后也没有被削弱，到独立时只有660万人口。它曾被认为是几个世纪以来非洲腾飞的新星，并且会将非洲从贫困中解放出来，但是，这个目标未能实现。

自恩克鲁玛失败以来，加纳经历了跌宕起伏的发展过程，尽管是世界第二大可可生产国，拥有丰富的自然资源宝藏，并在国内及周边国家有众多训练有素的工人，但是，结果却基本上不尽如人意。加纳仍然严重依赖于国际金融和技术援助。自独立后已经过去近60年的时间，恩克鲁玛的国家依然表现不佳。经济增长不足以减少贫困，大多数的劳动力，无论技能水平高低，仍然处于失业或者不完全就业的状态，黄金、可可生产和返乡汇款是外汇的主要来源。其经济继续围绕着农业发展，农业生产占GDP的比例超过三分之一，吸纳了55%的劳动力，其中大部分都是小土地所有者。

究竟是怎么回事？

加纳的故事在很大程度上反映的是非洲的故事，也是许多其他发展中国家的故事。坦桑尼亚有着显著的增长表现（15年平均为7%），然而有时却伴随着贫困的增加，总统贾卡亚·基奎特对这种令人费解的烦恼现象表达了不满。在2012年1月的非洲联盟首脑会议上，他分享了一些他经常听到的批评，每当他提到国家的出色宏观经济表现时，他的同胞就会以此批评他。他给大家讲了一个坦桑尼亚的古老笑话，讲述了自我感觉良好的人是如何不停地让自己相信周围人的生活也都是好的。"当你吃饱喝足时，你就会认为每个人都是酒足饭饱。"总统这样说的时候，带着讽刺的微笑。

赤道新几内亚则是一个更令人费解的案例，它是目前非洲大陆唯一的高收入经济体。没错，赤道新几内亚2014年人均国民总收入达到32 000美元（购买力平价），应将自己送入精英国家的精英俱乐部，应去参与讨论世界未来的主要决定。因此，在芸芸众国中，赤道新几内亚真正战胜了自己的命运。

等等，是这样吗？

这是一个人口只有约70万的国家，其惊人的经济增长是来自石油。然而，它的经济状况转好的奇迹，仍然伴随着一些非常令人沮丧的事实：贫困水平仍然很高（根据最新的数字是77%），甚至，相关部门还未能给全国约15万儿童提供疫苗。它的所谓的"胜利"使人联想到 H. G. 威尔斯的小说《世界大战》，里面的火星人角色非常聪明，除了不会搞发明创造，几乎可以做任何事情。

不令人满意的成功和挫折并不单单出现在赤道新几内亚。卢旺达总统保罗·卡加梅常常公开表示困惑：根据世界银行的营商环境指标以及其他流行的国际排名，卢旺达一直都位居前列，为什么他的国家却仍然未能创造就业？

在政治演讲和公共讨论中所庆祝的各种抽象的宏观经济绩效福利，却令非洲人民感到越来越缺乏耐心。各种技术的解释无法让他们信服，为什么高经济增长率无法转化为良好的就业并改善经济和社会福祉（在一个非常薄弱的经济基础上的高增长，快速的人口增加，GDP的增长往往是源于医疗保健之类的行业的繁荣，增长的收益不是用来消费而是进行金融投资，等等）。而且，毫不奇怪，在经济快速增长的情况下财富却不能共享的疑惑，以及发展缓慢的情况下民众的愤怒和深层的社会紧张局势，这些矛盾相互交织在一起。结果，非洲经济转型往往伴随着的经济不安全和危机，而且总是充满风险，前所未有的改革机会就这样被浪费，甚至挥霍了。

与1957年的加纳、2012年的坦桑尼亚乃至2014年的赤道新几内亚相比，1978年的中国在已74岁高龄的邓小平开始执政时，也是一个面临着严峻发展挑战的国家。然而，中国成功地开启了惊人的经济增长，并将这样的增长保持了数十年之久。从1978年到2013年的35年间，中国的GDP年均增长9.8%，国际贸易平均增长16.6%。中国现在是一个中等偏上收入的国家，2012年的人均GDP是6 800美元，超过6.8亿人已经摆脱了贫困（Lin，2014）。这种非凡的表现完全超出了在改革初期所有人的预期，甚至被称为改革开放的总设计师的邓小平本人也没有想到。

难道有什么是邓小平知道而克瓦米·恩克鲁玛和其他受挫的非洲领导人不知道的吗？或者中国的文化、历史或国情有什么独特的地方，可以让邓小平取得成功，而其他人却注定要失败吗？本章以历史为鉴，指出诸如加纳这样的政策失败，主要反映的不是政治上的铩羽，而是经济思想和政策制定上的涸鳞。现在经济发展历史上已经有足够的失败或成功实践，可供研究者和政策制定者广泛吸取教训和经验。

本章将重点介绍贫穷国家转变为中等收入甚至高收入经济体的可能性，并强调这种转变是世界经济整体的共同利益。首先讨论农业发展在如今的发展中国家的地位和作用，重点讨论其短期贡献及中长期发展局限。然后详细介绍一些经济成功的首要原则，直接指出结构转变的必要性，而这只能通过工业化进程来实现。为了取得成功，经济政策的设立标准应该是"进取的务实主义"，这就要求根据现有的经济结构和国家发展水平来协调经济起飞的步伐。政策制定者一定要避免先入为主的决定论，并且乐于学习和借鉴，向那些具有类似禀赋结构但具有更高的人均收入水平的动态增长国家取经。

农业与工业发展的悖论

如今的经济学已经成为一个拥有如此多项分支的学科，甚至连学科专家们都几乎没有人记得，曾经在很长一段时间内，整个经济学科是专门致力于农业研究的。Galbraith（1977）曾这样说："200 年之前，所有的经济学都是农业经济学。"农业经济学家往往感到沮丧，因为在发展思想和发展政策中，他们这一分支学科常常被知识界和政策界所忽视。从他们的角度来看，在全球探索繁荣道路和寻找减贫解决方案的过程中，农业在经济学中的重要性似乎都是显而易见且不可回避的。然而，在主流经济学最近的思潮中占据头条的问题往往是：全球金融危机及其对世界经济造成的恶果，恢复全球增长的货币政策和财政政策、技术创新和全球化对传统就业形式的影响，等等。

几十年来，发展经济学的核心和最流行的政策框架都是由世界银行和 IMF 这样有影响力的机构定义的，但它们并没有真正关注农业。①事实上，自从第二次世界大战之后这两个布雷顿森林机构创建以来，它们提出的发展战略就已经有了很大的转变，从前是支持以提供公共投资为中心的政策框架，之后是启动和扶持资本密集型产业以帮助贫困经济体实现"现代化"，然后是促进宏观经济稳定和结构改革（限制

---

① 直到 1982 年，《世界发展报告》（World Development Report）这份世界银行的年度标志性出版物才有史以来首次完整发布了一版专注于农业发展的报告。参见 World Bank（1982）。World Bank（2008）重新评估和盘点了农业在发展中的作用。然而，值得一提的是，其他影响力较小的国际发展机构如联合国粮农组织（FAO）和国际农业发展基金会（IFAD）以及一些双边空间组织（尤其是美国国际开发署（USAID）和法新社法国发展署）则一贯倡导农业在发展战略中的重要作用。

性的财政和货币政策、私有化、放松管制和自由化），最后是通过随机化技术对（微观）项目和计划进行评价以提供更好的预期结果，从而推动社会部门的发展（Lin and Monga，2014）。自20世纪40年代诞生以来，发展思潮经历了研究范式的不断变化，以上政策框架的演变就反映了这种范式的变化。的确，无论是在理论层面还是政策层面，农业并没有在发展战略中连续而显著地体现出来。

农业发展的重要角色在发展理论和政策中消失了，特别是在20世纪70年代末以自由市场促进减贫的战略出现以后，对于这一现象，那些与发展中国家的农民和农场主一起合作的非政府组织往往表达了最大的不满，特别是当他们发现自己正亲眼目睹着自然灾害引发的饥荒（干旱、洪水、地震、海啸），以及冲突和战争造成的人间惨剧。他们不由地发问，为什么世界上的政治领导人不把大部分可用的资源用于支持农业？对于这些倡导者来说，将这一关键部门的社会福利放在首位似乎是毋庸置疑的。

对于正在发展中的经济体来说，农业转型确实有着很强的理论依据。除了最明显的宏观经济利益之外（出口以及外汇收入和财政收入），农业转型还会推动农业生产率向整体经济的水平靠近，并产生对其他经济活动的正外部性。"通过技术变革和贸易活动扩大农业生产，为其他部门的产品创造了重要的需求，特别是肥料、运输、商业服务和建筑。同时，农户往往是工业化早期阶段的主要消费品的基本市场，这些消费品包括纺织服装、食品加工、煤油和植物油、铝罐、收音机、自行车和家装材料。"（World Bank，1982，pp.44—45）这种良性循环还可以继续拓展：农业部门的动态发展在城市和农村地区产生并维持着一些现代服务业的发展，促进了从代理商和承销商这类中介服务到会计师和律师等各种新的服务活动的出现。各种非农企业（维修服务、商店、基本公共服务）逐渐兴起，并提供了新的资源，为穷人改善生计。

因此，就其表面价值而言，农业发展很明显是经济政策的一个优先事项，不仅在低收入国家是这样，在整个世界范围也是如此。Nurkse（1953）曾写道："每个人都知道，如果没有之前发生的农业革命，声势浩大的工业革命是没有可能发生的。"（p.52）农业发展对于工业化的起步也起着重要的作用，关于这一作用的一个重要方面，Lewis（1954）提出一个很好的解释：食品生产。"如果资本家这一部门不生产粮食，而其扩张又会对粮食的需求有所增加，就会提高其产品的粮食价格，从而降低利润。从这种意义上说，工业化依赖于农业的改善，除非农业生产同时增长，否则，制造出再多的产品也是不盈利的。这也是为什么工业和农业革命总是并肩走在一起，以及为什么在农业发展停滞的经济中，工业发展也是难以显现的。"（p.433）

尽管我们知道这些充满智慧的道理，真正理解农业在经济发展中的作用仍然是一个挑战，许多研究人员强调结构转型过程是一个矛盾的动态机制（Clark，1940；Kuznets，1966；Chenery and Syrquin，1975）。他们指出，一方面，世界所有地区的持续经济增长都显示了一个共同特点，那就是农业的重要性在持续下降（无论国情、主流意识形态或现有的政治、经济和社会制度如何），同时反映出制造业和都市工业以及现代服务业的日益重要。另一方面，农业的快速发展又似乎是持续增长和经济发展的先决条件。

这一矛盾是显而易见的。正如 Timmer（1988）所说："农业迅速增长的需要，与农业部门产出和劳动力份额的下降的需要并不是矛盾的，当然，但这一貌似明显的矛盾引起了一个普遍的误解，即认为农业是不重要的——它不需要资源和良好的政策环境——因为它在经济体中的相对份额在下滑。"（p.277）在结构转型过程中，农业在国民经济中所占的份额（以其对国民收入的贡献来衡量）在稳步下降。与此同时，农业部门中的劳动力比例也在以一个比较缓慢的速度下降。这种差异造成了一种"结构滞后"（Timmer，2014），使在农业部门的劳动者相比在其他部门更贫困。

这种转型也会使人口结构发生变化：剩余劳动力从农业部门转移到城市中，以寻找更高收入的就业机会，与此同时，往往伴随着出生率的激增（最终会出现下降趋势）。在结构转型的成功案例中，市场与政府各自发挥了有效作用，使这些并行的转型（部门和人口）实现自我平衡，最终，所有部门的工人的经济条件总体上是相当的：实际工资是相同的，贫困程度也相同；劳动力、商品和金融市场会形成相互对接，良性的实体关联也使从农场输出的产品流入现代化的都市食品体系中。总之，如果结构转型发展顺利，剩余劳动力就会从低生产率的自给自足的农业向更高生产率的现代部门转移，并且确保经济增长的持续。经历了这一过程的国家也实现了粮食安全，并创造了快速减少饥饿和贫困的纪录。

分析并诠释农业的这一明显悖论的研究，已经非常广泛（Johnston，1970，1973；Anderson and Hayami，1986）。首先，伴随着收入增长与结构转型的成功，食品支出的份额下降了（所谓的恩格尔定律）。在一个使用固定价格的封闭经济体中，这种现象在很大程度上解释了农业在经济中所占比重的下降——无论农业部门的增长速度有多快。因此，农产品销售总值的增长将低于国内生产总值的增长。[①] 其次，在成功的结构转型的情况下，由于技术的变革和新技术的采用，快速提高的农业生产率通常会导致农产品贸易条件的长期下降。一般情况下，根据恩格尔定律，这种较低的价格会使已经降低了的需求更加恶化，这更导致了劳动力离开农业部门——尽管他们的生产率水平有所提高，需求的减少和产品价格的降低也会使少数仍然留在农业部门的农民深感痛苦，这也就解释了为什么在任何发展水平下，所有国

---

① 在农业产出的增长速度不足以满足日益增长的需求的情况下，通过不断上涨的价格让农民获得更大的消费者支出份额，是可能的。但在市场体系中，这些都是异常的，因为这些越发提高的农产品价格并没有反映经济增长。

家的政策制定者都会被迫为农业提供补贴（World Bank，1986）。

总之，农业转型模式具有非常复杂的特点，各个社会群体中输者和赢家之间微妙的政治经济问题，以及政策制定者往往无效的政策选择，在很大程度上解释了一直困扰着许多贫穷国家的转型失败。这种转型失败往往又被一些问题所放大，比如快速的人口增长，到处可见而又不具备形成规模经济可能性的小型农场，以及被迫离开农场而进入农村非农部门或城市非正规服务部门的低生产率岗位的劳动者。因此，正如早期的发展经济学家所假设的那样，这两个造成了农业悖论错觉的令人费解的典型事实（农业增长和农业部门在 GDP 中相对重要性的下降）并不是互不相关的。然而，20 世纪 50 年代发展的主流理论范式草率地提出，为了经济中更具活力的部门能更好地发展，农业部门应该被压缩。

幸运的是，如今人们对农业转型的过程及其对整个经济的潜在利益已经有了很好的理解，超越了 Nurkse 和 Lewis 最初提出的见解。为了便于阐述，这个过程可以用线性的方式总结为四个阶段，但它们并不一定是以一种连续的方式发生的。历史和跨部门的分析表明，该过程一般来说开始于农业部门每一个劳动者生产率的提高，这便创造了剩余价值。在第二阶段，这部分剩余可以通过税收、政府干预或生产要素流动得以充分利用，从而发展非农产业部门。① 当农村市场和要素市场与经济中的其他部门融合得越来越好之后，资源会更好地从农业部门流出。运作良好的市场和有针对性的政府干预措施可以改善那些具有潜在获益能力的基础设施，这便进入了第三阶段，这时农业部门逐步融入宏观经济。在第四阶段，农业生产率提升到与其他部门相当的水平，农业部门的作用也就与其他部门不相上下了。

但是，这四个阶段的发展进程始终是微妙的，特别是因为它涉及

---

① Timmer（1988）指出，第二阶段一直是二元经济发展模型中的重点。

了具有挑战性的政治经济问题和政策框架,这些在每一个阶段都有所不同,并需要政府机构、农业部门的利益相关者(农民协会、国际发展机构等)以及各类私营部门(包括投资者、商人和金融机构)之间进行强有力的、公开透明的、信息通畅的合作。当劳动力从农村的农业部门迁出并去城市的工业部门寻求更高的工资时,政策制定者必须有很好的权衡意识,并对社会群体的收益或损失有充分的了解。许多发展中国家启动了"绿色革命",但很少得出预期的结果。它们失败的原因通常有多种:农民得不到充足的降雨,以及灌溉和防洪支持;政府所采用和推广的技术并不符合国家的气候和土壤;当农民试图在当地现有的条件下培育国际品种时,没有相应的国家研究系统或者系统不能有效地给予支持;保险产品不到位,这使得农民在很小的土地上尝试种植多种农作物,因而无法达到能使他们成为往往由大型国际集团主导的竞争性市场中的可信参与者的必要临界产量;在有些国家,土地法律法规极其严格,土地改革尚未进行,物价和其他激励力度不够,农民又无法得到金融系统的支持;政府政策未能鼓励农民采取集体行动的机制(特别是合作社);没有或缺少运输和营销网络(在一些非洲国家,农民要行走超过一天的路程,才能到达最近的公路);等等。

在许多发展中国家,由于农业转型的失败,劳动力的最大一部分常常被困在生产率低下的自给农业部门,或挣扎在非正规部门的生产活动中。还有些时候,农业转型过程停滞在第一或第二阶段,使农民在面对不同性质的冲击时处于弱势地位。例如,由于美国或欧洲对农民的补贴政策导致了生产过剩和世界价格的长期下降,这对西非的棉花生产者和泰国的糖料生产者产生了极度的负面影响。[①] 在低收入国家,

---

[①] 美国和欧盟国家的出口补贴使它们的出口商在全世界抢占了市场份额,造成了世界市场价格水平的下行压力,从而使许多发展中国家与本地制造商形成了不公平的竞争(Action Aid 2011; Oxfam 2002, 2004; Matthews, 2015)。

经济中的正规部门应该是很小的，政策制定者也自然会过度依赖农业税收作为一种发展融资的手段，并用来讨好具有强大的政治影响力的城市选区（Bates，1981）。

显然，农业部门往往被发展学者忽视了。然而，如果将农业发展设定为经济发展的最终目标，这种矫枉过正的倾向也是不对的。对于发展中国家几十年来的农业转型失败，合理的政策回应绝不仅仅是向农业部门输送有限的财政资金和行政资源。

避免落入美化农村贫困的陷阱

如何在低收入国家提高农业生产率，开启持续增长和结构转型？经济理论和历史经验表明（Alston and Pardey，2014；Lin，1992），发展战略的目标应该是促进农业发展，然而，这样做的明确目的就是将资源（尤其是剩余劳动力）从农业部门迅速转移到快速增长的工业部门，这些部门具有比较优势，能充分利用资源为整个经济带来利益。任何一个国家，如果相当大的一部分劳动力仍滞留在表现欠佳的部门，是不能摆脱贫困的——要知道，由于农业自身的特点，其生产率总是要低于工业（尤其是制造业）和现代服务业。然而，这些经验和教训似乎并没有完全融入一些领先的发展机构和发展活动的参与者所提出的新的知识框架。在发展中国家提高农业生产率的需要被迅速转化为实施控制农场规模的政策。

提高小农场的农业生产率的确是摆脱贫困的最可靠途径。"盖茨说，现有的全球农业和粮食系统是过时的、低效的。国家、食品机构以及捐助者并没有协同合作，针对小农户的需要在必要时提供帮助……根据我们基金会的工作团队的估计，在未来 20 年，南亚和撒哈拉以南非洲的小农户将有可能分别获得双倍或接近三倍的产量——同时为他们的后代保留好土地。这是一个雄心勃勃的目标。这两个地区的农民不得不将生产率提高到他们过去 20 年三到五倍的水平，才能实现这一目标。"盖茨正确地指出，为了实现合理的生产率宏愿，必须充分利用数字革命技术，来使农业创新率翻倍。他还列出了一些能够促进农业发展的重要科技领域：从基因组科学到信息技术。新的发现确实可能会使老问题得到解决，把今天的农业科技新突破带给贫困农民，将给个人和社会带来许多福祉。

但是，这样的策略不应该离开一个可行的政策框架这一关键要素：促进工业发展是必要的，而工业化只有在非农部门发展到能够将大量现存于农业部门的资源吸收之后才能实现。遍布于小农场的劳动力使一些发展机构过于乐观地得出结论：专注于小型农业可能是一个经济发展的可行战略（盖茨基金会非洲战略）。期望在非洲或南亚加强小微农场对小块土地的开发，以作为实现经济转型和繁荣的有效手段，这是不切实际的幻想。虽然自给农业让全世界数百万的贫困人口得以维生，但是其普及程度不应该作为一个发展目标来庆贺。这些国家在长达几个世纪的时间里，大部分的劳动力都被困在生产率低下的农业活动中，没能找到实现增长共享的方案，它实际上反映了发展思想的失败。

在贫穷国家，由于农场规模较小、土地的经济价值不大（通常由于法律法规的限制）、交通工具缺乏、融资渠道有限以及知识结构不足（由于科学研究和推广服务的缺乏），农民觉得必须要种植许多不同品种的农作物，而那里又经常没有灌溉系统。营销系统则根本不存在，即使有也是不完整和不起作用的。为了能够以减少贫困的形式实现经济的持续增长，大部分贫困地区的劳动者最终将不得不离开农业，进入工业（主要是制造业）和现代服务业。否则，对繁荣的求索将只停留在口号上。因此，可以说过度关注小型农业而没有一个明确的在中长期从农业退出的策略，会造成依赖于错误的发展方案而实际上没有真正与贫困抗争的风险。

农业转型势在必行，由原来以小农场（即使是拥有技术的）为主的自给农业转变为能够利用现代种子和肥料的大型机械化生产单位，并且可以通过全球价值链进入运作良好的国家、区域和国际市场。那些依靠多种农作物的小农场必须整合为合作社，使其能够有效地回应市场信号，满足需求方对产品类型和质量的要求，这样它们在经济上才是有自生能力的。政府、私人部门和国际发展机构应共同投资打造交通运输和公共事业机构（研究中心和营销服务），建立相应的激励制度，促进农民及合作社进入全球价值链，向单个农民提供因成本太高而无法获取的市场信息，并共建为保证与国际市场的有效联系而必要的高质量的基础设施。此外，在大多数低收入国家，还需要进行精心设计的土地改革（Deininger，2003；Deininger et al.，2011）。

"幻觉是所有乐趣之首。"伏尔泰过的这句名言可以部分解释为什么一些发展思想家对贫穷国家的战略建议是重点发展农业（通过支持小型农场），而忽略了强调其终极目标是让大多数劳动者进入生产效率更高的工业和现代服务业。尽管新作物和新技术的采用以及适当的科研和推广政策框架有助于提高农业生产率，但最终，小农场仍要加入并成为国内和国际集团的一部分，实现规模经济并有效地参与全球价值链。最后，无论这些小型农场的生产率有多高，政策制定者都不应抱有任何幻想：对任何低收入经济体来说，一个可行的经济发展战略都要求以工业发展为核心。对全球贫困率下降的主要原因的分析结果证实了这一点。

了解全球增长的动态及其潜在红利

关于全球贫困总体的经验趋势，有一个新的共识，就整个世界而言，在1980—2010年间，贫困人口比例从50%左右下降到17.7%（见表5.1），并且自始至终下降的趋势都是一致的（Ravallion and Chen，2012）。

表 5.1　部分国家的极端贫困人口比例，c. 1980—2010 年

单位：日消费额 1.25 美元的人口占比，%

国家	1980 年	1990 年	2000 年	2010 年
刚果民主共和国				87.7
尼日利亚	53.9	61.9	63.1	54.4
孟加拉国	60.6	70.2	58.6	43.3
印度	55.5	49.4		32.7
埃塞俄比亚	66.2		60.5	30.7
印度尼西亚	62.8	54.3	47.7	18.1
中国	84.0	60.2	35.6	11.8
哥伦比亚		6.3	17.9	8.1
巴西	13.6	17.2	11.8	6.1
墨西哥	12.8	4.0	5.5	0.7

资料来源：World Bank（PovcalNet）。

但是，贫困的故事并未结束，整个世界依然非常不稳定：尽管在过去的 30 年里，许多国家的贫困率随着全球趋势稳步下降（尤其是中等收入的大型经济体，如中国、巴西、印度、印度尼西亚和墨西哥），但是对于尼日利亚、孟加拉国和巴西等国，在 1980—1990 年间，贫困率反而上升了。正如世界银行首席经济学家巴苏所说："全球贫困率的下降是因为中国和墨西哥的贫困率在这一时期的急剧下降。2010 年，全球整体贫困率为 17.7%，这掩盖了一个事实，即在一些国家，如刚果民主共和国和尼日利亚，贫困率仍居高不下，这两个国家的大多数人口还生活在贫困线以下。"（Basu，2013，p.5）

因此，解决贫困问题仍然是一个重大的全球性挑战，数十亿人口仍然生活在贫困中，这些贫困人口不仅存在于低收入国家，而且也存在于中等收入国家，甚至高收入国家（尽管对高收入国家，通常采用相对贫困这一指标）。世界银行理事会[①]在 2013 年启动了两个总体目

---

① 世界银行将自己定义为"像一个由 188 个成员组成的合作组织。这些成员或股东由一个理事会作为代表，他们是世界银行最终政策的制定者。一般来说，理事们是成员的财政部长或发展部长"。每年他们都要在世界银行和 IMF 的理事会年度会议上会晤一次。

标，以指导其在今后几十年的工作，原因之一就是在许多人口稠密国家普遍存在的这些趋势。这两个目标是：第一，在 2030 年以前，在全世界范围内结束长期极端贫困——极端贫困定义为每人日均生活消费不足 1.25 美元（经购买力平价调整）；第二，促进在每个社会的共同繁荣，这定义为每个国家最贫穷的 40% 人口的人均收入的增加。①

发展的目标是帮助落后国家摆脱低收入状态，帮助中等收入国家向高收入水平过渡。即使在最贫穷的国家，农民、工人、商人、市民阶层和政府官员都在努力实现这个目标。他们的决心和干劲应该足以让所有人，甚至怀疑者相信：一个没有贫穷的世界是可以实现的。总是令人失望的结果不禁使人感到愤世嫉俗，难道有些国家注定要贫穷下去是一个自我实现的预言？然而，事实并非如此。

此外，甚至一些已经实现了高增长率、高劳动力参与率和高就业率的国家，仍然面临着贫穷的挑战。根据国际劳工组织（ILO）的统计，在 2000—2010 年这十年间，全球的工作人口贫困急剧下降，但是这一下降的趋势停滞在了 2013 年。据估计，有 3.75 亿工人每天的生活费用仍然不到 1.25 美元，相比 21 世纪初的 6 亿工人，平均每年下降了 12%。这表明，创造良好的工作机会是全球发展的一个紧急要务，当国际社会制定 2015 年后的新发展目标时，这应该是发展议程的核心。正如国际劳工组织总干事盖伊·莱德所说："克服就业的脆弱性和非正式性才是以可持续的方式消除贫困的关键。"（ILO，2014）

在制定一个可持续和包容性增长战略的过程中，创造就业是其中一个关键的特征，发展中国家的政策制定者们应该先从成功案例中汲

---

① "由于是以结束长期贫困为目标，并且由于仍然难以结束摩擦性贫困——源自贫穷国家意料之外的经济波动、政治冲突及战争，因此，第一个目标被正式表述为使生活在这一'贫困线'之下的人数下降到世界人口的 3% 以内。"（Basu，2013，p.4）

每天 1.25 美元的标准可以说是相当低的门槛，除此之外，以货币度量贫困的方法也不足以反映这一问题众所周知的多面性：改善人民生活水平所需要的不仅仅是收入，还有健康、营养、教育、个人权利等（Sen，1982）。

取经验。经济历史学家在起初研究增长表现的演变过程时，倾向于把它分为三个不同的阶段：第一个阶段，从人类历史的起点到18世纪中叶，尽管有人口增长，仍然以静态生活水平作为标志，即所谓的马尔萨斯情形；第二个阶段，约从1750年至19世纪20年代，其特征为生活水平的改善和人口结构的变化趋势（较高的生育率和较低的死亡率）；第三个阶段，最早出现在19世纪20年代的英国，开启了现代的经济增长（Cameron，1993）。破解现代经济增长之谜，并解释其收敛与发散的规律一直是研究领域的主要课题，尤其是自20世纪50年代以来。虽然在理论和实证层面的研究取得了很大的进展，但在政策层面还有许多问题需要深入的理解（Lin and Monga，2010）。

以表5.2为出发点，可能会对历史的车轮有一个较好的理解——并且能够推导出成功经济体的一些首要原则。表中列出了多个长时间处于高速增长的经济体，这些经济体都成功地将以前落后的国家从低收入水平提升到了中等收入甚至高收入水平。

表5.2 持续高速增长的成功案例

单位：2000年不变价美元

经济体	高速增长阶段**	人均收入	
		初始阶段	2005年
博茨瓦纳	1960—2005	210	3 800
巴西	1950—1980	960	4 000
中国内地	1961—2005	105	1 400
中国香港*	1960—1997	3 100	29 900
印度尼西亚	1966—1997	200	900
日本*	1950—1983	3 500	39 600
韩国*	1960—2001	1 100	13 200
马来西亚	1967—1997	790	4 400
马耳他*	1963—1994	1 100	9 600
阿曼	1960—1999	950	9 000

(续表)

经济体	高速增长阶段**	人均收入	
		初始阶段	2005年
新加坡*	1967—2002	2 200	25 400
中国台湾*	1965—2002	1 500	16 400
泰国	1960—1997	330	2 400

注：* 经济达到了工业化国家的人均收入水平。** GDP 年增长率为 7% 或以上。
资料来源：World Bank，World Development Indicator.

这些成功的故事不仅仅是典型事实：这些成功案例——有着各自的历史和经济条件，但有许多类似的特点——向人们展示了在不同的国家背景和禀赋条件下，快速、持续的增长都是可能的。这些从低收入"毕业"并进入到中等收入再到高收入经济地位的变化，也为世界经济带来了巨大的利益，使目前尚处于贫困状态的国家见证了摆脱贫困的潜力，也为全球和平做出了积极的贡献。

规模较大经济体的经济发展也表明，全球经济增长不必是一个零和博弈，实际上，共享繁荣能带来全球红利。表 5.2 中列出的经济成就显著的案例，证明了国家像企业一样在全球市场中竞争这一被广泛认可的想法是站不住脚的。其基本假设是，繁荣是在经济体之间分配的固定储备，那些最锐意进取的经济体就会获得利益的最大部分。Krugman（1994）驳斥了这一流行于世且极具误导性的竞争论点，并正确地指出："一个国家的经济命运很大程度上取决于其在世界市场上的成功，这是一个假设，而不一定是一个真理；从实践和实证的角度看，这一假设是完全错误的。也就是说，世界领先的国家之间根本不存在重要的经济竞争，它们的主要经济问题也不是由在世界市场上的竞争失败所导致的。在大多数发达国家，对国际竞争的日益担忧是没有依据的，反而面对的是众多的反例证据。"

虽然国际贸易的表现确实是大多数国家经济表现的关键部分——尤其对发展中国家来说，由于收入水平较低，其国内需求是有限的——但是一些其他因素，如汇率，也影响了经济增长和生活水平。在理论上讲可能会有这样的情况：一个国家在生产商品和服务上取得稳定进步的情况下，同时被迫不断贬值货币来保持其对他国的竞争优势，这最终将会减少它的实际收入并降低其公民的生活水平（由于贸易条件的恶化超过了国内增长）。但经济历史和 Krugman（1994）对几个主要经济体（美国、欧盟国家和日本）发展的实证研究表明，情况并非如此："每一个案例均显示，生活水平的增长速度基本上等于国内生产率的增长率——不是相对于竞争者的生产率，而仅仅是国内生产率。即使世界贸易比以往任何时候都规模宏大，在绝大多数情况下，国家的生活水平还是主要由国内因素所决定，而并非取决于世界市场的竞争。"这部分是因为在一些发达经济体（尤其是美国），出口份额仍然只是价值增加的一小部分，这意味着它们生产的商品和提供的服务主要为自己所用。

此外，国与国之间的竞争与企业之间的竞争方式并不相同。大型经济体的大部分产出是由本身来消费的，而企业则不同，企业几乎不向自己的员工销售自己生产的产品。一般来说，企业之间的竞争要以牺牲他人的利益为代价，与此不同的是，国家经济体之间往往是彼此主要的出口市场和主要的进口来源地。因此，一个国家的卓越经济表现不必以牺牲另一个国家为代价。事实上，一个国家的经济成功通常对其"竞争对手"具有很强的正的溢出效应，因为它为对方开拓了更大的出口市场，并刺激着互利投资的可能性，这在整个历史上也是屡见不鲜的。

发展中国家的繁荣为全球赢得了红利，这不仅仅是经济模型的理论推导。中国已经成为世界上最大的经济体，并拥有强劲的增长表现，然而，这被一些人描述为对全球稳定的潜在威胁。[①] 事实恰好相反，在

[①] 美国参议员马克斯·鲍克斯说："中国的竞争挑战使美国人感到紧张。从华尔街到平民街，美国人都在为中国对美国的经济、就业、生活方式的影响而感到紧张。"（美国参议院财政委员会在 2005 年 6 月 23 日对美中关系听证会上的发言）也可参见 Roy（1996）和 Ravenhill（2006）等。

过去 30 年的惊人增长不仅使中国成为世界经济发展的驱动力,同时也是世界经济的稳定力量,正如在 20 世纪 90 年代末东亚金融危机和 2008 年全球危机中中国所显示出的作用。①

在 2014 年亚太经济峰会上,美国总统贝拉克·奥巴马的演讲向世界发出提醒,即使是世界上最具优势的经济体,也受益于发展中国家的持续增长。他指出,中国和美国双方都受益于目前的贸易和投资关系。中国是美国出口市场中增长最快的。中国对美国的直接投资,在 2008—2013 年短短的五年间,就增长了六倍。中国企业直接雇用的美国员工人数也飞速增长。"所有这些对美国人民都意味着就业机会,"他评论道,"深化这些关系将意味着为我们两国人民开发更多的工作和机会……[仅仅在 2013 年,] 180 万中国游客向我们的经济贡献了 210 亿美元,并提供了超过 10 万个就业机会……而亚洲最大的出口市场又是美国——这是有利于美国消费者的,因为由此产生了更多价格实惠的商品和服务。美国十大出口市场中有六个是亚洲太平洋经济合作组织(APEC)经济体,而超过 60% 的出口产品——1 万多亿美元的商品和服务——都是由 APEC 经济体所购买的。这为美国提供了数百万的就业机会。因此,APEC 成员在这几年中的共同努力已经降低了关税,削减了运输成本,使商业活动能够更为低价、便捷、快速地进行——这些都对我们国家的良好就业给予了很好的支持。"

当今世界经济迅速发展,不仅为两个最大的经济体(美国和中国)开辟了重要的机遇,而且也为其他高、中、低收入国家的经济发展带来了发展空间。在最近的全球经济衰退之后,Zoellick(2010)恰当地描述了新经济格局:"我们现在正处于一个新的、快速发展的多极世界经济——在这里,一些发展中国家的兴起会使它们成为新兴的经济强国;其他国家也正在发展成为新的增长极;还有一些国家正在努力发

---

① Monga(2012)提供了一个简单的模型,解释了两个有密切贸易往来的竞争经济体之间是如何产生经济互利关系的。参见本章附录。

挥它们的潜力——在这个新的经济体系里，南北和东西现在都只是指南针中的方位，而不是经济的宿命……随着发展中国家中产阶层的壮大，我们见证了一个向多极增长变化的趋势，数十亿人加入了世界经济，而这一一体化的新模式将区域集约化和全球开放化结合在了一起。"

在 20 世纪的第一个十年中，由于发展中国家的增长幅度大大超过高收入国家而产生了急速的收敛趋势。随着这个突出的增长趋势在整个发展中地区广泛蔓延，世界已进入了一个新的时代，新兴经济体成为新的增长极。在 20 世纪 80 年代和 90 年代，全球经济增长排名前五位的贡献国，除了中国外，其他均是 G7 的工业化国家。但在 2000—2012 年间名列前茅的贡献者中，除了美国，其他全部为新兴经济体，中国是其中最大的贡献国。

与以前的历史模式相一致，经济实力的转变将会为世界经济带来巨大的利益，对高收入和发展中国家都有积极的影响。对高收入国家来说，新兴经济体的增长将扩大对其资本品和中间产品的需求市场。而对许多发展中国家来说，由于它们仍然是农产品和自然资源的主要生产者，那些新兴增长极的更高消费和生产水平，将使它们的商品出口保持在适当的价格之上。此外，新兴经济体的企业和政府将为发展中国家的基础设施投资和自然资源开发提供资金。

这些已有的各种利益，将来很可能会继续下去。受国内对原材料的需求的推动，巴西已经迅速向非洲扩大投资并与其增加了贸易往来，进口额从 2000 年的 30 亿美元增加到 2008 年的 185 亿美元。[①] 同样，中国与非洲的双边贸易额从 2000 年的 100 亿美元增加到 2014 年的 910 亿美元，而中国在非洲的投资从 2003 年的 4.9 亿美元猛增至 2009 年

---

① 参见 Lapper（2010）。例如，在莫桑比克，巴西的企业正在努力开发煤炭储量、建造发电站、建设铁路和港口这些基础设施，为的是把煤炭运向出口市场。在安哥拉，一家巴西企业已经成为最大的私人企业雇主，从事食品和酒精生产、写字楼、工厂和超市等业务。

的93.3亿美元（国务院新闻办，2010）。事实上，非洲是面临最大融资限制的发展中地区，中国的投资在非洲起到了越来越重要的作用（Wang，2009）。与此同时，印度政府也已经宣布，他们计划在未来十年内投资1.5万亿美元，用于非洲的基础设施建设，因为印度政府观察到，世界上12个增长最快的经济体中，有5个在撒哈拉以南的非洲地区，这是一片自然资源极其富有的大陆。① 除了这些有利的贸易往来和资金流动以外，更为重要的是，新的增长极的强劲增长，将为低收入国家的工业化发展提供黄金机遇，这才是增长和繁荣的必备要素。

包容性和持续增长需要结构变迁

实现持续增长是可能的，并且，已经实现了的国家有着各自不同的规模、不同的经济结构、不同的历史背景和不同的地理位置。② 按照逻辑，这不禁令人思考下一个问题：是什么使它发生？成功经济体的政策制定者认为什么原则是最重要的，且远远优于其他的原则？应该具备什么样的力量、机制和制度，方可促进持续和包容性的增长？应该以什么主要原则来指导经济政策和战略，以产生共同繁荣？鉴于许多增长的序幕已经拉开，但却不能持续，有什么样的后续问题应被融合于经济发展战略，使其具有可行性？

这些问题的主要答案在于成功的政策制定者的一个简单而又经过经济学思考的认知，即现代经济增长是一个连续的结构变迁过程，这

---

① 印度商业和工业部部长阿南德·夏尔马的发言，《领导力》（*Leadership*）杂志2010年1月15日于尼日利亚首都阿布贾报道。
② "经济结构"的概念是指"生产活动的组成部分、国际贸易的相关专业化模式，包括劳动力教育水平在内的经济技术能力、生产要素的所有权结构、国家基本制度的性质和发展、具体市场运作的发展程度和约束条件（例如，金融市场缺少某些领域或存在大量失业人口）"（Ocampo et al.，2009，p. 7）。

既发生在工业和科技领域,也发生在政治和社会经济制度方面。这个过程是在18世纪之后才有的,在此之前,世界上每个国家都是贫穷的农业国。但是,自那时以来,世界发生了深刻的变化,特别是高收入工业化国家的出现。而这种为人类带来福祉的结构转型,只有在技术、比较优势和全球经济发生变化时才有可能出现。

库兹涅茨给出了一个国家经济增长的定义:"一个供给能力方面的长期提升,可以为其人口提供日益多样化的经济产品,这项能力提升的基础是先进的技术以及与之配套的体制和思想调整。"(Kuznets,1971)库兹涅茨的定义帮助我们理解了其中的原因。虽然这个定义反映了20世纪60年代和70年代的世界,那时以封闭经济占主导地位,因此不具备一些全球化的主要特征(即与他国贸易的作用:作为经济增长的主要来源,以及开放使与其他经济联系成为可能),但它包含了同等重要且相辅相成的四个关键部分:

第一,经济增长被理解为商品供给持续上升的来源;如果从这一角度考虑(而不只是更高层次的需求和供给的动态结果),失望的是增长过程的根源,以及推动这一进程的市场机制和政府行为各自的和互补的作用。

第二,经济增长应该是多元化过程的反映;显然,很多经济体可以靠长期依赖于开发某一种商品或一小部分产品而拥有不错的经济表现,但它们往往规模很小,或者最终设法利用来自初始产品的收入拓展更广泛的收入来源。

第三,技术进步(通过盗用、模仿或创新)是长期经济增长最可持续的来源。愿意和能够不断地利用技术进步的国家,必须将它们的要素禀赋(劳动力、资本)准备好,并通过宏观经济和部门政策来引导人力资本和物质资本的积累。

第四,为了使技术进步在经济增长过程中发挥作用,必须有一个利于商业发展和创新的环境。这意味着不断地反思、验证和更新现有的治理该国商业环境的知识框架、规则和法律。

在寻找是什么引发了结构变迁的动机时，成功的政策制定者们非常清楚，主要的驱动引擎是生产率的增长和要素的积累。他们还区分了"根本的"（或首位）条件和"直接的"（第二或第三位）条件，他们没有把直接原因当作终极原因。很久以前，约瑟夫·熊彼特和罗伯特·索洛提出，大部分的增长来自知识和创新，成功的政策制定者意识到，单调的要素积累会导致收益的递减，自然不会带来结构变迁。如果经济不进行能够创造商业机会和越来越多财富的结构转型，那么简单地通过教育来积累人力资本，就可能会导致更多训练有素却找不到工作的工人出现。在工业革命期间，就有这种情况，今天仍然有这样的事情发生。在这方面有一个例子，在过去几十年中，一些北非国家的教育指标得到显著的改善，但结构变迁并没有发生。这样令人失望的例子发生在许多国家，比如突尼斯，这个国家有着一流的高等教育体系，但是并没有带来持续的增长和就业创造的利好，这说明教育是结构变迁的直接原因，而不是根本原因。

那么，结构变迁可以从至少三个角度来分析：增长部门和产业结构的变化，技术升级，以及多元化发展。

- **部门转移** 将贫穷经济体的资源从传统农业和其他低生产率的初级经济活动中转移出来，用以扩大"现代化"的产业部门（包括非传统农业），这始终是作为经济发展特征的持续生产率增长的核心。至少自20世纪60年代初以来，经济学家们已经确立了制造业在富裕国家比较重要的角色，而在高收入国家，通常是那些运输和机械行业对经济有着较大的贡献。

McMillan and Rodrik（2011）发现："能够脱贫致富的国家，正是那些能够成功地由农业和其他传统行业产品转向多元化的国家。随着劳动力和其他资源从农业转移到现代经济活动，整体生产率上升，收入扩大。结构转型的速度是成功国家区别于失败国家的关键要素。"

(p.1)事实上,正如《联合国工业发展组织报告》(UNIDO,2009)所指出的,只有在土地或自然资源极端丰富的情况下,国家才能不经过工业化就取得发展的成功。

制造业的生产率普遍比传统农业高出许多,除此之外,推动增长的主要原因还在于工业化会带来无限的潜力,在日益全球化的世界环境里尤其如此。随着农业或纯采掘活动的扩大,它们通常面临土地、水源或其他资源的短缺。相比之下,制造业很容易受益于规模经济以及进一步多样化和技术升级创造的新机会。由于新的发明和技术的发展,以及全球贸易规则的变化,运输和生产的单位成本在过去的几十年中大幅下降。今天,几乎任何一个小国都能进入世界市场,找到一个可切入的商机,并把自己打造成为一个全球制造业的基地。例如,桥头和义乌,曾经是中国的两个小村庄,现已成为两大重要生产基地,分别生产着超过全世界三分之二的纽扣和拉链!随着收入的增长和资本的积累,它们继续推行产品多样化,并升级到其他更复杂的产品上去。

- **生产结构** 要素禀赋(主要是物质资本和人力资本)的变化是结构变迁的首要因素。它们的动态演变有助于推动国家的生产结构和经济潜力的变化,进而影响整个经济的表现。最近的实证研究提出了经济体的 GDP 增长率与行业结构之间的关系。GDP 的增长往往可归结为两个原因:一部分原因在于固定产业结构下的产业层面的增长,另一部分原因在于不同增长率的产业相对重要性的变化。这种划分有助于理解企业的进入、退出以及资源在同一部门或跨部门的企业之间重新分配这些动态变化,是如何对行业模式产生影响的(Haltiwanger et al.,2009,2004)。因为全要素生产率是经济长期增长的主要驱动力,企业层面的数据分析可以揭示企业与行业动态变化对配置效率、生产率和增长所起的作用,以及什么样的变化是与发展水平或政策框架相关的。

从经济增长和发展的角度看是否某些生产要素的搭配要好于其他要素，还有一些研究强调了自然资源丰富国家的"资源诅咒"，换句话说，他们宣扬高科技产品的可取性和高价值产业的优势。资源诅咒的说法可以回溯到所谓的普雷维什-辛格（Prebisch-Singer）假说，有时是一个过于宽泛的概括，而与实证研究的证据不相一致。① 纵观整个历史，许多自然资源丰富的国家，如美国、北欧国家和澳大利亚，都能够从传统商品开始进行多样化生产，并启动工业化进程。虽然从资源（资本和劳动力）向高人均附加值的产业转变是一个极具吸引力的成功模式，但是，贫穷国家通常无法迅速实现这个目标。原因是，在高人均附加值的行业——往往是传统的重型制造业，资本劳动比也相对较高。② 所以，对于贫穷国家来说，高科技/高附加值的结构转型战略，可能不是最佳的选择。

• **出口结构** 由于许多发展中的（非洲）国家将不得不依靠贸易来维持动态的增长，因此，出口篮子的组成是结构变迁的一个重要变量。结构变迁模式的分析有助于评估不同出口产品的质量，并有效地区分高生产率和低生产率、劳动密集型和资本密集型、自然资源和具有更大质量升级潜力的不同产品。显而易见，一个国家如何出口它的产品至关重要。Lederman and Maloney（2011）的一个主要观察是，外部性和租金并不是与所有的产品同等相关，因此，政府干预确实要比市场自发调节更能鼓励某些产品的发展。在某些情况下，

---

① 关于评估和文献回顾，参见 Ross（1999）。普雷维什-辛格假设提出了商品价格的长期负向趋势。Cuddington et al.（2002）对其进行了评估，认为趋势和差分平稳模型在未知的日期最多有两个可能的转折点。他们证明了初级产品的实际价格在过去的一个世纪经历了一次或多次突变，或向下的"结构性转折"，而不是整体的下降趋势。大多数证据指向 1921 年的一次转折，在此之前或之后，都没有正向或负向的趋势。

② 值得注意的是，在国民收入核算中，企业的增加值是其生产的价值减去（从其他企业购买的）中间产品所耗用的价值。经济体的增加值总和等于国民生产总值。

甚至服务出口①也能成为经济增长的主要动力。

- **技术升级和创新** 这是生产率长期增长不可或缺的要素，一般都涉及外部性和协调问题，如果得不到解决，往往导致技术升级比率过低，所以某种形式的干预是必要的。全球化使发展中国家可以获得更多的新思想和新技术，但许多非洲国家还没有发掘它们的后发优势——这往往是因为结构上的障碍，比如薄弱的教育和基础设施。

Kuznets（1966）指出了结构转型作为经济持续增长的根本动力和直接结果的关键作用。通过一个三部门模型，该研究记录了结构转型的一些重要方面和"现代经济增长"的出现，它还强调了制度和基础设施的动态机制，这一想法可以追溯到马克思那里。库兹涅茨在他的诺贝尔奖获奖感言中说道："先进的技术为经济增长提供了可能的源泉，但它只是一个潜在的、必要的条件，本身并不是充分条件。如果技术的使用是有效的和广泛的，而且，如果这种使用能切实促进自身的进步，那么还必须适当调整制度和意识形态，以便更有效地利用来自人类知识前沿储备的创新。"

人民生活水平的提高是与获取知识——"学习"——相关的（熊彼特），这是已经确立的经济理论。人均收入的增长大多来自技术的进步——增长的大约 70% 来自要素积累以外的其他因素。在发展中国家，相当一部分的增长来自对自己和最前沿技术（或知识）之间差距的填补。在任何国家，缩小最佳实践和平均实践之间的差距都是提高生产率的巨大机会。如果生活水平的改善主要来自知识的传播，那么学习战略一定是发展战略的核心（索洛）。

特别是中等收入和高收入国家，强大的工业部门创造了更多的研发激励，并为创新开辟了更多的资源利用机会，这些反过来会被企业

---

① 从历史角度看，服务是为国内所消费的。在一个全球化的世界中，它们正逐步变得可贸易。Mishra et al.（2011）构建了一个"服务出口的综合体系"指数来记录这一新趋势。面板数据估计表明，这一指数对于低收入和中等收入国家的增长率是一个稳健的预判指标。

更好地内部化，甚至在企业之间共享，正如 Stiglitz and Greenwald（2014）所述："掌握学习方法，并跨界传播知识。"产业发展还伴随着较高层次的人力资本形成，包括公众对人力资本积累的支持，这也促进了一个强大的金融部门的发展。总之，从生产率的角度来看，工业发展的优势是很多的：规模产生的高回报、不断学习（掌握学习方法）的长期回报和广泛的知识传播。

在低收入国家，在没有实现工业发展的条件下，要实现国际社会广泛讨论的可持续发展目标是不可能的。工业发展确保了资源（劳动力、资本、知识）从低生产率部门向高生产率部门的流动以及跨地理区域的转移，包括低技能农村劳动力向低技能劳动密集型产业的迁移，然后通过学习、教育和人员发展大幅提升劳动生产率。

对工业部门不同类型技术的实证分析揭示了一个典型事实，那就是增长战略的设计需要将自我约束、耐心和务实主义纳入考虑：观察全球各国，在收入水平较低的情况下，普遍表现出低技术产业（通常是劳动密集型产业）的较大占比。随着人均 GDP 的增加，低技术产业的份额也在迅速下降，而中等技术（主要是资本密集型和资源加工产业）和高技术产业（资本和技术密集型产业）的份额在同时增加。

图 5.1 来自一份联合国工业发展组织的报告（UNIDO，2013），它展现了这些基本规律。在低收入经济体，低技术产业在制造业附加值中的占比是最高的，但随着经济的发展，它们对经济增长的贡献作用是下降的。在人均 GDP 达到约 2 万美元时，只有高技术产业的份额增加才能维持经济增长。

实证研究带给我们的最积极的信息，也许就是在低收入水平的经济体里，也有几个（主要是低技术和中等技术的）产业是增长的源泉。根据国际标准产业分类修订版的 2 位行业代码，对其中 10 个行业（这些行业在制造业中的附加值和就业机会占比通常超过 75%）的分析表明，食品和饮料、纺织品和服装这些行业在低收入国家是增加值水平

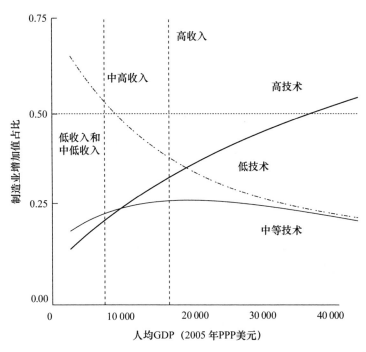

图 5.1　不同收入和技术水平国家的制造业附加值变化情况，1963—2007 年
资料来源：UNIDO（2013，p.61）。

最高的（见图 5.2）。

- **经济多样化和集聚外部性**　经济多样化是另一个结构变迁的因素，可以被定义为经济产出、增加值、就业的跨行业分布。对经济多样化的研究同样也对经济发展提供了重要的见解。实证研究发现，更为多样化的贫穷经济体往往具有更高的人均收入水平。在早期发展阶段的部门多样化通常伴随着地理位置的集聚。用 Imbs and Wacziarg（2010，2003）的话来说，随着产业范围的扩大，生产要素的跨部门分布会越来越均等化。与此同时，新的部门会向特定区域集中，地区之间变得越来越不同。这种趋势通常会一直持续到人均收入 9 000 美元的临界点，在此之后，人均收入的增加就会与专业化程度的提高相关。事实上，在发展阶段的后期，部门集中是伴随着地理上的集聚分化，跨地区的生产活动减少了，经济活动的区位因素似乎也不那么重要了。

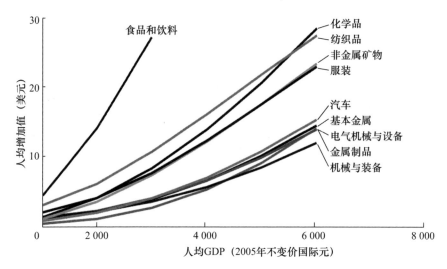

图 5.2　收入对人均附加值的变化影响低等和中低等收入水平，1963—2007 年
资料来源：Haraguchi（2014）。

生产区位之所以特别重要，是因为它会产生（或阻碍）集聚外部性，这是提高生产率和发挥规模经济的关键因素。

以上这些见解重点关注成功经济体随着时间的推移而发生的大范围结构变迁，而对产业部门的动态发展对增长贡献的考察则是这些见解的必要补充。这些要素对资源的重新分配、增长和就业创造起到支持或抑制的作用。

结构变迁主要源于工业化进程[①]

工业化是结构变迁的主要动力，它为提高生产率、增加产量和创造就业提供了最佳的机遇。总体上，那些实现了长期持续的包容性增长，创造了足够多的全职工作岗位以使它们大部分的劳动力能够维持就业，并逐渐从低收入上升到中等收入甚至高收入状态的国家，已经

---

① 本部分借鉴了 Monga（2013）。

发展起了具有国内、国际竞争力的产业，而且，这些产业与国家自身的比较优势是一致的（Lin and Monga，2011）。实际上，如果不经过工业化进程，世界上几乎没有一个国家能够从低收入上升到中高收入的状态。在持续增长的加速过程中，工业化进程扮演了一个关键的角色，它最终将经济从"贫困"转为"富强"。

现代经济增长的早期阶段是从工业革命开始的，在成功的国家，制造业对整体产出的贡献巨大，而其较高的收入水平与运输、机械这些极为重要的行业有关。制造业可以通过地理集中实现规模经济。"这在工厂层面是最明显的：所谓工厂就是指将机器和工人放在一个单一的位置。然而，它也适用于从事相同活动的企业的地理位置。通过形成集群，类似的企业降低了彼此的成本。"（UNIDO，2009，p. xv）从19世纪到20世纪，北美、西欧和亚洲国家成功把它们的经济从农业向工业转型，包括服务业在制造业的乘数效应的有力推动下的快速增长（见图5.3）。结果就是它们造就了繁荣的中产阶级，并提高了他们的生活水平。

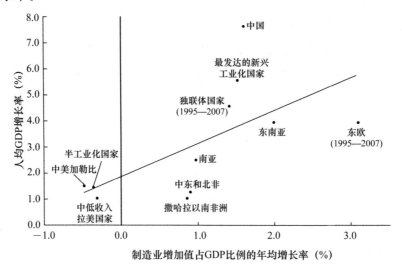

图 5.3 部分国家和地区制造业增加值和经济增长，1970—2007 年
资料来源：Alcorta（2014）。

制造业对于解决就业仍然是非常重要的。全球制造业就业岗位在 1970 年是 2.62 亿，到 2009 年达到 4.71 亿，并在全球就业中仍然占有 16.3% 的份额（UNIDO，2013）。在发展中国家，一直保持着这种稳定的增长趋势（见图 5.4）。

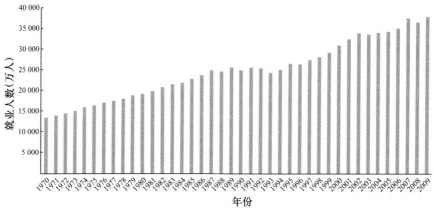

图 5.4　发展中国家的制造业就业岗位，1970—2009 年
资料来源：Alcorta, L. 2014. *Patterns of Industrialization*, Lecture at Peking University National School of Development.

发展中国家的就业创造，特别是在正规部门的就业制度，是实现可持续发展目标（SGDs）的前提条件。这需要将目前处于失业或半失业状态的高技能或低技能甚至无技能的人整合成为活跃的劳动力大军。在低收入国家，其禀赋结构以低技能劳动力为主，只有包容性的可持续工业化发展才能提供就业机会。就业创造是消除贫困最重要的手段，可以为全世界的劳动者开发人力资本和提高软技能，最终使他们拥有改善健康状况和提升生产率的能力（World Bank，2012）。

对于那些本来被劳动力市场排除在外的女性来说，体面的工作还会使她们成为有能力和积极的公民。即使是劳动人口中最没有技能的人也可以成为有生产能力的个体和纳税人，从而产生可持续的增长，并形成政府的财政来源，用以建设基础设施和提供公共服务及公用设施。包容性和可持续的工业化进程，有助于工作家庭获得新的和稳定的收入来源，这是为全人类消除饥饿、获得食品安全和充足的营养最有效的战略。包容性和可持续的工业化涉及将劳动力从自给农业和低生产率的非正规经济活动转移到生产率和附加值更高的活动，也包括农业部门内部的转移。

制造业还可以为不同社会群体和地理区域的人提供相同的机会，减少收入不平等。这也是促进可持续消费和生产模式，并建立包容、安全、可持续的城市和人类居住环境的最佳途径。如果发展中国家不能更好、更深层次地融入世界经济和全球价值链，其经济增长是无法持续的，包容性的可持续工业化提供了一个适当的平台，使不同收入水平的国家可以在其上建立互利伙伴关系。在这个理想的框架中，最佳的贸易模式和条件可以通过协商得出，私人资本和援助资金也可以有效流通。工业化发展通过建立正确的激励机制、设计和实施新型的可以盈利的合作模式以及开发持久的和富有成效的商业机会，可以确保所有参与方都有动力去寻找环境友好的交易机会。因此，它有助于解决气候变化和其他环境问题，同时创造最佳的条件，以建设和平的和包容性的社会、法制以及有效率、有能力的机构。

实证分析证实，制造业已经在发展演变中改变了世界经济的动态机制。[①] 世界各国之间的地缘政治关系的深刻变化、数字信息的广泛应用、运输成本的下降、物质及金融基础设施与计算机化制造技术的发展，以及双边和多边贸易协定的大量出现，这些都促进了制造业的全球化。这些发展使供应链开启了去中心化的模式，形成各自独立但紧密连接的全球供应网络，使跨国公司的业务突破了地理界限，遍布于全世界。产品的创意设计、材料和零部件的采购以及产品的制造，现在都可以在地球上几乎任何地区，以更低的价格更有效地完成，远程市场客户所要求的最终产品和服务的定制及包装都可以得到满足。

制造业的全球化（见图 5.5）使发达经济体受益于低成本的产品，

---

① 实证研究表明，制造业一直是国家繁荣的关键因素，在 128 个国家中，仅仅制造业产品的出口数据就可以解释超过 70% 的收入差异（Hausmann et al., 2011）。

低成本是由于发展中国家的生产工资水平较低,比如中国、印度、孟加拉国、哥斯达黎加、墨西哥、巴西等之前贫困的发展中国家,制造业在创造就业机会的同时,也为其提供了学习机会。随着这样的互动交流的增强,又会产生新形式的竞争和相互依存关系。

图 5.5　全球制造业就业人数分布,2009 年
资料来源:Alcorta(2014)。

技术的发展和新的经济增长来源使人们对制造业的经济优势产生了怀疑,甚至一些研究人员质疑"制造业是否仍然重要"(Ghani and O'Connell,2014)。在过去的近三十年中,随着全球服务业附加值的增加,制造业在全球附加值中的份额不断下降。1985 年,制造业在全球附加值中的份额是 35%,而到了 21 世纪第一个十年快结束的时候,它已下降到 27%。同一时期,服务业的份额从 59% 增长至 70%(UNIDO,2009)。但这些趋势主要发生在高收入国家,可以解释如下:在发达国家,生产率和人民生活水平不断提高的同时,也推高了工资,迫使许多行业的生产背井离乡,去往生产成本更低的国家;由于经济全球化所带来的更高效率使消费品的相对价格降低,而医疗保健、安全和交通等服务的需求却同步增长了;并且,也许更重要的是,制造业对服务业岗位的乘数反应——更大范围的各种经济活动随着全球工业的发展而自然产生了,从交通运输到住宅建设,从餐饮到休闲娱乐。①

未来的制造业是不是一个有生命力的经济增长源泉,这已经在 Hausmann et al. (2011) 的实证研究中得到了关注。基于一个国家成功出口某些产品的数量以及其他国家出口同类产品的数量,他们考察了一个经济体的成熟度。通过观察一个国家的制造业的组成和数量,他们认为成熟经济体出口了其他国家很少能生产的"独家"产品。要做到这一点,这些经济体通常积累了其他经济体不具备的生产知识,开发了其他经济体所没有的制造能力。国民收入和经济成熟度("经济复杂度")往往相继提升,而制造业、经济复杂度和经济繁荣之间的关联是高度可预测的,相比其他主要指标,经济复杂度可以对不同国家之间的收入差异给出更好的诠释。

换而言之,如果在产业和技术升级方面的战略决策和商务决定是正确的,那么即使只有基本的制造业技术和能力,也可以是逐步孕育新知识和能力的温床,从而培育更先进的产品。引用 Hausmann and Hidalgo (2012) 的话说,经济发展是"一个社会学习进程,也是一个充满了陷阱和危险的过程。这些国家通过不断扩大产品的品种,提高产品的复杂度,使它们的生产能力在得以提升的同时也积累了生产知识。这个反复试错的过程,是一个探索可能性的冒险旅程,企业家、投资者和政策制定者在这一经济探索过程中扮演着重要的角色。然而,制造业是一个设置好了梯级的阶梯,拾级而上可能更方便、更容易"(p.13)。

然而,这里仍然存在一些正当的疑问,若把制造业作为一个长期的经济增长来源,这只下金蛋的鹅是否已在垂死之中了?特别是对低收入国家来说,它们并不见得能够充分利用全球化的经济优势。在一

---

① 美国商务部经济分析局的一项研究表明,制造业对美国经济的乘数效应比其他任何部门都要高。对于每1美元投入制造业的增加值,制造业会多产生1.40美元的额外增加值进入其他部门(世界经济论坛,2012)。

个日益由高科技和先进行业以及创新服务业主导的世界经济中，以劳动密集型产业来进行赶超的可行性恐怕会受到诸多质疑。随着技术的发展和大规模生产的逻辑盛行，高效的机器生产的产品必定会占有越来越大的市场份额。即便如此，对于世界各地的可贸易产品用户来说，"手工制造"的标签仍然具有相当高的价值特点，就像转基因食品的全球崛起并没有抑制有机食品的巨大市场一样。尽管技术进步了，但是，一些行业将仍然保持劳动密集型的特点（众所周知的服装、鞋类和旅游业）。

另外，在发展中国家，制造业能够带来的利益的大小，最近也引起了关注，并且以出口悲观论的形式出现于经济学文献中。这些悲观情绪普遍基于这样的观点：发展中国家的扩大出口政策将导致其贸易条件的下降，原因在于发达国家没有能力（由于全球经济衰退造成的需求疲软）或者不愿意（表现为新形式的贸易保护主义）消化这些出口产品。出口导向的模式曾使许多亚洲国家实现了经济转型，但是，有两个理由经常被用来证明今天的贫困经济体可能无法再遵循这样的发展模式。首先，假设在未来十年中，主要的国际宏观经济调整包括以下内容：以美国为首的少数几个需求大国需求的减少，以及与此同时以亚洲为主的盈余国家本身对GDP吸收能力的提升。现在的问题是双重的：如果再平衡要发生，美国进口预计的大幅下降很难被低收入国家所吸收；而且，因为中国和其他亚洲地区的政策优先项就是增加国内消费，所以贫穷国家向这些市场的渗透从来都没那么容易。其次，众所周知，特别是在中国，得益于聚集经济，出现了许多规模巨大且功能强大的工业联合体，这使得后来者难以与之竞争。

这些论证可能经不起严谨的推敲。由于其他工业化和新兴经济体收入的增加以及几乎总是随之改变的储蓄和消费习惯，即使美国这样的大型经济体减少了需求，也很可能会被这些新增加的需求所弥补。此外，全球失衡对世界经济的威胁可能并不像人们常常认为的那样

(Monga，2012），因为变化是一直在发生的。在过去的几年中，中国被指责恶化了全球失衡，并使全球总需求相应减少。现在看来，石油出口国的盈余实际上可能是造成失衡的主要原因。① 但也没有理由认为，石油出口国一定储存着大部分石油赚得的收入，这部分收入确实反映了从石油消费者向石油生产者的长期收入转移，这对全球需求的影响不太乐观。②

虽然 1960—2005 年间普遍的出口增长也许不会持续到后萧条时期，但是，已经持续增长了半个多世纪的全球贸易量却不太可能下降。尽管保护主义威胁反复出现，但是全球化的进程很可能会继续将发达国家制造业的部分产能转移到新兴国家，再从新兴国家转移到收入更低的国家。此外，在世界经济中出现了大量的新兴市场，尤其是像中国、印度、巴西等大型的新兴经济体，它们将曾经使其获得成功的低技术制造业输送到更低收入的国家，因为它们的工资水平恰恰因自身的成功发展而上升了。对于低收入国家，包括撒哈拉以南非洲国家，它们总是能够找到一个本国可能实现低成本的利基市场，然后向发达国家市场渗透。其挑战在于确定合适的商机，然后设计出务实和有针对性的政策，以充分利用这些机会。③

另一种悲观的观点认为，在亚洲或其他地方，仅仅那些现有的强大的工业联合体，就使得后来者难以与之竞争，但这与我们在经济史中所学到的内容是不一致的。如果是这样，那么 20 世纪五六十年代的日本，或者 20 世纪七八十年代的亚洲其他国家的工业化发展进程也就

---

① 美国经常账户赤字的最大对比是石油出口国的联合盈余，后者来自高油价的暴利。IMF 预计他们将在 2012 年产生创纪录的 7 400 亿美元的盈余，其中大部分来自中东地区。这将使中国 1 800 亿美元的预期盈余相形见绌。自 2000 年以来，石油出口国的累计盈余已超过 4 万亿美元，是中国的两倍。

② 据估计，在 20 世纪 70 年代石油价格冲击后，出口收入增加的约 70% 是用于支付商品和服务的进口（Economist，2012）。

③ Lin and Monga（2011）提出了一份政策选项菜单，认为所有低收入国家都可以从中进行选择以利用后发优势，包括那些技术水平以及物质资本和人力资本都较为低下的国家。

不复存在了。所以，这个观点已经被证明是错误的，因为经济发展的伟大探索始终重复着同样的故事，曾经被认为地位不可撼动的制造业重镇，被后浪推前浪地取而代之——也就是创造性破坏的故事。正是因为在最具竞争力和盈利性的产业里，大规模生产和密切的商业联系已经建成，才使得后来者必须想办法，利用低工资来补偿它们的低效率，这种低效率是由于它们起初缺乏网络关系所导致的。随着生产基础的扩大，它们会逐渐融入这样的网络中去。又因为工资与生产率关系的动态变化，亚洲经济体要永久保持其在劳动密集型、低技能制造业中的优势是非常困难，甚至是不可能的。这也为全世界的低工资国家开辟了新的制造业机会。

不断完善的运输和电信服务将继续促进生产链在全世界的分布——即使是在同一产业内部。这将为低收入国家打开无限的制造业机会，因为与过去相比，各个地方都不需要那么多"人员"（personbyte）① 在场。价值链的各个要素（设计、采购、营销、分销和制造）不需要发生在同一个地方，这意味着"人员"少的地方更容易进入行业，之后再逐渐增加功能（Hausmann and Hidalgo, 2012）。随着发达国家制造业就业机会的减少，这种变化将会使更多的国家能够进入制造业的空间。因此，制造业将为非洲经济体提供比其他活动更长期的经济利益：它仍然能够产生规模经济效应，激发产业和技术升级，孕育创新，并具有较大的乘数效应。

校准起飞的节奏：延迟享受的益处

20世纪60年代早期，斯坦福大学心理学教授Walter Mischel 以一

---

① "personbyte"在这里指的是具有某项能力的人。由于一个产业价值链的各个成分（设计、采购、营销、零售、生产）分布在全球各地，使得人员能力只局限于价值链中较少项的地区也能参与到一个产业的价值链中（也就是一个地区不需要价值链中各项能力的人才都具备后才能进入一个产业）。

个简单的测试吸引了世人的眼光,这个测试后来被称为"棉花糖实验"。为了理解成就的含义以及是什么影响了一个孩子达到其目标,他设计了一个实验,针对延迟享受的益处,以及更大范围的成功条件,取得了极具影响力的洞见。Mischel 让孩子们在两个奖励之间进行选择:一个是他们可以马上吃掉一块棉花糖,另一个是他们必须单独等待 20 分钟后才能吃掉两块棉花糖。通过在几年后观察这一群组的表现,他发现当年能够等待第二块棉花糖的孩子们在生活中普遍要表现得更好(Mischel,2014)。后续研究也表明,能够将第一个享受延迟的孩子有着更高的预期 SAT 分数(Lehrer,2009),并在 30 年后有着更低的体质指数[①](Schlam et al.,2013)。

有一些批评者指出,Mischel 的样本量太小或者同质性太强,难以支持明确的科学结论,也有人认为棉花糖实验实际上是测试对权威的信任度,而不是自我约束和"久坐力"(sitz-fleisch,即坚持坐在一处并克服障碍实现目标的能力)。还有人提出,那些身处一个可靠的环境中的孩子(他们相信延迟享受真的会得到那个更大的奖励),是否要比在一个不可靠的环境中的孩子等待的时间更长一些,所以孩子们在做这个测试的过程中,其实只是通过评估可靠性而做出了一个理性的选择。[②] 无论这些批评是否正确,这与成功的经济故事都是一个有趣的对比:在发展水平较低的情况下,自我约束似乎是一种重要的美德。如果能够抵御最恢宏的现代化战略的诱惑,在选择技术先进的行业和部门的过程中校准节奏,就一定会得到回报。

历史证据表明,那些成功国家的政策制定者们在追赶的过程中,可能在树立梦想和最终目标时是勇敢的,但在选择具体目标和实施战

---

① 体质指数(BMI)是评估体重与身高比例的参考指数,它的计算公式为体重(kg)除以身高(m)的平方,根据世界卫生组织的标准,体质指数在 18 至 25 之间为正常的健康标准。——译者注

② Mischel(2014)曾就针对他的批评给出了令人信服的回应。

略时却是耐心的。他们不急于复制在最发达经济体中盛行的经济战略和产业发展方向。相反，他们的耐心正如聪明的孩子等待着棉花糖。他们理解不同国家的变革需要不同的机制和条件，这都取决于它们的发展水平。他们可以观察到，高收入国家的创新等同于发明，这是因为它们的技术和产业处于全球前沿，而发展中国家的创新则等同于模仿。人均 GDP 1 000 美元的国家可以从模仿中获得大步的前进。在达到一定的人均 GDP 门槛后，创新将成为增长战略的核心特征。因为创新的机制在不同发展水平的国家是不同的，对教育的要求也会有所不同。

凭借其自我约束力，成功的国家（地区）耐心地利用产业政策以促进产业升级，它们选择那些动态增长且与本国（地区）有着相似的禀赋结构和略高的人均收入的国家（地区）的产业作为目标：16、17 世纪的英国以荷兰的产业作为目标，其人均 GDP 为荷兰的 70%。19 世纪末的德国、法国和美国以英国的产业作为目标，它们的人均收入约为英国的 60%—75%。在明治维新时期，日本向普鲁士的产业靠近，其人均 GDP 是普鲁士的 40% 左右。20 世纪 60 年代，日本向美国的产业学习，其人均 GDP 约为美国的 40%。从 20 世纪 60 年代到 80 年代，韩国、新加坡、中国香港和中国台湾模仿日本的产业，它们的人均收入约为日本的 30%。20 世纪 70 年代的毛里求斯的目标是香港的纺织和服装业，它的人均收入约为香港的 50%。20 世纪的 80 年代，爱尔兰的目标产业是美国的信息、电子、化工和医药行业，其人均收入约为美国的 45%。20 世纪 90 年代，哥斯达黎加的目标产业是记忆芯片包装和测试，其人均 GDP 约为台湾的 40%，而台湾是这一行业的主要经济体。

为什么这些成功的经济体要耐心地瞄准那些有着类似的禀赋结构和略高的收入水平的动态增长经济体中的产业？它们这样做有几个理由：首先，产业升级的基础是比较优势的变化，而比较优势的变化源于禀赋结构的变化,具有相似禀赋结构的经济体也会具备类似的比较优势。其次,维持一个动态增长的经济的产业应该与该经济体的比较优势相一致。随着经济的发展及其禀赋结构的升级,一些产业将失去比较优势。那些"夕阳"产业最终将成为后来者的潜在比较优势或"朝阳"产业。对于具有相似禀赋结构的经济体,先行者成功的和动态的产业发展为后来者提供了产业政策蓝图。这些模式最明显的体现是在就业方面,随着成功经济体的人均GDP增加,最不发达经济体的就业机会增多了。在低收入和中等收入水平的经济体中,制造业就业趋势会迅速增长,但在高收入水平的经济体中则是下降的(见图5.6)。

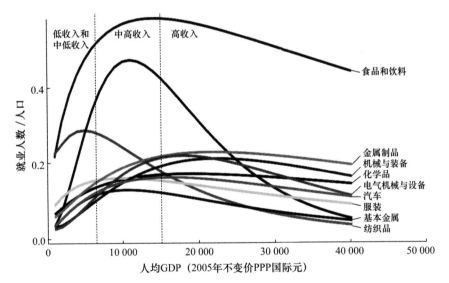

图5.6　各行业就业情况随收入水平的变化,1963—2007年
资料来源:Haraguchi(2014)。

正好相反的是,在那些失败的国家,政策制定者似乎并没有领会棉花糖实验的含义。他们推出一套与高收入的工业化国家同样先进的产业模式,匆匆忙忙地想要实现伟大成就,并获得即时的经济满足,这是一个致命的错误。旧结构主义范式经常是违背比较优势的,因为即使是在资本匮乏的发展中经济体,它仍然建议优先发展那些先进国家的资本密集型重工业。除非政府愿意并能够通过大规模的补贴或税收优惠政策给予它们强有力的保护，否则，这种资本密集型产业在一个开放、竞争的市场中就无法生存，因为它们与国家禀赋结构所决定的比较优势是相互冲突的。无论在何种情况下，要发展这样的产业都要比在那些拥有与同类产业一致的比较优势的国家发展这些产业承受更高的生产成本。

这种战略的案例包括20世纪60年代在印度尼西亚发展的造船业，当时印度尼西亚的人均GDP只有其主要竞争者荷兰的10%；还有刚果民主共和国（扎伊尔）在20世纪70年代时试图建立的汽车产业，该国的人均GDP仅为当时汽车业领先制造国的5%。这些战略的共同点是，政府选择了人均收入远高于本国的国家的主要产业。因此，它们无法以低成本优势进行这些产品的生产，从而在这些产业不具备竞争力。表5.3列举了一些这样的国家和产业的例子。

表 5.3 选择了错误的产业：一些案例

国家	产业	时间	主要生产国	人均实际GDP 后发国家	人均实际GDP 领先国家	跟随者占领导者比例（%）
埃塞俄比亚	饮料/纺织品	20世纪60年代	美国	547	13 419	4
塞内加尔	卡车	20世纪60年代	美国	1 511	13 419	11
印度尼西亚	轮船	20世纪60年代	荷兰	983	9 798	10
土耳其	汽车装配	20世纪50年代	美国	2 093	10 897	19
埃及	钢铁，化工	20世纪50年代	美国	885	10 897	8
赞比亚	汽车装配，冰箱，空调	20世纪70年代	美国	1 041	16 284	6
刚果民主共和国	汽车装配，纺织品	20世纪70年代	美国	761	16 284	5

另外，还有一个很好的例证，讲的是印度独立后，试图超速进入到与其经济比较优势不一致的行业。1958年，胸怀愿景的该国政治领导人，为了建立一个自给自足、自力更生的国家，实施了一项重工业化、进口替代战略。大量昂贵的投资涌向钢铁工业；发展科学、医学、

工程和管理学的高等教育业；致力于建设小型乡村企业和大型国有企业；巨额投资于农业，掀起了以粮食自给自足为目标的绿色革命。以上这些被称为印度发展模式的标志。回顾过去，许多投资，如教育和农业部是审慎思考后的选择，但是与政府主导的重工业化结合起来，就抑制了轻工制造业的发展。那些印度所选择的目标产业的基准国家，其人均GDP往往比印度高出至少十倍，这明显是一种违背比较优势的战略。例如，印度模仿的国家有法国、德国、荷兰、英国和美国，这些国家的收入水平都是印度的950%—1 500%。就连当时相对贫穷的日本，收入水平也是印度的460%（见表5.4）。

表 5.4　外国与印度人均 GDP 比率，1958—1964 年

单位：国际元

	1958 年	1959 年	1960 年	1961 年	1962 年	1963 年	1964 年
印度	100	100	100	100	100	100	100
中国	96	96	88	73	73	76	79
日本	460	496	529	584	630	658	690
法国	958	973	982	1 018	1 064	1 074	1 074
德国	941	1 001	1 023	1 048	1 084	1 076	1 074
英国	1 113	1 149	1 148	1 168	1 169	1 175	1 165
荷兰	1 046	1 079	1 100	1 081	1 140	1 134	1 149
美国	1 485	1 566	1 504	1 503	1 570	1 572	1 555
西欧12国合计	959	999	1 007	1 040	1 077	1 084	1 079
前苏联合计	528	512	524	540	546	512	541
世界平均	364	373	368	373	384	382	381

资料来源：Maddison（2008）。

不足为奇的是，印度当时所选择的目标产业和基准国家，都是与其发展水平不同步的。在那个阶段，印度甚至连轻工制造业的基础都不具备，因此，要致力于发展重型钢铁和工程部门（还包括汽车制造）就不得不依靠高关税。政府启动了复杂的工业许可要求网络，并实行了亚洲最高限制的贸易制度，以力图保护这些产业。结果，其经济结构在几十年里几乎没有变化，印度的出口篮子也反映了其结构转型的欠缺，在至少长达 25 年的时间里，印度主要出口的仍然是基于资源的低技术产品。

通过实证观察，有两个典型事实非常突出：第一，在过去的两个世纪里，各个国家之间的经济收敛是不足的（包括绝对收敛和相对收敛），这似乎与正统的增长模型的严谨预测结果恰恰相反。为了实现经济繁荣（高储蓄率、有效运作的机构、良好的基础设施指标、强大的人力资本、优秀的治理能力等），增长模型往往明确或含蓄地设置了各种结构性的先决条件。这也就否定了以下观点：无论其初始的经济结构状况如何，所有国家如果采取类似的政策框架，最终可能都会达到类似的收入水平。第二，在发展中经济体的增长动力中，国际因素发挥着至关重要的作用——远远超过了在高收入国家的作用。这一发现也削弱了传统的新古典主义所强调的国内政策和制度是经济表现的主要决定因素的观点（Ocampo et al.，2009）。

对于发展中国家的政策制定者来说，从经济史中得到的主要教训或许就是对"福尔摩斯综合征"的排斥，其中包括将工业化经济体设立为可以快速复制的模范经济体，以及寻找并迅速发展那些缺失的增长所必需的制度和生产要素，以复制流行于其他地方的战略。相反，重点应该是充分利用一个国家现有的资产和禀赋结构。为此，在设计和实施经济战略时，务实主义应该是最重要的。不管是否旨在解决经济落后的根本原因或直接原因（如上文所述），贫穷国家的许多过去和现有的政策处方并没有考虑到，实施这些处方的背景条件不是在"最优"的理想世界。从定义来看，低收入国家是处于"次优"、"再次优"甚至"n 次优"的世界。虽然它们的政策制定者应该了解什么是理想的、"最优"的世界，但是，他们的战略应该是务实的，要考虑在次优环境中的政治经济成本。消除次优环境中的扭曲不一定会实现帕累托改进，并把一个国家改造成最优的环境。

对于贫穷国家来说，成功需要避免采用高收入经济体的模型，而应该执行"雁阵"战略，今天大多数领先的经济体都采用过这种模式并且效果很好（Lin and Monga, 2011；Lin, 2011）。所有的发展中国家——无论其自然资源、地理位置或资本规模如何——都可以进入全球工业市场。因为在中等收入国家，持续上涨的工资、不断提高的生产率水平以及产业升级的需要，使它们被迫离开原有的利基市场，并腾出机遇的空间。如果发展中国家能够有效组织经济，把握时机，就可以找到自己的利基市场。

即使拒绝了宿命论的前提条件，排除了政策模仿的做法，问题仍然存在：实施这样的战略的实用蓝图应该是什么，尤其是在一个物质资本和人力资本匮乏、制度安排和金融系统不完善，无以支持结构转型的国家？后面的章节要探讨的内容包括，设定优先产业的必要性，以及实现繁荣的可行战略所需要的政策工具和主要支柱。

附录5.1　全球经济相互依存关系分析

世界经济的动态发展，使国家之间的相互依存日益加深，相互竞争伴随着合作共谋，"你死我活"的攻略已然被取替了。Cooper（1974）利用著名的凯恩斯主义的对外贸易乘数，为相互依赖的动态机制提供了一个有益的数学表述。Monga（2012）使用了这一模型的一个更加清晰的版本，为讨论美—中外部失衡提供了公式基础。假设在一个两国世界里，每个国家的宏观经济联系可以表示为公式（1a）：

$$Y = (C + I + G) + (X - M) \tag{1a}$$

其中，C是消费，I是投资，G是政府开支，而$(X-M)$是净出口。

$$Y = C + X - M + Z \tag{1b}$$

$$C = C(Y), \; C^* = C^*(Y^*) \tag{2a, 2b}$$

$$M = M(Y),\ M^* = M^*(Y^*) \qquad (3a, 3b)$$

$$X = X(Y^*) = M^*,\ X^* = X^*(Y) = M \qquad (4a, 4b)$$

其中，Y 是美国国民收入，即一个特定国家的总产值，也是支出的收入总值（国民生产总值），C 是消费，X 是商品和服务的出口，Z 是所有其他自主支出，所有这些变量的价格都是固定的。同样的关系表达式加附星号同样适用于中国。定义两国的边际进口倾向，作为对两国相互依存的度量，有

$$m = \partial M/\partial Y,\ m^* = \partial M^*/\partial Y^* \qquad (5a, 5b)$$

这是小于单位 1 的正数，设边际储蓄倾向为单位 1 减去边际消费倾向，

$$s = 1 - \partial C/\partial Y,\ s^* = 1 - \partial C^*/\partial Y^* \qquad (6a, 6b)$$

将这两个国家的所有这些项加总，求得微分，可以得到以下联立方程组：

$$\begin{bmatrix} s+m & -m^* \\ -m & s^*+m^* \end{bmatrix} \begin{bmatrix} dY \\ dY^* \end{bmatrix} = \begin{bmatrix} dZ \\ dZ^* \end{bmatrix} \qquad (7)$$

求解得：

$$\begin{pmatrix} dY \\ dY^* \end{pmatrix} = \frac{1}{\Delta} \begin{bmatrix} s^*+m^* & m^* \\ m & s+m \end{bmatrix} \begin{pmatrix} dZ \\ dZ^* \end{pmatrix} \qquad (8)$$

这里的 Δ 给出了考虑了国外反应的著名的凯恩斯主义对外贸易乘数，即

$$\begin{aligned}\Delta &= (s+m)(s^*+m^*) - mm^* \\ &= ss^* + sm^* + s^*m \end{aligned} \qquad (9)$$

将 m 和 m^* 作为对两国之间相互依存的度量，依据 Cooper 的方法，我们可以评估两者对世界收入的影响，以及美国的支出增加对国家收入的影响。可以看到，m 和 m^* 中的 $x\%$ 以下面的方式影响了两国的相互依存度：

对于美国，

$$\frac{\partial}{\partial x}\left(\frac{\mathrm{d}Y}{\mathrm{d}Z}\right) = \frac{1}{\Delta^2}(-s^{*2}m) < 0 \tag{10}$$

对于中国,

$$\frac{\partial}{\partial x}\left(\frac{\mathrm{d}Y^*}{\mathrm{d}Z}\right) = \frac{1}{\Delta^2}(mss^*) > 0 \tag{11}$$

方程（10）和方程（11）有一个直截了当的含义：当美国和中国之间的相互依存度上升时，美国的支出增加会使其收入下降，而使中国的收入上升。顺便说一句，这或许能解释一些政客反对美国2008—2009年财政刺激计划的声音，因为他们认为这项计划意味着为大量的中国进口提供额外支付。

鉴于两国的边际储蓄倾向不同（$s \neq s^*$），相互依存度突出反映了全球总储蓄率的复合效应，从而反映了对世界总收入的影响。但即使是在特殊的情况下，美国和中国的边际储蓄倾向也是完全相等的（$s = s^*$），

$$\mathrm{d}Y + \mathrm{d}Y^* = (1/s)\mathrm{d}Z \tag{12}$$

这意味着，（世界）总收入的变化将不会受到 m 和 m^* 的影响，由于 m 和 m^* 的变化而导致的美国支出增加对收入的影响，将会被中国收入的相应比例减少所抵消（反之亦然）。[1]

---

[1] Cooper（1974）巧妙地通过对联立方程（6）的基本结构添加一些额外的复杂因素，将这些结果推广到一个三个国家的动态情形。

第六章　创造经济奇迹的艺术：
　　　　行动指南

在现代政治史上，有一个最持久的条约，它的诞生可以说是出于偶然。1978年，它缔结于美国马里兰州的凯托克廷山，在那里三位世界顶级领导人举行了会谈，目的是找到一个方案结束连绵数世纪的中东战争和化解彼此之间的不信任。受时任美国总统吉米·卡特的邀请，以色列总理梅纳赫姆·贝京和埃及总统安瓦尔·萨达特在幽远僻静的美国总统专用的休养地戴维营会面，"希望为他们所在的动乱之地找到一条通向和平之路"。美国总统作为中间人，说服他的两位贵客逗留此地直到达成一份和平框架。

尽管各位领袖都付出了真诚的努力，但是会议并不顺利。在这块充满了精神含义的古老土地上，旷日持久的悲惨战争以及参与各方之间深深的不信任，并不是可以轻易克服的障碍。萨达特和贝京之间的讨论经常升级为激烈的争吵。卡特试着做一些调解，但是也认识到

"会谈并不友好"。贝京和萨达特都粗言相向,经常进行人身攻击。结果,会谈陷入僵局,两位领导人甚至互不理睬,好几次中断了会谈。起初的日程设为三天,而实际上却持续了 13 天。最后一天是不断地重写和修改协定。贝京对有关耶路撒冷的条文强烈不满,打算不签署最后的协定文本。无论卡特做什么、说什么甚至许下诺言都无法打动他。当时人们都认为会谈已经破裂,每个人都收拾行李准备打道回府。

在最后关头的一个小时,卡特决定给贝京一些戴维营会谈的照片,让他带回去送给他在以色列的孙子们。卡特在照片的背面写上贝京的每个孙子的名字和几句祝福的话语。"我给了他［贝京］照片……［他］看了看每张照片,念了念我写在照片背面的孙子们的名字。他的嘴唇开始颤抖,泪水涌出眼眶。他告诉我每个孩子的一些事……我们小声地聊了几分钟孙辈们和战争的事,彼此都情绪激动……他说:'我将接受你起草的有关耶路撒冷的条文。'"(Carter,1982,p.399) 卡特成功了。1979 年 3 月 26 日,埃及—以色列和平协定在白宫南草坪举行的盛大仪式中签署了。戴维营协定所缔结的埃及和以色列之间的和平为以后的发展打下了坚实的基础。

卡特总统经常用这段佳话,阐述在最不可能的环境下达成目标的艺术。这个故事显示出人类拥有无穷的创造力和想象力,人世间总是充满各种可能性,人们需要在未知的逆境中有坚定的信念。这一事例也展示了不可预知的现象经常会导致非线性和不可逆的动态过程(普里戈金所研究的"耗散结构")。①

但是从经济发展的角度,如果戴维营协定的故事被解释为成功是由绝对的偶然性所主导的,那么这个故事就会被误读。的确,经济奇

---

① Prigogine(1977)研究了物理和化学中的时间问题,主张非平衡问题可能会成为秩序的源头,而这种不可逆过程可能会导致一种新型的物质动态,他称之为"耗散结构"。他的理论引导了在社会科学中关于耗散结构的一个发展迅速的研究领域。例如,参见 Schieve and Allen(2014)和 Monga(1996)。

迹会以不可预测的方式发生。但是，生产率长期持续发展下的经济成功，却不能归结于偶然和随意性。重要的协定不是以完全随意的方式实现的。在经济发展的历史中，那些实现了持续和包容性增长与经济繁荣的国家，并不是像卡特总统在戴维营那样，成功出于偶然。相反，它们有精心设计和实施的战略，并且有基于对其比较优势和潜力的详细分析所达成的合作协定。正如前面的章节所阐述的，它们的启动环境是次优的，营商环境是匮乏的，而且不具备那些在发展文献中常常被标榜为成功的"先决条件"的政策处方。

　　呈现经济奇迹的艺术涉及几个重要的因素：首先，经济体必须找到合适的切入点，以刺激有竞争力和盈利能力的企业，以及甄别能够产生良性循环的关键要素和主题，为日益庞大的国内支持者和外国合作伙伴服务。在经济发展领域，这也就是说在低收入国家也有具有比较优势的行业和部门，能够利用低成本、新产品和服务或新的市场，吸引那些寻找机会的外国投资者。其次，经济体必须探索各种途径和渠道，将针对特定背景的小的想法与一个更大的叙事背景对接，从而成为一个更受瞩目的国家和全球故事的一部分。这意味着在贫穷国家发现的微乎其微的商机与今天主宰整个世界的生产和销售网络的全球价值链的相连。再次，经济体必须以现实和有序的方式消除经济增长的障碍，逐步克服实体经济和资本的不足以及制度缺陷。最后，经济体必须谨慎使用国家资源，进行基础建设，为优势产业搭建基础设施平台，并确立一个可行的财政激励方案，以鼓励贸易的发展，加强当地企业和外国投资者之间的联系。

　　这些成功要素听起来抽象，但它们实际上提供了在恶劣的商业环境中实现持续增长、创造就业和减少贫困的框架。本章将它们应用于实际政策的制定，并为实施经济发展战略提供非随机性的路线图。从经济史和经济分析的角度，它解释了为什么国家收入水平从低到中等再到高的发展结果不是偶然的。本章先解释理性选择的重要性，以及在落后经济体里，赋予有活力的商业活动发展以最大可能性的政策选择。然后，对贫穷国家的政策制定者给予分步骤的指导方针，以帮助他们明辨从众多发展机构收到的往往相互冲突的经济建议。

合理选择："战略的本质是选择不做什么"

大多数国家仍然处于贫困，是因为它们无法找到正确的切入点，这定义为它们应该集中有限的人力、财力和行政资源优先发展的产业和活动，从而启动自己的发展战略。除非有人认为贫穷国家的政治领导人大都是残暴的精神病患者，他们希望自己的国家失败，喜欢看到人民挣扎在高失业率、贫困和社会矛盾之中，否则，我们必须认识到，发展失败主要是知识水平不足和政策失误的结果。不论他们持有什么样的政治和意识形态倾向，大多数政治领导人——即使是最残酷的人，也往往有两个目标——稳定政权；如果能确保政权稳定的话，他们希望名留青史，这就需要为他们的人民和国家积极努力以实现伟大壮举。实现这两个目标的最好办法是持续和全面地实现国家繁荣。但是，他们对政治、经济和社会伟大成就的追求，常常因为灾难性的选择而导致好心办坏事，包括选择了错误的行业和部门的投资失策，而为了保持领导者的个人权力，往往又会继续选择以牺牲人民的福祉为代价的错误政策，形成恶性循环。

这种战略失误通常是由于政府参与了没有依据自己的经济能力和财政可持续性而选择的经济活动所造成的，还包括将国家资源分散到过多的政策领域，结果对每个行业发展的影响都显得微不足道。此外，这种无重点的增长资源滥用，往往会导致一些带有政治动机的举措，并且之后也很难取消掉。虽然这些举措的财政和经济回报很低甚至为负，然而，它们往往会为特定选区带来可观的政治利益，这又加重了最初的政策失误。例如，由政府资助的以促进国家工业化和现代化为目标的钢厂可能会迅速证明是一家业绩不良且无自生能力的企业。然而，因为它产生了社会和政治热情，并且在一个特定的地方创造了一些代价高昂的就业机会，所以它也得到了自己的政治支持者从而难以取消。这样的"白象企业"于是成为政府的财政负担以及任人唯亲和腐败的常见来源，它们只能靠国家的保护和补贴以及银行的特殊照顾来生存。但这些都是国家最初的发展战略因错误地选择了不合适的切入点而造成的后果，而不是原因。

一个典型的例子是塞内加尔。该国于1960年独立，当时人均GDP只有1500美元，仅仅几个月后，政策制定者就决定开始建造资本高度密集的卡车，并视其为增长的重要来源。然而，这与当时国家的要素禀赋结构不一致，尽管从政府那里得到了大量补贴，却仍然无法在全球竞争中生存。然而无论如何，一些振振有词的塞内加尔蓝领和白领工人强烈反对放弃在当地生产卡车的决定，即使它被证明在财务上难以为继。在寻找合适切入点的过程中，发展中国家往往会遇到这种类似的纠葛，并且通常会伴随着经济和政治上的艰难后果。20世纪50年代，中国选择了以汽车产业作为工业化的其中一个主要的切入点。虽然选择这样的资本密集型产业可能有强有力的政治经济学理论依据，但却没有任何经济上的理由，因为中国的人均GDP仅为当时汽车行业领先国美国的5%。这一产业选择是错误的切入点，因此是不可持续的。同样，印度尼西亚当局在20世纪60年代认为他们能够成功地建设国有造船企业，并能够与当时在业界拥有主导力量的荷兰竞争。苏加诺和苏哈托总统抱有雄心壮志，希望建造大型船舶和油轮。但是，此举再次证明了这样的战略所付出的高昂代价——在长达几十年间几乎都是无效的。即使在今天，经验丰富而且历史悠久的印度尼西亚造船业仍在努力实现其目标。当地造船企业一直需要大量的财政激励才能生存，包括税收补贴和由政府对其零部件采购支付的进口关税。

成功的经济发展通常开始于一个现实的战略视野。世界上并不缺少各种发展战略文件。事实上,存在于政府部门和机构档案中的这种文件数量,似乎与一个国家的人均 GDP 成反比。低收入经济体往往有许多失败的战略和误导性的计划——这些往往由高薪的外聘文件专家写成,反映了他们在设计和实施共同繁荣政策时的纠结。堆积的战略文件和政策框架说明了它们在执行中遇到的严酷挑战,实际上也可能恰恰是这些文件和框架制约了发展的表现。要解决这个根本问题,需要发展实践者转变心态。相比找出低收入国家不具备的条件和不能做好的事情,研究人员和政策制定者更应该寻找发展中国家具备的条件,以及它们可以做好的事情,并且以此为基础向上攀登。

伟大的中国哲学家老子说过:"千里之行,始于足下。"许多积累和融合了不少微小进步的经济体经历了持续和包容性的增长,这需要它们对自己有限的资源进行最有效的利用。一言以蔽之,各国需要让它们的禀赋发挥作用,从而发掘自己的比较优势。一个经济学中最有力的信念是:不管情况多糟糕的国家,总有一些部门或行业具有比较优势,并可以利用贸易和全球化提供的无限商机,去启动和维持其经济发展。

正如第二章指出的那样,政策制定者规划的改革议程往往过于艰巨,在某些政治环境中甚至太不现实,以至于在实施过程中会带来严重的宏观金融风险或危及政治稳定以及社会和平。一些制约因素如果要一次性全部消除掉,会带来高昂的政治成本,整个国家也要付出巨额资金。以基础设施为例,常识告诉我们,要从预期经济效益最大的地点开始,逐步建设基础设施。这是一个现实的战略——一个在世界各地和整个历史上确实已经成功实施的战略。然而,面临政治上的限制,或者为了安抚选民,政治领导人往往会选择在这里或那里花一点钱以满足每一个人,即使这样做的结果是建了一些质次量少且又无效的基础设施。

部门和制度改革也取决于可用的资金。根据定义,贫穷国家是不具备财力和人力资源的,也无法满足诸如教育和卫生等关键领域的所有需求。理想情况下,地理定位和产业选择应优先于支出决策。然而,政治领导人为了讨好太多的选区,这时的选择和定位往往是随意进行或具有政治动机的。

此外,许多国家对于部门的发展战略,甚至来自一些发展伙伴的政策建议,是基于一些实践中证明无效的经济增长模型。特别是资本密集型产业(尤其是采矿业)仍很受青睐,而劳动密集型产业被忽视,即使它们能产生外汇和财政收入。

发展中国家的政府预算和行政能力是有限的,不应该将其分配于通用的、大范围的改革,或是那些含糊定义为"农业"、"教育"、"基础设施"或"私人部门发展"的"优先部门",而是应该用于一些战略上有针对性的方案、改革,发展那些私人企业可以从中脱颖而出并具有国内和国际竞争力的产业。政策制定者需要走出必要的"地毯式"改革(维持一个稳定的宏观经济环境、改善营商环境、建设基础设施、开发人力资本等),使改革致力于解决制约因素的问题,因为去除这些制约因素是具有竞争力行业兴起的关键。

诚然,低收入国家常常面临艰巨的发展挑战,从基础设施落后到人力资本不足、制度薄弱和治理不善,等等。政府面对的主要战略问题是如何最优化使用其有限的人力和财力资源来应对这些挑战,以及如何找到合适的切入点,开启持续和包容性的增长战略和结构转型过程。令人遗憾的是,许多低收入国家的政府仍然错误地推出新的产业,而没有正确地分析目标产业是否与自己经济的比较优势相一致;或者他们推行了太多在政治上有难度的改革,与此同时,又选出了过多优先行业,超出了自身的行政和财政能力。其结果是,即使他们想尽办法实施这些改革,希望取得良好的宏观经济表现,努力改善其整体的商业环境指标,但是,这些经济体仍然难以完成创造就业和减少贫困所需的结构转型。

坦桑尼亚就是一个典型的例子，该国是非洲表现最好的经济体之一，它设定了一个过于雄心勃勃的改革议程。这个东非国家曾一度被称为社会主义最严格的实验室之一，现在处于表现最好的国家行列。得益于稳定的政治环境、坚持不懈的市场化改革、健全的宏观经济政策、不断扩张的公共和私人投资，该国在 1995—2014 年间实现了 7% 的年均增长速度。然而，尽管有着高增长率，坦桑尼亚仍然是一个低收入国家，只实现了千年发展目标的一半。经济增长是由采矿、建筑、通信和金融部门驱动的；制造业、运输业和旅游业也颇具影响。但是由于结构转型受限，制造业从 20 世纪 70 年代占 GDP 的 13% 缩减至 2014 年的不到 7%，制造业的出口比重一直低于 20%（1995—2015 年），低于大部分工业化中等收入国家 40% 的平均水准。

结构转型的不足在劳动力市场上表现得尤为明显。近几年的经济增长发生在资本和技术密集型行业，并创造了一些就业，但是 70% 以上的劳动力仍工作在传统农业部门。只有新进入劳动力市场的 5% 在正规和现代化部门工作。家庭企业是坦桑尼亚增长最快的就业来源。[①] 就业增长过于缓慢，难以吸收不断涌入的年轻和受过教育的工人，在城市地区尤其如此。人口趋势使问题变得更具挑战性。[②]

坦桑尼亚当局现在完全理解结构转型的重要性及其为加速包容性增长带来的机会。用贾卡亚·基奎特总统的话来说："我们设想通过有针对性的战略优先干预来实现这一目标，使坦桑尼亚驶入现代化的高速增长轨道，同时从以自给农业为基础转向以工业为基础的经济。此

---

① 综合劳动力调查数据显示，2000—2006 年，家庭作坊的就业增长了 13%，比整体劳动力增长率更高，比工资收入的非农业和农业部门的就业增长更快。

② 坦桑尼亚的人口在 2010 年约为 4 400 万，自 1985 年增长了一倍，预计到 2030 年将再增长近一倍至 8 100 万，劳动年龄人口在 2010 年估计为 2 400 万，未来 20 年这一人口份额将不断上升。预计未来 25 年将保持 2.2% 的人口增长率，坦桑尼亚私人部门面临着创造就业机会、吸纳青年人口膨胀所带来的挑战。该国人口的约三分之二是 24 岁以下的未充分就业者，包括那些拥有大专和本科学历的人。为了适应人口的高增长，坦桑尼亚每年必须创造约 80 万个工作岗位。

外，这种增长势头需要有广泛的来源，以确保其利益是广泛共享的，并反映为广大坦桑尼亚人民生活质量的提高。因此，广泛的就业创造，特别是针对青少年，是至关重要的国家发展计划的全局性目标。"（POPC，2011，p.i）

但在试图解决这些关键的发展问题时，政府采取了几个重叠和相互矛盾的战略文件，在过多的行业中规划了或许太多的改革。2000年又推出《坦桑尼亚发展愿景2025》（TDV 2025），主要目标是提升国家生产结构与贸易篮子的转型和多元化，并促进向中等收入水平的升级。经过与各利益相关方进行广泛磋商，政府已经描绘出通过三个五年发展计划达到目标的路径。第一个五年发展计划（2011/2012—2015/2016）将解决的是制约坦桑尼亚经济增长的主要因素：基础设施瓶颈和人力资本不足（港口、遍布全国的农村公路、铁路、熟练劳动力、信息和通信技术等）。一旦消除基础设施的制约，预计坦桑尼亚会很好地发展其工业部门。第二个五年发展计划（2016/2017—2020/2021）将重点改造这个国家的资源：发展天然气产业、农产品加工和中等技术产业。快速的工业发展可以推动本国经济开辟新的国外市场。而第三个五年发展计划（2021/2022—2025/2026）将集中提高所有部门，尤其是制造业和服务部门的竞争力，目标是将坦桑尼亚转变为东非的制造业中心。

在这个已经颇为复杂的战略基础之上，政府还制定和采用了五年"国家增长和减贫战略"（MKUKUTA，斯瓦希里语缩写），作为坦桑尼亚实现其国家愿景工作的一部分。这部分被附加到了《坦桑尼亚发展远景2025》及其五年发展计划里。政府在2010年11月通过的五年（2010/2011—2014/2015）国家增长和减贫战略（MKUKUTA Ⅱ）指明了实现这些目标的政策方向。① 它建立在之前的战略文件（MKUKUTA Ⅰ

---

① 同时，桑给巴尔革命政府最终确定了桑给巴尔增长和减贫战略（斯瓦希里语缩写为MKUZA Ⅱ），覆盖了同一时期。

的基础上，但更明确地侧重于增长，并通过私人部门发展、就业创造以及基础设施提升来提高生产率水平。

仅仅列出各种官方战略文件就可以解释为什么坦桑尼亚的方案很可能会是令人失望的。对于人均 GDP 水平仍远低于 1 000 美元的大国而言，依靠这种线性排序的行动计划是不现实的：

• 将一些制约因素一次性全部消除的政治成本太高，并且从全国范围考虑，需要大量的资金（基础设施）；但是，政治经济上的约束（赢家和输家）很少得到系统的评估。

• 政策决定有时依赖于可用的资金（这可以解释为什么行业和地理定位往往是随机的或出于政治动机）。

• 许多国家发展战略，甚至是从开发机构得到的政策建议，留给战略选择的空间往往很小，然而对于所有低收入国家来说，不是什么都可以一次性完成的（受能力和资金的限制）。在坦桑尼亚，占主导地位的发展理念对现有的低效的经济增长模式是认同的。例如，资本密集型产业（采矿）经常受到鼓励和青睐，即使它们并不创造大量的就业机会，而劳动密集型产业却被忽视。

坦桑尼亚当局需要的是一系列快速的成功，尤其是在就业创造上。鉴于该国识字率低和劳动技能短缺，这种速赢只能产生于劳动密集型产业和轻工制造业。此外，全面性的政策计划和需要短期内实施的改革对任何政府而言都意味着一个艰巨的政策进程，对于低收入国家的政府更是如此。从一个明显的迹象可以看出这几乎是不可能完成的挑战，坦桑尼亚当局已经为提高农业生产提出了 25 项"集群战略"。即使在保证了所需财政资源的情况下，仅仅在农业部门的"25 个优先干预领域"清单就暴露出了行政能力的问题。

迈克尔·波特曾说："战略的本质是选择不做什么。"战略文件和行动计划的泛滥必然导致政策执行的随机性。政策制定者不应该将经济发展交给偶然的、通用的、包罗万象的改革处方。在低收入国家，如坦桑尼亚，一切发展战略的首要目标应该是结构转型，将那些往往只是隐性失业的、从事低生产率或维持生计活动的70%—90%的劳动人口转移出来，投入制造业生产。如果不推进工业化，很少有国家能够从低收入水平升级到中等收入再到高收入水平。历史上很少有国家——除了资源丰富的一小部分国家——能够实现持续的包容性增长，而无须经过这种转型。但是，工业化不仅仅是指制造业——正如下面所要讨论的，其中的重要政策含义远远超出了制造业的范畴。对工业化的追求也应该包含服务业（如教育或卫生）或农业。

那么问题就变成：政府如何刺激转型？答案是开发一个简单的框架，为可持续经济增长寻找合适的切入点。这会刺激在经济上具有自生能力的产业和行业的出现，因为它们符合经济体的要素禀赋结构。合适的发展战略不应着眼于所有可能的行业或需要的改革，而应将重点放在那些蓬勃发展的、创造就业机会的并能启动共同繁荣的良性循环的产业。下一节概述了具体的方法论。

找到合适的切入点：合理地选择和实施

政府如何才能找到合适的切入点？如何确保他们将大部分有限的人力、行政和财政资源投向的优先行业和部门是与比较优势相一致的、有自生能力的，并可能成为推动产业、技术和制度升级的良性循环的催化剂？这是世界各国领导人面临的最紧迫的经济政策问题。

有许多过去几十年倡导的发展框架和改革计划，现在仍广泛存在于官方政策文件（宏观经济稳定，合适的物价，努力提高公共管理效率，竞争，改善商业环境，等等），这些内容尤其在单独考虑时是明智的，但在实际执行中却很少产生积极的结果。2008年增长委员会报告联席主席迈克尔·斯宾塞（Michael Spence）看到这些令人失望的结果，不由得怀疑经济学家和政策制定者所提出的是增长的因素，而不是实际的处方。事实上，许多失败的增长战略实验令人失望的结果，反映了经济发展战略的设计和顺序这类根本问题。只有具体考虑了经济发展水平以及具体背景和时间，发展战略才有可能成功。

Lin and Monga（2011）和 Lin（2012a，2012b）提出了一个实用的六步"增长甄别与因势利导框架"（Growth Identification and Facilitation Framework，GIFF），来帮助发展中国家的政策制定者找到可靠的增长道路，促进能创造就业的行业出现，这是实现共同繁荣唯一可行的道路。GIFF 强调有必要有选择性地进行干预，并充分利用财政和人力资源，引导私人投资进入具有显性或潜在比较优势的行业和部门。

在 20 世纪六七十年代进口替代战略失败后，针对部门的产业政策成为主流学术界和全球发展领域中的一个禁忌。经济史表明，几乎所有的发展中国家的政府都试图在选择优先发展的产业中起主导作用，但一般都失败了。例如，苏联、拉丁美洲、非洲和亚洲，都因为低效率的公共投资和误导性的政府干预而留下了许多大而无当的"白象企业"。观察这些记录在册的失败案例，似乎主要是由于政府没有使他们的努力方向与国家资源条件和发展水平相符合。事实上，选择行业时，政府意图过于雄心勃勃往往造成与现有资源和技能的不匹配，这也解释了为什么他们"挑选赢家"的努力却往往成了"挑选输家。"

但是，主流知识范式却假设：低收入国家只要推行商业环境的普遍和整体改善，就能实现持续增长和就业创造。但是后来这种范式被证明在发展中国家是无效的。事实上，历史证据表明，无论是西欧、北美，还是最近的东亚各国，在从农业社会成功转型为现代经济的案例里，政府都为私人企业的重点投资提供了协调，从而扶持了特定目标产业的兴起，并经常为先行企业提供激励。

GIFF 的主要依据来自对经济发展和持续增长是由产业及技术革新所导致的这一事实的观察。这个过程需要公共和私人部门之间的合作。GIFF 从历史和经济分析中吸取了经验教训，使用了基于比较优势理论的方法，来确定新的增长部门。它建议低收入国家应当选择特定国家的可贸易部门作为目标产业，这些国家应具有强劲的增长，与本国有类似的禀赋结构，人均 GDP 是本国的 100%—300%，或者在 20 年前与本国有相同的人均 GDP 水平。这一建议是基于一个动态发展的思想：国家的比较优势必然随时间而改变。具有类似要素禀赋结构的国家会有类似的比较优势，一个高速增长了 20 年的国家会失去一些其可贸易部门的比较优势，这些部门在具有相似要素禀赋结构的低收入国家将形成潜在的比较优势。在这些部门，低收入国家的生产要素成本通常比高速增长的高收入国家要低。

然而，尽管这些部门和行业有其潜在的比较优势，低收入国家的企业却往往无法与高收入国家的企业竞争，因为在其薄弱的商业环境里，交易成本过高。低收入国家的政府在确定了这些具有潜在竞争力的行业和部门之后，接下来主要的政策解决方案是：要么通过消除影响本国企业表现的主要制约因素（造成高昂交易成本的制约因素）来帮助企业战胜那些高速增长的高收入国家的企业，要么通过在本国创造特别有吸引力的商业环境（即降低交易成本）以说服高速成长的高收入国家的企业将生产迁往它们这些成本较低的国家。

政府还要重视私人企业对新的和有竞争力的产品的开发，支持私人部门在新兴产业创新的扩散。在一个商业环境较差的国家，经济特区和工业园区能够促进企业进入，吸引外商直接投资，并形成产业集群。最后，政府可以通过在有限的时间内提供税收优惠，为投资提供融资支持，或提供土地和外汇使用便利，来帮助新兴产业的先驱企业发展。

GIFF 将重点放在制造业，特别是劳动密集型产业上。其理由是，"制造业有其复杂性，其生产过程提高了对原材料、能源、建筑以及经济中一系列供给性产业的服务的需求。另外，很多以前在制造企业间完成的功能——从后台办公、会计到某些类型的物流——现在都承包给了其他服务供应商，这部分不再属于制造业。供应链广度的一个衡量标准就是经济体的投入—产出结构的后向关联。对于具有较大后向关联的产业，其产量增长会引致更多来自其他部门的直接和间接的生产。在经济关系的关联表里，制造业在主要行业中具有最高的后向关联度。制造业需求的增长反过来又刺激了其他部门的就业、投资和创新"（Manufacturing Institute，2012，p. 3）。

制造业提供了比其他活动更长远的经济效益。它产生规模经济，引发产业和技术升级，促进创新，并具有较大的乘数效应（体现为每个产业每一美元最终需求的价值可以产生多少额外的产出）。每个工厂都需要会计师、营销人员、零部件供应商、餐饮和其他服务。实证研究表明，每一美元制造业产品的最终销售将带动 1.34 美元或更多的其他经济部门的产出，而投资于零售业的每一美元只创造了约 50 美分的额外收入（Manufacturing Institute，2012）。在所有部门中，制造业总是具有最大的后向关联度或乘数效应。

GIFF 的简单实施可以通过六个具体步骤来实现。

步骤一：确定具有潜在比较优势的部门

如前所述，在第一步，低收入经济体的政策制定者需要确定可贸易的商品和服务，这些商品和服务在高速增长的国家已经生产了约 20 年之久，并且，这些高速增长的国家应该具有与本国类似的禀赋结构，但人均收入差不多为本国的两倍。选择参照国的两个标准是：第一，在过去的约 20 年中，每年的平均增长率超过 6%。第二，人均收入水平大约是低收入国家的 100%—300%，或者，在 20 年前有差不多相同的人均收入水平。

这一操作方法可以让较低收入经济体的政策制定者通过研究参照国的出口和生产结构，来学习它们的转型经验。使用附录 5.1 中描述的简单方法可以计算得到出口专业化指数（export specialization index，

ESI），并分析它们的显性比较优势（revealed comparative advantage, RCA），以此考察低收入国家与参照国具有"已有"和潜在比较优势的出口类型。

对非洲国家的实证分析表明，在以商品编码协调制度（HS）分类的99个2位码部门中，这些国家具有显性比较优势（RCA>1）的部门是食品、饮料和农产品，以及轻工制品，如山羊皮和皮革、纸张、棉布、服装、纺织品和服装（Monga and Mpango，2012；Dinh and Monga，2013；Dinh et al.，2011）。但是，这些非洲国家的许多部门的发展仍然停留在幼稚产业的水平，价值链支离破碎。例如，许多非洲国家有新兴的服装行业，但纺织行业并不发达，国产面料质量差，不能出口去做更高级的纺织品。这些国家看上去在低技术含量的制成品方面具有潜在比较优势。

如果结合主要制约因素和发展机遇的考虑，对现有产品和部门的研究可以对这些分析给予很好的补充。我们可以使用下面的标准来筛选列表上的99个部门（使用标准HS编码1—99）。

• 标准1：生产仅需要低水平的资本，并有相当规模的国内或国际市场。

• 标准2：国内生产不需要相当大功率的电力水平或高运输成本（即短期内不需要因为原料和产品运输而对公路和铁路做出大幅度改善）。

• 标准3：在参照国的生产是由小型和中型企业完成的，这表明在低收入国家创造就业方面的潜力。

• 标准4：低收入国家在要素禀赋方面已经具备了生产的条件——某些供应链要素已到位，并且RCA或ESI已经显示出潜力；劳动技能要求较低或很容易学会。

从以上的筛选工作开始，以下行业和部门在拥有大量劳动力供给的低收入国家往往表现出潜在的竞争力。它们满足所有四个标准：农业和农业综合经营、服装、基础电子和摩托车（以及农用拖拉机）组装、木材和木制品、时尚和旅游相关的轻工制造业（棉质工艺品手袋）、兽皮/毛皮/皮革（因为许多发展中国家是主要的畜产品生产国），等等。因为这些行业和部门有成千上万的产品，所以鼓励哪些具体产品将取决于企业在自我发现的过程中做出的决定。

步骤二：消除现有企业的相关约束

在所有发展中国家，官方战略文件的目的都是解决对私人部门的广泛约束。这些文件通常是提供给相关部门实施改革的全面清单，以促进各部门和行业的经济活动。更现实的做法是解除最具竞争力的产业中的私人企业的负担。GIFF方法的第二个步骤是基于第一步的推荐名单，从中找出那些吸引了国内私人企业的行业。另外，它还更加关注可能阻碍其他私人企业进入竞争性行业的障碍、减慢这些选定的行业中私人企业发展的高昂的交易成本，以及私人企业提升自己的产品质量所面临的制约。

有关非洲工业发展障碍的研究强调，轻工产品的制造是由截然不同且表现不佳的两部分构成的，这两部分无论在物理上还是在质量、品种、价格上都是相互分隔的（Dinh et al.，2011）。一部分包括许多在非正规部门运营并提供许多不同产品的小企业。这些产品大部分是低质量的、品种有限的，而且价格比进口的低。它们不是进口替代品，而应该被认为是非贸易品。另一部分包括一些规模较大的正规部门的企业，其中不乏原国有企业，专门迎合利基（通常是被保护的）市场。"它们生产的产品，包括一些出口品和国内主要购买者（通常是政府机构）特别订购的物品，在很大程度上是标准化的，强调质量稳定，但在设计上没有什么创新。多数产品由旧设备生产，因为工厂通常开工不足，所以没有及时更换设备。无论是通过竞争还是分包，这两种类型的企业都很少互相影响。"（Dinh et al.，2011）

工业调查以及价值链和实证分析表明，这两个部分的企业往往面临各种约束条件，例如，基础设施落后、劳动法规严格而无效、熟练劳动力短缺、难以获得土地和信贷、投入成本高、关键贸易物流存在问题、腐败和治理不善、政策和激励机制不足，等等。然而，每个部门的每家企业遇到这些问题的程度不尽相同。即便面对类似的问题，企业也往往以不同的方式处理，这取决于它们的规模大小或金融、资本结构。有些制约因素对小企业是关键性的，对大企业则不太重要。

同样，某些约束在某个特定的行业可能阻碍产业的发展，但在另一个行业则不会。例如在坦桑尼亚所观察到的，贸易物流问题（主要是关于进出口程序的法规和规定）对于纺织、服装和木材产品这些行业里的大企业显得相当重要，但对不参与贸易的小企业显然不那么重要。相比之下，获得原料是小企业的关键，但对于大企业则不见得如此（见前文表3.4）。

为有的政府——尤其是发展中国家的政府——从各种研究中整理出许多对企业发展的制约因素是一项巨大的挑战。这些制约因素对企业表现的影响程度不尽相同，事实上，经过调查和分析后，确定为"增长的主要障碍"的一些明显的问题往往是其他问题的症状或后果，而前者可能需要得到更多的关注。

有一种方法可以用于整理冗长的约束清单并且设定改革方案的优先顺序，那就是将妨碍可持续发展的障碍归为以下两种的其中一种：

• 高要素成本（通常是由于过去糟糕的政策和法规，以及结构僵化，如土地政策等）；

• 高交易成本（通常是由于基础设施匮乏和治理不善）。

这样的简化带来了强大的理论优势，因为它使用了基于单位劳动力成本的国际比较的简单李嘉图模型来对国际竞争力进行分析。相对单位劳动成本（工资与生产率之比）在李嘉图贸易模型里确实是基本的相对价格，它为理解贸易流动的宏观和微观经济主要决定因素提供了一个连贯的基本框架。① 如 Edwards and Golub（2004）所指出的：
"在一个资本流动且生产可以自由跨越国界的世界里，非贸易投入的相对价格，特别是劳动力价格，而非产出，才是真正重要的。"（p.1326）

这对于发展中国家的政策制定者也有一些实际的益处：首先，它缩小了影响企业业绩和成长的因素范围，只留下两个类别（要素成本的竞争力和交易成本的竞争力）。其次，它强调，尽管商业环境欠佳，但几乎所有的低收入国家仍然有低于发达经济体的生产要素成本，这就为明智而有针对性且能带来潜在巨大回报的改革和政策打开了一个机会窗口。最后，在行政能力较弱的国家，政策制定者可以把他们的分析判断和注意力放在两个大类的约束上，集中精力制定一些真正可以得到执行的政策，特别是建立集群和工业园区，后面将讨论这些问题。

私人部门的分析人员、学术研究者和政策制定者可以进行详细的价值链研究（对于已经在本地生产的产品）和可行性研究（对于尚未在本地生产的产品），围绕列表上的内容从步骤一开始逐一往下进行。这样的研究应该包括：

- 调研全球趋势、市场力量（主要生产者的生产率和竞争力）和产品在全球市场的发展前景。
- 考察全国的产品市场结构，包括考察企业的地理位置及其能力情况，从而找出可以有效利用私人部门的生产能力的区域（如有良好运营实践的企业和产业集群，包括那些非正式的集群），以及需要加以建设的区域（如产业价值链的关键缺失环节）。
- 以参照国关键性的生产率和要素成本（如劳动力、资本和投入）为基准，对低收入国家现有产品的供应链的主要特点、优势和薄弱环节进行评估。
- 在不同的成本预测情形下评估国内产品生产相对世界价格的整

---

① 参见 Dornbusch et al.（1977）的一般性表述，以及 Monga（2013）对发展中国家使用劳动力套利实现工业化的拓展模型。

体经济效益,以确定当前与中期的竞争性。

- 如要确保这些具有潜在竞争力的产业取得成功,就要找出最大的制约因素,通过政府行为或政策变化加以去除。也就是说,政策制定者的改革议程应是现实的、可管理的,而不是通常所说的"改善商业环境"处方,因为其中涉及了许多有政治难度的改革。

如果一个政府资源和能力匮乏,而且政治领导人的执政期限有限(加之在发展中国家50%的人口是30岁以下的无业年轻人),其当务之急就是明确改革方向,在潜在的最有竞争力的产业里,去除私人企业的负担。虽然具体的政策议程将取决于一个国家的经济条件,但是,下列宽泛的建议可以考虑并适用于大部分经济状况:

- **解决基础设施落后的问题** 发展中国家约20%的企业认为基础设施差(即能源供应不足且质次、公用事业价格高昂、铁路运输缺乏等)对其业务有负面影响。一个最通用的建议是低收入国家的政策制定者应进行全面的基础设施建设,并鼓励区域一体化。例如,非洲国家经常被鼓励推出区域大型基础设施项目,从而通过跨境规模经济体和国内市场的联系产生政治和经济利益。然而,这一建议充其量只是一种价格高且风险大的解决方案。在非洲大陆独立后的半个多世纪以来,它已被证明是一个解决基础设施问题的失败方案。非洲是地球上最支离破碎的大陆,而且国民经济规模极小,即使在一些大国,许多地区也常常没有连接在一起。非洲大陆的GDP不到世界GDP的2%,这意味着不足全球2%的购买力。与美国的21%、欧洲的23%相比,两者相加共占44%,相当于非洲在全球经济中所占份额的22倍。这些数字本身将使任何优先实现非洲国家区域经济一体化的基础设施发展战略失败。建设足够的公路、港口、机场和铁路,将55个国家的经济连接在一起,对于目前仅占全球市场份额不到2%的非洲来说,将是非常奢侈的。

非洲和其他低收入国家需要的是精心设计的、有针对性的和地理位置优越的基础设施投资,以带动优势产业的发展。这种基础设施建在 GIFF 步骤一中选择的行业和部门的工业园区中最为有效。这是从经济史中得出的经验教训，尤其是中国的成功所带来的经验。当中国开始其惊人增长的时候（每年近 10% 的增长持续了 30 年），中国领导人清楚地知道，国家的基础设施比埃塞俄比亚甚至今天的刚果民主共和国还差。他们也意识到，他们没有足够的财力和行政能力在整个国家建设公路、高速公路、铁路、港口和机场，或促进与其他邻国（基本是穷国）的区域间的互联互通。剩下的唯一明智的解决办法是设定正确的优先顺序，并选定地理位置去建设为支持轻工制造等行业所必要的高质量的基础设施。在这些目标产业、部门和地区中，已经成功的企业可以迅速提供资金，支持该国其他地区的基础设施项目。其结果是，今天的中国处于相当有利的地区，可以根据经济需要启动任何区域一体化基础设施建设项目。

• **简化贸易程序，提高贸易政策的透明度和可预测性，并降低办理边境手续的成本**　大多数发展中经济体需要重新审视其进出口许可证和执照制度，降低企业获得这些证件的成本，并且实行标准的边境政策。此外，有一些涉及小型跨境贸易商的具体问题，可能需要提供一个通往更有效的正式贸易安排的明确路线图。这不一定是放松管制，而是提供更好的监管，让政府在实现公共政策目标的同时，尽量减少贸易限制。这需要投资者、生产者和消费者共同参与有关贸易条例的讨论。对于出口禁令，无论是在国家还是在地区范围，政府都要遵守严格的通知程序，在实施出口限制之前进行告知，并明确禁令只能在战略储备低于一定水平（比如三个月的供应量）时实行。①

• **解决信贷和汇率问题**　以合理的成本获得稳定的融资是实现企业业绩和经济增长的重要前提。在微观经济层面，即使是具有潜在竞争力的产业中的本地生产商，在前期仍要为进口设备和投入支付外币，

---

① 首先，一些发展机构会为非洲的小商贩提出一个基本的权利和义务宪章，可以清楚地张贴在所有的边境检查站。宪章的概念由非洲联盟贸易部长会议于 2011 年 11 月通过。

而且往往因承担了国内货币贬值等相关的汇率风险而付出沉重的代价。因此，它们不太愿意进行大量购买，而这是在全球舞台上成为成功生产商的必要条件。而大多数发展中国家的本地银行对规模较大的投资者不提供优惠利率，且利率相当高（通常超过 20%）。

在此情况下，资助基础设施项目就显得尤为重要，因为它能够带来整体的社会福利，这一般比所有者私人的财务回报更大，更何况私人投资者也不一定会资助基础设施建设。此外，公共基础设施的项目选择和资金分配容易受到政治压力和精英俘获的不利影响，在低收入国家尤其如此。在这些往往专制和不稳定的国家，制度框架的薄弱、预算规则的模糊、透明度和问责机制的缺乏，以及迎合各级政府政治亲信的需要，通常会导致随意的和成本高昂的决策。

在宏观经济层面，所有低收入国家的整体投资和支出必须增加以促进增长、创造就业和消除贫困。尽管一些发展中国家的中央银行有时通过货币政策刺激经济——尤其是在最近的全球经济衰退形势下——通过降低利率和存款准备金要求或购买金融机构持有的政府债券以使银行系统得到更多的资源（量化宽松），但是大部分中央银行仍将自己的角色定位于维持物价的稳定，并认为这是它们为经济增长做出的最大贡献。尽管如此，许多发展中国家的经济状况依然疲软，高失业率和就业不足持续存在。贫穷经济体长期的大量资本外逃现象也伴随着外债新增，这都是现实的挑战。[1]

---

[1] 许多贫穷国家通过重债穷国（HIPC）计划、增强的重债穷国计划以及 20 世纪 90 年代和 21 世纪初的多边债务减免计划获得债务减免。这些不同的债务减免行动花费了超过 1 000 亿美元（Giugale and Thomas, 2014）。有资格享受部分债务免除的国家必须满足四个要求：利用外国捐助者提供的模板制作周期性的"减贫战略文件"；坚持主要由 IMF 设计的宏观经济稳定计划；拒绝非优惠贷款；并把它们由此节省下来的所有债务支付投入社会项目。毫不奇怪，这些国家大都能够提高它们的社会和贫困指标，但没能投资于生产行业和部门。因此，它们没有收获宏观经济效益（即较高的增长率、增加的财政收入和储备）也就在意料之中了。其中有些国家现在被诱使从巴黎与非巴黎俱乐部的债权人那里举借新债（往往是以非优惠条款），这可能再次导致不可持续的债务水平。

在经济危机下，私人部门的信心以及投资者承担风险和进行支出的意愿很低。对此，传统的凯恩斯主义战略包括宽松的货币政策以及较高的公共开支或较低的税收。于是，通过政府行为恢复总需求被视为替代未发生的个人支出的最有效途径。在对抗 2008—2009 年的全球经济衰退期间，大多数高收入国家已经做到了这一点。但是，这样的战略很可能对商业周期是奏效的，而对低收入国家所面对的各类增长和发展的结构性问题则无济于事。此外，仍然占主导地位的传统观点是所谓的"扩张性财政紧缩"，这主要被写进了贫穷国家以前迫于压力与 IMF 交涉而形成的多年度宏观经济规划。

发展中经济体目前发现自己陷入了难题：总需求仍然太低，而期望其将来能提高到足以提供充足的就业机会来减少贫困的水平是没有现实性的。而在这些国家的财政、经济甚至政治条件下，是不可能增加政府赤字的，这不仅仅是因为 IMF 的项目限制。即使中央银行愿意并且能够实施极度宽松的货币政策，也无法达到产生持续的高增长的效果，这就需要有一种发展融资战略，既能维持需求又不会产生不可持续的财政赤字。

以经济发展为目标的更可行的信贷融资解决方案是加强开发银行和公共投资银行的力量。运作良好的开发银行能帮助这些国家同时达成两个目标：为经济体提供急需的长期融资，促进基础设施的拓建和现代化（能源、交通、电信、供水），并保持可持续的财政平衡。加强这种银行在财政和经济中的作用，发展中国家的政府并不需要大幅增加借贷。振兴公共投资银行和发展银行可以支持大规模的区域性投资项目和计划，创造就业机会，增强信心。但是，这些投资应由私人部门或地方政府执行，由投资和开发银行进行融资或筹款——而不是直接由中央政府提供。①

要振兴这些金融机构，解决民间资本市场中短期的市场失灵问题，还有很长的路要走。这个问题当前普遍存在并妨碍着贫穷经济体为其发展项目获得融资。投资和开发银行可以通过为稳健的投资提供长期融资来支持新的出口产业，减少为国外产品融资而形成的对对外借贷的依赖。政府可以利用这些来获得特殊的信贷额度，并鼓励商业银行对具有潜在竞争力的行业和部门中的企业提供更优惠的贷款条件。这也为商业银行开发新的产品和服务创造了新的可能性（包括对汇率风险的保险措施）。

一些研究者认为，投资水平低并不是世界上贫困地区发展的主要制约因素；在非洲尤其如此（Devarajan et al.，2003）。非洲的总投资率一直低于其他发展中国家，但公共投资率往往并不太低。"关于非洲的投资是否就是经济表现不佳根源的任何评述，必须对这些投资的组成进行分析——是否更多的公共投资，作为由政府控制的一种政策工具，会使非洲大陆受益。"（Devarajan et al.，2003，p.547）虽然在整个发展中世界，开发和公共投资银行拥有不良记录，但必须注意的是，这些失败仍然要追溯到对资本密集型（现代化）项目的盲目追求，这些项目首先在经济上不可行，而且管理不善，也没有及时升级以反映要素禀赋结构的变化。

从过去的失败和成功中学习，新型的开发性金融机构将"不以利润最大化"为基础来经营，而是从资本市场上融资来支持具有潜在竞争力的行业和部门中的经济可行性的项目；通过承担风险来为投资项

---

① 非洲投资银行于2009年由非洲联盟创建，但从来没有发挥功能。Monga（2012）对此做出估计，建立信用至少需要500亿美元的初始资本。然后，银行就能够筹集相当于其数倍的资金开展业务。欧洲联盟国家起始出资500亿美元成立了欧洲投资银行，除此之外，欧洲投资银行又融资4 200亿美元，因此能够为超过4 700亿美元的投资提供贷款（Skidelsky and Martin，2011）。尽管欧盟是非洲经济规模的将近十倍（2010年为16万亿美元），但同样的原则也适用于非洲投资银行，如果该机构是有信用地建立和管理的。

目发行的债券提供部分或全部偿还的保证，由此大幅降低融资成本。全新设计的开发金融机构具有严谨、专业、透明的业务框架，也将发行对美国国库券适度溢价的自己的长期债券，以筹集资金和直接授信大型项目。良好的制度和治理战略会使开发和公共投资银行能够为重大基础设施项目提供融资支持，同时始终避免损失，将拖欠率维持在一个非常低的水准。①

- **解决失业、技能短缺和其他劳动力市场问题**　失业和就业不足也许是世界各地的政策制定者所面临的最为紧迫的经济问题，尤其是对发展中经济体而言。投资者往往也指出，低收入国家的技能短缺、人力资本不足以及劳动法僵化是对企业业绩的制约。然而，传统上解决这些问题的一般性措施在政治上难以实施，而且往往会导致令人失望的结果。作为失业对策或就业创造处方，对于现行劳动市场方案有效性的实证分析也很少产生决定性的结论（Betcherman et al., 2004）。

为解决失业、就业不足和其他劳动力市场僵化问题，GIFF建议了一个三管齐下的方案。首先，鉴于在整个国家实施劳动市场改革会造成很大的短期社会成本，建议改革首先在特定的地理区域内实行。可以在工业园区内实行劳动法律法规的特殊制度，允许园区内的企业有更灵活的雇佣和解雇方案以及工资、福利体系，这将降低企业的交易成本。②

其次，政府、私人部门和非政府组织应对所选行业的中长期劳动力发展计划的设计和实施进行通力合作。大多数发展中国家的政府，多年来致力于实现高质量的教育，将教育当作国家发展的基石，并付出了大量资源和努力。然而，它们仍然表现出疲弱的人力发展指数和

---

① 除了欧洲投资银行，知名的例子还包括德国复兴信贷银行（KfW）、韩国开发银行和日本开发银行。

② 毛里求斯是现代社会中成功地在出口加工区赋予劳动法以灵活性，允许企业解雇工人并设置工资标准的最早国家之一。参见 Rhee and Belot（1990）。

很大程度上不尽如人意的教育成果，这预示着一个激进的战略转变的需要。

世界低收入地区高等教育的成果和成本指标尤其令人担忧。在非洲，大学和大专院校的教职员工和资金都不足，并且经营状况欠佳。教育质量差、课程过时令毕业生缺乏工作岗位所需的基本技能。尽管人均收入低，非洲国家自20世纪90年代中期以来仍然设法对高等教育维持总体上稳定的资源配置。平均而言，非洲大陆将GDP的0.78％投入高等教育，而其他发展中国家平均为0.66％，经合组织（OECD）国家为1.21％（Devarajan et al.，2011）。非洲国家的政府也调拨出他们当前教育支出的20％左右投入高等教育，这一比例相对非洲以外的发展中国家（18％）更高。

由于人口趋势的变化，对高等教育的需求一直在增加，并且增速要快于非洲各国政府的财政能力。虽然高等教育的质量与可用资源的关系并不是一个线性函数，但有证据表明，资金下降可能导致结果恶化。面对经济危机和紧张的预算制约——大部分发生在20世纪八九十年代——许多非洲国家的政府减少了维护预算和公共工资，冻结了教学人员招聘和基础设施投资，削减了社会援助和奖助学金，并取消了对书籍和设备的支出，这些导致了演讲厅过度拥挤和学生与教师比例过高。学生抗议和教师罢工经常导致课程不能完成，学业成果被进一步削弱。非洲高校的科研人员对国际学术研究几无贡献，这与资金有限和管理不善是相关的。资金不足也使现有问题进一步恶化，当其他就业机会更有利可图和更有价值的时候，优秀的教学和研究人员留在学术或研究领域的激励更弱了。

非洲的融资缺口有可能在未来更为严重，对高等教育系统造成更多的问题。日益增多的高校学生（小学和中学入学率扩大的直接结果）表明目前的趋势在财政上可能是难以维持的。鉴于目前大部分非洲国家税基狭窄、财政紧张，大部分投资预算依赖外国援助，要容纳众多学生并为他们提供高质量的教育是一个挑战，对其进行认真分析是至关重要的。

GIFF 建议进行教育和劳动力市场改革，将资源有针对性地投向经济上可行的活动、计划和项目。政府应与私人部门和学术界合作以决定何种教育应优先考虑，以及如何在该部门进行干预，引导其成功。为了将优先事项引入教育部门，应该甄选出一系列产业和业务领域——该国在这些产业具有显性的或潜在的比较优势。在每个选定的优先产业（农副产业、轻工制造业、旅游业），设计和实施相应的技能培育战略和劳动力发展计划，为企业、政府和社区提供一个相互合作的框架。

这些技能培育战略和劳动力发展计划应包含对劳动力问题的全面理解，并认识到只有将技能发展作为广泛的劳动力的一部分来进行规划，并融入行业或社区的未来整体考虑，才能产生效果。他们应找出行业或社区的共同问题，尤其是那些最好由他们努力合作来解决，而靠单独的组织无法解决的问题。然后，所有的利益相关者可以一起合作，去分析和解决那些可能会影响他们未来自生能力的当前和未来劳动力问题。

发展中国家还应着力于经济上有明确的或潜在比较优势的产业，抓好职业培训。培训可以由工作单位（特别是农业/农副产业、轻工制造业、旅游业）和培训学校提供。通过提供获得工作岗位所必需的知识和技能，学员能够学会如何去应对工作中不断变化的需要，并获得珍贵的"软"技能。政府干预措施主要包括提供基本的基础设施、尽量少的法规和质量保证，以及将学生对接到各行各业的企业。每一个企业对具体需要做出的决定，可以汇聚成对学员空缺的总需求和总供给。

吸取其他成功国家的经验，政策制定者和投资者为发展轻工业所需的劳动力，会为特定群体定制不同的人力资本积累战略：

- 对现有职工，重点应该是解决有经验的工人被其他部门，特别是采矿业抢走后造成的技能短缺，此外要给其他部门中有技能的人提供进入制造业的渠道。
- 对新进入的劳动力，重点应该放在对高中生就业途径的扩展上，并注重效率和效果——很多轻工制造业的生产只是基本组装，只需要接受过高中教育的工人。通过扩大就业前和职前先修场所，可以为企业提供做好了工作准备的新进入者，并帮助其解决吸引新人的困难。
- 已经有实证研究表明女性在发展中国家有效减贫战略中的贡献 (Strom，1989；Heath and Mobarak，2015)，具体的任务和更加灵活积极的工作环境都可以吸引她们大量涌入。
- 对于在轻工制造业有可能建厂的地理区域内的众多失业青年，政府和私人部门应积极寻求与当地社区和村庄网络进行合作，为本地工人提供培训和就业机会，因为当地对低技能劳动力仍然会维持较高的需求。

再次，GIFF 提倡调整宏观经济政策，积极支持在具有潜在竞争力的行业创造就业机会。宏观经济的稳定至关重要，尤其对于经济规模小、最易受到冲击的发展中国家来说，但是，在抑制失业的过程中，需求政策的作用也不容忽视，在基本面相对良好的发展中国家尤其如此。产出增长是就业增长最重要的决定因素。利用财政和货币政策，尽可能支持经济复苏和维持经济增长，有助于减少不确定性。在没有产能过剩问题困扰的经济体，这也使得企业更倾向于扩大投资和雇佣。

一般很少有货币政策的余地，特别是在利率已经比较低的国家。但是，在通货膨胀的威胁不是太严重的情况下，中央银行可以求助于非常规的货币政策工具，为企业发展创造有利的环境。货币政策也可能对实际利率有巨大和长期持续的影响，进而影响产出或就业。此外，货币政策引起的实际利率持续增长不仅会影响实际的失业率，还会影响自然失业率：失业的威胁对雇员和企业之间对工资的讨价还价也造成了巨大的压力。在各个发展中国家，许多失业的高校毕业生最终放弃了寻找工作，失去了从教育中获得的技能。因此，持续的高失业率将导致自然失业率本身的提高。当货币政策对实际利率的影响持续较长时间之后，它也能通过资本积累影响自然失业率。实际利率影响资金成本，资本成本影响资本积累，资本存量影响对劳动力的需求，而对劳动力的需求则会影响失业率。

采取专门针对就业创造的宏观经济框架会使积极的劳动力市场计划（ALMP）更有可能获得正面的结果。在一些国家，可能会有实施针对性的财政措施的空间，可以增加经济产出和就业机会。例如，直接创造就业机会（即公共设施的临时工作）有缓和社会政治紧张局势的作用。各国政府应避免直接雇用失业者，而是通过与私人企业或非营利组织签约来提供就业岗位。弱势群体和最贫穷地区和行业的民众应该是这些措施的目标群体。

除了向人们提供急需的收入——通常是向城市贫民，有针对性的公共基础设施工程（新的投资、维修或维护）还可以消除增长的瓶颈，并为提高生产率创造条件。加快蓄势待发的劳动密集型生产性基础设施项目的建设应该得到优先考虑。投资于生产性基础设施，消除经济增长瓶颈（具有良好的回报率），以及投资于运营和维护工作可以拉动需求，并产生长期的增长来源。对拉丁美洲和加勒比国家的实证研究表明，基础设施投资可以对就业创造产生巨大的影响（Calderon and Servén, 2011）。这是事实，但是，它们也可能会挤出一些私人部门的就业机会，尤其是在定位失败的时候。因此，应谨慎设置工资水平，以使这些方案具有成本效益。

如果有明显竞争力的行业面临暂时性的冲击，也可以考虑工资补贴。这使雇主能继续向员工发放工资，否则他们可能由于经济原因裁员，在一定期间内以部分工资雇用年轻工人或女性。工资补贴让这些工人得以获得或发展重要的技能，最终保障了长期就业。然而，由于有些雇主可能只是把补贴当作廉价劳动力的临时来源，造成无谓损失的风险也应考虑在内。因此，政府应在确定补贴水平和持续时间时保持谨慎，因为大量依赖公共部门就业作为岗位和收入来源往往会造成深远的社会文化后果，甚至带来停滞。一些地区陷入依赖的平衡状态，由于私人部门的发展没有实现，因此公共部门的就业成为收入和就业机会的唯一来源。这就形成了一个恶性的、自我维持的循环，当生存上对政府的依赖增强时，企业家精神就会因得不到鼓励而褪色，最后的结果往往是公共部门雇员和工会形成了强大的政治团体，反对劳动力市场改革。

培训计划帮助新的和被解雇的员工获得或重新获得技能，如果这种方案是针对最贫困群体（青年、弱势群体、女性）的，则有助于提高生产率。与私人企业密切合作制订面向青年的培训计划，评估对技能的需求，并提供定制的培训项目，能够产生良好的效果。为了确保成功的最大概率，应根据每个国家具有潜在竞争力行业的业务需求定制方案。

最后，求职援助和就业服务可以将职位和求职者进行匹配。这些服务花费不多，却能缩短失业的时间，但它们通常只惠及少数活跃的求职者。推广信息和通信技术（ICT）的使用，有助于消除劳动力市场需求和供给方面的制约因素。青少年是最大的高科技消费群，他们可以用以提高他们的技能，抓住机遇，并与全球的受众相连接。采取有针对性的政策措施，使弱势群体能够使用 ICT（IT 知识普及、为农村青年和女性投资建设 ICT 公共区域），可以促进新经济活动的出现和创造就业机会。

应该承认，低收入国家通过 GIFF 在劳动密集型产业创造的大量工作岗位，至少在短期内是低工资的。但是所有成功的经济体都是由此开始的。由于有竞争力的企业改进生产率，以及产业随着时间的推移而升级，工资将会提高，政策制定者必须细心预测其要素禀赋结构的变化，并采取新的产业升级战略。遗憾的是，经济繁荣往往从毫不起眼的社会和经济利益开始，这一观点并不被那些只是简单地反对世界贸易、资本主义和全球化的人所理解。而当孟加拉国这样的国家发生悲剧性的头条新闻，比如2013年4月林蛙广场因工程质量差和违规建筑而倒塌，导致在内工作的服装工人1 100多人死亡，2 500多人受伤时，公众的愤怒可想而知，这促使一些政治领导人放弃了总体良好的国家战略。在悲剧后果中很容易被忘记的是，孟加拉国的服装业2013年雇用了约350万人，主要是年轻女性，其200亿美元产值的五分之四多销到西方市场（占出口的80%），形成外汇和政府财政收入的重要来源。工厂的工资一般比其他行业要高得多，尽管工作条件艰苦、安全性差，但缝制工作仍比农活、建筑、清洁和拆船等工作要轻松。孟加拉国和其他许多国家能够通过发展劳动密集型产业启动经济增长，但在此之后却未能持续监督落实劳动和建筑法并做出必要的修改，同时发展出适应产业升级和多样化的可行战略。

1997年诺贝尔经济学奖得主Krugman（1997）发表了一篇有煽动效果的文章，名为"为廉价劳动力点赞：低工资的差工作总比没有工作好"（In Praise of Cheap Labor: Bad Jobs at Bad Wages are Better than No Jobs at All），作为一位公认的进取型经济学家，他再次震惊了许多资本主义和全球化的反对者。他讲述了一个被称为"大烟山"的马尼拉大型垃圾场的故事。数以千计的男女和儿童自愿住在这个地方，"为了谋生，他们忍受着恶臭、苍蝇和有毒的废品，从垃圾中翻找废弃金属和其他可回收物品……因为一个住在棚屋的家庭可以因此一天赚取10美元左右，这已经比其他工作要好了"。Krugman（1997）认为，虽然第三世界的新出口产业的工资和工作环境惨不忍睹，但比起之前较为隐蔽的农村贫困已经大有进步。确实如此，在有竞争力的新出口产业兴起的低收入国家中，虽然工资低，但穷人的生活状况已大有改观。这是因为这种增长中的行业只能通过提供高于其他行业的工资才能招到工人。此外，制造业的成长会对整个经济产生涟漪效应。最终，"失业的城市居民总是渴望劳动力缩减，因此工厂开始互相争夺工人，城市工资也开始上涨。当这个过程持续一段较长的时间时，如韩国和中国台湾的情况，平均工资会开始接近一名美国青少年在麦当劳所赚的收入，而最终人们将不再热衷于住在垃圾场了"。

步骤三：寻求外商直接投资或促进新企业孵化项目

GIFF 的第三步是采取非扭曲性政策措施，政府以此来支持具有竞争力的行业（在步骤一中甄别出的行业）的建立和发展。这些行业可能对国内企业来说是全新的领域，这一点对于低收入国家中的企业家尤其重要，因为他们难以连接到供应链和其他商业网络，而从中他们可以吸取管理经验，获得学习和融资机会，并得到国际买家对其按时保质交货能力的信任。

为了帮助企业解决这些协作和外部性问题，政府可以鼓励目标国家的企业（因为工资上升而失去竞争力）投资于这些行业，那些企业受到较低劳动力成本的驱使而将生产搬迁到低收入国家。政府也可以建立孵化项目来协助国内私人企业进入这些行业。

通过新古典主义和内生增长模型提供的主要理论框架，可以理解外商直接投资（FDI）[①]和国际贸易是如何通过强大的渠道将知识、创意和新技术从先进或中等收入经济体传播到低收入经济体的（Romer，1986；Lucas，1988；Barro and Sala-i-Martin，1995）。FDI 为东道国提供了长期资本，促进其产业升级以及对新技术和创新的采用，从而刺激了经济的增长。

---

① FDI 被定义为一种投资的净流入，投资是为了获取在投资者本国以外的经济体中运营的某家企业的长期管理收益（10%或以上的表决权股份）。世界银行将其计为权益资本、收益再投资以及其他国际收支平衡表中的长期资本和短期资本的总和。世界上所有国家的相关数据参见 http：//data.worldbank.org/indicator/BX.KLT.DINV.CD.WD。

此外，FDI 常常刺激固定投资和出口，并因此通过增加总需求加速经济增长。在中长期内，FDI 对东道国的产业结构转型和出口商品构成的转变起到了促进作用，往往使其生产更多的增值产品和服务。据观察，具有优越技术和管理技能的外国企业的出现，通常会迫使东道国的国内企业竞争更加激烈，促使它们提高产品性能，投入更多研发资金。这个过程会提高东道国资本存量的边际生产率，从而促进生产增长（Wang and Blomström，1992）。

据观察，外国企业的高效率可能有助于降低价格，进而增加消费者剩余（Lahiri and Ono，1998）。FDI 也可以通过建立集群和合作与竞争并存的行业网络来鼓励"集聚经济"的发展（Krugman，1991）。最后，也许 FDI 最重要的益处就是增加了就业，其中既有通过直接投资或使用本地投入而产生的新的工作机会，也有对与吸引外资的主要活动相关联的其他服务的需求所间接产生的工作机会。

这些益处解释了为什么所有的国家现在都正在制定战略以吸引 FDI。包括美国，联邦政府历来并不认为有必要争取 FDI，而是将这份责任留给州和地方官员。总统贝拉克·奥巴马最近承诺会亲自参与吸引外国投资者到美国；他提出了新的措施，使美国政府更容易接受外来投资。在一次有 1 200 名外国投资者参加的华盛顿会议上，奥巴马总统说："最高层官员，包括我在内，都将做出更大的努力，以促进对美国的投资。但作为一个国家，我们并不总是能以协同的方式来将我们在海外的团队与我们在华盛顿的对口高级官员连接到一起。我们将改变这种状况，使我们支持的工作更有效果、更为高效、更加连贯，以使那些正在考虑投资方向的企业能及时得到答案，并清楚地知道他们会得到所需的一切帮助……想想看：全球化的推进和技术的进步意味着你可以到几乎任何地方去。但有许多理由让你觉得应该来这里。"（Politi，2013）总统随后夸赞了他的国家的一些特点，包括能源成本低、知识产权保护到位、法制严谨、员工工作效率高。①

他指示国务院和商务部的高级官员要把吸引 FDI 作为"核心优先事项"之一,将促进出口列入他们的最高议程。由 32 个重点国家的美国大使组成了新的全球队伍,负责鼓励外国对美国的投资;连接准投资者与美国高级官员的"协调机制"得以建立,而且其中的"高度优先情况"能够直接通往总统那里。这是美国的一个重大转变。白宫经济顾问主任给出了以下理由:"当我们争取一个新的服务中心或制造工厂的落户时,如果是我们的一个市长同主要工业国的一位首相或州长相争,这并不是个平等竞争的环境。"(Politi,2013)

发展中国家更需要 FDI,因为它提供的不仅仅是资金,还提供了最佳实践管理知识,并开通了获得新技术以及接触国际供应商与买方网络的渠道。自 20 世纪 90 年代中期以来,在发展中经济体的 FDI 数量已经远远超过政府发展援助。它已经在全球经济中形成了资本流动的主要形式,即使对发展中国家来说也是如此。虽然其他形式的资本流动(投资组合和个人贷款)② 与拉丁美洲和东南亚的经济危机有关,

---

① 在过去十年中,美国一直是世界上最大的 FDI 接受国。在 2012 年,外国分支机构在美国的净资产总额为 39 000 亿美元。2012 年的 FDI 流入总额为 1 660 亿美元。这些资金流入对美国经济的各个方面都是有益的。2011 年,由美国分支机构控股的外国企业的增加值占美国私人总产出的 4.7%。这些企业在美国雇用了 560 万名员工,即 4.1%的私人部门工作岗位。这些工作岗位中大约有三分之一的制造业岗位。这些分支机构占美国私人投资的 9.6%,占美国私人研究和开发支出的 15.9%。美国分支机构的就业相比整个私人部门的就业更稳定,因此,美国分支机构在美国制造业就业中的份额从 2007 年的 14.8%上升到 2011 年的 17.8%。一直以来,美国分支机构的待遇始终高于美国平均水平,在制造业和非制造业的工作岗位,都存在这种待遇差异。参见 White House(2013)。

② 国际资本流动可以根据投资者的类型进行分类,因为面对不同类型的投资者的激励机制的变化是在危机过程中的资金动向的主要决定因素。另一种是基于期限的分类,这使得实证研究人员将私人贷款分为两类:短期贷款和长期贷款。投资组合的债务资金有时根据其期限归入这两类,而投资组合的权益资金成为一个单独的类别。FDI 通常会给予外国企业在当地企业的控股权,包括权益资本、收益再投资以及母公司和东道国企业之间的融资交易。投资组合的权益投资通常指的是对一个地方企业的证券购买,但不拥有其控股权,包括股份、参股权以及类似的指定权益所有权的手段。债务资金包括公债、公司债、本票票据、货币市场或可转让债务方案。Thorbecke and Salike(2013)指出:"资本特别是金融资金往往是具有高度波动性和可逆的。波动程度取决于资本流的类型。特别是短期资金,被认为是最不稳定的。银行信贷、投资组合和金融衍生工具是大幅波动的,FDI 的波动较小,使其对发展中国家更有价值。权益资本作为三大组成中的最大部分,尤其具有稳定性。"(p.3)

但是 FDI 被认为不太容易导致危机，因为直接投资者通常以长远的眼光追求利润。因此，在东道国从事投资的直接投资者是更为可靠的发展合作伙伴。①

实证研究倾向于对大部分来自新古典主义和内生增长理论的预测进行证实（Nath，2009；Saint-Paul，1992；UNCTAD，1992），但是从政策层面看，最中肯的问题是，为了吸引促进增长的 FDI，发展中国家应该做些什么？对于这一重要议题，即使是严谨的实证研究提出的政策建议也只不过是"改善商业环境"的传统议程。例如 Asiedu（2006）所指出的，拥有丰富的自然资源或者大规模市场的国家会吸引更多的 FDI。同样，一个拥有良好的基础设施、受过教育的劳动力、稳定的宏观经济、开放的外部资金流动、有效的法律制度、较少的腐败和稳定的政治局面的国家也会吸引 FDI。但是，对于那些还没有足够的基础设施和人力资本来吸引外国投资者的发展中国家来说，这样的结果并没有实践意义。

GIFF 提出经济研究应该提供有针对性的政策建议，对于物质和人力资本匮乏甚至治理环境不善的发展中国家，应对其给予帮助来吸引 FDI。在这些国家，成功的秘诀仍然是甄别出具体部门和行业，使政策制定者有针对性的经济改革和行动能够产生最大的 FDI 和增长回报。最新研究表明，各国确实可以有选择性地吸引 FDI 到其经济中的某些特定行业部门，并且能够有效地将财政资源引导到这些部门以保持增长和就业。世界银行在 100 多个国家进行的投资促进机构调查显示，部门定位被认为是投资促进专业人士的最佳实践，因为相对于无重点

---

① Sula and Willett（2009）探讨了在货币危机时，是否某些类型的资金更可能会逆转。在这个问题上，以前的几个统计检验产生了相互矛盾的结果。Sula 和 Willett 认为早期研究的问题在于，资金在正常或流入期间的变化情况只对其在危机期间的动向提供了很少的线索，而后者对于政策是最重要的。他们使用了从 1990 年到 2003 年 35 个新兴经济体的数据，分析结果证实了直接投资是最稳定的类别，但是，也有与其他广为接受的研究结果相反的发现，那就是私人贷款的可逆程度与投资组合是相当的。

的全面引进来说，集中精力关注少数优先部门有可能会带来更多的FDI流入（Loewendahl，2001；Proksch，2004）。Harding and Javorcik（2011）的双重差分模型分析指出，在那些国家投资促进机构针对的特定部门，将会得到超过两倍的FDI流入。[①] 国家着力吸引FDI的优先部门的出口产品要比其他部门的单位价值高出11%（Harding and Javorcik，2012，p.20）。

对于发展中国家来说，采用GIFF的方法甄别出其最具有竞争潜力的行业和部门，其中的主要问题是需要做哪些工作来吸引FDI，以及需要有哪些政策到位来确保成功的最大可能性。根据定义，在劳动密集型经济体的经济发展战略中，低廉的劳动力成本应是最重要的因素。目前，许多低收入国家——特别是非洲国家——具有竞争力极强的劳动力成本，这一优势或许能大大地弥补因物流不畅、基础设施欠缺以及商业环境不佳所造成的成本，并且可以帮助这些国家吸引甚至是其他发展中国家的企业，其中有些企业正在因为当地的工资上涨而面临竞争力减弱的危机，这会迫使它们寻求搬迁的机会。在发展战略的初期，东道国的政府可能需要鼓励外国企业对本国进行投资。一旦这些外国企业在与经济比较优势相一致的行业完成建设，本地工人将获得培训，其中一些人最终将成为这些外国企业或是它们自己的企业的管理者。工人们将迅速掌握技术，并能够始终如一地提供高质量的产品和服务。他们会知道在哪里可以购买到国内没有的中间产品，并且与国际买家建立联系。这些企业起初所需的投资可能不会太高，如果政府充当助推者，就会使整个过程很容易启动。为了显示其对吸引投资的决心，政府可以建立一些地理位置优越的工业园区（搭建一些厂房，

---

① 参见 Harding and Javorcik（2011）。基于对105个国家在1984—2000年间的4位数层次贸易数据的实证研究，该文证明了FDI对发展中国家出口品的单位价值具有正向影响。也就是说，FDI与出口质量之间存在正相关关系，这一影响是有经济意义的。对于高收入国家，实证结果是模糊不明的。

确保其中有足够的基础设施、电力和电信设施),并为外国企业的初始运营提供某些激励措施。

这样的努力在过去和现在都有很多例子,事实表明,不管是对发展中国家还是外国投资者来说,这都是重大的双赢机会。也许最典型的例子是成功动员了 FDI 流入的中国。中国出口的大部分增长可以归因于外商投资企业,FDI 集中地区的人均收入增长要明显高于其他地区(Wei,1996)。在 20 世纪八九十年代市场机制尚未充分建立时,中国有选择地在沿海城市和经济特区及工业园区进行了对外资开放的试点,重点吸引外向型制造业领域的直接投资。出口方面,以现价美元计算,在加入世界贸易组织之前的 1978—2001 年间,年增长率为 15.5%,而在 2001—2014 年间,年均增长进一步提高到 18.2%。同时,制造业产品的出口份额从 1980 年的 49.7% 增加到了 2014 年的 95.2%,使中国成为"世界工厂"(数据来自中国国家统计局)。①

类似于日本在第二次世界大战后的做法,韩国的 FDI 政策依赖于对资本流入的广泛限制、保留部门以及限制所有权。起初,韩国宁愿背负沉重的外债,也不选择大量的 FDI 流入(Read,2002)。它通过许可和其他技术协议促进技术转让。技术协议和技术转让提供了一种手段,像日本一样,韩国获得了重要的技术,对其加以调整就可以用来促进国内经济的增长。它还鼓励有针对性的研发,通过革新和发展新的本土技术来加大正的技术外溢效应的可能性。这种内向型 FDI 战略在韩国经济发展成熟后有了显著的转变,它的开放既面向自己国内出现的新兴企业,也允许外国跨国企业的进入。起初,绝大部分 FDI 的流入是来自日本,在 1989 年之前,日本投资几乎占了所有外资投入的 50%。近几十年来,美国和荷兰占到资本流入的 30%—50%,而欧洲

---

① 成千上万的跨国公司被中国的投资机会、巨大规模以及日益增长的国内市场所吸引,带来了大量以绿地投资为主要形式的 FDI 流入——这不同于发达经济体的内向 FDI,一般是通过对现有企业的收购,而并非成立新企业(Graham and Wada,2001)。

其他国家（法国、德国和英国）综合起来看也表现不俗。

中国台湾跟随韩国的脚步，对FDI的初始立场是基于其在受过良好教育和有高生产率的劳动力方面的竞争力，吸引出口导向型投资。在20世纪70年代中期之前，台湾的FDI主要是在基础性的劳动密集型制造业以及纺织和服装业。随后，投资明显转向了化学和电子行业，而最近的FDI已流向非传统的食品、金属和机械行业。随着经济增长的成功和结构转型的迅速实现，台湾转变了目标，将重点放在吸引FDI进入蓬勃发展的技术密集型领域，并鼓励和推动本土的技术溢出（Read，2002）。

世界上其他几个经济体已经成功地走过了相同的道路。孟加拉国模仿中国的战略，吸引FDI建设劳动密集型产业来繁荣经济。[①] 最开始是在1980年，一家韩国企业培训了160名服装业的工人，仅仅两年后，这些工人就能自己开店。目前，孟加拉国的服装部门雇用了300万工人。与GIFF的方法类似，Rhee（1990）找出了使孟加拉国服装出口取得巨大成功的主要因素，他描述了一个催化模型，基于外国和当地的催化因素的先行努力，从而启动外向型的发展。他的模型展示了由催化因素启动的发展链条转递到整个经济的机制，并提供了一个务实的政策改革顺序框架，即从平等的出口激励开始（即与国外竞争者的平等地位），通过全球市场竞争来增强产业能力，这一过程由催化因素启动并传递到整个经济。

20世纪70年代，得益于毛里求斯政府积极吸引FDI的政策，中国香港和台湾的制造商向其投入大量资金生产不受配额限制的服装。这一发展促使当地纺织业改善其基础设施，从而变得更有竞争力。政府为企业建立了工业园区以规避一些限制其增长的最大瓶颈（尤其劳工法的僵化）。企业主一开始都是从中国台湾或香港来的，但事情很快就

---

① 关于FDI对孟加拉国经济增长影响的实证分析，参见Adhikary（2011）。

有了变化，当地人也越来越多地参与进来并且对行业有了更多的了解。目前估计当地人拥有超过70%的服装和纺织企业。最终，中国香港制造商离开毛里求斯，将生产设施迁移到成本更低的中国内地。这对当地的纺织行业是一个很大的挑战，但也是产业升级的机会。2000年之前，毛里求斯基本上是一个"缝纫"国家，但是，最近发生了很大的变化。纺纱在生产过程中更为重要，而针织现在成为织物生产的主要技术，该国的工厂可以生产90%以上所需的以棉花为主的纱线，由于行业正在经历"垂直化"，一些大企业拥有纺纱、针织、修整和成衣制造各部门。毛里求斯这样一个小岛国在成熟的商业和贸易组织的支持下，也可以提供高生产效率和高品质的纺织产品。

最近，劳动密集型产业在埃塞俄比亚的发展或许是实施GIFF的最好范例。该国成功地吸引了FDI，促进了新企业的建立，这些企业雇用了大量当地工人，并出口了轻工制造方面的皮具，这一系列的成功引发了多方关注。要知道在2012年，埃塞俄比亚还完全不被投资者看好。那一年，该国在世界银行的营商环境报告中排名第125位。在2013年，它甚至下降了两个位次至第127位。尽管埃塞俄比亚的经济已经以平均11%的速度增长了近十年，是撒哈拉以南非洲平均水平的两倍多，但它仍然被视为不可能吸引长期私人投资的地方，几乎没有人相信，埃塞俄比亚会成为能够成功地将产品出口到全球市场的生产基地。

发展专家和研究人员往往只关注这个国家的社会主义背景、引发全球救助的史无前例的大饥荒、治理不善的记录、不断变化的宏观经济政策、短缺的基础设施以及受过很少教育且缺乏技能的近9 000万庞大的（而且可能是愤怒的）人口。然而，埃塞俄比亚当局很清楚，他们应该使用其自由裁量权和有限的政府资源建立工业园区，并在这些园区内提供基础设施。这一战略已被证明是吸引投资者的一个非常有效的方法，比如像中国这样的比较发达的发展中国家，在目前的较高工资水平下，劳动密集型的企业不再具有竞争力，被迫要寻找机会迁出去。创建基础设施良好的工业园区可以给予外来投资者以信心，是该战略的一个重要方面。中国和其他国家遵循类似的战略，打造"卓越的孤岛"，其中的私人部门不必面对发展中经济体恶劣的商业环境带来的巨大问题。这些精心设计的工业园区迅速成为具有潜在竞争力的企业卓越的治理庇护所，不仅如此，它们还是一个功能强大的平台，为当地和外部企业建立前后向的联系，成为促进出口增长战略成功的助推器。这一战略带来的外汇和财政收入也可以支持其他行业和政府活动所需的公共投资。

遵循GIFF，已故总理梅莱斯·泽纳维在诸多具有比较优势的行业中正确选取了轻工制造业作为发展经济的切入点，他亲自说服外国投资者把日渐失去竞争力的生产从中国等较高工资的地区搬迁到东非。幸好有总理的领导力和远见，中国最大的鞋类出口商之一，为众多知名西方品牌Guess、Tommy Hilfiger、Naturalizer和Clarks等生产女鞋并在中国拥有25 000名工人的华坚，于2012年1月在亚的斯亚贝巴郊区专门建造的工业区里开办了在当地的第一家工厂。这家埃塞俄比亚工厂开始只有两条生产线和不到500万美元的初始投资，以及大约600名工人。因为出口增长很快，工厂迅速扩招到2 000名工人，在短短两年时间里，创造了约4 000个新工作岗位。华坚还和中非发展基金（由中国国家开发银行拥有的私人股本基金）签署了协议，在十年期间为埃塞俄比亚制鞋产业群输送数千万美元的投资。当地政府出面采取正确的方法，在博莱拉明分三期打造新工业园区，第一阶段是由政府资助建立22个工厂单元，吸引更多的FDI。2013年，8个工厂单元建成，其余14个也相继完成，在三个月内，所有的22个单元出租给了来自土耳其、韩国、中国台湾、中国大陆和孟加拉国的出口导向型企业。就这样，当初一个成功的故事被放大了22倍。

即使是最持怀疑态度的投资者，也被华坚的故事所折服，认为在埃塞俄比亚有可能建立充满活力的制造业。2012年以前，没有几个国际买家有信心把订单交给设在埃塞俄比亚和非洲的厂商,因为他们不仅需要有竞争力的价格,还要求完美的质量水准和准时可靠的交货。但是时代已经改变了:时尚界的一些主要零售商(H&M、TESCO 等)为了方便下订单和采购产品,现在已经在埃塞俄比亚设立了代表处。

尽管华坚项目还只是一个正在进行的实践,但从它通过积极的政府战略吸引 FDI、孵化新企业、创造就业的经验来看,它已经点燃了埃塞俄比亚经济发展的新阶段。最终,对于国家未来的成功,它最重要的贡献可能不仅仅是成千上万的新的就业机会,更在于它转变了人们的思维方式,让人们相信贫穷的非洲经济也有可能转变为全球制造基地,这是更具有标志性的和更强有力的影响结果。华坚的故事使埃塞俄比亚成为 FDI 的可靠目的地。① 受埃塞俄比亚成功的启发,保罗·卡加梅总统积极推动卢旺达成为轻工制造业出口导向 FDI 的一个目的地。为响应总统的邀请,由华坚在埃塞俄比亚的前经理海宇创办的 C&H 服装公司在 2015 年 2 月来到位于基加利的经济特区开展业务,并由最初雇用的 200 名工人在同年 7 月扩招到了 500 名工人。由于卢旺达的物流和距离上的困难条件,公司选择专门生产 T 恤和防护服,这种产品便于运输,有标准的设计,并有较长的交货时间。在成立半年后的 8 月份,公司开始出口,并且有望在 2016 年 3 月扩大到 1 000 人的规模。

埃塞俄比亚和卢旺达是两个基础设施落后的内陆国家,如果它们能够利用自己劳动力丰富这一比较优势,发展劳动密集型轻工制造业,并将产品行销全球市场,那么其他非洲和发展中国家同样可以采用类

---

① 亚的斯亚贝巴的博莱国际机场见证了从 2000 年的 90 万人次到 2014 年的 700 多万人次的快速增长。埃塞俄比亚在 2014 年已获取航空相关服务收入约 320 亿美元,是农业谷物生产收入的 4 倍多。2006—2014 年,该国传统的咖啡出口还增长了 45%。该国的经济成功使政府开始了雄心勃勃的新的基础设施项目,这些将继续推动未来的增长。其中最大的项目是建于尼罗河上的埃塞俄比亚复兴大坝,预计将耗资 42 亿美元,产生 6 000 兆瓦的电力,使其成为非洲最大的水力发电厂,并使埃塞俄比亚有能力向邻国出口电力。

似的方法发展并获得同样的成功。因此，这是智慧甚至精神上的胜利，它不只是战胜了贫穷，也打破了曾经不可动摇的一个神话，即对于任何发展中经济体，基础设施落后和商业环境恶劣就意味着被判了"死刑"这一悲观的观点。

步骤四：对私人部门的自我发现进行推广

GIFF 强调了政府在经济发展中必须扮演的关键角色，以应对单个企业无法成功处理的协调及外部性问题。该框架同时也对私人部门不断做出的开创性举措予以认可，这些举措启动并维持了动态的经济增长。因此，GIFF 是一个务实的和实际的框架，它促进了公私部门的合作，以使最有自生能力的部门能够进行持续的产业升级。由于技术日新月异的变化，一些在 20 年前可能不存在的新机遇在一些快速增长的国家出现了。一个很好的例子是 20 世纪 80 年代出现在印度的信息处理服务。每个国家都可能拥有一些独特的禀赋，这些禀赋具有市场价值并在其他国家找寻不到。本书导论部分论及的马里芒果也是一个很好的例子。步骤四建议政府更多地关注私人企业自发进行的自我发现并对新兴产业中私人企业的成功创新予以支持和推广。

这是一个特别注重细节的努力过程，需要采用一个透明的制度设置来挑选获得支持的行业、部门或者企业，以及获得政府支持（方式、期限和监管）的明确标准。政府不应受制于以往的产业政策，这些旧的产业政策往往包括向没有自生能力的企业和行业提供补贴和保护。这样的政策通常会导致经济扭曲以及一小部分拥有特殊政治关系的商业领袖进行权力寻租以及政府俘获。尽管寻找具有成功潜力的事业往往会涉及试错风险，但若能保证所有的决定是由一个独立的委员会根据透明的规则做出的，并由其承担责任的话，这种风险是有可能减轻的。独立委员会应当包括政策制定者、私人企业代表、商业专家以及学者等，采用的甄选标准，经过公众讨论得以确定。这样的委员会将更容易甄别出那些与本国比较优势相一致的行业、企业、项目或方案，并因此能在开放、竞争的市场中具有自生能力。

众所周知，一些亚洲国家和地区成功地遵循了上述途径来发展其具有竞争力的行业和企业，最为突出的是日本、韩国、中国台湾以及中国大陆（Scitovsky，1985；Wade，1990）。在其他发展中国家和地区观察到的许多失败案例并不能否定这一战略的作用。尽管如此，这些案例往往在主流经济学中被淡化了，一些作者仅仅将其作为一种"亚洲例外主义"的证据。"亚洲例外主义"被用来含蓄地指代亚洲特殊的专制政权可以以一种"高效"的暴行保证纪律和可能性极高的成功。

但事实上，世界上所有的发达经济体，无论其执政党的政治主张是什么，也都在试图做同样的事。世界上最大的高收入国家俱乐部——欧盟委员会，自创立以来，一直在寻求一种一体化的产业政策方法。该方法在2010年和2012年的《产业政策通讯》上得到列示。①欧盟委员会一直向其成员国发送促进经济增长的建议。在许多官方文件中，它都为产业政策及具体行动设置了优先事项，以推广私人企业在优先行业和部门的自我发现，并促进技术升级。

例如，在英国，私人企业和政府部门联手在一些目标行业促进技术升级。他们确定的其中一项有竞争力的经济基础行业是铁路供应链。②政府专家和私人企业代表们一起，在铁路供应集团内部工作，为加强全国铁路供应链制定战略愿景，并提供领导、指引和支持以使铁路工业可以创造就业岗位和提高市场份额，为英国经济做出重大贡献。

---

① 参见COM（2012）582，"A Stronger European Industry for Growth and Economic Recovery"，COM（2010）614，"An Integrated Industrial Policy for the Globalisation Era Putting Competitiveness and Sustainability at Centre Stage"，28.10.2010。欧盟委员会还宣布，法国、西班牙、德国、英国等一些会员国近年来也在全国和区域范围内确定了产业政策或战略。

② 英国铁路行业一年为英国经济贡献93亿欧元（约140亿美元），为超过20万人提供就业机会。参见http://www.railsupplygroup.org。

集团由商务大臣、交通大臣和一位工业部门的高级官员共同主持，把来自全国铁路工业的私人企业代表和英国政府组织在一起，旨在帮助英国制造商充分利用国内和国际铁路行业的预期增长。在其愿景陈述中，展望了行业会如何满足未来的铁路需求、创造更多的就业以及促进英国的出口，同时还设想了铁路行业在2025年之前要实现的宏伟计划：

- 超过两倍的出口量；
- 吸引英国最好的人才来创造可持续的技能基础，并开发出新技术；
- 利用中小型企业的能源、驱动力和创新技术来满足全球铁路市场的需求；
- 在高速铁路项目上成为全球领导者；
- 拥有一个能够持续创新的企业供应链，来满足从城市到城市间网络的客户需求。

说到该项目的官方启动，商务大臣（来自一个傲慢的保守派政府）宣布道："英国颇有价值的火车供应链以其在从火车设计到信号方案等一系列领域的卓越表现而著称。作为全球领导者，我们致力于使整个行业步入正轨。这就是我们通过铁路供应集团创造独一无二的合作伙伴关系的原因。集团将努力通过一个长期的铁路供应链产业战略来证明这个部门的未来价值，即创造更多的工作机会，并保证英国可以在全球铁路市场抢占一定的份额，价值为每年1 500亿英镑（约2 300亿美元）。"（Government of the United Kingdom, 2015）该宣言只是政府在铁路公司和"创新英国"①之间展开"铁路加速创新"合作后为铁路供应行业提供支持的众多案例之一。铁路供应集团为企业的技术创新提供财政支持作为奖励，该技术要能应对未来的挑战，满足英国和

---

① Innovate UK，即英国技术战略委员会。——译者注

国际铁路市场上的客户需求，为其长期发展奠定基础。

致力于促进新兴产业发展的另一个同样类型的公私合营案例是技术示范项目，该项目作为政府经济行动计划的核心，由加拿大工业部于2013年9月正式公布。该项目为大型技术示范提供资金，这些项目往往需要整合多种不同的技术，协调多个合作伙伴的行动。示范行动涉及将新技术带出实验室，在真实世界的环境中进行测试，以确保这些新技术可以安全、有效地发挥其应有的作用。企业会发现在技术开发这一环节进行融资往往很难，这使得它们推进创新的速度和规模受到限制。

项目选择过程简单、透明，竞争性很强。每年会在一开始征集项目建议书，并声明政府比较感兴趣的新项目范围。项目须由原始的设备制造商领导。牵头企业须将本土的小型和中型企业集合在一起，促进供应链的发展，并委托加拿大高校及其附属研究机构进行研究以推动知识的传播。经批准的项目将在几个月之后宣布结果。技术示范项目为符合条件的项目提供最高50%的费用覆盖，包括将设备安置在可广泛接触到的各个中心，以推动创新。①

"加拿大的航空航天工业和国防工业为我们的经济做出了重要的贡献，在全国范围内提供了很多高技术工作岗位，并且是研究和开发领域的领先投资者。"加拿大工业部长在开幕式上如是说。"我们的政府对启动这项新计划感到很自豪，它将以强大的商业化潜能为大型技术示范项目提供支持，并将促进跨行业的合作。"（Government of Canada, 2013）加拿大航空航天工业协会主席兼首席执行官吉姆·奎克针对加拿大政府对私人企业的这种支持提供了经济学的理论依据："技术示范是将创新带入市场的关键部分，但它本身是非常复杂的，牵涉到极高的风险。今日宣布的计划将帮助我们的企业开发并生产出尖端的

---

① 关于加拿大技术示范项目的更多信息，参见 http://ito.ic.gc.ca/eic/site/ito-oti.nsf/eng/Home。

产品，这将是加拿大航空航天企业成为世界一流的关键所在。"加拿大国防与安全工业协会主席蒂姆·佩奇表示赞同："我们相信，这一计划将有助于在国防和安全部门创造知识型就业机会，增强加拿大工业的实力，从而支持加拿大的军事力量在陆、海、空领域均达到世界级的水平。该计划也将为加拿大在世界出口市场取得更大的成功做出贡献。"

面对协调性和外部性问题①，低收入国家的新企业即便拥有很强的竞争潜力，其成功之路上的阻碍还是比那些发达经济体中的企业更大。因此，发展中国家为鼓励企业自我发现，在设计和实施一个透明的标准以建立公私合作框架时，应该从英国、加拿大等国家吸取经验。

步骤五：将经济特区和出口加工区转变为产业集群

在确定了潜在的优势产业，设计出可行的战略以消除发展障碍并建立公私伙伴关系之后，政策制定者面临的下一个挑战是切实和快速地解决某些全局性问题（如基础设施落后、治理不善、劳动法僵化以及对于小规模市场来说昂贵的熟练劳动力等问题）以吸引国内外投资者。解决严重的基础设施问题尤为重要，但通常需要大量的财政资源（如第二章中讨论过的）。

传统的发展政策处方需求政府实施全国性改革，从而改善商业环境。在许多国家，每年众所瞩目的经济事件之一，就是《营商环境报告》的发布。该报告试图提供关于商业监管及其执行情况的客观指标，涵盖了相当数量的经济体和地方及区域一级的城市样本。"通过收集和分析全面的定量数据，来比较跨经济体和跨时期的商业监管环境，《营商环境报告》鼓励各经济体为实现更有效的监管而竞争，提供可衡量的改革基准，并成为学者、新闻记者、私人企业研究人员以及对商业

---

① 参见步骤六的讨论。

环境有兴趣的其他人研究的资源。"①《营商环境报告》还提供了详细的地方政府报告,详尽地涵盖了一国内不同城市及地区的商业监管和改革。这些报告提供了营商便利度的数据和地区排名,并为提高各指标的表现提出改革建议。各城市可以将自己的商业监管情况与在同一经济体或区域中的其他城市进行比较,也可以与排名内的其他经济体进行比较。

毫无疑问,《营商环境报告》对所有关注经济增长制约因素的政策制定者来说,是一个丰富且有用的信息来源。尽管如此,它仍然重点不够突出,不能成为行动处方。它对那些所谓阻碍企业成长和生产率提高的因素随意地分配其重要性。它同等看待所有主观确定和报告的"客观"问题,经常混淆起因和政策后果。此外,它总是列出很长的改革建议,却没有明确的优先标准去实行。因此,毫不奇怪,该报告的年度发布总是会产生争议,因为世界上表现最好的经济体近几十年往往排名不佳。

那么,应该如何有效地解决类似于基础设施不足这样的重要问题？基础设施开发和维护本身就意味着高度资本密集和巨大的花费。在全国范围内建设高质量的道路、港口、机场、铁路以及电力、供水和电信系统在政治上也是相当困难的,特别是在行政能力不足的国家。GIFF 提出了一个可行的建议——也是一个政治领导人更愿意投入其政治资本的方向——将大量财政和行政资源投入可以快速取得显著成果的地理区域,迅速落实改革政策。在产生新的企业和就业机会方面取得的可见的积极成果会为以后逐步实施的哪怕是最艰难的改革创造政治和政策空间。

老子说"千里之行,始于足下",强调的是当着手进行一个具有挑战性和需要长期努力的计划时,务实主义的重要性。伟大的成就往往

---

① 参见 http://www.doingbusiness.org/about-us。

始于卑微的开头。低收入国家面临一系列困难的基础设施和其他整体经济的制约因素，通过创建针对性较强的经济特区①，特别是工业园区，可以逐渐解决这些问题。后发国家和地区（例如爱尔兰、韩国、毛里求斯、中国台湾以及中国大陆）往往有效地利用经济特区，模仿先进经济体，甚至在通往经济繁荣的征途上赶超这些先进经济体。

在发展中国家创建经济特区众所周知的理由是在限定的地理区域内，向企业提供特殊的政策激励和基础设施，从而吸引FDI，创造就业机会，发展多元化出口（即使整个经济范围的商业环境问题和保护壁垒尚未解决），增加外汇收入，并为制定新的价格、财政以及劳工政策充当"试验田"。经济特区的优惠政策通常包括减免进出口关税、简化海关和行政控制措施及程序、便利外汇的获取，以及相对较低的所得税税率。以出口为导向的经济特区是为了"向出口制造商授予'自由贸易身份'，使它们能够在全球市场上竞争和抗衡反出口倾向的贸易政策"（FIAS，2008，p.12）。例如，几个非洲国家已经成功地建立了出口加工区，并且通过《非洲增长与机遇法案》（AGOA）进入美国市场并获益。②

经济特区特别设立工业园区和出口加工区还有利于鼓励产业集群。它们更可能通过本土化工业带来收益的递增（集群经济）。这些主要以本土化的外部经济形式实现的递增收益使大规模生产成为可能。这个

---

① 经济特区是指一个地理区域，在这里，投资者能够获得比国家通常的法律更自由的经济法律。它是一种经济发展的工具，通过使用财政和商业激励机制，进而吸引投资、技术和知识，促进经济的快速增长。特区应该像一块磁铁，通过提供优质的基础设施、具有吸引力的财政配套、商业支持服务、集群整合以及宽松的监管，为特定领域有利的经济活动吸引投资。

② 《非洲增长与机遇法案》（AGOA）是美国的一项立法，向40个符合条件的撒哈拉以南非洲国家放宽市场准入。该法案原本的覆盖期为8年，从2000年10月到2008年9月，后被AGOA修正案延长至2015年。AGOA是建立在现有的美国贸易计划的基础上，进一步扩大了以前只能在普遍优惠制度（GSP）之下的（免税）利益。目前，在AGOA/GSP计划下免税进入美国市场的有大约7000个产品关税细目，其中大约1800个产品关税细目是由AGOA立法加入GSP计划的。值得注意的是，其包括了服装和鞋类、葡萄酒、某些汽车部件、多种农产品、化学品、钢铁等项目。

过程被19世纪英格兰的集群效应所证实,并被马歇尔阐述为[1]:信息外溢、专业化的供应商以及雄厚的劳动力市场(各行业所需的熟练或非熟练工人在地理上的集中)。总之,工业园区和出口加工区通过出口增长和出口多样化、就业和收入创造、FDI以及外汇和政府收入创造了直接收益,同时也通过技术转让、技能提升和知识外溢创造了间接收益。

但是,必须指出的是,建立一个经济特区本身并不是解决发展中国家基础设施不足的万应灵药。[2] 在发展中国家已经出现了许多令人失望的例子。在许多国家,建立及运行经济特区的收益与成本比率是令人失望的。个人收入所得税、许可费和服务费、开发商缴纳的公共土地销售及租赁费、进口关税和产品从经济特区销售到国内关税区的税、港口和电厂等设施的特许经营费以及企业所得税(估定额)总计只有微不足道的金额。同时,经济特区下产生的走私机会造成的进口税收损失、企业从国内关税区搬到经济特区导致政府失去的税收、公共基础设施投资(往往是无目的的)以及经常性开支(主要是运行和监管经济特区所需的公共部门人员的工资)也意味着巨额的政府费用。

下一章将会讨论这些失败的原因。这里只要指出,在经济和商业文献中所列的因素(从初始概念的制度设计和管理不善,到宏观和微观经济政策无效)中,最重要的往往包括对产业选择缺乏一个明确的标准,这就导致发展中国家开发了一个并没有鼓励具有潜在竞争力的产业发展的经济特区;地点选择不合理,给企业带来额外开支;以及政府没能提供配套投资和相应的政策,来促进经济起飞和与国内经济

---

[1] 这些从经济史和分析中得到的经验和教训可追溯到马歇尔的《经济学原理》(1880),尤其是第10章关于"在特定地区的专门产业的集中",他在其中举了谢菲尔德餐具业和斯塔福德郡陶瓷业的例子。

[2] 据估计,撒哈拉以南非洲地区在2008年时,就已经有114个特区,其中65个由私人所有(FIAS,2008,p.18)。同时,在全球的135个国家中,已经有大约3000个特区,贡献了6800万个直接就业机会和超过5000亿美元的直接贸易相关附加值。

的联系。GIFF建议为了确保经济特区的成功，有必要认真考虑提供基本的基础设施和政策。

步骤六：提供有限的补贴以弥补外部性

GIFF第六个步骤的建议就是各国政府要很积极地补偿竞争行业中的先驱企业，包括提供限时税收优惠、针对投资的共同融资和直接信贷或者购汇渠道。即使世界上所有成功的国家——无论其发展阶段如何——都一直在采取这种措施，这类政策处方还是会经常引起争议。因此，需要解释其中的原因，以及如何做才不会导致政府俘获和腐败。

国家干预怀疑论者经常提出的问题是：为什么政府应考虑给已经从事竞争性行业的私人企业小而有时限的补贴？这个疑问是有道理的。各国政府为在具有潜在比较优势的产业中运营的企业提供财政支持有几个原因：第一，融资问题是企业成长的一大阻碍，世界各地几乎都是这样的情况，特别是那些提供的产品和服务需要大量的初始投入的企业。因为发展中经济体的要素禀赋必须要尽快改变以反映资本相对劳动力的份额增长，所以情况就更是如此。正如在前几章讨论的，要素禀赋——定义为自然资源、劳动力、人力资本和物质资本的相对构成——反映了一个经济体的发展水平，而持续增长同时是经济体禀赋结构平稳变化的原因和结果。随着经济体从低收入到中等和高收入的发展，企业的性质、规模、组织和运营都必须不断调整以适应经济和商业环境。只有当政府提供必要的软硬件基础设施并协调其改进时，这个过程才可能发生（Lin，2012a，2012b）。

发展中国家的企业具有独特的性质和特殊的需求，需要特定类型的公众政策的支持。它们在经济体中的运作环境是，相对于劳动力和自然资源，资本更加稀缺，其生产活动应是劳动密集型或资源密集型的，依靠传统的、成熟的技术，制造"成熟的"、完善的产品。除了采矿和一些农产品加工行业外，它们的生产往往只有有限的规模经济，企业规模一般都比较小，交易往往也只限于在本地市场与熟悉的客户之间进行的非正式市场交易。

发展中国家的企业在其他一些方面也不同于发达国家的企业，如规模分布、所有权、融资模式和制度约束（Ayyagari et al.，2012）。银行融资是企业最大的外部资金的主要来源。它们的固定资产净值占总资产的比例相当高，并且长期使用债务融资。[1] 许多大企业也有机会获得外国资本，从中获得各种利益（降低资本成本、拥有更多股东、具有更大的流动性、提高信誉等）。但是发展中国家的大多数企业规模都较小。事实上，非正式企业和家庭企业通常占所有经济活动的一半，据估计，这类企业的就业人数达70%以上。[2] 它们的生产率极低，管理者的学历普遍较低，没有出口业务，客户规模也不大，不依赖外部资金（La Porta et al.，2008）。非正规融资通常依赖于基于信任和口碑的关系，而且相比正规渠道的融资，这种融资已被证明会伴随更低的企业成长和更高的企业违法（如逃税）（Ayyagari et al.，2010）。

政府提供财政支持的第二个原因就是所有企业——即使是那些在符合本国比较优势的产业中运营的企业——都面临协调和外部性的问题。这种问题以各种方式出现，每一种方式都是经济发展进程的核心，例如投资、创新、劳动力培训等。[3] 先驱企业的失败可能是由于缺少新产业成功所必需的基础设施，可能是因为它们难以找到并留住会操作设备的专业化熟练工人，也可能是因为它们太小，故而被排除在投入品价格合理的供货商网络之外。

---

[1] 这可以归因于薄弱的产权保护和执行能力，降低了企业资产的抵押价值，导致较低的无形资产投资（Claessens and Laeven，2003）。

[2] 非正规就业的种类繁多，从日常的农业工人到街头小贩、未申报的工作、未登记的自我雇佣以及其他许多形式。非正规的程度也有所不同，从没有劳动者权益的工人到有劳动合同但无偿加班的工人。此外，即使同是非正规就业，领取工资的工人和自我雇佣的工人之间也有差异。Fox and Sohnesen（2012）最近的研究发现，大多数非洲企业是家庭企业和微型企业（非正规的、无法人资格的、家庭经营的非农企业）。

[3] Cooper（1974）对协调博弈理论模型的数学处理给予了概述。

如果完全靠碰运气或者私人部门自身的风险承担倾向，产业升级就很可能会变成完全随机的、成本高昂的试错过程。例如，先行企业可能需要关于行业的信息，这些信息具有与公共物品相同的性质：收集和处理信息的成本是巨大的；然而，一旦信息生成，由多一个企业分享信息的边际成本几乎可以忽略不计。因此，单个企业很少有激励去独自承担这一成本，尤其是在竞争和开放的环境中。政府可以通过投资于信息的收集和处理，并使相关产业的企业可以免费获取这些信息，来起到因势利导的作用。同样，在招聘高度专业化的设备维修维护工人方面也是如此，对于一家企业来说，成本可能太高，但如果几家企业，甚至是竞争对手之间，愿意共享这种专业资源的话，在经济上就不是问题了。政府在这里仍然可以发挥因势利导作用，至少对新兴企业来说，有助于调动专业资源。

技术创新和产业升级也涉及对企业资本和技能水平需求的变化，正如企业的市场范围和基础设施需求也会随着这一过程中生产性质的演化而发生变化，单个企业没有能力内部化这些条件或者在不同部门的企业之间进行协调，以满足这些日益增长的需求。即使当一些大型企业愿意资助建设国道或电网时，为确保一致性和效率以及防止当国民经济增长时形成自然垄断，由公共部门提供协调及财政支持也总是必要的。例如，已观察到出口农业和农业加工产业的发展总是依赖于政府财政和物流的支持。举例来说，在成功出口切花的国家，企业已经从各种政府支持中获益，像机场附近的冷冻设施建设，为机场货物运输的低成本存储设施提供补贴，以及通过政府的软实力为适合国外市场需求的航班时间表提供担保等。在具有潜在竞争力的产业需要大量初始投资时，有政府担保也有利于当地企业吸引外部的合作伙伴。

为了避免寻租和政治俘获的风险，由政府提供的财政激励措施应对时间和成本加以限制，不应以垄断租金、进口高关税或其他扭曲的形式出现。此外，分配和撤销企业和产业间的财政激励措施的过程应该是完全透明和可竞争的。在这些进程中取得成功的国家一般依赖于部际委员会或由公共和私人部门代表组成的独立小组以及一些外部专家（主要来自学术界）。提交审议的项目列表之后由德高望重的专家在开放和透明的进程中，按照明确的选择、执行及监测标准进行审查验证。

在居于全球技术及产业领先地位的发达经济体，企业大都是正规的，并可获得正规的融资，它们依靠创造性破坏或发明新技术和产品实现技术创新和产业升级。即便是这些企业也经常获益于政府的大力支持，因为它们所从事的升级过程，需要经过高风险的研发活动，产生非竞争性的公共知识（惠及经济体的其他企业）。政府需要为企业的研发、高校基础科研经费、新发明专利以及税收优惠和国防等政府采购提供补贴。①发展中经济体，特别是低收入国家，不能也不必投入像高收入国家那样多的资源用于研发，因为它们与科技前沿的距离使得其有足够的空间，可以通过模仿学习（以低成本生产成熟的产品和服务）和融入全球价值链以实现持续增长。

*　　　*　　　*

总之，可以说今天任何发展中国家——即使基础设施不足，商业环境欠佳——也都可以启动动态结构转型和经济增长的进程。世界上任何一个国家，不管其目前的条件如何，都可以创造经济奇迹。如何创造奇迹？并非像卡特总统在戴维营协议中的经历那样全凭运气，而是通过促进技术创新和发展具有比较优势的产业。唯一的条件是政策制定者必须采取并认真遵循本章中所概述的方法，有时候，结果兑现

---

① 美国总统贝拉克·奥巴马在 2012 年的国情咨文《为了美国的长治久安》中提出了一系列广泛的措施，以支持私人企业，并鼓励制造业的发展。它们包括：为在美国创造就业机会的制造业企业降低税率；重整制度，扩大税收优惠，以帮助初创企业和小企业成功发展并创造就业机会；通过研究和开发投资刺激创新；为制造商提供新的激励去进行设备升级和减少设施中的能源浪费；等等。

得如此之快，甚至超出了预期。

拿中国来说，在 1979 年向市场经济过渡时期，人均收入比撒哈拉以南非洲国家的三分之一还要低。其商业环境恶劣，基础设施糟糕，并且不具备利用廉价的劳动力市场生产出口产品的能力。要克服这些障碍，中国政府——在全国各级及各地区——纷纷鼓励在经济特区和工业园区的外国投资，这使中国得以迅速发展劳动密集型的轻工制造业，成为世界工厂。

在其经济转型开始时的 1979 年，中国的官方目标是 20 年内 GDP 翻两番，这需要年均增长率达到 7.2%。当时没有人相信中国能实现这些目标。在出口额极低，大多数人处于贫困状态的情况下，包括部分中国学者在内的许多观察家认为，在 20 年内实现连续每年 7.2% 的增长率是不可能的，他们觉得这只是一句口号。再看如今的中国，我们看到奇迹已然发生了。几十年来，平均年增长率达到 9.8%，超过 7.2% 的年度增长目标 2.6 个百分点，还不仅仅是连续 20 年，而是连续 35 年。中国已成为一个中高收入国家，而且很可能在 2020 年成为高收入国家。

有了正确的政策和正确的战略，繁荣只需要一代人的努力奋斗。在中国的成功中起着核心作用的经济概念就是经济特区和工业园区。自此之后，一些发展中国家也试图发展这些园区，却以失败而告终。鉴于其重要性，下一章将专门分析设计和运行成功的经济特区及工业园区所需的条件。

第七章　借力全球化：通往成功的路线图

　　1946年某一天的阿根廷，在一位总统通过军事政变上台后不久，新政府的代表就前往备受崇敬的布宜诺斯艾利斯图书馆，通知一位职员他的工作已经结束。这位职员曾经在某些文学刊物上发表了一些虚构的短篇小说，因此被一些政治人士认定为有害分子。他的解聘以一种幽默的方式处理：他被"晋升"为公共市场兔子和家禽督查员。当他问及原因时，得到的是如下直接的回复：由于他（被认为）的政治上的观点，这种侮辱性的安排是合情合理的。他很快辞去了督查员的工作，在发现自己别无他路之后，他只能听从使命的召唤。

　　原本他是一个不太成功的诗人和作家，性格内向，且大家普遍认为他不善于表达——甚至他的母亲也是这样认为的。祸不单行，不久后他又失明了。尽管如此，在一些朋友的帮助下，他还是找到了一份文学教员的工作，这也最终使他能够受邀在世界上一些最知名的场合和学术机构进行教学、创作和演讲。他仔细思考了什么是自己最了解的以及在哪些方面自己能比几乎其他任何人都做得更好。他一丝不苟地为自己的公开亮相做准备，并争取获得最大的反响。但他意识到，要想从失败中逃脱，他必须突破国界去寻找展示自己才能和专业的机会。除了在全球劳动力市场上推销自己的技能之外，他别无选择。

令他的家人、朋友、对手甚至他自己感到震惊的是，他对新事业和生活规划的探索取得了成功。他的文学、演讲以及教学技能很快受到了阿根廷之外市场的认可。他所表现的才能和能够提供的服务很快在北美、欧洲和亚洲地区受到了热烈的欢迎。在新的事业中他表现出色，以至于很快便成为世界上最受追捧的演说家。他的演讲在世界范围内大受欢迎，并且观众们总是为其魅力所深深地折服。他还撰写了很多著作，这些著作很快便成为经典，为他赢得了许多享有盛誉的文学奖项，也奠定了他在现代短篇小说界的大师地位并使他成为20世纪最优秀的作家之一。正是因为被图书馆解聘，才使得豪尔赫·路易斯·博尔赫斯——没错，就是他——完成了从无名之辈到世界文学史上最杰出人物之一的转变。从默默无闻的助理岗位上离开，被以后的事实证明是一个伟大事业的开端，并且为其名利双收提供了契机。最终，在1995年军事独裁者被推翻之后，他甚至被任命为布宜诺斯艾利斯图书馆的馆长。

博尔赫斯的成功故事很好地说明了危机可能为个人的生活以及经济的政策制定者带来的潜在好处，这就是发展中国家不应该拒绝全球贸易的原因所在。当负面冲击突然来临导致他必须改变原有的生活路线时，博尔赫斯就必须进行深刻的自我反思并重新分配自己的（智慧）资源到自己能够表现更为出色的工作上去。他找到了一个工作上最合适的切入点，并且集中精力提供能够快速产生最高回报的服务。由于本国的政治环境以及自己的服务缺乏有效的国内市场，他被迫进行"全球化思考"并且与国际市场网络进行有效连接。在国际上，他的专业知识不仅被强烈地需求，而且还给了他最高的回报。或许他在国际市场上将自己的技能进行交易并非是刻意而为之，但是，他却从中为其才能找到了一个令人满意的位置，并且快速地从这项事业中获得收益。另外很有可能的是，阿根廷最终也通过他在海外的经济成功收获了一些贸易盈余。

博尔赫斯所做的是发现并挖掘自己潜在的比较优势，并且在本国的国界之外充分地利用了机会。终结了他本来职业的重大危机迫使他用超越传统的视线去寻找机会。他的故事也为所有面对经济冲击的低收入国家提供了某种隐喻。2008—2009年间的金融和经济危机也是一个类似的重要关口。不必进行深刻反思——成功的通用处方已经摆在了眼前——所要做的只是重新定义一个国家的经济战略，并且将资源投入其具有比较优势的活动之中。

本章勾画出了一个能够达到此目的的路线图。开篇进行国际贸易长期趋势和相关基本问题的讨论——因为贸易对于国内需求有限的低收入国家是一个主要的增长来源。在最近的几年里，国际贸易问题经常被一些经济学家和发展方面的专家视为一种隐患，即担心曾让所谓的"亚洲奇迹"成为可能的出口拉动经济增长模型对于非洲和南亚的一些国家不再适用。统计数据似乎显示出了一个逆转的趋势：世界商品输出总额从1980年的2.03万亿美元增长到2011年的18.26万亿美元，相当于按现价美元计算的年均7.3%的增长（WTO贸易统计数据）。但是在2012—2014年，世界贸易平均仅增长了2.2个百分点，相较20年平均增长率低了5.1个百分点。[1] 这样就会产生一个问题：现在全球贸易系统增长的形成因素是否会在中长期继续发挥作用。发展经济学家的担忧是可以理解的，他们想知道运输和通信成本是否能通过增量的技术改进和全新技术的引进维持其显著的、线性的下降。

---

[1] 资料来源：联合国贸易和发展会议（UNCTAD）数据（多年）。

同时，他们也在质疑，近几十年观测到的有限的技术改进是否会在未来进一步缩小，使得已经下降的运输和通信成本对国际贸易的影响不再显著——甚至反而会导致贸易增长的下降。

这些问题是对国际贸易模式根本性改变进行分析的结果，表明了发展中国家虽然仍旧能从更大的世界经济中获益，但是它们必须面对新的贸易壁垒并且组织其经济加入全球价值链中。正如印度首任总理贾瓦哈拉尔·尼赫鲁所言："危机之中无小事。"现在全球经济危机为发展中经济体提供了一个独一无二的机会来深入反思其从一个联系日益紧密的世界经济体中获取新的收益的战略、政策和工具。本章第二个部分概括了集群的收益，讨论了现有体系在促进贸易过程中的一些问题（最值得关注的是经济特区），并且给出了建设和高效运作经济特区的指导性原则。

全球贸易形势与模式：除了恐惧自身，我们无所畏惧

在有关全球增长的经济学讨论中有一个新的重要说法，就是全球贸易会出现一个剧烈的下滑，伴随而来的是对世界经济的一系列灾难性的后果。用 Davies（2013）的话来讲，"世界贸易大势已去"，并且全球的整体趋势支持了他的观察。从 1990 年到 2008 年，全球实际 GDP 以每年 3.2% 的速度进行扩张，同时，世界贸易量增长了 6.0 个百分点。然而自 2008 年以来，世界贸易相比 GDP 而言，增长已经趋缓，所以出口占 GDP 的比重在 25 年的持续增长后出现了下降（Davies，2013）。许多研究人员认为产生这种趋势的首要原因是保护主义的抬头（Evenett，2013）。这引发了对 20 世纪 30 年代的保护主义灾难再现的恐慌，从而得出一个符合逻辑的结论：关于贸易壁垒的多边协商应该被重新提起，并成为世界经济议程的核心。

另一个甚至更加令人不安的提法是出口导向增长模型可能已经走

向了终点，这一模型曾经使得许多原来贫穷的国家，比如韩国和中国，将其大量的人口从贫穷中解放出来，并且在近几十年中成为全球主要的经济体。Pack（2010）指出："早期的经验可能比较难以复制。首先，得益于集聚经济的一代大型工业中心，尤其是中国，使得其他新的进入者很难与之竞争。其次，在下一个十年，主要的国际宏观经济调整将包括以美国为代表的一些国家减少超额需求，以及以亚洲为主的许多盈余国家加大对 GDP 的国内吸收。要想得到已经（相对）收缩的美国进口份额并非易事，而对于亚洲以外的新兴市场而言，要进入已经将生产重新调整为面向国内需求的中国和其他亚洲国家的市场同样也是不容易的。"

上述的顾虑是合理的，因为它确实反映了国际贸易当前的形势和变化模式。但是它们基于的数字和事实可以用不同的方式进行分析。将新的贸易怀疑主义观点和 20 世纪 50 年代早期结构主义的出口悲观观点来进行比较显然是不公平的。但是，这些主题的确也或多或少地让人联想到 Prebisch（1950）和 Singer（1950）的观点，他们解释了在大萧条时期国际贸易大幅下降的现象，认为这表明发展中国家无法通过开放它们的经济来获得收益。他们相信初级产品出口的贸易条件恶化是长期和几乎不可逆转的现象，而且任何促进发展中国家出口的尝试都将只会导致收入从资源密集的贫穷国家向资本密集的富裕国家转移。在拉丁美洲，这样的观点是非常有影响力的，政治领导人和社会精英采取了不考虑经济比较优势的内向型经济政策，并最终被证明是误导性的战略。

当今的主流经济学家表达的贸易怀疑主义已经不是基于早期结构主义的原理，但是运用的却是相似的推理。下面回顾一下他们的观点。首先，其最初的主张是全球贸易的扩张必须总是以一个比全球产出扩张更快的步伐进行，否则对全球经济前景将是有害的，这一说法并没有获得历史证据的支撑。自 20 世纪 50 年代起，贸易的增长快于产出，这种情况一直持续到了70年代，但也只是体现了贸易与产出比率回到了第一次世界大战之前的普遍水平（Krugman，2013）。不应该将1970年之后近乎指数式的贸易增长视为一种常态。它反映了全球经济环境的深刻变化，国际贸易成本的降低、新技术的发展，以及充分理解全世界范围内不同国家的企业之间的商业和金融交易规则应适时调整，从而使所有人都从中受益，而且，经济周期往往会产生贸易上的剧烈波动，这种波动在百分比上要比GDP的变化更大。

从长期来看，贸易和GDP的关系通常不是静态的。Irwin（2002）分三个不同阶段对世界贸易和世界收入（GDP）的关系进行了统计上的检验：第一次世界大战之前（1870—1913年），两次战争期间（1920—1938年），第二次世界大战之后（1950—2000年）。他发现在19世纪晚期，贸易的增长速度要比收入略快，但是贸易与收入之间的关系没有任何结构上的改变。研究同时也表明，在战争期间和战争之后，贸易与收入之间的关系能够依据结构转变来分成不同的时期，但是，相比三个阶段中的任何一个时期，20世纪80年代中期以来的贸易对收入的变化更为敏感。因此，世界贸易量实际上在最近几年已经停滞甚至有下降的趋势，就不足为奇，甚至令人担忧了。Irwin的研究同时也指出了贸易政策在不同时期的变化（从19世纪晚期的双边条约网络到战时的保护主义再到战后的GATT/WTO自由化）。在20世纪，贸易产品的组成也从初级产品升级为制造产品，但是这一结果无法直接说明贸易对收入敏感性增加的原因。

保护主义是近来全球贸易下降的罪魁祸首吗？这方面的争论也缺乏有效的事实支撑。正如Krugman（2013）所说的那样，自第二次世界大战以来的贸易快速增长，主要是受到贸易自由化浪潮的推动，80年代以前是在发达经济体（见图7.1），之后是在发展中经济体（见图

7.2），并且在整个 20 世纪，贸易壁垒几乎呈线性下降。①

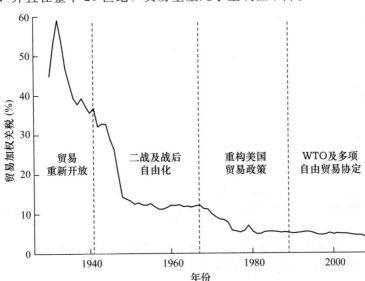

图 7.1 美国在不同阶段对应税进口品的贸易加权关税，1930—2008 年
资料来源：美国国际贸易委员会依据美国商务部统计数据编制。

那么现在，怀疑者可能会说，在 2008 年的衰退之后，平均关税的下降趋势已经出现了逆转，在他们看来，世界贸易在 2012 年和 2013 年的增长低于 3 个百分点，而危机前平均有 7.1 个百分点的增幅（1987—2007 年）。Constantinescu et al.（2015）研究了贸易的缓慢增长是否只是反映了 GDP 的疲弱，或者是否在贸易和 GDP 的关系上存在一个更深刻的结构转换。他们发现贸易对收入的长期弹性在 1970—1985 年间是 1.3，在 1986—2000 年间升至 2.2，但是在 21 世纪初又回复到 1.3。详细分析 21 世纪的前十年，他们发现在 2001—2007 年间，1% 的收入增长对应于大约 1.5% 的贸易增长，而在 2008—2013 年间，

---

① UNCTAD 将贸易壁垒定义为产品本身的生产成本之外，将这一产品送交最终消费者过程中涉及的所有成本，包括运输成本（运费和时间成本）、政策壁垒（关税和非关税壁垒）和内部交易及交易成本（包括国内信息成本、合同执行成本、法律和监管成本、区域配送、清关手续、行政审批流程等）。参见 UNCTAD, *World Trade Report 2013*, p.55。

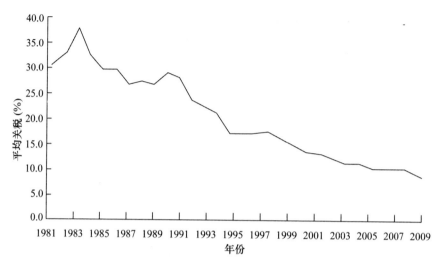

图7.2 发展中国家平均关税演变历史，1980—2009年
资料来源：作者基于 UNCTAD 和 WTO 数据。

这个数字大约是 0.7%。这表明贸易和收入关系的改变并不能全部归咎于金融危机，而且也不能从这些数字上推断保护主义是罪魁祸首。事实上，他们的实证分析表明全球贸易和总需求结构上的改变要比任何保护主义的抬头更有影响力。①

关税的下降趋势主要是因为第二次世界大战后在关税与贸易总协定（GATT）下寻求多边磋商的结果——包括在 1994 年完成的乌拉圭回合谈判，以及工业化国家对于发展中国家出口的特殊优惠政策。②

但是关税仅仅是全球贸易流通和模式大背景的一部分，许多其他重要的因素决定着国家之间贸易的流通。参与国际贸易的企业也在持续地面对越来越多的非关税措施，这些措施可以对商品和服务的贸易

---

① 根据 Constantinescu et al. (2015) 对贸易—收入较低弹性的解释，这主要是因为国际垂直专业化分工的变化，尤其是在美国和中国。例如，他们指出，中国出口商现在使用更多的是国内生产的投入品，而不是进口的投入品，中国的零部件进口占总出口的份额从 20 世纪 90 年代中期的 60% 下降到今天的 35%。

② 据估算，2015 年来自发展中经济体的制造业出口在发达国家面临的平均从价关税理论上只有 0.63%，而那些最不发达国家面临的平均关税是 0.15%。发展中国家和最不发达国家的农产品出口需缴纳的平均关税税率分别为 7.42% 和 2.21%。

数量或者价格做出重大改变，以此来严格限制其商业往来。非关税措施代表了一系列关税之外的范围广阔的条例和要求，所有国家在商品和服务的进出口方面都要执行，包括海关程序、技术规范和合格评定等。①这些措施又因国家和产品的不同而各异，并且频繁地被一国的政府或者其他主权实体单方面地改变着。它们的目的通常不是实施新形式的保护主义，而是保证公众的健康和安全、执行环境标准、遵守各种各样的指标，或者甚至只是为了符合由各国主管部门主观决定的伦理价值观。

例如，在许多行业中，对国际标准的遵守已经成了对其在全球市场上表现的一个关键评价标准。来自发展中国家的出口产品经常在其目的国边界由于质量或卫生原因而被拒绝入境。以易腐坏食物为例，整批货物会在入境口全部销毁——虽然生产者已经花费了大量的生产和运输成本。还有一些情况下，这些不被接受的货物必须被运回原产地。这样的拒绝不仅使生产者遭受了巨额的财务损失，而且也损害了其母国的声誉，并且使其他有潜在竞争力和盈利性行业的商业活动受到打击。这种拒绝的发生也说明了发展中国家"营商"方案的局限性：无论程序上有多大的改变，或者对文件做出怎样的精简，都无法克服这样的问题。

基于各种方法的实证研究已经对非关税措施对贸易的负面影响进行了估计，主要集中在"直接"和"非直接"两种方法上。② De Sousa et al. (2012) 提供的一些证据可以表明，在发展中国家，法律上的保护（关税）与实质性的保护（跨境关税等值）之间的差别几乎总是比

---

① UNCTAD 的非关税措施的分类包括 16 章（A 到 P），且每章又分为不同的组别，最多可细分为三个层次。

② 直接法试图收集关于非关税措施的信息（如海关程序）。这一信息被引入重力方程，并通过一系列的国家特性、各种交易成本因素以及非关税措施的可得信息来解释双边贸易。从数量、价格或价格成本等方面对这些措施的贸易影响进行评估。间接法使用贸易数量或价格作为基准，从实际观察到的贸易与基准之间的偏差来估计非关税措施的从价税等值。一个典型的基准是在国内经济的境内贸易（国内贸易），通常不会受出口产品和服务面对的边界问题、外汇问题或各类通信相关问题的影响或阻碍。在同一国家的不同地区和城市之间的贸易也通常受制于相同的规定，这为与对外贸易的比较提供了充分的基础。参见 Fontagné and Mitaritonna (2013)，Cadot and Gourdon (2012)，或者 Disdier et al. (2008)。

较大的，这就导致了大部分的贸易成本——地理距离相关成本除外——是与非关税措施相关的。在大部分国家，很少有参与国际贸易的私人企业（尤其是小型和中型企业）能够遵守非关税措施。

一种显而易见的解决方式是确保发展中国家的企业能够提供更高质量的产品和服务，在被运送往海外之前，对产品进行检查、测试，并且经过国际公认的组织进行认证。虽然这样的一个过程可能会增加生产成本并且减慢商业过程，但是最终节省下来的成本却会远超初始的费用。合格评估认证将促进和加快运输过程，并且经过这样严格检测的产品和服务也能够更快地过境，因为被拒绝的风险已经控制在最低水平了。① 另外一种解决方式与第一种并不互相排斥，那就是开发特区，从而以最高效的方式解决这些问题——下面将会讨论这种情况。

尽管有非关税措施的阻碍，但是，总体来讲，全球贸易的长期趋势对于发展中国家而言依然是非常积极的。而且，如果考虑全球生产系统的结构转变，以及发达经济体和发展中经济体之间巨大的双赢机会，全世界平均关税的总体下降趋势不太可能回卷。这种演化过程的最好证明是许多产品在不同国家在同一时间被制造出来，全球贸易因此不再仅仅是在本国生产单独的产品和服务并在国际市场上进行交换的国家之间的一系列交易，而更多的是协同以及合作关系，甚至是在竞争更加激烈的世界环境下。制造业已经逐步演变为一个全球供应链网络，在该网络中，各个生产阶段总是发生在具有最高成本有效性的地方——无论它们在世界的哪个角落（Baldwin，2011）。

或许没有什么能比一架飞机的分解图更能解释近年来世界贸易发生的变化，它展现了生产知识在不同国家的分布以及协同合作的需要。如图7.3所示，波音787飞机作为美国著名的旗舰式工业产品和现代

---

① 国际公共机构，如联合国工业发展组织（UNIDO）、国际贸易中心（ITC）和世界银行，都推出了有效方案，扶助贸易能力建设和贸易便利化，以帮助发展中国家的企业应对非关税措施的问题。

社会的主要标志之一，实际上是由许多国家的诸多企业共同合作生产而成的。数年之前，波音的管理团队采用了一个商业模型，旨在削减成本和雇员数量。他们的做法是将787的设计和制造在全球进行外包，理由是避免把"公司的赌注"下在787的研发风险上，而是说服各个国家的供应商——包括一些波音的竞争对手——从他们自己的经费中拿出数百万美元来设计和制造零部件。即便是在美国国内，因为州政府和地方政府很希望能够创造这种就业机会，所以该公司成功地获得了可观的财政支持。仅仅是为了将最终的组装工作岗位保留在美国，华盛顿州就给予波音公司巨大的税收减免优惠，以至于世界贸易组织认定其为非法补贴（Groves，2013）。

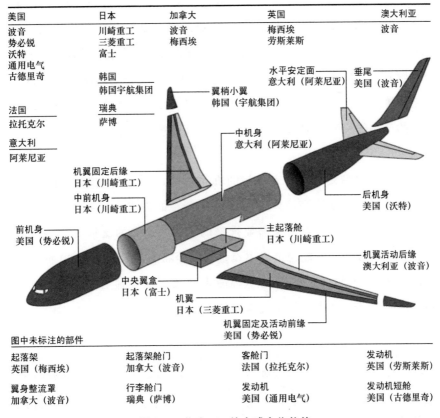

图 7.3 共建 787 的全球合作伙伴

波音公司的生产战略导致了一些有争议的财务后果①，但是其成功地将一些不太可能联合的公司结合成一台精心设计的"工业芭蕾舞剧"——一个可以很好地解释今天全球经济发展主要趋势的案例。波音787的一种发动机产自美国的加利福尼亚州，另一种是由英国制造的；翼尖来自韩国；活动后缘来自澳大利亚；尾部的水平安定面来自意大利；行李舱门来自瑞典；前机身来自日本；客舱门来自法国；等等。这个例子仅仅是一个示例，体现了当今以及今后几十年全球价值链在世界经济中的重要性和主导地位。

在过去的几十年中，全球贸易的组成已经发生了深刻的变化，这证实了新模式的出现。直到第二次世界大战结束前，原材料和农业产品对工业产品的交易还在国家间的商业交易中占主导地位。自1945年以来，制造产品或其零部件已经成了贸易的主要部分，其价值已经从1900年占世界贸易的40%增长到2000年的75%，与此同时，农业占全球贸易的比重也在持续下降（见图7.4）。这种变化也反映在从国与国之间进行本土产品的买卖，到国际上进行由相互竞争的经济体联合生产的产品的交易的转变。这种转变使高强度的保护主义政策的空间越来越小。

如果保护主义并非世界贸易的真正威胁，那么在不远的将来，全球失衡问题以及发达经济体对宏观经济调整的需求会限制发展中国家的出口额吗？上述论点也是需要推敲的。这一论点的支持者之一 Pack（2010）曾写道："不能说世界出口是绝对停滞的，只能说从20世纪60年代到2007年的增长盛世绝不可能再继续。现实地看，在下一个十年，国内市场将被证明是至关重要的。"

---

① 后续报道显示，外包实验对波音公司来说太昂贵了。根据《西雅图时报》的"保守"估计，开发787和重建已组装但无用的飞机可能已经高达320亿美元的成本。《华尔街日报》也估计，波音公司在交付1 100架787之前，这个项目是没有任何利润的——而当时只交付了不到100架。787的推出计划延迟了三年多，这也削弱了其相对空客公司的竞争优势，因为它大幅延缓了整个波音飞机开发计划的进度，包括它的下一个大飞机项目——777X。

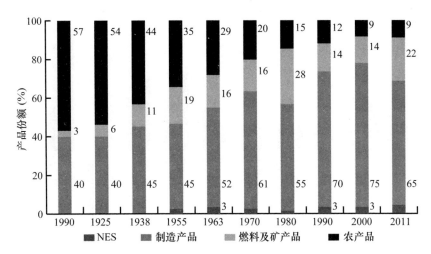

图 7.4 百年变迁与机遇：世界商品出口的产品份额，1900—2011 年

注：NES（不另详述）是指：(1) 低价值的贸易；(2) 贸易伙伴名称未知或伙伴分配出现错误。

资料来源：WTO（2014，p.54）。

事实上，最近全球贸易的实际下降应该得到正确的理解：国际贸易已经高速增长了三十多年。根据 WTO 的贸易统计数据，世界商品的出口额从 1980 年的 2.03 万亿美元增长到 2011 年的 18.26 万亿美元，按现价美元计算，相当于平均每年 7.3% 的增长率（见图 7.5）。"与此同时，记录显示，商业服务贸易的增长更快一些，从 1980 年的 3 670 亿美元增长到 2011 年的 4.17 万亿美元，每年增长 8.2%。如果从总量来考虑（即考虑价格和汇率的变化），世界商品贸易总量在 1980—2011 年间经历了超过 4 倍的增长。"（WTO，2014，p.55）这样的算法逻辑减轻了全球贸易小幅下滑的负面影响。换句话说，一个在过去的几十年里已经变得足够大的馅饼只是变小了一点，这向我们揭示了一个基本观点：事情可能并没有像它表现的那么糟糕。

而且，世界贸易体系变得更加平衡，这对全球经济稳定也有着积极的贡献。在 1980—2011 年间，发展中经济体在世界出口中的占比从 34% 增长到 47%，并且在世界进口中的占比也从 29% 增加到了 42%

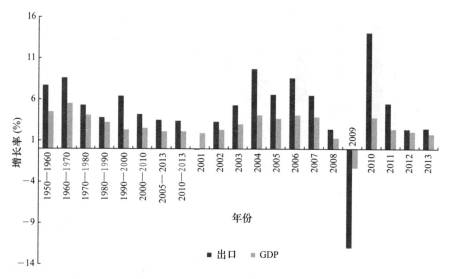

图 7.5　世界商品出口总量与 GDP 增长情况，1950—2013 年

(UNCTAD，2013)。

这些都表明世界已经进入一个新的时代，新兴经济体成为新的增长极。在 20 世纪 80 年代到 90 年代，除了中国，全球增长的前五个贡献国都是 G7 工业化国家。但是在 2000—2009 年，除了美国，所有的贡献者都是新兴经济体——中国已经成为最大的贡献者。这种趋势在 2007—2009 年全球危机的余波中更加巩固了。经济复苏的特点是一种双速模式，发展中国家作为一个群组，其增速比高收入国家快了至少两倍。这种经济比重上的转换可能给世界经济带来巨大的收益，其对高收入国家和发展中国家都具有积极的影响。对于高收入国家而言，新兴经济体的增长将为它们的资本品和中间产品出口开拓市场。由于许多发展中国家仍然是农产品以及自然资源产品的主要生产者，新的增长极国家较大的消费和生产需求将对其产品出口继续提供合理的价格。并且，由于过去几十年继续成功的贸易所获取的巨大利益，新兴经济体的企业和政府已经做好准备，为发展中国家的基础设施和自然资源投资提供资金。

关于贸易怀疑者提出的全球经济失衡的更大范围的讨论也需要一个辩证的评价。首先，许多人相信，由人民币低估驱动的全球经济失衡，是2007—2009年全球危机的主要原因（Bernanke，2007）。但是，现在看来原因变得清晰了起来：主要是由于美国联邦储蓄银行为应对互联网泡沫的破灭而在2001年引入的宽松的货币政策导致的，又被金融的去管制和金融工具的创新所夸大，最终导致了美国地产市场的暴涨（Lin，2012）。这种失衡一方面是由于美国以及除了德国之外的西欧国家的大量经常账户赤字所造成的，另一方面也是由于石油输出国、中国、日本等的盈余所致。①

其次，虽然体量也是一个需要考虑的重要因素，但是不应该忘记，大量现有赤字的真正问题是它们的持续性，也就是它们是否能够获得及时、充足和可承担的国外资本流。Monga（2012）认为，赤字主要反映了许多宏观变量之间的一般均衡互动（比如国民储蓄和投资，财政、货币和汇率政策，增长方式，以及国际贸易等）。而且，这些变量本身反映了时下更为深刻的宏观政治和社会文化选择，这些都有必要纳入对经常账户赤字的分析之中。Lane and Milesi-Ferretti（2014）记录了自2008年金融危机以来，全球经常账户失衡的大幅收窄，并由此推测，经常账户失衡现象在中期将进一步收缩。

最后，Pack对于非洲和南亚的小型贫穷经济体没有能力与大型制造业国家竞争的悲观情绪，可能是因为没有完全考虑到全球贸易新发展的重要性，以及全球价值链日益上升的主导地位，而这已经成为全世界范围内小型和大型企业之间强有力的连接载体。事实上，经验更表明，经济体规模较小在增长和成功方面从来都不是一个制约因素。小型经济体，比如卢森堡、瑞士和新加坡，已经通过发展自身的优势产业，以及与周边更大、更成功的邻国建立联系，在世界经济舞台上

---

① 全球宏观经济失衡波及了许多其他新兴经济体，包括出口石油的海湾国家，但美国和中国一直是关注的焦点。参见 Lane and Milesi-Ferretti（2014）。

为本国找到了有利位置。其他经济体，比如中国台湾或者毛里求斯，遵循雁阵模式，已经建立了本土企业与外国企业的连接，并且能够进入供应链网络，获取技术和知识。正如在第五章中讨论的那样，工资水平的持续增长，使得像中国这样的中等收入大国为当前的低收入经济体提供了更大的机会，在这些经济体中，许多劳动密集型的产业都会得到发展。

或许对于一个不得不主要依赖低技能劳动力的低收入国家来说，其工业发展的一个更加可能或者更加直接的威胁是技术——由此推论，轻工行业的许多工作岗位，有着很快被效率更高、费用更低的机器或者机器人取代的风险（Brynjolfsson and McAfee，2012）。纵观历史，具有重大经济影响的突破性技术总是伴随着一些工人薪资水平的停滞甚至减少，以及不平等性的上升。这当然是工业革命时的情况。这种威胁现在甚至经常让人感到更为严峻，因为信息技术给工业制造和管理过程带来的改变，范围更广泛、节奏更快速（许多白领工作像蓝领工作一样也被自动化了）。

但是，专注于研究技术对于低收入工人影响的研究结果表明，这种恐惧通常被夸大了。Bessen通过观察美国在19世纪采用革命性的新设备对纺织业所产生的影响，指出这种新技术所产生的绝大多数收益需要很长的时间才能兑现，并需要许多人的技能和知识——包括几乎未受过教育并被认为不具有技能的工厂工人。"尽管早期的工厂工人几乎未受过正式教育，但他们通过工作岗位习得了重要的技能，以确保这些陌生、崭新而又昂贵的机器高效运转。他们的技能相较于传统工匠而言是狭隘的，但仍具有价值。这些技能最终使得工厂的织工比早期的匠人织工赚得更多；掌握有限技能的钢铁厂工人比掌握广泛技能的工艺铁匠赚得更多；懂得操作新型活字排版机器的印刷工人比被他们取代的手工排字工人赚得更多。另外，雇主们在工会还没有什么力量的时期就向这些工人支付了不错的报酬。通过实践掌握的技术操作技能使得未受过什么教育的蓝领工人得以进入中产阶级。"（Besson，2015a）随着蒸汽发动机、工厂电气化以及石油炼制的出现，类似的模式变化也在缓慢地发生着（Besson，2015b）。对企业和政府而言，一个突出的政策经验是采用适当的现代化战略以减轻自动化和新技术对低技能工人在短期造成的消极影响，具体而言就是采取强有力的措施鼓励在工作中学习。

然而，尽管技术会对缺乏技能的工人产生短期影响，且有些行业需要经常性地面对艰苦的挑战，但应该强调的一点是，就业增长和生产率之间的关系并非线性的。在某些行业发生的机器取代人力的自动化生产的一阶效应之上，也存在着重要的二阶效应。采用新技术的企业可以节省资金，这些资金会以产品和服务的更低价格、在职员工的更高工资或更多利润的方式回流到经济体中。因为有上述三个渠道，使得采用新技术积累下的资金最终被花掉了，并产生出了新的需求，促使其他企业去雇用更多的工人。长远来看，技术变迁的净效应对薪资和总体就业来说总是积极的（Atkinson and Ezell，2012）。这也是对有关这项课题的一些实证研究进行回顾并形成的一个全面报告中的结论："从历史上来看，新技术的创收效应证明比劳动力替代效应更为强大：伴随技术进步而来的不仅仅是更高的产出和生产率，还有更高的整体就业。"（OECD，1994，p. 33）

技术和产品的更新可能会非常快。但是，除非工人能掌握适用的技能，否则，生产活动的本质决定了其并不会以相同的速度改变。此外，可以想象的是，即使在那些更倾向于自动化的行业，整个价值链的某些环节可能依然会保持劳动密集型作业，或者要求某种人性化接触，以给予产品或服务特殊价值。这种现象不仅真实地存在于纺织、服装、制鞋等行业，也存在于资本密集型行业，如汽车业。劳斯莱斯于2015年9月推出的全新曜影轿车作为有史以来技术最先进的豪华敞篷轿车，在其公司标志下的宣传语为"手工打造于英格兰古德伍德"。①众所周知，数十年来，机器和机器人在将零件组装成最终产品方面表现得非常优秀，包括在汽车行业。然而，所有行业中越来越多的企业都在宣传其产品及服务中包含的手工制作以及直接、繁重的人力投入所带来的价值。

进入全球价值链，增加创造性，学习并成长

对于发展中国家来说，国际贸易在过去可以通过各种优惠方案产生重要的利益。在美国的普及特惠税制度（GSP，以下简称"普惠制"）②下，发展中国家得以在较少限制的情况下出口它们的产品（一般是大宗商品）到发达国家，包括较低的关税税率和较少限制的配额。尽管普惠制也采用原产地规则作为确定贸易产品产地的标准，从而在某些时候降低了优惠政策的有效性，但其总体而言运作良好，而且经常为来自指定的受惠国或受惠地区的各类产品提供免税入境的优惠政策。除了普惠制，其他贸易优惠制度如欧盟的洛美和科托努协定、加勒比海盆地计划以及安第斯贸易促进法案（后两者均与美国协商制定）或美国的非洲增长与机遇法案等均致力于为发展中经济体参与国际贸易体系提供便利。

贸易优惠的好处通常通过以下途径进行累积：首先，租金会转移

---

① 该车的新闻稿这样写道："新的曜影轿车与其整个劳斯莱斯精品轿车家族享有共同之处，那就是在汽车设计和技术上独领风骚。曜影向驾驶者展示了一整套周到的技术，确保他们在车中享受到一次超级奢华的、轻松愉悦的体验。"

② 2015 年 7 月，美国国会通过一项延长普惠制的法案，将其有效期从 2013 年 7 月 31 日延长至 2017 年 12 月 31 日。美国国会在 1974 年的贸易法案中首次确立普惠制，授权给予指定的欠发达国家即"发展中受惠国"（BDC）以特定货物的免税待遇。目前有 122 个受惠国和受惠地区被指定。来自发展中受惠国的合格产品将享受免税优惠，条件是该产品价值的 35% 来源于其中一个发展中受惠国。普惠制通过对从任一发展中受惠国进口的多达 5 000 种产品免除关税来推动世界经济的发展。自生效以来，普惠制一直包含日落条款附件，同时，该制度何时失效的问题也一直是造成发展中国家出口商和美国进口商贸易不确定性的一个重要源头。

到发展中国家（通常由发达进口国收取的关税收入或配额租金转而由发展中国家获得）。因此，优惠差额转移给了出口国制造商。其次，出口供应会有一个潜在的巨大反应，这可以为发展中国家创造外汇收入和就业机会。尽管农业和基于自然资源的出口可以产生贸易优惠租金，但出口商最终会受到土地可利用率的限制。相对而言，制造业出口通常展现了更大的潜力：它们不需要面对市场规模或者国内禀赋的约束，因而，其扩张基本上不会面临递减的规模收益。因此，如果允许进口补充性投入，并且能够促进国内竞争性行业中的企业与国际生产贸易网络的连接，贸易优惠政策就可以刺激生产和出口。

得益于全球贸易组织和结构近几十年来发生的巨大变化，只要贸易优惠被用于提升制造业和发展在经济上具有能力的行业和部门，它就能有助于促进发展中国家的经济表现。正如 Collier and Venables (2007) 指出的："现代部门的生产［不再］只是将初级生产要素转化为最终产品。它需要初级生产要素和其他许多补充性投入，范围从专业技能到对组件的知识掌握。这些常常由许多不同的国家在不同的地点提供设计、工程、市场和部件生产——这个过程被称为生产分工。另外，各个生产活动中的生产率并非外生固定的。它们由不断的学习和与其他生产活动的相互补充而形成。这些过程往往会产生递增的规模收益，并意味着集群比分散的活动具有更高的生产率。"（p.4）

作为国际贸易的主要工具，内部贸易为经济学家提出了需要分析的新问题，但主要是为全球的政策制定者提供新的机会。实际上每个国家都进口中间产品——不管是产品还是服务——然后为这些产品或服务增加价值之后，再重新出口，或在国内使用，要么用于消费，要么投入新的生产过程。世界贸易组织前任总干事拉米经常强调新的贸易格局的共同利益："我们可能仍然在李嘉图的贸易世界里思考国家之间的贸易，但在现实中大多数贸易是在遍布全球的跨国公司及其供应商之间发生的。这种'任务贸易'（trade in tasks）造成的结果随处可见。有了价值链,就没有必要在一种特定产品或服务的生产中进行竞争,只需要在交付一项特定任务时保持竞争力就足够了。国家业务组合中服务比重的增加以及技术和交通所及范围的扩大,正在迅速地缩小彼此之间以及与市场的距离,并为所有国家(发达国家或者发展中国家)在贸易中的成长创造新的机遇。"(Lamy,2013)他还指出,仅仅在 20 年以前,世界贸易的 60% 都是发生在发达国家之间(即"北北贸易"),30% 发生在发达国家和发展中国家之间(即"北南贸易"),余下 10% 是"南南贸易"。到 2020 年,预计世界贸易将被分割为比例相等的三份,因此"北北贸易"的相对比重将会在 30 年左右的时间里减少一半。

发生在全球价值链中的国际生产碎片化[①]确实对不同发展水平的经济体之间的合作产生了新的以及更强的刺激。通过拆分价值链,碎片化生产也为所有参与方带来了双赢的机会。由于生产一个特定的最终产品的不同生产环节是在不同的国家进行的,因此某一生产环节可以进行外包并在不同的国家单独、同时或连续地进行操作。这些新的生产流程是在一个跨国公司内部发生的,还是通过一些供应商企业之间的生产网络发生其实并不重要。发达经济中的企业可以利用要素价格及生产率差异等优势,专注于高技术或资本密集型的生产方面,而发展中国家的企业则可以集中在它们具有比较优势的劳动密集型生产上。

事实上,全球价值链通常是围绕着一个位于发达经济体的主导或领导机构而组织的,同时依靠遍布全球的供应商组成的密集网络进行运作。参与企业可能只是提供中间产品,并在领导企业的母国进行组装,也可能是将最终产品与领导企业以研究和创新、产品设计、广告

---

① 术语"碎片化"(fragmentation)最初是由 Jones and Kierzkowski(1990)提出的。全球价值链"用于描述为将一个产品或服务由最初构想到最终投入使用所进行的一系列活动,以及这些活动如何在不同的地理空间以及国界间分布"(DFAIT,2011,p.86)。Amador and di Mauro(2015)指出,经济学文献使用了一系列范围广泛的术语来描述同样的现象,包括"垂直专业化"、"外包"、"离岸外包"、"多级生产"、"产品内专业化"等。

以及配送等活动为中心的角色结合在一起。因此，全球价值链是发展中国家结构转型潜在的有力工具。首先，这些国家不再需要从零开始建立整个行业来实现工业化，以向世界市场证明它们是可靠的竞争者——它们只需要专注于那些它们最擅长的、成本最低的生产活动（Baldwin，2012）。

其次，全球价值链为那些商业环境较差的最贫穷的国家参与高质量产品的生产，并通过合作向发达经济体的企业伙伴学习提供了可能性。正如 Foster-McGregor et al.（2015）所指出的："通过参与全球价值链，以及向国际市场和国外竞争者展示自己，能促进技术转移以及增加溢出效应的可能性。这种效应会以多种形式发生，例如，通过提供最好的管理实践以及经营方式，通过使用高质量、高技术的中间产品，通过发达国家的知识产权和商标，通过领导企业的知识和技术共享，通过技能需求和升级，以及通过向客户学习等。这种效应会对那些参与到全球价值链中的当地企业产生影响，也会对那些没有参与到全球价值链中的当地企业产生影响。随着全球价值链的一部分在一国之内的发展，也有可能导致一些派生企业及行业的出现。"

因此，发展中国家的政策制定者需要认识到的一个重点是，国内企业参与到全球价值链中可以学到更多，并能够进入全球供应商和金融网络中。那些有能力建立正确的制度来培养本国企业参与全球价值链（主要是通过经济特区和工业园区），并采取适当的政策确保其正常运转的政府，可以将资源从传统的农业及其他生产率低下的初级活动转移到工业，从而切实提高生产率。① 这样一来，发展中国家就可以增加从事工业生产的就业人口，这是可持续及包容性增长的一个基本特征。

全球价值链的出现和主导地位也具有实质性的宏观经济意义。在

---

① 打造成功的经济特区和工业园区的政策将在本章最后一节讨论。

具备一体化生产网络和企业跨境合作（包括与来自"竞争"国家的企业合作）等特点的世界经济中，国内企业必须从国外购买产品和服务，将其作为中间投入使用在自己的生产中，然后再将最终产品销往国际市场。同样，它们的出口产品也被其进口国用作中间投入，以生产销往国际市场的最终产品和服务。这种相互依存的工业模式改变了宏观经济政策的一些基本原则。对于发展中国家和发达国家来说，进口产品的数量、质量及价格变得与出口产品的这些方面同样重要。

政策制定者应该意识到，进口已经变成了经济增长和就业创造的直接贡献者。拉米强调了这一点："要想出口，必要的一课是，了解如何进口。当一个行业的竞争力依赖于组成生产链的零部件和中间产品或中间服务的成本有效性时，价值链所有环节的强劲表现就变得至关重要了。的确，一个国家的出口繁荣和其通过进口中间产品融入全球价值链之间存在一种积极关联。在必要时进口有竞争力的产品部件使发达国家的企业为在那些它们真正具备比较优势的产业区段进行投资产生了利润。进口非但没有消灭就业，反而使得欧洲、美国和日本能够维持那些与研发、工程以及高端增值服务尤其相关的产业活动。这些活动能够而且将会产生报酬最佳的工作机会。"（Lamy，2013）由此可见，在某些情形下，诸如竞争性贬值等汇率政策（通常用于减少进口、刺激出口）可能会对国内企业造成负面影响，加重它们的生产成本负担。而这将会削弱国内企业的竞争力，也会对外汇、出口、财政收入以及经济增长造成潜在影响。

全球价值链日益增强的主导地位，以及为发展中国家提供的机遇不仅仅是一种推测和假说。如今，有大量的经验证据表明，发展中国家在全球贸易中扮演着新锚点的角色，并在全球经济的快速增长中充当潜在的承载工具。统计人员必须重新设计价值链中每个国家的国民核算体系，以体现不同国家之间以及世界不同地区之间的产业互动。要完成这样烦琐的工作就必须构建一个大型的国际投入产出矩阵，其中包括一项最终产品或服务在生产和消费之前发生的所有产业间贸易行为。这项工作还要求适当协调每一贸易伙伴的国民账户，以及对贸易产品和服务的用途进行详细分析，也就是被用于消费还是投资，或是在一个新的生产过程中被进一步使用。

衡量全球价值链中多种贸易投入产出流的实证分析是必要的，却也很有挑战性，因为这需要不同国家及行业的详细数据。参与全球价值链的任一国家均同时采用中间进口投入（进口增值）以及本国国内增值以生产产品和服务。贸易经济学家经常采用的一种直接方法首先是观察 A 国的出口（或最终需求），该出口可以分为两部分：一部分体现国内生产增值，另一部分体现从其他国家获得的进口增值。对全球价值链的完整分析还应该考虑到以下事实，即一国的出口不只是由最终产品构成，也可以包括被其他国家用作生产（及出口）投入的中间产品。

为了衡量 A 国在全球价值链中的参与，至少下面两个要点是应该考虑的：

• 该国在出口中使用的国外增加值（FVA）份额，并计为 A 国总出口额中的一个比重（这是 A 国参与全球价值链下游生产程度的一个指标，因为它衡量了 A 国在生产出口产品过程中使用外国投入的情况）。

• A 国被世界其他所有国家作为中间投入吸收为出口增加值的国内增加值（DVX）份额，并为 A 国总出口额中的一个比重（这是 A 国参与全球价值链上游生产程度的一个指标，因为它衡量了其投入——增加值——在其他国家生产及出口的产品和服务中的使用情况。

因此，全球价值链参与度指标是将一国用在本国出口中的国外增加值（FVX）与提供给他国出口的国内增加值（DVX）结合起来，取其总和并计算其在总出口额中的占比（见图7.6）。①

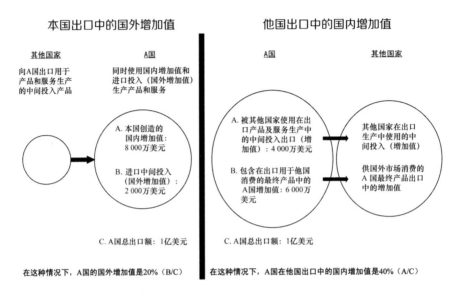

图 7.6 以 FVA＋DVX 衡量全球价值链参与度
资料来源：本书作者。

通过使用上述计算框架，Foster-McGregor et al.（2015）揭示了世界范围内各地区 1995 年、2000 年、2005 年及 2010 年度的全球价值链参与度。② 他们的实证分析显示了一些有趣的事实。首先，他们证实，全球价值链参与度随着时间的推移在全球大多数地区都有增长，出口份额作为多阶段全球价值链过程的一部分，由 1995 年的 14％增长

---

① 在图 7.5 所示的例子中，A 国的总出口额为 1 亿美元，其中国内增加值（由其本国企业在国内创造）为 8 000 万美元，中间进口投入（增加值）为 2 000 万美元。因此，A 国出口中的国外增加值为 20％。计算 A 国在他国全球出口中的国内增加值遵循同样的逻辑：A 国 1 亿美元的总出口额也可以从其他国家 4 000 万美元的全球出口额中该国贡献的中间投入价值的角度进行分解，这样 A 国出口至国外市场用于消费的最终产品中的增加值为 6 000 万美元，因此其国内增加值是 40％。

② 该数据来自 UNCTAD 的 Eora 数据库，用来构建全球价值链参与指标。它提供了世界范围内的跨地区投入产出表，同时提供了 1970—2011 年间向 187 个国家报告的国际投入产出表。该数据库报告了基于不同国家的 25—500 个行业的信息。Foster-McGregor et al.（2015）使用的是 1995—2010 年间 25 个部门的数据库，使用的数据是在这一层面上对所有 187 个国家进行整合并一致报告的基础价格数据。

至 2010 年的近 50%。唯一例外的是，参与度在中美洲和加勒比地区有某种下降的倾向（见图 7.7）。

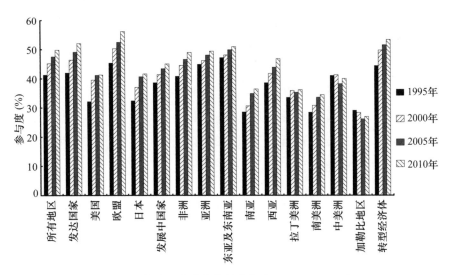

图 7.7　各地区全球价值链参与度，1995—2010 年
资料来源：Foster-McGregor et al.（2015）。

不出意外，发达国家，尤其是欧盟，深度参与到全球价值链中（见图 7.7）。东亚和东南亚较为深入地参与其中，西亚稍逊，这也都是符合预期的。或许非洲经济在全球价值链参与中的攀升，是证明即使低收入国家也可以在全球贸易中表现良好的最振奋人心的证据。实际上，非洲占据了全球价值链参与中的一些最高数据，这与在亚洲发现的参与水平相匹配。1995 年，非洲的全球价值链参与度约为所有地区参与度的平均值（大约 41%），但其主要参与环节为上游生产（即为其他国家提供中间投入产品），而非下游生产（出口加工）。1995—2010 年间非洲地区的全球价值链参与度增长率也与所有国家相似：其间，非洲的全球价值链参与度增长了 19.9%，而所有国家整体增长了 20.5%。

对于发展中国家而言，最鼓舞人心的消息或许是从按部门分类进行全球价值链的实证分析中所得到的事实（见图 7.8）。平均而言，高科技行业占到所有国家全球价值链参与度的 58%，其中发达国家的这一比重更高,占到 62%,中美洲占到 69%。亚洲的高科技行业占全球价值链参与度的比重位于平均数附近,其中南亚和西亚的数据要落后于东亚和东南亚。最引人注目的是非洲的产业贡献,其第一产业的比重为 26%,两个服务部门(高科技与低科技)的比重均为约 20%,两个制造部门(高科技与低科技)的比重均为约 17%,似乎各部门相当均衡。① 但是,相对其他国家制造业产品和服务在全球价值链参与度中的比重(平均为 66%),非洲的这一比重(33%)要远远落后于其他地区。除此之外,只有西亚和加勒比地区的这一比重低于 40%。

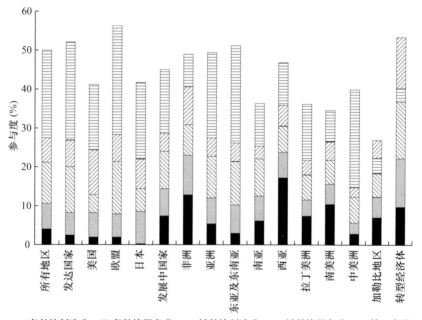

图 7.8　各地区及各行业的全球价值链参与统计,2010 年
资料来源:Foster-McGregor et al. (2015)。

对这个总体积极形势持怀疑态度者仍然观察到,即便让自己的企

---

① 参见附录 6.1 关于 25 个 Eora 部门分组的描述。

业参与全球价值链，也不能保证一个贫穷的经济体最终保持高速增长。比如，他们会指出孟加拉国等国的经历，这些是劳动密集型产业（纺织、服装）发展良好的国家，但似乎受困于全球价值链的低增值环节，在这些环节进行创新或技术转移的可能性几乎为零。的确，世界经济经历了许多加速增长的阶段，但这些阶段并未使得低收入国家和高收入国家之间的经济差距缩小。Hausmann et al.（2005）指出，自19世纪中叶以来，有80个这样的经济增长加速时期，他们认为这种增长加速时期"极难预测"。据此他们得出了悲观的结论，即绝大多数的增长加速是与经济增长文献中的标准决定因素无关的，同时大多数经济改革事件并未产生增长加速。

的确，一个经济发展战略在一开始获得成功是可能的——甚至培育出有竞争力的企业、创造就业机会并对一国的经济增长做出贡献——但是，这个经济战略最终会因为未考虑到保持产业和技术的持续升级而归于失败。这就引出了一个更广泛的问题，即经济发展战略的有效性，该战略必须不断变化以反映变化的经济要素禀赋结构，并根据制度和要素要求而做出调整。那些在推动生产、发展贸易方面获得成功，并将贸易作为经济增长的一个稳定、可靠来源的国家，通常会为其最有竞争力的行业建立企业集群。这些国家的做法通常是切实保证了政府能够创造条件使国内外投资者建立强有力的合作关系，并培育出可以在国际市场上获得成功的企业。

如何促进生产和贸易？超越集群的随机理论

著名谚语"独木不成林"所说的正是社会群体内部团结合作的内在智慧和道理。而令人意外的是，在资本主义原则和"适者生存"之类的座右铭颇为流行的商业领域里，这种智慧仍然适用。对企业而言，竞争不仅是为了抢占更大的市场份额，还要将其他竞争对手挤出市场。

尽管如此，与对手合作的收益仍大大超过成本。Krugman（1991）在贸易地理方面的开创性工作清楚地表明，集群（即同一行业或相邻行业的企业聚集在同一地理区域的现象）是经济活动中的一个常见模式。① 随着全球贸易的增长以及近几十年来产品和服务在不同经济体生产及交换方式上的变化，集群的重要性如今已获得了广泛认可：集群为企业提供了从规模收益递增和外部规模经济中获利的机会。②

Marshall（1890）第一次提供了一个令人信服的理论基础来解释这一现象。他的见解启发了大量专注于集群的经济文献，这些文献通过规模收益递增或者规模经济的角度解读集群，将产出水平的提高转换为平均成本曲线的下倾。这些见解源于 Marshall 的工业区域分析，表明规模经济甚至可能是"外部的"，即由于资产共享的原因出现于企业外部，例如由专业化的供应商提供的特定产品和服务，或者由于生产集中在特定区域而在当地形成劳动力储备。同时，因为彼此接近的企业致力于生产高度类似的产品，或者进行密切的竞争，最终会在新的研究、管理和组织等实践中获得共同收益（Griliches，1979）。这样的动态学习机制和外溢效应为每个企业都增加了可以使用的知识储备。

通过在竞争企业邻近地区建立工厂或办事处，企业可以从一些关键的生产方面获益，包括挖掘到邻近企业的专业技能和有经验的工人，进入更大的部件供应商网络以及获得相互学习的机会（即便是仅仅通过流言渠道获取信息或者监视邻近企业的最佳商业实践）。另外，随着集群吸引到更多的企业，一个拥有专业化的供应商的网络会发展起来，中间投入产品的市场会增扩，新的商业活动层出不穷，并且，伴随着

---

① Krugman（1991）使用了一个修改过的基尼系数，用以表明一些传统行业比高科技行业具有更强的空间集中倾向，这被认为是集群现象的真正动力。

② 规模收益递增通常是指由于成本下降而获得的收益，这一收益会随着较长时间的生产运行而下降，因此是存在于企业内部的。外部规模经济通常是指从同一行业或者从事关联活动的其他企业的出现中获得的区域收益。例如，如果企业通过观察、借鉴技术或管理程序的最佳实践相互学习，那么就有可能出现技术或者管理上的外部性。

当地劳动力市场的兴旺，交通和基础设施也会得到改善。企业和邻近的其他企业共同产生了复合式的溢出效应，这通常会超过它们之间的竞争成本。实证研究证明，在经济活动集中的区域生产率会更高（Duranton and Puga，2005）。同时，专注于城市的分析研究显示，在一个大的城市规模范围内，城市规模每扩大一倍，其生产率将提高3%—8%（Rosenthal and Strange，2005）。上述见解中的大多数已经在好几个世纪前就被直观地意识到了。18世纪，英国工业区（集群）是很常见的。亚当·斯密在其著作中描述了这一现象。斯塔福德郡是许多陶瓷制造商的聚集地，如今这一区域仍被称作"瓷都"；诺丁汉则是许多蕾丝制造商的故乡，诸如此类。自法国经济学家弗朗索瓦·佩鲁在1949年提出"增长极"的概念以来，奥地利、比利时、玻利维亚、法国、英国、意大利、秘鲁、西班牙、美国以及委内瑞拉等国均采用了这一概念并且以不同的方式尝试对这一概念做出诠释（Perroux，1955；Darwent，1969；Christofakis and Papadaskalopoulos，2011）。

如今，世界上最为知名的集群地包括美国加利福尼亚州旧金山湾区的硅谷，许多企业聚集在这里生产一些世界上最为创新、最能改变生活的技术产品；加利福尼亚的好莱坞以及孟买的宝莱坞则是电影产业共存、竞争以及合作的集中地。企业乐于甚至渴望将其总部或者运作机构设立在与其存在激烈竞争的对手附近，从而使其商业策略及行业机密处于遭受刺探的风险之中，这似乎有悖于常理。实际上，企业承受这种潜在风险的代价远远低于集群所带来的利益。不管是哪一个行业，通过集群性地经营，几乎每一个企业都意识到，它们所接触到的同行专家、金融家以及创新与冒险的文化都是不可比拟的。据观察，"尽管当地房价奇高，地震频繁，新信息技术及互联网公司仍然继续聚集在那里。具有讽刺意味的是，他们发现许多最有价值的信息不是从电子渠道，而是通过面对面的会谈获得的"（Hindle，2008，p.36）。

集群的成功经验使得经济学家们在促进集群发展政策的重要性方

面形成了广泛的共识。有关这方面的产业政策的影响、贸易带来的福利改进以及所有国际贸易模式中的马歇尔外部性等都得到了深入的研究，其中，Krugman（1991，1995，2008），Paul and Siegel（1999），Rodríguez-Clare（2005），Aghion（2009），以及 Harrison and Rodríguez-Clare（2010）的研究工作最为突出。在世界经济日益全球化的背景下，这一课题显得尤为重要。基于定量分析，近期的研究工作着眼于马歇尔外部性是否导致了来自贸易的额外收益，结果显示，答案是肯定的，并且这种外部性使来自贸易的总收益增长了约 50%（Lyn and Rodríguez-Clare，2011）。

近几十年来，随着发展中国家在实践中认识到集群是规避经济发展所面临的一些结构性问题的最佳工具，关于马歇尔外部性理论的分析也日益丰富。基础设施和人力资本不足、劳动法律法规的僵化或者治理不善，这些困扰着低收入经济体的制约因素恰恰反映了它们的生产能力低下和资源有限可以通过有限范围的、更易于管理的集群得到有效解决（Ayele et al.，2010）。

尽管如此，仍然有一些悬而未决的问题。企业在一个特定区域的集群是否像其他的经济发展之谜一样，只是一个随机现象？或者说，是否存在可实施的政府政策去创造集群并催生一种动态机制，使有活力、有竞争力的企业得以建立，并且在其中工作的工人（不管是缺乏技能的还是受过教育的）能够得到激励和机会去掌握技术，从而帮助他们为应对全球经济持续变化的要求做好准备？这些关于集群出现的原因和最优条件的问题仍是未解之谜，甚至对那些专注于研究集群课题的经济学理论家来说也是如此。

自斯密和马歇尔以来，许多学者提出的集群理论一般都认为，成功的集群是随着一些自发的更替过程随机出现的。如果是这样，那么在政府从零开始创建集群的政策中，集群理论的作用就非常有限。Porter（1998）观察到，在今日的全球竞争中，快速运输和高速通信的地理位置不应再成为竞争优势所在。同时,他还指出了一些令人困惑的例子,比如荷兰的鲜花种植业,对任何如今想要开始从事鲜花种植的企业而言,荷兰都不是明显的第一选择,除非那里已经有了相关的业务。荷兰的鲜花业集群使得新进入者具有显著的竞争优势,包括发展成熟的荷兰鲜花拍卖活动、鲜花种植者协会以及先进的国家研究中心等。Porter 没有解释集群的成因,但他的分析与随机理论是一致的,即集群的出现是不可预测的。

数十年来,集群现象的出现在经济学文献中被简单解释为"键盘经济学"。这种解释最初是基于 David(1985)的工作,他记载了按照"QWERTY"顺序排列的键盘从诞生到占据主导地位的过程。尽管这种键盘对于手指运动而言并非最有效率的布局,但它迫使打字员减缓工作速度,从而减少早期机器使用过程中因按键卡住而导致的输入错误。随着创新和技术进步,这种问题随后得到解决,但路径已被设定,制造商和打字员也逐渐习惯了这种奇怪的键盘布局。总而言之,偶然的历史事件为持久的技术标准和键盘的发展奠定了基础。

从这个故事中得到的理论经验是直接的:"经济变化中的路径依赖序列是指,对最终结果的重要影响可能是由一些暂时的远程事件所造成的,包括那些由偶然因素而非系统力量所导致的事件。这样的离散随机过程的分布结果不会自动收敛到一个固定点,这被称为非遍历性。在这种情形下,'历史事件'既不能被忽略,也不能完全孤立于经济分析目的;这一动态过程本身呈现为一个本质上历史的特征。"(David,1985,p. 332)

David 并不想通过自己对 QWERTY 键盘起源的研究,而对经济现象妄加定论。他写道:"单独来看,我所讲的故事只是一个例子,并不能得出世界在何种程度上是以这种方式运转的。这是一个开放性的实证问题,如果我宣称问题已经解决了,或者指导各位如何去做,那将是冒昧的。"(p. 332)然而,他总结说:"揭示我们所处的这个世界的逻辑（或非逻辑）有时是不可能的，除非我们能够理解它为何是那样的。"这一主要结论导致一些经济理论学家断言集群现象一直是随机的。

Krugman（1994）争辩道，通用键盘的故事"不仅仅是一件有趣的琐事"，而是"一个关于经济如何运行的全新视角的象征"以及"一个以完全不同的方式思考经济，令我们眼界大开的寓言"。他盛赞这个故事。认为其证明了不管是市场还是政府均不能产生好的经济结果。他写道："这种独特的思维方式驳斥了市场始终会引导经济走向唯一最佳方案的思想。相反，它声称，市场竞争的结果往往在很大程度上取决于历史事件……而且，这个结果充满了政治含义，因为一个成熟的政府可能会尽量确保该历史事件以它想要的方式运行。"（p.223）接着，Krugman 将通用键盘出现和成为主导的随机性与电影行业在好莱坞，或者银行和金融机构在纽约集中的随机性进行了比较。

Krugman 对于通用键盘故事的使用可能只是一种修辞手段，他要表达的是在被创造出来并且运转良好之后，集群的重要性更广泛的、理论上更有力的论点。但是他对于旨在促进集群出现的政府决策议程有效性的怀疑态度，表明他是随机理论的坚守者，该理论自斯密和马歇尔以来一直在经济学文献中占据主导地位。尽管历史上诸如硅谷或者好莱坞等集群现象可能是随机形成的，这一点毋庸置疑，但就此认为政府应当避免参与促进集群出现的观点被证明是不准确的。正如 Zhang et al.（2015）所表明的，一些发展中国家在实践中通过采用明智的政府政策，已经在那些原本一无所有的地区有意创建了集群并取得了成功。

马歇尔发现，19 世纪晚期英国的许多成功产业都集中在特定的产业区域：棉花集中在曼彻斯特，钢铁制造业集中在伯明翰，餐具制造业集中在谢菲尔德，等等。后来的集聚和集群理论很好地解释了这些集群获得成功的根本原因，并且强调了它们的不可预测性。但是一些发展中国家近期获得的成功有力地挑战了地理随机性，并证明了在特定区域内设计集群是行之有效的，这为政策制定提供了有益的经验。

"低头看看你现在穿的这件衬衫。它们的纽扣很可能来自桥头镇。这个中国的小小乡镇拥有大约 200 家工厂及 2 万名流动工人，生产了 60％的世界供应量。"（Lim，2006）①这一切都始于 20 世纪 80 年代早期，那时桥头镇还只是浙江省的一个偏远、贫穷的小镇，那里只有低产的稻田和尘土飞扬的道路，没有基础设施，也缺少发展资金。后来，村里的两兄弟开始从湖北省购入纽扣转卖给当地的服装生产商。他们很快就成功了，这激励了大批其他商人。20 世纪 90 年代，来自桥头镇的企业家们访问意大利，他们说服当地的纽扣制造商，由他们进口设备，使用意大利的设计和材料，开始在中国进行低端生产。自那时起，一切都不同了。"意大利的纽扣制造商面临成本上涨、原材料枯竭以及来自新经济体的竞争，他们认为由中国制造商进行低端外包生产是维持他们继续经营的正确方案。"（Rasiah et al., 2012, p.32）将纽扣制造搬迁到生产成本更低的地方，将会使纽扣制造行业更有竞争力，他们从中看到了双赢的商业机会。

短短 20 年内，桥头镇转变为一个制造业中心，数百家家族经营的新企业具有相当强的竞争力，甚至将一些经营了长达几个世纪的知名欧洲纽扣生产企业都逐出了市场。纽扣制造业具有低投资、劳动密集型产业的特点，这非常适合桥头镇，也与那个时期中国在世界经济中的比较优势相一致。中国政府与当地的企业协会和团体紧密合作，以支持当地纽扣行业的发展。近年来，尽管面临行业急剧发展所带来的正常挑战，桥头镇还是成了其他相关行业如拉链行业的世界生产中心。在中国的其他行业，当地政府甚至更加积极主动地创造集群，为私人

---

① 有记者这样报道：桥头镇是"地处偏远的一块巴掌大小的地方"，"是那种你开车经过都不会注意一下的地方。它太小，大多数西方国家生产的中国地图上都没有标注出它；它太微不足道，媒体报道都不屑于提到它；它太鲜为人知，当地县城以外的人几乎都没有听说过它"（Watts，2005）。

企业提供有针对性的基础设施和具体激励措施,并支持合作组织的创立,从而使当地的小企业家能够拥有发言权,并保护自己的利益(Zhang et al.,2015;Dinh et al.,2013)。

最近,政府设计或者政府支持的企业集群所产生的魔力被认为远远超出了传统的马歇尔外部性理论的范畴。尽管拥有很小的土地所有权,且土地碎片化程度高、劳动力成本上涨,中国的农业生产依然呈现了稳定的增长。为弄清这一现象产生的原因,Zhang et al.(2015)发现主要的解释可能存在于新的集群战略中。面对不可持续的劳动力成本,农民们自发组织起来,不是作为单一的小生产户,而是相互合作(尽管相互之间仍存在竞争),分享他们成本结构中的这一主要生产要素。他们将生产中的一些电力密集型阶段,如收割等,外包给专业的机械化服务供应商,这些供应商通常集中在几个县,在收割季来回穿行,以极具竞争力的价格进行农作物收割。通过这样的安排,小农户们可以继续进行农业生产。同样,地方和政府的积极干预,为农业集群发展上述生产活动提供了便利。①

政府成功创建集群的故事绝不仅仅发生在中国。作为最大的几个同类主要产业集群之一,马来西亚槟城电气电子产业集群同样不是产生于随机理论,而是诞生于睿智、积极的政府决策。它是另一个"人造集群"的成功案例。1972年,马来西亚当局决定创建一个出口加工区,这样国家可以发展自己的电气电子行业。尽管只是一个在实践中学习的过程,该项目还是通过一些工业总体规划形成了规模,其中每个规划均包括一系列吸引FDI的政策。这些规划的第二个阶段(1996

---

① 例如,江苏省的沛县是全国首个也是最大的跨区域机械化服务集群之一,政府建立了基础设施将各乡镇与全国的交通网络连接起来。"沛县农业机械管理局从分散在该县不同乡镇的18个农业机械化服务站中挑选成员,组织他们去山东省潍坊市进行机械化经验的参观学习……回来后,管理局在各乡镇的农业机械化服务站为农民和技术人员组织了免费的示范和培训课程。培训完成后,管理局为受训者颁发证书,允许他们驾驶卡车和收割机,为农民提供收割服务。另外,管理局还在全国范围内搜集农作物收割信息,印制袖珍版的涵盖全国主要种植区的收割日历,将它们免费分发给潜在的机械化服务操作员。"(Zhang et al.,2015,p.15)

年）旨在专门加强外国投资者与当地企业之间的联系和互补性。

结果，电气电子行业在数十年来一直是马来西亚制造业增加值、就业及出口的一个主要来源。"在槟城，良好的基础设施（好的交通、供电、供水和通信等）以及优越的社会服务（如公共卫生部门、学校等）相结合，使得该地区对技术工人和管理人员极具吸引力。政府还进行了制度改革，以改善出口加工区内部的安全和海关服务。受这些投资及财政激励措施的吸引，日本、欧洲及北美巨头企业，如日立、索尼、西门子、AMD、惠普、英特尔、国家半导体、希捷等纷纷迁址到槟城。这些旗舰企业的集聚有助于刺激当地供应商企业的发展。"（UNIDO，2009，p.34）在不同的国家如毛里求斯（Lall and Wignaraja，1998）、哥斯达黎加（Ciravegna，2011）以及阿拉伯联合酋长国（Ketels，2009）均能观察到类似的通过创建新集群在经济上获得成功的故事。

从这些"人造集群"的实验案例以及全球价值链碎片化中得到的主要经验告知我们，将集群理解为一个随机现象的陈旧理论可能过时了。对发展中国家而言，创建一个有利于它参与国际贸易体系的成功战略实际上是可能的。但这些发展中国家的政策制定者中很少有人能够充分利用国际贸易模式的改变以及全球经济的演变所带来的新机遇。这种主动性缺乏的一个主要原因是，大多数主流经济学家和发展机构给发展中国家提供的传统政策建议一直是最小化政府干预，采用"中立"、"横向"的经济战略。这包括实施审慎的宏观经济策略、通过广泛的宏观经济和制度改革改善商业环境，但对特定行业并不给予特殊考虑。这种经济建议的价值值得怀疑。评估研究结果通常显示，这样"放之四海而皆准"的处方很少使经济产生持续和包容性的增长。事实上，经济发展中的许多成功案例（特别是近年来发展迅速的中国、巴西和越南）发生在政策制定者并不遵循那些建议的国家，因为那些建议往往首先要求立刻铲除所有的经济扭曲，而这会造成社会及政治混乱的巨大风险。

经济发展需要物质资本、人力资本和制度不间断的、协调性的升级。因此，对于拥有有限财政资源和行政能力的贫穷经济体而言，有必要将经济政策转向改变产业结构和技术扩散模式，选择与本国比较优势及发展阶段相一致的生产组合以及相应的现代化和创新战略（Lin，2012a，2012b）。在低收入阶段，经济政策的主要挑战是打入全球产业链，发现自己的利基市场，并充分利用中等收入国家由于工资上涨、生产率提高以及产业升级需要被迫离开这一利基市场而空出的商业社会。尽管近年来全球贸易呈下滑趋势，但对于发展中国家而言，吸引外资进入具有潜在竞争力的行业、创造就业以及发展生产及出口的机遇从未像现在这样巨大。如果用必要的政策性工具来规避发展中国家经济增长中众所周知的制约因素（治理薄弱、基础设施瓶颈以及人力资本不足），那么有针对性的行业中的集群就是有自生能力的。

于是，真正的问题就变成了：为什么只有一小部分发展中国家的政府能够成功地促进这种集群的形成？为什么建立集群（经济特区）的主要手段往往不能产生积极的经济结果？成功的指导原则是什么？

为什么经济特区通常未能形成有自生能力的产业集群

某些想法是不逢时的。尽管它们具有潜在的巨大价值，却往往使人联想到过去的失败教训而引发质疑。或者说，它们在公共政策争论中通常被带有偏见地随意讨论。即使它们被善加利用并取得成功，这些案例也会很快被贬斥为已确认规则的异常状况和例外情况。以经济特区来说（广义上为行政上的独立区域，投资者在此可以根据税收与关税激励、简化的海关手续以及较少监管等特定优惠条件积极经营它们的业务），通常被视为形成产业集群的最佳现代体制。

关于经济特区的著名原理是向限定地理位置内的企业提供特殊的

政策激励和基础设施，从而吸引 FDI、创造就业、发展多样化出口（即使整个经济的商业环境问题和保护壁垒问题尚未解决）以及增加外汇收入，并将其作为新的价格、劳动力或者财政政策实施效果的"实验室"。对该原理的最终期望是这些实验的知识溢出最终会转化为私人部门的发展，并使整个经济获得持续增长、生产率提高，以及其他的财政和经济利益。

经济特区最流行的形式是出口加工区，通常是在如下几个基本原则下运行：允许投资者进出口免税以及免于外汇管制；简化海关和行政管制及程序；在颁发许可及其他监管程序方面提供便利；以及免除企业缴纳企业税所得、增值税或者其他地方税等纳税义务（Farole，2011，Voxeu）。为确保政府对出口加工区的有效监管，其通常是一片围合的区域，并在入口处设置海关关口，其销售一般仅限于出口市场。出口导向的出口加工区一般旨在"向出口制造商表明'自由贸易身份'，使它们能够在全球市场竞争，并且与贸易政策中的反出口偏见相抗衡"（FIAS，2008，p.12）。

经济特区和出口加工区的出现已经有一段时间了，据说它们最初作为基本的自由贸易区出现在古代的腓尼基。在现代社会，它们则创下了光辉灿烂的纪录：它是中国经济增长战略的支柱，它使得地球上人口最多的国家（当时有大约 6.8 亿人口）在短短一代人的时间里摆脱贫困。1937 年，纽约建立了一个经济特区；1942 年，波多黎各建立了另一个经济特区；1960 年，冰岛和中国台湾也建立了经济特区；1959 年，在爱尔兰的香农机场又建立了一个经济特区。经济特区被一些后来者如韩国、中国台湾等加以有效利用，以建立集群、效仿发达国家的经济发展战略，甚至在经济繁荣的竞赛中赶超这些发达国家。世界其他地区的一些发展中国家也成功建立了不同类型的运转良好的经济特区，从而推进各自的出口和增长战略，并创造了许多需求迫切的就业机会，刺激了本国的产业升级。这方面比较著名的案例当属哥斯达黎加的英特尔，以及洪都拉斯、萨瓦尔多、孟加拉国、越南和毛里求斯。

经济特区最成功的故事——至少就最近来说——发生在 20 世纪 80 年代邓小平执政时期的中国。例如，通过建立经济特区，深圳市从一个没有自然资源和缺乏基础设施的贫穷、寂静的小渔村转变为世界上首屈一指的出口仓库，2014 年其人口达到 1 070 万，人均 GDP 达到 24 000 美元。① 实际上，由政府发起建立的各种类型的经济特区和产业集群已经成为中国令人瞩目的经济发展的主要实验室和发展驱动引擎。②

这样的成功故事不可忽视。世界各个地区的发展中国家使用经济特区作为吸引 FDI 以及实现经济转型的主要手段。Farole（2011）指出经济特区使多米尼加共和国创造出超过 10 万个制造业的就业岗位，并使其经济迅速摆脱了对农业的依赖。卡塔尔也启动了经济特区以使其从以油气为主导的经济——这使该国成为世界上最富裕的国家之一，但仍受动荡的全球油价的制约——转向以知识为基础的经济。埃塞俄比亚走的是同样的路线，主要是为了解决它的物流困境（基础设施）以及试验新的治理模式，从而给予投资者更大的灵活性，允许他们在本国具备比较优势的轻工制造业雇用工人。发达的工业化经济体同样在联邦、州及地方各级利用各种形式的经济特区来吸引投资者、刺激经济以及创造就业。

尽管如此，对于发展中国家推行经济特区的潜在经济价值仍然存

---

① 摘自《深圳市 2015 年国民经济和社会发展统计公报》（http：//www.sztj.gov.cn/xxgk/tjsj/tjgb/201504/t20150424_2862885.htm）。

② 据 Zeng（2010）估计，截至 2007 年，经济特区（包括各种类型的工业园区）占 GDP 的 22%，占 FDI 的 46%，占出口额的 60%，并产生了超过 3 000 万个就业机会。另外，54 个高新技术企业开发区坐拥中国大约一半的国家高新技术企业和科技孵化器。这些开发区一共注册了 5 万件发明专利，其中超过 70% 的专利为国内企业所有。它们还拥有 120 万名研发人员（其中 18.5% 为高新技术产业开发区的员工），占全国高科技产出的 33%。自成立起短短 15 年，高新技术产业开发区就占据中国高科技产业总产值的一半，以及中国高科技出口的三分之一。此外，与此类似的被称为经济技术开发区的机构还承担了中国高新技术产业产出和出口的另三分之一。

在广泛的质疑,这是可以理解的。尽管这些经济特区的通用处方长期以来已经为经济学家和政策制定者所理解,但实际上很少有国家对政策框架及具体措施进行了成功设计和充分利用,以实现它们的发展目标。实际上,大多数试图复制经济特区战略的国家并未获得它们预期的收益。目前全球存在大约4 500个这样的特区,但只有少数得到了预期的结果。对大多数国家而言,建立、运营经济特区的收益成本比率一直令人失望。就业个人所得税、许可费和服务费、由开发商缴纳的公用土地的销售和租赁费、从经济特区销往国内关税区的进口关税和产品税、用于诸如港口和电厂等设施的特许经营费,以及企业所得税(估定额)总计只有微不足道的数额。同时,经济特区产生的走私机会造成的进口关税和费用损失,企业从国内关税区搬入经济特区而减少的税收收入,基础设施(通常是非定向的)和经常性开支(主要是公共部门员工的工资,这些员工是运行和监管经济特区所必需的)等公共投资往往意味着政府的巨大花费。即便在中国,某些举措也没能吸引有竞争力的企业或者形成就业,政府不得不对它们进行重新设计(Xu,2011;Zhang,2012)。几十年来,许多经济特区的确失败了,政策制定者们不知道如何正确地运行它们,于是只好放弃。这样一来,经济特区在主流经济学界往往被贬斥为单纯的幻想,或者更糟,被称为"中国式"事件——平常又并非那么下意识的口气里带有政治和意识形态的轻蔑之意。

没有什么比这个更不符合事实了。首先,正如历史记录明确表明的,经济特区不是中国独创的。实际上,自邓小平于1978年成为中国领导人以来,他就在尽其所能地积极寻求新的思想和有益的政策,将意识形态之争放在一边,并道出"不管黑猫白猫,捉到老鼠就是好猫"的名言。1980年,一位年轻的改革派——工程师江泽民(1993—2002年任职中华人民共和国主席)——和其他一些中国官员被派往世界各地观察和研究经济特区的运行模式。参观完一些国家之后,他们来到爱尔兰，并在那里受到了启发："代表团听取了关于世界上第一家免税店的介绍，这是一个专注于机场的基础设施项目，也是一个实行低税率和自由贸易的经济特区。代表们赞赏香农开发区的务实做法。不像江泽民所访问过的其他国家——其中大多数都多少与冷战相关——爱尔兰从不鼓吹自己的意识形态议程。香农的政府工作人员将精力集中在就业创造、实践培训和技能传授上，并为每个新企业的发展需求提供便利。这就是那只'捉到老鼠的猫'。访问过世界上各种类型的经济特区之后，香农模式以及新加坡模式成为仅有的两个中国决定效仿的经济特区。"（Quigley，2012）

更重要的是，经济特区已经成为吸引FDI、建立各种类型的集群或者工业区的最有效渠道，它们使大型或者小型经济体都可以充分利用全球贸易的新模式。如果碎片化生产（正如上文所强调的那样）在可预见的未来确实是全球交易的"新常态"，那么即使是那些基础设施落后、人力资源有限或者治理不善的国家也可以找到务实的解决方案，将其经济定位为全球供应链中可信赖的商业环境。成功的经济特区不仅可以解决这类问题，而且能够成为在国内各个行业的企业（小型企业或大型企业）与跨国公司之间建立商业联系的最佳阵地。

经济学家和政策制定者对大多数经济特区失灵的原因也给出了五花八门的解释——每个单独拿出来看的话都讲得通，但若将它们放在一起来看的话就非常令人困惑了。它们包括对于经济特区思想的全面性否定，即"商业中的政府官僚主义"——一种主要基于意识形态原因的观点（World Bank，1995）；这一观点认为这些是"政治优先"，通常会导致产生所谓的"白象效应"（Economist，2015），治理不善问题，缺乏制度框架和政治承诺，执行能力薄弱，以及不适当的监管和评价机制等（Zeng，2012）。

这些对于经济特区高失败率的解释，都倾向于将问题产生的原因和其症状或结果混为一谈。尽管许多类型的错误可以解释发展中国家的政策制定者在复制来自中国和一小部分其他国家的经济特区成功经验方面的无能，根本问题往往存在于战略选择方面。建立具有自生能力的经济特区的一阶条件是挑选"正确的"行业——并不一定是最"现代的"或者最有吸引力的。这些具有潜在自生能力的行业是那些能够反映本国经济比较优势的行业，而非体现领导人政治野心的行业，因此它们能够迅速发展为具有比较优势的行业。正如 Farole（2011）所指出的："单就一个特殊的经济特区体制、一个有说服力的总体规制，甚至一套全面建成的基础设施来说，其存在本身越来越难以在吸引投资、创造就业以及对当地经济形成外溢效应方面有所作为。相反，真正能够决定成败的是经济特区计划在特殊背景下的关联性，以及这些项目在不断推进的基础上被设计、实施以及管理的有效性。"

回顾过去，经济特区表现不佳的主要原因似乎在于人们相信它们是随机出现的（就像通用键盘一样）。大多数经济特区辜负了政策制定者的期待，是因为它们没有找准合适的行业定位，或者它们过于广泛的通病使它们无法吸引足够的有竞争力的企业。在许多发展中国家，试图创建经济特区的政策制定者们没有正确思考在一个日益全球化的经济中本国经济成功发展所需要的条件，以及怎样最有效地发掘经济的比较优势。贫穷国家通常面临阻碍私人部门发展的两大制约因素：高生产要素成本（对于高技能劳动力和资本而言）以及高交易成本（主要由于落后的基础设施、不良的商业环境和薄弱的行政能力），它们又往往由于政治俘获和权力寻租而加剧。

得益于劳动力和资本的全球化和自由流动，高生产要素成本在近几十年来普遍下降，即便在偏远的地方也是一样。2015 年，一个国家，像玻利维亚，如果需要训练有素的工程师，就可以从墨西哥或西班牙吸引大量这样的人才，而成本比 1970 年还要低。同样，斯里兰卡如今比 30 年前更容易从卡塔尔或马来西亚（拥有充足的主权财富基金）吸引到私人资本。但是对于大多数低收入国家而言，要想规避高要素成本约束，使得经济发展成功的可能性最大，最好的方法是制定旨在利用其唯一具有竞争的要素成本（低技能劳动力和土地）的发展战略。如果经济发展战略与国家的比较优势保持一致，同时各种要素（低技能劳动力、土地或者自然资源）得到广泛使用，就可以切实降低要素成本。因此，如果被选中并且被吸引进入经济特区的行业主要是那些很好地利用了低技能劳动力的行业，那么第一个制约因素就被消除了。

要消除第二个制约因素，发展中国家可以将经济特区打造为优秀园区，普遍存在的问题，如基础设施问题、不良的商业环境以及薄弱的治理和行政能力等，在那里都可以得到有效的解决（对一个拥有有限财政资源和行政能力的政府而言，在一个经济特区的地理范围内提供一流的基础设施以及打击官僚作风和腐败比在全国范围内进行确实要容易得多）。

然而，要想消除第二个制约因素，确保经济特区的有效运行，在优秀园区内经营的企业首先必须在经济上具有自生能力，同时园区提供的条件和政策激励必须有助于它们之间的合作和竞争。因此，经济特区最好一开始就被设想为工业园区（"专业化"的经济特区），政府向园区内的所有企业只提供同样的基础设施。一般性的经济特区会吸引来自不同行业的企业，这些企业往往需要不同的基础设施，这就要求政府进行巨额投资，也使得经济特区的可持续发展面临更大的挑战。

由于被吸引到经济特区中的企业往往违背了本国的比较优势，因此，若没有一套强有力的保护政策，它们就不具有自生能力。在大多数情况下，政策制定者们要么以他们的个人喜好或者政治原因来确定行业，要么没有积极努力地去甄别出那些可能最适合本国要素禀赋结构的行业（即劳动密集型行业）。他们认为那些愿意加入经济特区或者出口加工区的外国企业将会创造就业，这样至少是聊胜于无。缺失甄别战略可能会造成的后果之一，就是经济特区里出现很多单独的小企业，它们来自关联性甚小的不同行业。考虑到政府财政预算的有限和公共投资计划的薄弱，很少有政府能够向它们提供特定行业所需要的基础设施支持。

经济特区的地点选择并不总是最佳的。一些经济特区建立在港口城市，那些城市本身就是增长极或者靠近交通枢纽；另外一些建立在孤立或者偏远的地区，选择这些地区并非基于经济学上的考虑，而是为了争取政治支持。对于少数愿意到这些地区建厂的企业来说，这导致了生产和交易成本的增加。然而，减少交易成本尚未成为战略重点的一部分。由于在行业挑选上的随意性和政府财政资源的有限性，很多这样的经济特区有时甚至连最基本的公用设施和服务都不能提供。这说明政府并未积极发挥它们不可或缺的因势利导作用。它们没有为特定行业提供基本的基础设施，往往等待（无望中白等）符合入驻条件的企业投入资金，支持园区内的电力、供水或者通信设施建设。它们没有对企业在本行业中进行设计和生产所共同需要和使用的资金进行协调（例如存储设备）。

另一个主要问题是经济特区能够产生的商业交易容量有限。在同一经济特区内从事不同行业的一小部分企业，很难产生足够数量的商业交易，以达到实现马歇尔外部性所必需的临界规模，并使得该区域的企业成为全球市场可信赖的合作伙伴。在当今的世界经济中，那些有能力以最低价格从供应商那里获得原料和中间产品及服务的企业，通常是那些处于世界贸易网络中的企业——通过大量买入，它们处于更为有利的地位去获得最佳的单位成本。因此，那些拥有许多不同行业的经济特区，当需要为单一企业配售原料和中间产品及服务时，就会处于劣势。换句话说，即使一个经济特区拥有在经济上具有自生能力（并且与经济的比较优势相一致）的行业，但如果它试图同时发展过多不同的行业和商业活动，从而不能为企业赢得足够的市场力量，那么它仍然会失败——这样的经济特区实际上摊薄了自己的利益。总之，要消除第二个制约因素（即高交易成本）就必须发展能够产生同一行业的大量企业集群的经济特区，这样才能实现规模经济、产业内的知识溢出以及其他集聚效应。许多发展中国家的政府只是凭借对各行各业的广泛财政激励措施创建了通用的经济特区，并没有在产业集聚的过程中进行因势利导，而要做到这一点，需要政府为特定行业提供基础设施，处理集聚过程中不时出现的协调性和外部性问题（Lin, 2012a, 2012b）。

另外一个常常导致许多发展中国家的经济特区项目失败的一阶战略性错误是其推进者（政府或私人部门参与者）没能在这些优秀园区和其他国内企业之间建立有效的商业连接。他们没有考虑到一直处于发展过程核心位置的政治经济问题。就其本质而言，渐进的经济发展战略是建立在对最有前途的潜在增长力量进行的战略选择和地理定位基础之上的，这必然产生赢家和输家，至少在短期内会是如此。因此，有必要促进快速的成功（就时间和结果而言），建立企业后向和前向关联①以缓和社会紧张。在一些国家，当地商业团体对经济特区持怀疑态度，将其视为地理区域和封闭的"特殊俱乐部"，在这里发生的是不透明的商业活动，通常与外国企业和一小部分与统治阶级保持良好关系的商界领袖有关。例如，据报道，在印度这个联邦法律和各邦法律法规常常重叠适用的国家，补贴和税收激励在经济特区内遭到滥用，为建立特区发起的征地活动也常常引发抗议。据 Arpita Mukherjee 所言：

---

① 后向关联可以定义为一个企业和其供应商之间在资金、产品、服务以及信息方面流通的各种渠道，并产生相互依存的网络以及互利的商业机会。这样的关联在一个行业的发展刺激其供应行业的发展时得以存在。例如，皮革行业的增长可能带动畜牧业的发展，这样会为农民带来更高的收入，并在农村地区创造更大的产品和服务需求。有些学者将后向关联区分为直接的后向关联和间接的后向关联。一个经典案例是，汽车行业与钢铁行业存在一种直接的后向关联，与煤铁工业（因为煤和铁是钢铁制造的投入品）存在一种间接的后向关联。前向关联与企业及其客户之间的联系类似，并在一个行业的增长导致使用其产出作为投入的行业获得增长，或者一个行业的产出有助于刺激另一个行业的活动的情况下存在。例如，通过前向关联，处于偏远地区的采矿业的发展有助于建立一个运输矿产品所必需的农村公路网。

"经济特区政策中的土地获取政策有时被滥用了。各邦有自己的经济特区实践,有时与中央行动是不一致的。多级政府机构和重复政策产生了大面积的腐败。获准设立的经济特区已经过多,而政府还在继续批准设立经济特区,完全不考虑已经设立的那些特区根本未有效运行。通过对项目建议书和网上申请进行更严格的可行性评估、网上申请以及审批制度……腐败可以得到解决。此外,项目评估应该独立于政府。"(引自Gray,2013)

应当指出的是,几乎在所有的贫穷国家,腐败都很可能是一个普遍的问题,不仅出现在经济特区内部,也在整个经济范围内蔓延。这是一个已经在世界各地被长期观察到的典型事实(Lin and Monga,2012)。原因在于,运营一个人员齐备、设备精良以及运作良好的国家司法系统,需要很高的成本,远远超出了低收入国家公共部门的承受能力。在一些国家,腐败问题是多重性的,它深嵌于社会、经济及权力关系以及包括司法系统在内的几乎所有国家机构中,陷入了一种被Joseph(2014)称为"有偿政治"的低水平均衡动态中。如果事实如此,并且如果世界上几乎所有的政府——包括那些高收入和民主国家的政府——都必须持续与腐败相抗争的话,那么眼下的问题就与经济特区无关,而与用来减少风险的政策有关了。之后的挑战就是要了解哪些政策环境可以为成功的反腐机制和总体上的良政治理提供最好的激励措施。

成功限制了腐败在经济特区内盛行的国家,通常是那些取消了贸易限制、价格管制和多重汇率的国家,Krueger(1974)认为这些是引起腐败的一部分主要原因。然而,这些运行良好的经济特区的目的在于支持那些具有竞争潜力的目标行业,政府不需要再为它们提供保护或补贴。因此,政府俘获和权力寻租的风险是最低的。在这种背景下,经济特区的可持续性取决于它们所容纳的企业的比较优势和自生能力。为了支持这些企业,确实会有政府干预和公共政策的存在,但这些激励措施都具有精准的针对性（在数量和时间上），并以透明的方式进行分配，以补偿先行企业产生的外部性。唯一的受益者是那些在开放、竞争的市场具有自生能力的企业。在这样的经济特区里，企业的投资和生存不会依赖于通过垄断租金、高关税、配额限制或补贴信贷等手段获得的政府保护、大额预算补贴或直接资源分配。而对于那些致力于吸引各行各业的各类企业的一般性经济特区来说，因为无法创造出巨额租金，所以也很难产生太多扭曲从而成为政治俘获的目标。总之，政府通过为那些与随着本国禀赋结构变化而变化的比较优势相一致的新兴行业的发展提供便利，可能会大大减少在许多经济特区观察到的普遍的治理问题。

经济特区失败的原因还包括不良的机构组织和无效的管理。但是，尽管这些原因的确存在，却没有之前讨论的一阶问题那样重要。而且这些二阶问题通常是由于为那些违背本国比较优势的行业建立经济特区的战略错误所导致的。在某些情形下，政府用于支持新创建的经济特区的政策是不足的或不当的。其他的失败经验涉及政府或公共机构独自开发、监管和运作经济特区的问题。除了明显的专业和能力方面的问题，这种由监管机构参与特区开发活动的制度安排通常还会导致利益冲突，特别是在公共特区与特区外的私人企业产生竞争关系的情形下。

投资环境调查也显示，在许多国家，经济特区管理人员未意识到，成功融入世界经济越来越需要促进贸易的"境内措施"。很多时候，他们既没有减轻审批负担，也未能提供海关和港口等方面的高效服务。在一些国家，外国企业要获得必要的营业许可往往需要花费一年多的时间。它们还不得不与冗长、复杂的规则程序打交道，承担高昂的基础设施（通信、能源、供水）成本，以及面临严格的劳动法规。此外，它们还必须对企业的就业创造目标做出不切实际的承诺，以及面对极高的初始投资要求。在另外一些地方，成功加入经济特区的合格企业在获取外汇和其他金融服务方面仍然面临严重的困难。

总而言之，让集群随机出现的信念普遍导致了令人失望的结果。大多数经济特区并未吸引到来自有竞争力的行业的足够多的企业，这是源于政府对经济特区的不良设计、无效管理和误导性政策。此外，特区内的企业也未产生足够的后向联系，并与当地企业建立业务转包关系。当地企业经常要么没有兴趣向特区内的集群企业提供供给，要么在产品质量、价格以及交货时间等方面不能满足世界市场的标准。而特区企业自身只倾向于有限地使用国内要素和投入，并将自己封锁在贫穷经济体的小块飞地里面。由于这些经济特区经常制定不当的战略重点（当中有一些企业常常通过与有影响力的政客进行特别交易而获利，也能够在原本缺乏竞争力的工厂中生产错误的产品），它们作为外国企业的飞地与当地私人部门的交流十分有限，这加剧了整个经济体的扭曲。并且这种关系脱节更加恶化了当地商业人士对于它们的看法。在一些案例中，物流不畅和供应链薄弱（都反映了有限的集群化）使得这些企业严重依赖于进口（例如电子产品甚至服装等行业，其进口比率往往超过60%）。在这种情形下，货币贬值加剧了净出口的扭曲。最终，它们面临高昂的交易成本。尽管它们从政府的扭曲性保护中获得了一定的利益，但却没能产生足够的业务量，以使自身成为可靠的商业实体。

篮球名人堂成员迈克尔·乔丹曾经被很多人视为最伟大的球员，人们经常引用他的一句话："我在生活中一而再再而三地遭遇失败，这就是我成功的原因。"坚持，并且从失败的教训中获取正确的经验，这就是迈向成功的关键。然而，经济特区的推行者们并不需要经历几轮惨痛的、代价高昂的失败才能获得成功。发生在不同国家背景下的成功故事已有很多，发展经济学家们可以从中获得普遍的、有益的成功指导。

建立成功的经济特区和工业园区：一些指导原则

为了使经济特区的成功率最大化（使它们成为通往产业和技术升级、可持续发展以及就业增加的主要工具），发展中国家应该在挑选所要发展的行业时更加谨慎，确保这些行业中具有发展潜力的企业配备必要的基础设施，纠正很多国家以往的扭曲和低效表现，其所采用的政策和制度框架要能对经济增长产生正确的激励，并且强化与国内经济的联系。相比创建一般性的、目标宽泛的经济特区，发展中国家更应考虑建设配备专门设施的园区，以满足特定行业和部门的需求，这种园区被称为基于集群的工业园区（CBIP）。如何发展这类园区将取决于要推动的是哪一个行业，这些产业应该与本国已有的或潜在的比较优势保持一致。① 根据这类园区为满足目标行业的独特需求而配备的专门设施的不同，它们可能是旨在支持与航空有关的商业活动（例如水果、蔬菜或者切花出口）的基于机场的经济特区，也可能是旨在促进离岸活动的农副产业甚至只是金融服务区。

通用原则建议

对入驻基于集群的工业园区的行业应该仔细进行甄选，这些行业应与每个国家已有的或潜在的比较优势相一致，以确保它们尽可能地将最充裕的要素（通常是低技能劳动力）物尽其用，并能够在没有政

---

① 基于集群的工业园区不应试图促进静态的比较优势，而应为产业多样化和产业升级提供支持。此外，当政策制定者提倡促进动态的比较优势时，这些工业园区也不应过于雄心勃勃，如同在某些国家所表现的那样。这种微妙差别是非常重要的。动态比较优势理论通常试图帮助企业进入本国在未来具有比较优势的行业。在非洲，由于禀赋结构的限制，即使政府提供协调和外部性补偿，那些具有动态比较优势的产业中的企业在一个竞争的市场上也还不具备自生能力。相对而言，基于集群的工业园区应该着眼于帮助企业进入那些具有潜在比较优势的行业。在这种设计下，一旦政府提供了协调和外部性赔偿，这些企业将立即具备自生能力，不再需要补贴或保护。

府过度保护的前提下在国际市场上保持竞争力。至少在初始阶段，它们应该开展劳动密集型、装配导向型的生产活动，如纺织、服装、鞋类、电气和电子产品等。在这样的行业中，活动范围还要进一步扩展，不仅包括生产和加工，也应包括诸如仓储或转运等商业服务和专业服务。

对所有的投资者（国外的和国内的）应该一视同仁。因此，应该执行适当的法律法规、规章制度来减少政府激励措施被扭曲的可能性。此外，对所有选中的行业应该实行单独的一套财政激励措施，不论其地理位置所在（位于经济特区内部还是外部）。全世界的政治领导人现在都面对着前所未有的社会政治挑战，它们来自日益增多的、要求严格的、（通常是）受过良好教育的民众。事实上，如果不能交付切实的成就，尤其是在就业方面，维护执政地位的代价就变得非常高了。随着发展中国家新一届更加务实的领导人的出现，政策制定者们可能会对选举政治更为敏感，也会对他们所选择的经济政策更加负责。

政府应致力于将基于集群的工业园区与整个国民经济相融合，这不仅是因为在受到良好保护的经济特区，出口企业在与当地私人部门建立商业联系时，更容易在政治上和社会上被接纳，而且因为它们在商业活动中积极与国内企业（特别是中小型企业）进行利益共享，能够更有效地建立可持续和包容性增长的基础。对于任何一个吸引了具有较强竞争潜力的私人企业从而很有可能获得成功的经济特区而言，没有什么要比被（误）认为是腐败政治家和外国工业家之间进行黑幕交易的国内飞地更糟的了。与当地的小企业和其他参与者（例如学术机构）共建经济和社会关系网络，有助于减少外国投资者到发展中国家投资时所面对的猜疑和抱怨。

基于集群的工业园区要抢先解决国内不可避免的批评、社会恐慌以及其他政治经济问题，应该努力在建立之后迅速创造成果。① 若想最有效地做到这一点，新创建的园区必须快速创造出制造业就业机会，吸收大量低技能劳动力。其推进者应该鼓励园区内的企业与当地企业建立联系，这样园区就可以作为成功案例催化更广泛的改革，并与地方政府和商业协会进行合作，推动国际劳工组织（ILO）劳动标准的实行。信息交流的确是很重要的，对于贫穷国家处于劳动力阶层的大多数人而言，如果不在这样的工业园区里就业，就意味着要从事生产率低下、收入微薄的非正式工作，在城市地区不完全就业，或者在农村地区从事无盈利且高风险的农业工作，甚至失业，永远陷入贫困陷阱之中。即便只有最低程度的正规教育，许多毫无技能的工人仍然可以受雇于工业园区，专门从事基本的组装操作。从中长期发展来看，基于集群的工业园区的战略重点应该放在务实的基础上，以可行的节奏向高价值生产活动迈进，从而改善经济体的要素禀赋结构。只有不断促进劳动力技能的发展，将产业和技术升级作为园区内企业发展的终极目标，上述战略目标才有可能实现。

有效的制度安排

基于集群的工业园区还面临一个重要问题，那就是公共部门和私人部门在园区的设计、所有权及管理方面的角色分配。应该鼓励园区在所有权、管理以及运营上的私有化。但是，一开始可以建立公私合作的伙伴关系，公共部门提供诸如道路等场外基础设施，场内基础设施所需的资金由公私合作提供。政府部门可以直接为建设园区内的基础设施和设备提供财政支持或担保。私人部门的参与可以采取不同的形式：与政府建立共担风险、共享利益的基本合作伙伴关系；签署特许协议；采取"建设—拥有—运营"（BOO）、"建设—运营—转让"

---

① 据估计，撒哈拉以南非洲国家建立的经济特区一般对本国出口的贡献接近50%。这可以通过它们对该区域出口多样化的影响推断出来，它们也有助于技能升级。

（BOT）或"建设—拥有—运营—转让"（BOOT）等安排（FIAS，2008）。基于集群的工业园区的成功模式包括一系列的合同类型，往往伴随着公私合作关系随时间的变化。近期流行的一种模式与"股权转移"安排有关，它允许政府园区的一个私人合约经理在其达到预定的业绩水平的条件后行使股票认购权。

即便是设计良好的工业园区，也要获得来自最高级别政府机构的强有力的政治承诺，支持其改善商业环境、迅速消除执行过程中的所有障碍，才有可能获得成功。一个为此做准备的好的制度框架可以是一个跨部门的委员会，由一位颇具威信的政治"支持者"领导，以推进事情的完成。这位领导者还应该成为园区开发者和企业与所有政府机构之间沟通的主要对接者，并能够对来自商业界的要求做出迅速、有效的回应，还要与政治压力绝缘，不为取悦国内任何政治支持者。

土地、设施和服务

当政府愿意为私人园区开发者寻找可以租赁的地块、提供权属保证时，建立集群就不再那么困难了。在许多贫穷国家，法律框架使得政府机构对土地的分配和权利具有长期影响力。各国政府都不愿意交出土地分配权，政府控制以历史和社会公平的理由被合法化，而这种控制的存在，为权力寻租和官僚专断提供了空间。国家所有权，特别是对土地重新分配的权力，使得公民和商人只能听从地方官僚机构的行政独断，因为他们掌握着土地分配的生杀大权。基于集群的工业园区通过为所有利益相关者带来快速成功、改善他们的集体福利，为渐进实行土地改革提供了一个很好的机会。即使是埃塞俄比亚和坦桑尼亚等在历史上长期强烈抵制土地私有化和个人土地产权的国家，也都在考虑改变它们的土地所有制政策——这是进步的标志，也表明这些国家意识到这可能是经济发展最可行的选择。

为广泛地扩大园区内的工业设施和生活设施建设，公私合作双方不仅要考虑到特定行业的工厂和基础设施，还应考虑到一系列服务设施，例如高速通信和互联网服务、通用保税仓库设施、培训设施、保养和维修中心、产品展示区、现场通关和贸易物流设施、园内住宿、园内银行、医疗诊所、购物中心、儿童看护设施等。发展一个集群园区，使其成为集工业、商业、居住及休闲于一体的，而非单一性的园区，使得开发者们将其潜在的收入来源多样化，并以其他活动较高的利润抵消某些商业活动中的利润亏损。在东亚许多运行良好的私人园区里，多达半数的年度总收入来自商业支持服务及其他形式的收入。

解决基础设施问题

基础设施薄弱（能源供应不足或质量低劣、公用事业服务价格居高、铁路运输缺乏）对商业会产生负面影响。为缓解这一问题，低收入国家的政策制定者们通常会被建议进行基础设施项目的建设，并且更倾向于进行全国各地或者跨国建设。大型的区域性基础设施工程的预期设想是产生跨境规模经济，并且连接各国市场，但是，其结果往往是成本高、风险大且效果不佳。对于基础设施的需求是巨大的，从来没有一个国家能够正确地断称本国基础设施的数量和质量能够在很长一段时期内支持经济的高速增长。无论是富裕国家还是贫穷国家，基础设施问题在现在及将来都是一个有待解决的问题。①

基础设施项目在任何社会都可能是最有回报的投资，当基础设施形成生产力时，它们可以对一国经济的持续增长做出贡献，并为其他事务提供财政资源。但是，许多政策制定者都没有找到解决基础设施问题的正确策略，他们要么企图在同一时间开展过多的项目，最终造成很多"烂尾"工程，要么优先考虑的是错误的行业和部门，并将有

---

① 根据非洲开发银行集团下属的非洲基础设施国家诊断机构的报告，撒哈拉以南非洲国家对于基础设施的经费需求在未来十年内每年将超过930亿美元。迄今为止，正在提供的经费还不到这个数字的一半，使得财政缺口超过500亿美元。

限的财政、行政及人力资源投入进去，但实际上这些部门和行业并不具备足够的竞争力，也无法产生足够的收益来维持经济的持续发展。

因此，基础设施融资问题也是市场失灵、政府失灵和捐助者失灵的一种表现：

- 市场失灵源于基础设施通常属于公共物品的事实。一旦基础设施得以建造，新增加的消费者使边际成本逐渐降为零。但是很明显，困难在于找到资金向重点行业进行投资。私人投资者需要弥补他们的固定和沉没成本，并获取利润。如果他们看到的前景是在一个强有力的法律和监管框架内，没有市场或者可靠的、稳定的收入流来弥补成本，那么即使被授予垄断权，他们也将不会涉足其中。从关注盈利和资金的私人部门的角度来看，基础设施项目还缺乏知识和创新。一些私人投资者认为，基础设施项目的回报往往会低于平均水平。其他人在基础设施项目上犹豫不决，是因为现有的资产种类并未提供这些项目所需要的、能与传统股权或债券竞争的资产结构。

- 政府失灵是对优先行业和部门选择失误的后果，即使这种选择是基于传统的回报率分析，也往往导致令人失望的结果。由于地理位置不佳、设计落后等原因，被选中的基础设施项目没有产生预期的结果。另外，关于基础设施的决定本质上是具有政治性的，往往会涉及议会程序，这样一来就不一定会遵循技术分析和透明程序了。

- 捐助者失灵是由外部发展机构给出的无效政策建议所导致的，这些机构过于遵从主流的知识范式，并没有考虑到市场及政府失灵，以及它们对拥有有限财政资源和行政能力的国家带来的发展制约。

在有些国家，政府对长期的制度和监管安排做出有公信力的承诺，可以有效解决以上这些问题，而国际合作伙伴及金融发展机构的参与可以更进一步地解决问题。在一个理想的社会，发达经济体将会乐于甚至渴望将万亿美元转移到发展中国家作为基础设施建设的融资。这会创造一个双赢局面，因为这些富裕的经济体将会从这样巨大的投资中获利更多。但是这个最优解决方案在政治上实行起来并不那么容易——即使在2008年全球经济大萧条时期，所有的发达经济体都调动大量的财政激励措施来刺激其国内需求，但却收效甚微的情况下。

没有一个发展中国家会有足够的财政资源和行政能力在其整个领土范围内修建公路、高速公路、铁路、港口及机场，或者促进与其他（主要是贫穷的）邻国之间的区域间交往。唯一明智的解决办法是设置正确的优先事项，以及确定建造必要的高质量基础设施的地理位置，来支持面向全球市场的出口导向型轻工制造业。所以，次优方案就是制订一个精心设计的战略计划，将基础设施投资主要布置在工业园区内部及周边，从而将国内企业和国际企业，以及国内经济和全球价值链连接起来。

在基于集群的工业园区内部，针对特定行业提供的基础设施确实是决定园区内交易成本和竞争力的一个重要因素。它有助于吸引企业，促进集群的形成，并在企业之间发展分包关系。政策制定者们应该与私人企业经营者紧密合作，通过有目的地建造基础设施，来完善园区的设施和服务，这些设施和服务之后也可以进行销售或租赁。私人园区的开发者则应该拥有为园区内企业提供公用事业服务（水、电、排污以及通信）的许可。

几十年来，许多基础设施资产的所有权和资金已经转移至私人部门。由私人所有和私人融资的基础设施的新模式已经出现了，政府在其中主要扮演监管者的角色。但是，这种私有化模式不能涵盖所有的基础设施种类，尤其是那些园区中限制在较小的地理范围内的基础设施。因此，有必要为特定项目进行制度安排，如公私合作以及私人融资计划等。发展中国家可以从世界资本市场的低利率中获利，想办法弥合现有受管制资产相对较低的债务成本与新项目的较高成本之间的差距。

考虑到金融危机之后对银行业的资本和管制约束，资本市场日益成为基础设施项目融资的重要来源。Lin et al.（2015）建议推出新的金融工具，以引导 FDI 流向基础设施项目，包括在发展中国家基于集群的工业园区内的基础设施。具体而言，他们建议创建一种被称为"买入—持有股权"的资产类别，它介于传统股票和债券之间，可以持有 15 年甚至更长时间。它提供的回报接近于传统股权投资，但也存在一些风险。由于该种股票的长期持有特点，这些风险可以忽略不计。私人部门会带来基础设施投资的专业技能，同时，主权基金和国际金融机构则提供资本和稳定性。这一平台将重点放在有确定现金流以及合同条款（可以包括相关的风险降低策略）有 20—30 年保证期的项目上。

还有另一种可行的方案可以为基础设施和经济发展提供信贷融资，那就是加强公共投资银行建设，在提供长期融资的同时保持可持续的财政平衡，避免中央政府在借款能力上的过度压力（Aryeetey，2015；Monga，2012）。这种金融发展机构可以在资本市场上借钱，为那些有竞争力的行业和部门中具有经济可行性的项目提供融资。它们可以为项目启动者发行的债券提供部分或者全额的还款担保，承担项目风险，从而大幅降低融资成本。韩国发展银行和日本发展银行在制度和治理机制设计方面提供了好的参考模式，它们既可以为重大基础设施项目提供资金，同时还能始终避免损失，并对信用风险进行收紧把控。

将腐败和寻租风险降至最低

关于集群的理论文献中常常指出了政治经济方面的顾虑，对于传统模式下的经济特区和出口加工区，如果区内企业属于违背本国比较优势的行业，这种顾虑还是有其合理性的。因为这些行业中的企业在一个开放、竞争的市场中是不具有自生能力的，它们的存在和持续经营通常依赖于大量的补贴和保护，这为寻租和腐败创造了机会，也使得政府很难放弃干预并从扭曲中抽身。基于集群的工业园区应该推行一种完全不同的发展模式：选择与经济的潜在比较优势相一致的行业。这样只要进入和运营限制被取消掉，这些企业就具有自生能力。政府为先行者提供的激励措施必须是透明、临时、目标明确、数额不大的，只用来补偿这些企业的信息外部性。在这种情形下，普遍存在的寻租和长期持续的干预等问题都可以得到缓解。选择具有规模经济（从而激励外国投资者在低收入国家进行本地生产）以及升级潜力（从而为国内增加值的未来创造提供机会）的劳动密集型产业将会产生快速的成功，这正是政策制定者们建立自己的国内政治资本和寻求改革所需要的。

不是所有的发展中国家都面临这种落后的激励制度和极度严格的劳动市场法规，这种情况不是激发了寻租行为就是阻碍了基于集群的工业园区的有效发展。在一些国家，最低工资以及其他劳动法的刚性规定在实际中的约束力并不像在书本中写的那样。在这样的国家（尤其是那些基本交通、能源、通信等基础设施可以得到迅速改善的国家），基于集群的工业园区在设计和运行上可以大胆得多，并发展成为"自由港"。它们可以成为私人投资的大型平台以及整个国民经济甚至更大范围内知识溢出的催化剂，甚至可以作为特定行业的区域中心，而不仅仅是出口基地。如果园区是基于经济依据而非政治考虑去进行选择的话，它们随后会覆盖更大的区域。因此，这将使得企业在选择厂址和企业间的联系机会时拥有更大的灵活性，并使它们可以在纳税的基础上全面进入国内市场——换句话说，取消出口不低于生产的80％的传统要求，并且，只要企业缴纳了所有适用的进口税和其他税，就可以无限制地向国内消费者进行销售；允许企业从事任何他们认为有利可图的合法经济活动，包括生产、仓储、中转等。注册公司或个人也可以得到免税特权，以激励他们引进各种类型的商品，这些商品之后将以零售或批发的形式进行销售，甚至在园区内部消费。

发展中国家的政策制定者们还应该向运作最成功的爱尔兰、中国台湾以及韩国学习，允许当地企业免税购买投入品，如同园区企业的待遇一样。国内的生产者，尤其是中小型企业，可以从进口产品和服务的税收抵免和退税中受益，这些产品和服务将用于销往园区的产品中。然后，当地供应商又可以使用园区企业发放的信用证进口中间产品和部件。作为分包安排的一部分，园区企业还可以向国内企业提供技术支持或者融资渠道。这样的政策措施旨在促进后向联系，最终将有助于减轻加之于园区的政治反抗。

政府还应当与那些有竞争力的行业中的企业紧密合作，以支持员工的培训和训练，促进学习考察和人事交流，针对园区内出口导向型企业的采购人员和技术管理人员实施量身定制的培训项目，帮助当地供应商达到产品的高质量标准，并实现按要求时间交货。通过使当地商业领导者参与进来，为他们创造条件，使他们充分享受到园区的丰硕成果，政府将促进就业创造，并缓解国内对新政策的政治社会抵触（包括来自工会的）。

最后，政府应该向潜在的外国投资者清楚地表明其政治承诺，使他们相信基于集群的工业园区在商业方面的所有制约因素将很快得以消除。这需要国家领导人及其他高级政府官员在这方面的亲自参与，以传达这样的信息：政策一旦得以实行将不会出现逆转。精心组织和有针对性（特定行业）的走访有潜在投资者的国家（中国、泰国、印度、巴西、卡塔尔等），将有助于消除怀疑，为新政策增加可信度。

* * *

2008—2009年使世界经济陷入动荡的大萧条及其对全球贸易和就业产生的持续性消极影响，也为发展中国家解决面临的一些艰难挑战提供了新的机遇——尤其是在基础设施领域。正如博尔赫斯被迫探索真实的自我，从而发现新的使命，最终不仅成为阿根廷最著名的作家，也成为现代最伟大的作家之一，发展中国家也可以抓住这一时机，重新评估其经济战略，重新进行自我定位，从而充分利用新世界提供的无限可能性。

FDI在长达几个世纪的时间里都是经济增长的主要动力，刺激产业、技术和制度升级，促进知识转移，创造学习机会。因此，可以说是启动并维持变革动态，使社会与贫困斗争并实现共同繁荣的主要因素。如果最初以基础设施融资为侧重点，选定最具有积极溢出潜力的行业和地区，FDI将发挥最大作用。可以说，世界经济的低迷状态实际上为发展中国家提供了新的增长途径。近年来，建造基础设施和启动具有经济可行性的新工程、新项目的成本已经变得便宜很多，这得益于发达经济体中过剩的生产能力（尤其是建筑部门）和创纪录的低利率。

发展专家和政策制定者应该找到创新的路子，将富裕国家过剩的储蓄转移到发展中国家来——富裕国家产能过剩但投资机会在日渐变少，而发展中国家却正如饥似渴地需要盈利的企业。通过发达国家和发展中国家之间达成一个新的全球协议，开发新的基础设施融资工具，重新探索巧妙构思、精心设计、妥善管理的产业集群所具有的神奇优势，这个目标是可以实现的。

为了使基础设施投资的影响最大化，应该将工业园区视为发展集群最有效的方式。它们可以产生明显的好处，这些好处在上至马歇尔时代的经济理论中都有述及。马歇尔认为，在一个特定的地理区域集中生产，可以通过知识溢出、劳动力集中供应以及专业化供应商的邻近为该区域的企业带来巨大的外部收益。马歇尔理论观点的应用是至关重要、符合实际的。工业园区为建设"卓越的孤岛"提供了绝佳机会，甚至对那些被许多其他问题困扰的经济体而言也是如此。一个商业环境贫瘠的国家仍然可以发展拥有高质量基础设施和良政治理的工业园区以及产业集群，从而踏上通向经济繁荣和社会和平的发展道路。

附录7.1 全球价值链参与方：部门分组

表7A.1 Eora数据库部门分组

部门序号	部门简称	部门类型
1	农业	基础部门
2	渔业	基础部门
3	采掘业	基础部门
4	食品和饮料	低技术制造业
5	纺织和服装	低技术制造业
6	木材和纸张	低技术制造业
7	石油化工	高技术制造业
8	金属制品	低技术制造业
9	电气机械	高技术制造业
10	运输设备	高技术制造业
11	其他制造业	低技术制造业
12	回收	低技术制造业
13	电力、燃气及水	低技术服务业
14	建筑	低技术服务业
15	保养及维修	低技术服务业
16	批发贸易	低技术服务业
17	零售贸易	低技术服务业
18	酒店和餐厅	低技术服务业
19	运输	低技术服务业
20	邮政和电信	高技术服务业
21	金融中介	高技术服务业
22	公共管理	高技术服务业
23	教育、医疗和其他服务	高技术服务业
24	私人住宅	低技术服务业
25	其他	低技术服务业

结语　立足当下

著名寓言叙事诗《百鸟朝凤》是12世纪波斯诗人法里德·阿塔尔的作品，诗中所讲述的故事，可以很好地概括本书的论点，而且也能给前面的章节中描绘的政策框架带来更多的启发。在这个故事中，百鸟决定寻找鸟中之王——凤凰。当得知要找到凤凰就不得不踏上一条漫长且艰险的征途时，许多鸟都表达了自己的担忧并持保留态度。但是整个活动的领导者——戴胜鸟，巧妙而雄辩地说服大家迎难而上，它一边用诙谐的寓言去安抚大家的恐惧情绪，一边规劝大家向鸟中之王凤凰居住的神秘岛屿飞去。

然而，这趟旅途却并不顺利。在路上，每只鸟都面临各种各样的艰难险阻：老鹰飞得很快，想第一个到达，但却迷了路；鹦鹉穿戴着沉重的珠宝首饰，最终却因费尽力气而坠落；鸭子太懒惰；雀鸟害怕风暴，不敢继续飞翔……有的鸟放弃了，有的鸟决定返回，有的鸟找到各种借口离开，有的鸟甚至在途中付出了生命。它们智慧的领袖——戴胜鸟，一直激励着所有的鸟，让它们保持耐心、谦逊和勇敢的心态，这样才能从错误中吸取教训并克服旅途的恐惧。

最终只有三十只鸟完成了整个旅途——一条充满了知识和智慧、沮丧和欢乐的旅途。然而，当它们到达了目的地——凤凰居住的地方时，映入眼帘的只是一个清澈如镜的湖，鸟中之王凤凰根本不在那里，它们看到的只是自己在湖中的倒影！此时，这三十只寻找精神真理的鸟终于领悟到了故事的真谛：已经没有必要再去寻找鸟中之王了，因为王就在它们各自的心中。故事是用波斯语写成的，在波斯语中，"si"的意思是三十，而"murgh"的意思是鸟，所以，在阿塔尔的这个故事里，他把鸟中之王命名为"Simurgh"。

《百鸟朝凤》实际上讲的是对真理的求索，虽然真理就在我们每个人身边，但我们往往却视而不见。同时，这也是一个在克服错误、恐惧、急躁、贪婪和怀疑的过程中坚持和守望的故事。这个故事可以很好地概括本书关于发展经济学的论述：研究人员和政策制定者认为低收入国家如果要启动并保持经济增长，必须先达到一个完美的理想状态，所以在大多数时候，他们都在忙于对这种完美的追求，这是很危险的。尽管各个学术流派之间存在分歧，但发展经济学家倾向于在开始对国家情况进行评估之前，就把高收入经济体确立为所有贫困经济体应该模仿的榜样，而且他们还会列出一个冗长的"缺失成分"清单，认为只有在补齐这些缺失的成分之后，发展中国家对繁荣的求索才是令人心悦诚服的。不论他们把自己定义成早期结构主义经济学家、新古典主义经济学家，还是后华盛顿共识时代的随机技术支持者，许多发展经济学家都或含蓄或明确地在寻找他们学术之途的凤凰，以期找到必要的学术和政策处方作为经济成功的前提条件。本书采取一种截然不同的方式来看待经济发展：考虑到历史和政策上的教训，不论国家处于什么样的环境，经济成功的秘诀都只能在每个国家的当前发展状态中找到。同时，设定一长串的前提条件以及对繁荣之凤凰的艰难求索，是具有误导性的。

* * *

尽管在过去几十年里全球的贫困率在稳步下降——这主要是得益于少数几个较大国家的进步,比如中国——解决贫困问题依然是一个巨大的全球性挑战。客观上来看,世界上存在着数以十亿计的深陷经济和社会双重苦难的人,所以,在可以预见的未来,全球和平和安全依然是脆弱不堪的,这是一个广泛的国际共识。2015 年 9 月,全球领导人齐聚纽约,他们在雄心勃勃地制定 2030 年国际社会所要达到的可持续发展目标(SDGs)时,就已经考虑到了这些因素。但是,消除贫困和求索繁荣并不是那么容易:从 1950 年到 2008 年,世界上只有 28 个经济体把它们和美国的差距缩小了 10% 以上。而在这 28 个经济体中,仅有 12 个是非欧洲并且非石油输出国家。这个小小的数字让人清醒地看到了一个事实:这个星球上的绝大多数国家还被困于中等收入或低收入的状态中。发展经济学家必须找到一条途径来提高这些国家的收入,这样它们才能缩小与高收入国家的差距,从而实现"无贫困世界"这一全球人类共同的梦想。

本书总结了大量发展经济的理论思考和实践经验,并且对以往的理论和政策框架未能产生预期结果的原因进行了论证说明。本书同时还向低收入国家提供了一份务实的政策蓝图,使它们不需要任何前提条件就能启动并维持经济增长。

哪里出了问题?过往的理论和政策失误

过去近八十年的经济发展研究收获的知识可谓无价之宝。然而,对于面临诸多困难的低收入国家(顾名思义)来说,在可用于促进经济增长和结构转型的特定政策工具上,还有许多工作尚待完成。因此,尽管第二次世界大战以后在分析和政策领域有了一些纲领性的成就,还是很有必要认识到发展思想和发展政策出了哪些问题。

发展经济学是第二次世界大战之后出现的一个新的现代经济学学科分支。它的第一波思潮受到了结构主义的深刻影响，强调结构变迁的重要性，将结构变迁不足归因于市场失灵，并提出用政府的干预措施来修正和克服这种失灵，其中最广受推崇的是通过进口替代战略，但是这种战略大部分都失败了。早期结构主义者试图缩小低收入和高收入国家之间的差距，这无疑是正确的，但他们没有找到问题的真正原因。他们将低收入国家未能建立类似于高收入国家的先进产业的原因归结于市场的僵化。基于这个假设，他们倡导用内向型政策去建立事实上违背他们国家比较优势的产业，在一个开放、竞争的环境下，这些行业内的企业是没有自生能力的。虽然政策上的补贴和保护使一些国家在一段时间内实现了投资拉动的高速增长，但这一战略也伴随着代价高昂的扭曲，并且在中长期是不可持续的。这样的方法势必不可能帮助他们靠近高收入国家的水平。

到了20世纪70年代，第二波思潮逐渐向自由市场政策倾斜，并在"华盛顿共识"到达顶峰。它认为只要保持自由市场，自发的结构变迁就会出现。它们的政策框架主要包括通过自由化和私有化形成正确的价格，从而确保宏观经济的稳定性，改善治理水平。这一政策框架带来的结果极具争议性，一些人甚至将20世纪80年代和90年代描述为发展中国家"失去的二十年"。

"华盛顿共识"将政策的钟摆转向了市场原教旨主义。通过过度聚焦于政府失灵以及忽视结构性问题，其倡导者认为自由市场会产生纠正国家之间结构性差异的自发力量。然而，先行者所产生的外部性以及软硬件基础设施的必要改进所需要的协调也会产生市场失灵，而这种市场失灵是内生于结构变迁过程的。在任何国家，如果没有政府的因势利导，启动结构变迁的自发过程将要么很缓慢，要么根本不会发生。遗憾的是，"华盛顿共识"忽视了这些。"华盛顿共识"还忽略了一个事实,即在发展中国家存在的许多扭曲其实是一种次优安排,目的是保护该国结构主义下的优先部门中没有自生能力的企业。如果不解决企业的自生能力问题,消除这些扭曲可能会导致企业倒闭,造成大量失业和社会政治的不稳定。由于担心出现这种可怕的后果,许多政府会重新引入隐性的保护和补贴,其效率甚至比过去旧的补贴和保护还要低。

为了启动结构转型的过程,低收入国家需要改善农业技术并发展低技能和劳动密集型的制造业。鉴于它们国内较低的储蓄水平以及与全球生产网络和分销链的对接不足甚至不存在,引入FDI就成为可取的选择。然而,这些地方的投资环境和商业环境也不尽如人意,在这种情况下,"华盛顿共识"的支持者们从最优世界的角度看待低收入国家,建议立即取消各种扭曲,改善商业投资环境(他们假定如果商业环境得以改善,FDI会自发流入这些国家)。他们提出的政策通常会导致令人失望的结果,理由是显而易见的:首先,可能需要几十年的时间才能使商业环境改善到理想的水平;其次,即使经过如此艰难的改进过程,FDI也可能不会自发地流入。以突尼斯和博茨瓦纳为例,它们在营商指标中的排名是发展中国家中最优秀的,但却并没有吸引大量的FDI来启动和维持本国的结构变迁过程。

由于发展中国家无法缩小与高收入国家之间的差距,同时也由于其持续的贫困,国际捐助者群体便将他们的精力转向其他人道主义项目上来,比如直接投资于贫困人口的教育和健康。但在大多数国家,服务的交付情况仍然令人失望,这使得改善项目绩效成为一个新的关注焦点。麻省理工学院"贫困行动实验室"(Poverty Action Lab)的研究人员通过随机对照试验开辟了这一领域的研究,这被认为是第三波主要的发展思潮。Woolcock(2012)描述了这一从"大发展"到"小发展"的转变,对发展思潮从结构主义/"华盛顿共识"到基于项目/部门方法的演变进行了评论。了解项目绩效的决定因素固然重要,但是这是否就是通往经济繁荣的路径还是值得怀疑的。毕竟，只有 12 个经济体成功地将其与美国的差距缩小了 10% 甚至更多，而它们的发展之旅并不是始于微观的项目，而是宏大的想法。

何去何从？重返务实主义

为了从整个世界结构转型的各种经验中汲取主要教训，重新应用于经济发展的理论和实践，并且从中总结出贫穷国家可以用来对抗贫困的政策原则和框架——无论其本身的经济情况如何——我们必须首先强调一些往往被忽视的关键原则。现代经济增长是一个结构不断变迁的过程。以往许多发展领域的思想家没能给出正确的结论，是因为他们没有找到现代经济增长的本质或原因所在。在寻找结构变迁的原因时，区分"根本"原因和"直接"原因是必要的前提。例如，创新是结构变迁的一个根本原因，而教育只是一个直接原因。一个直接原因不应该被视为最终原因。如果没有在理论和政策层面上明确这两者的区别，就不能理解为什么北非国家（以及一些撒哈拉以南非洲国家）在没有经历结构变迁的情况下，教育水平就得到了大幅度的提高，这个例子表明教育是一个直接原因，而不是最终原因。

要分清根本原因与直接原因，同样重要的是牢记结构变迁的机制和要求是因不同国家的发展水平而变化的。例如，因为高收入国家的科技和产业水平位居全球前沿，所以它们的创新就相当于发明，然而，在发展中国家，创新可能只是模仿。由于每个国家在不同发展水平上的创新机制不同，对教育的要求也各不相同。

此外，务实主义是最重要的。许多在过去和当前为贫穷国家开出的政策处方，无论是针对根本原因还是直接原因，都忽视了它们不是在一个"最优世界"的背景下实施的。事实上，根据定义，所有发展中国家都处于"次优"、"次次优"甚至"n 次优"的状态。尽管在脑海中为这些国家构建一个理想的、最优的世界也很重要，但更为关键的是，给它们提出的政策建议是对它们有益的、可行的、务实的。经济理论家们普遍认为，在次优的情况下，消除扭曲并不一定会成就帕累托改进。然而，发展经济学家往往忽视了这一真知灼见的含义，为了把恶劣的国家环境转变为最佳的环境，他们频繁地建议将"大爆炸式的"经济改革方法作为转变战略。①

发展的目标是帮助贫穷国家摆脱低收入陷阱，使中等收入国家进一步提升至高收入水平。为了实现这一目标，发展专家经常使用高收入国家作为参照物，自然会观察到发展中国家不具备什么条件或在哪些方面没有做好。这种做法的意图可能是高尚的，但是至今为止，其结果往往仍然难以令人满意。发展领域的实践者必须避免这种心态，改变以"不具备什么和没有做好什么"的观察角度去看待他们的发展中国家客户，而应该看看这些发展中国家现在有什么，哪些方面可以有所作为，并且可以蓬勃发展。

结构转型一般始于农业转型，以及提高农村劳动者生产率的需要。但是最终，贫穷国家必须实施相应的政策，将它们的资源（包括劳动力）从农业转移到生产率水平要高得多的工业和现代服务业。许多发展中国家的领导人已经意识到这一点。如果他们想要实现和维持强劲的增长，他们就必须摆脱农业部门的主导，迈向产业升级和技术创新——往往是通过模仿在经济阶梯上仅仅几步之遥的经济体。在非洲和南亚的低收入国家，农业部门是非常重要的，不应该被政策制定者所忽视，但是，仅仅如此并不足以使他们的经济体走上一条致富之路，从而达到中等收入水平，甚至最终进入高收入水平之列。

一个动态的经济发展过程是许多小的成就的整合和积累，而只有当国家在历史上的某一特定时间点做得很好时，才有可能达成这些成

---

① 参见 Lin（2012）关于"大爆炸"与"渐进主义"的经济改革方法的讨论。

就。贫穷国家必须利用自身的禀赋特点,发挥其比较优势。经济学中有一个极具影响力的观点:一个国家在任何时候,无论它的情况有多糟糕,它在某些部门或行业中总是有其比较优势的。因此,关键在于发展中国家的政策制定者要从现有条件入手,立足当下来制定转型战略——而不是极尽所能地复制和模仿高收入经济体的经济和金融制度,即使它们在当前较低的发展水平下尚不需要也无法维持这样的制度安排。

全球格局变动下的后发优势红利

经济发展战略和政策措施应该反映一个现实,那就是即使是商业环境恶劣的国家,也能成功地实现发展。在前所未有的日益加深的全球化形势下,所有贫穷国家——无论它们有什么样的局限性(基础设施差距、人力资本薄弱等)——只要能够因利乘便,重点发展与自身比较优势相一致的有竞争力的行业,设计和实施务实的战略,都可以找到一个有利的切入点,促进贸易并实现持续和包容性的增长。比起中国进入全球舞台时的 20 世纪的 80 年代,今天这一切更容易实现。过去的十年,世界经历了翻天覆地的变化:新的实证研究(World Economic Forum,2013)表明,相比上一代的情况,关税削减和市场准入与经济增长之间关联的密切度已经弱了许多,贸易已不再是在一个国家制造一种产品,又在另外的地方销售,取而代之的是将生产成本最小化和市场覆盖面最大化的跨境和跨时区的合作。

因此,全球价值链是贸易的主导框架。据估算,削减供应链瓶颈相比取消所有进口关税将会使全球 GDP 的增长提高至 6 倍。模拟结果表明,将所有国家仅仅两项关键性供应链瓶颈(边境管理和运输及通信基础设施)改进到新加坡一半的水平,将会使全球 GDP 增加 2.7 万亿美元(增长 4.7%),使全球出口额增加 1.6 万亿美元(增长

14.5%），这些数字是惊人的。而如果取消全世界的关税，只会使全球GDP增加4 000亿美元（增长0.7%），使全球出口额增加1.1万亿美元（增长10.1%），收益要小得多。全球贸易和全球价值链运营为贫穷国家提供了新的机遇，就像中国等大型制造业中心从上一阶段"毕业"，将低技能就业岗位让与更贫穷的经济体。

发展中国家利用后来者的地位，可以获得可观的经济收益。它们可以利用其低要素成本，有效地促进自身具有比较优势的劳动密集型产业的成功发展。即使在商业环境普遍恶劣的情况下，通过建立一系列战略定位的集群和工业园区，吸引外商直接投资，也可以降低经营成本，同时为它们带来技术转让、最佳管理实践、新知识、前沿技术学习、全球市场参与等积极的外部性。这种双管齐下的方法可以促进有竞争力的私人企业在精心挑选的地区和行业形成动态发展，向低技能的劳动者群体提供就业机会，并迅速增加财政收入。这种务实的经济发展战略将会带来政府收入及外汇的稳步增长，并且促进其他地区基础设施的改进。最终，它也将为经济繁荣和社会安定创造条件。要使这一战略获得成功，在确定新的部门和业务范围以及基础设施投资的优先次序方面，显然需要政府和私人部门之间的密切合作。

集群、工业园区、出口加工区以及积极的FDI促进措施都是非常务实的手段，可以有效地规避在低收入国家普通存在的基础设施和人力资本不足以及治理方面的问题，同时也是将贫穷国家与全球价值链相连接的桥梁。它们构成了开发比较优势战略的重要支柱。在成功的东亚经济体，这些方法被广泛使用，最近在一些国家，如越南、柬埔寨、孟加拉国、毛里求斯、埃塞俄比亚和卢旺达，也得到了有效使用。这一战略实际上比传统的发展战略更有效，后者旨在支持国内企业进入国内市场，然后逐步迈向国际市场。

为什么精心设计、装备精良以及管理良好的工业园区和出口加工区如此重要？首先，在一个贫穷的国家中，基础设施条件几乎总是薄弱的。为了进入国内市场所需要的基础设施改善远远大于迈向国际市场的改善。原因是，为了通向国际市场，贫穷国家的政府只需要建立连接出口加工区到港口的道路，而要通往国内市场则需要在全国各地建设更多的道路。而且，根据定义，一个贫穷经济体的国内市场只占全球市场的一小部分。例如，所有54个非洲国家GDP的总和仅占全球GDP的2%，而欧洲占了23%，美国占了21%。因此，连接各个国家与全球市场的基础设施投资的回报率要远远高于国内市场的投资回报率，这也是为什么有许多雄心勃勃的国内及区域一体化计划，但取得的经济成果却微乎其微，更谈不上实现经济腾飞了。

一个必须承认的事实是，贫穷国家的国内企业生产的产品质量要普遍低于进口产品——原因是国内生产者通常缺乏好的中间产品、尖端技术、最佳操作流程、高级技能工人和管理经验等。这些都很难由国内企业自身发展出来。随着20世纪80年代和90年代的贸易自由化浪潮，许多国内制造商因无法面对竞争而被彻底击败，在大多数发展中国家出现了过早的去工业化趋势（相关记载见Rodrik, 2016）。然而，当发展中国家的政府利用出口加工区来吸引出口加工轻工业从工资正在上涨的更先进的经济体迁入本国，如同20世纪60年代的亚洲"四小龙"以及20世纪80年代的中国所做的那样时，它们就得以立即进入全球市场。通过吸引FDI和外国企业进入出口加工区，贫穷国家得以改善其贸易物流，从知识转移（新的技能和管理专业知识被转移给了当地企业家）中获益，使它们的企业在国内和全球市场上逐渐拥有竞争力。这不仅发生在东亚经济体，也出现在孟加拉国和毛里求斯。

即使他们的发展战略是成功的，发展中国家的政策制定者也不应忘记经济从低收入到中等收入再到高收入水平的经典动力学，那就是根据比较优势的变化，不断地追求产业、技术和制度的升级。如果做不到这一点，就会使国家长期陷入低附加值的产业活动中（比如孟加拉国）或所谓的中等收入陷阱中。结构转型是一个持续不断的过程，并且随着经济越来越接近技术前沿而变得越来越难，边际收益的进一步增长需要新发明来实现。但在所有的发展中国家到达这一艰难的发展瓶颈之前，它们都可以通过实施精心设计的增长战略来获得巨大的收益，使自己能够与具有相似禀赋结构的更发达的经济体进行竞争（Lin，2011）。

在一些"卓越的孤岛"（工业园区和出口加工区）为目标行业提供良好的商业环境这一务实的方法，使很多发展中国家即使在本国整体不够良好的商业环境中也能实现动态的增长。巴西、中国、印度、印度尼西亚、越南和埃塞俄比亚都是这方面很好的例子。当然，它们依旧面临一些重大的经济挑战。但是，它们在近几十年来的总体经济表现正是阿塔尔的《百鸟朝凤》中智慧的真实演绎：

> 真理似海无垠，
> 你却贪享一滴。
> 浩瀚之海可归你，缘何踯躅原地
> 而为倏然而逝的晨露魂牵梦萦？
> 骄阳之秘可归你，而你却
> 恬然自安于光中之微尘。

参考文献

导论

Akamatsu, K. 1962. "A Historical Pattern of Economic Growth in Developing Countries." *The Developing Economies* (Tokyo), Supplement issue no. 1: 3—25.

Auerbach, Jonathan D. 1987. "Turning Sand into Land. Desert Farms in Israel Grow Lush Crops from Sand and Salty Water." *Special to The Christian Science Monitor*, May 19.

Cartwright, Nancy, and Jeremy Hardie. 2012. *Evidence-Based Policy: A Practical Guide to Doing It Better*. New York: Oxford University Press.

Chandra, Vandana, Justin Yifu Lin, and Yan Wang. 2013. "Leading Dragon Phenomenon: New Opportunities for Catch-up in Low-Income Countries." *Asian Development Review* 30 (1): 52—84.

Chuhan-Pole, Punam, and Mwanka Angwafo (eds.). 2011. *Yes Africa Can: Success Stories from a Dynamic Continent*. Washington DC: World Bank.

Commission on Growth and Development. 2008. *The Growth Report: Strategies for Sustained Growth and Inclusive Development*. Washington DC: World Bank.

Easterly, W. R., 2001. *The Elusive Quest for Growth: Economists' Adventures and Misadventures in the Tropics*. Cambridge, MA: MIT Press.

Gerschenkron, A. 1962. *Economic Backwardness in Historical Perspective*. Cambridge, MA: Harvard University Press.

Global Entrepreneurship Monitor. 2012. *Sub-Saharan African Regional Report*.

Greenwald, Bruce, and Joseph E. Stiglitz. 2013. "Industrial Policies, the Creation of a Learning Society, and Economic Development." In Joseph E. Stiglitz and Justin Yifu Lin (eds.),

The Industrial Policy Revolution I: *The Role of Government Beyond Ideology*. New York: MacMillan Palgrave, 43—71.

Hausmann, Ricardo, Lant Pritchett, and Dani Rodrik. 2005. "Growth Accelerations." *Journal of Economic Growth* 10 (4): 303—329.

Hoover, Kevin D. 2001. *Causality in Macroeconomics*. New York: Cambridge University Press.

Kavanagh, Thomas M. 1989. "Introduction." In T. M. Kavanagh (ed.), *The Limits of Theory*. Stanford: Stanford University Press, 1—22.

Krieger, Murray. 1976. *Theory of Criticism: A Tradition and Its Systems*. Baltimore, MD: Johns Hopkins University Press.

Lin, J. Y. 2012a. *New Structural Economics: A Framework for Rethinking Development and Policy*. Washington DC: World Bank.

Lin, J. Y. 2012b. *The Quest for Prosperity: How Developing Economies Can Take Off*. Princeton, NJ: Princeton University Press.

Lin, J. Y. 2012c. "From Flying Geese to Leading Dragons: New Opportunities and Strategies for Structural Transformation in Developing Countries." *Global Policy* 3 (4): 397—409.

Lin, Justin Yifu, and Célestin Monga. 2012. "Solving the Mystery of African Governance." *New Political Economy* 17 (5): 659—666.

Lin, Justin Yifu, and Célestin Monga. 2013. "Comparative Advantage: The Silver Bullet of Industrial Policy." In Joseph E. Stiglitz and Justin Yifu Lin (eds.), *The Industrial Policy Revolution* I: *The Role of Government Beyond Ideology*. New York: Palgrave MacMillan, 19—39.

Lin, Justin Yifu, and Célestin Monga. 2014. "The Evolving Paradigms of Structural Chance." In Bruce Currie-Alder, Ravi Kanbur, David M. Malone, and Rohinton Medhora (eds.), *International Development: Ideas, Experience, and Prospects*. New York: Oxford University Press.

Lin, Justin Yifu, and David Rosenblatt. 2012. "Shifting Patterns of Economic Growth and Rethinking Development." *Journal of Economic Policy Reform* 13 (3): 1—24.

Lin, J. Y., and G. Tan. 1999. "Policy Burdens, Accountability, and Soft Budget Constraints." *American Economic Review* 89 (2): 426—431.

Lucas, Robert E. 1988. "On the Mechanics of Economic Development." *Journal of Monetary Economics* 22: 3—42.

Maddison, Angus. 2001. *The World Economy: A Millennial Perspective*. Paris: OECD.

Manski, Charles F. 2013. *Public Policy in an Uncertain World: Analysis and Decisions*. Cambridge, MA: Harvard University Press.

Messer, Ellen. 2000. "Potatoes (White)." In Kenneth F. Kiple and Kiemhild Conee Ornelas (eds.), *The Cambridge World History of Food*, vol. 1. New York: Cambridge University Press, 187—201.

Monga, Célestin. 2013. "Governance and Economic Growth in Africa: Rethinking the Conventional Paradigm." Africa Plus., July, Available at: http://africaplus.wordpress.com/2013/07/03/governance-and-economic-growth-in-africa-rethinking-the-conventional-paradigm/

Monga, Célestin. 2013b. "Winning the Jackpot: Jobs Dividends in a Multipolar World." In Joseph E. Stiglitz, Justin Yifu Lin, and Ebrahim Patel (eds.), *The Industrial Policy Revolution* II: *Africa in the 21st Century*. New York: Palgrave MacMillan, 135—171.

Naipaul, V. S. 2010. *The Masque of Africa: Glimpses of African Belief*. New York: Knopf.

OECD, 2010. *Review of Agricultural Policies: Israel*. Paris: OECD.

Page, J. 2012. "Can Africa Industrialise?" *Journal of African Economies* 21 (2): ii86—ii124.

Ricardo, David. 1817. "On the Principles of Political Economy and Taxation." In Piero Sraffa (ed.) with the collaboration of M. H. Dobb. *The Works and Correspondence of David Ricardo*, Eleven vols. Cambridge: Cambridge University Press, 1951—1973.

Sangho, Yéyandé, Patrick Labaste, and Christophe Ravry. 2011. "Growing Mali's Mango Exports: Linking Farmers to Market through Innovations in the Value Chain." In Chuhan-Pole and Mwanka Angwafo (eds.), *Yes Africa Can: Success Stories from a Dynamic Continent*. Washington, DC: World Bank, 167—183.

Sen, Amartya K. 1977. "Rational Fools: A Critique of the Behavioral Foundations of Economic Theory." *Philosophy and Public Affairs* 6 (4) (Summer): 317—344.

Stiglitz, J. E., and B. C. Greenwald. 2014. *Creating a Learning Society. A New Approach to Growth, Development, and Social Progress*. New York, Columbia University Press.

Syverson, Chad. 2011. "What Determines Productivity?" *Journal of Economic Literature* 49 (2): 326—365.

Zhang, Xiaobo, and Dinghuan Hu. 2011. Overcoming Successive Bottlenecks: The Evolution of a Potato Cluster in China. IFPRI Discussion Paper 01112. Washington, DC: International Food Policy Research Institute.

第一章

ADB/ADBI, Asian Development Bank and Asian Development Bank Institute. 2009. *Infrastructure for a Seamless Asia*. Tokyo: ADB/ADBI. Available at: http://www.adbi.org/files/2009.08.31.book.infrastructure.seamless.asia.pdf

Andres, L., D. Biller, and M. Herrera Dappe. 2013. *Reducing Poverty by Closing South Asia's Infrastructure Gap*. Washington, DC: World Bank.

Aschauer, D. 1989. "Is Public Expenditure Productive?" *Journal of Monetary Economics* 23: 177—200.

Banerjee, Abijit, and Esther Duflo. 2005. "Growth Theory through the Lens of Development Economics." In P. Aghion and P. Durlauf (eds.), *Handbook of Economic Growth*. Volume 1a. Amsterdam: Elsevier.

Barro, Robert J. 1991. "Economic Growth in a Cross Section of Countries." *Quarterly Journal of Economics* 106: 407—443.

Becker, Gary S. 1964. *Human Capital: A Theoretical and Empirical Analysis, with Special Reference to Education*. New York: National Bureau of Economic Research.

Becker, Gary S. 2008. "Human Capital." In David R. Henderson (ed.), *The Concise Encyclopedia of Economics*. Liberty Fund, Inc. Library of Economics and Liberty. Available at: http://www.econlib.org/library/Enc/HumanCapital.html

Bertola, Giuseppe, and Paolo Sestito. 2011. "A Comparative Perspective on Italy's Human Capital Accumulation." Quaderni di Storia Economica (Economic History Working Papers) 6 October. Rome: Banca d'Italia.

Bold, Tessa, Bernard Gauthier, Ottar Maestad, Jakob Svensson, and Waly Wane. 2012. *Leakage of Public Resources and Student Performance in Tanzania.* Montreal: HEC.

Busso, Matias, Lucia Madrigal, and Carmen Pagés. 2012. *Productivity and Resource Misallocation in Latin America.* IDB Working Papers Series, No. 306. Washington, DC: Inter-American Development Bank.

Calderon, Cesar, and Luis Serven. 2011. "Infrastructure in Latin America." In José Antonio Ocampo and Jaime Ros (eds.), *Handbook of Latin American Economies.* Oxford: Oxford University Press.

Canning, D. 1999. "The Contribution of Infrastructure to Aggregate Output." Policy Research Working Paper No. 2246. Washington, DC: World Bank.

Chang, Ha-Joon. 2007. *Bad Samaritans: The Myth of Free Trade and the Secret History of Capitalism.* London: Bloomsbury Press.

Chenery, Hollis B., and Allan M. Strout. 1966. "Foreign Assistance and Economic Development." *American Economic Review* 56 (September): 679—733.

Daley, Suzanne. 2013. "Germany, Austerity's Champion, Faces Some Big Repair Bills." *The Washington Post*, November 20.

Dethier, Jean-Jacques. 2015. "Infrastructure in Africa." In Célestin Monga and Justin Yifu Lin (eds.), *The Oxford Handbook of Africa and Economics: Volume 2: Policies and Practices.* Oxford: Oxford University Press.

Dinh, Hinh, and George R. G. Clarke (eds.). 2012. *Performance of Manufacturing Firms in Africa: An Empirical Analysis.* Washington, DC: World Bank.

Dornbusch, Rudiger. 1988. "Balance of Payment Issues." In Rudiger Dornbusch and F. Leslie C. H. Helmers (eds.), *Open Economy: Tools for Policymakers in Developing Countries.* New York: Oxford University Press.

Executive Office of the President. 2011. *Recent Examples of the Economic Benefits from Investing in Infrastructure.* Washington, DC: White House, November.

Etounga-Manguelle, Daniel. 2000. "Does Africa Needs a Cultural Adjustment Program?" In L. Harrison and S. Huntington (eds.), *Culture Matters: How Values Shape Human Progress.* New York: Basic Books.

Etounga-Mangelle, Daniel. 1991. *L'Afrique a-t-elle besoin d'un programme d'ajustement culturel?* Ivry-sur-Seine: Nouvelles du Sud.

Foster, V., and C. Briceño-Garmendia. 2010. *Africa's Infrastructure. A Time for Transformation.* Paris and Washington, DC: A copublication of the Agence Française de Développement and the World Bank.

Goldin, Claudia. 2001. "The Human Capital Century and American Leadership: Virtues of the Past." *The Journal of Economic History* 61 (2) (February): 263—292.

Goldin, Claudia, and Lawrence Katz. 2008. *The Race between Education and Technology.* Cambridge, MA: Harvard University Press.

Griliches, Zvi. 1970. "Notes on the Role of Education in Production Functions and Growth Accounting." In W. L. Hansen (ed.), *Education, Income, and Human Capital. Studies in Income and Wealth 35.* New York: National Bureau of Economic Research.

Gullick, Sidney. 1903. *Evolution of the Japanese.* New York: Fleming H. Revell.

Heckman, James J. 2003. "China's Investment in Human Capital." *Economic Development* and Cultural Change 51 (4): 795—804.

Harrison, Ann E. Justin Yifu Lin, and Lixin Colin Xu. 2014. "Explaining Africa's (Dis) advantage." World Development 63 (C): 59—77.

Hodgskin, T. 1820. Travels in the North of Germany: Describing the Present State of the Social and Political Institutions, the Agriculture, Manufactures, Commerce, Education, Arts and Manners in that Country, Particularly in the Kingdom of Hannover 1. Edinburgh: Archibald.

Hofstede, Geert, and Michael Harris Bond. 1988. "The Confucius Connection: From Cultural Roots to Economic Growth." Organizational Dynamics 16 (4) (Spring): 5—21.

Huntington, Samuel. 2000. "Foreword." In L. Harrison and S. Huntington (eds.), Culture Matters: How Values Shape Human Progress. New York: Basic Books.

Imai, Katsushi S., Raghav Gaiha, Abdilahi Ali, and Nidhi Kaicker. 2012. Remittances, Growth and Poverty: New Evidence from Asian Countries, Occasional Papers, 15, Roma, IFAD.

Juma, Calestous. 2012. "Poor Infrastructure Is Africa's Soft Underbelly." Forbes Magazine, October 25.

Kabou, Axelle. 1991. Et si L'Afrique Refusait le Développement? Paris: L'Harmattan.

Li, Haizheng, Barbara M. Fraumeni, Zhiqiang Liu, and Xiaojun Wang. 2009. Human Capital in China. NBER Working Paper 15500 (November).

Lin, J. Y., and C. Monga. 2011. "Growth Identification and Facilitation: The Role of the State in the Dynamics of Structural Change." Development Policy Review 29 (3): 259—310.

Liu, Gang, and Mads Greaker. 2009. Measuring the Stock of Human Capital for Norway: A Lifetime Labour Income Approach. Statistics Norway. Available at: http://www.ssb.no/a/english/publikasjoner/pdf/doc_200912_en/doc_200912_en.pdf

Mankiw, N. Gregorey, David Romer, and D. N. Weil. 1992. "A Contribution to the Empirics of Economic Growth." Quarterly Journal of Economics 107 (2): 407—437.

Mkandawire, T. 2014. "The Spread of Economic Doctrines and Policymaking in Postcolonial Africa." African Studies Review 57 (1): 171—198.

Mkandawire, T., and C. Soludo. 1999. Our Continent, Our Future: African Perspectives on Structural Adjustment. Dakar: Codesria.

Mkandawire, T., and A. Olukoshi (eds). 1995. Between Liberalisation and Oppression: The Politics of Structural Adjustment in Africa. Dakar: Codesria.

Monga, C., and J. Y. Lin. 2015. "Introduction: Africa's Evolving Economic Policy Frameworks." In C. Monga and J. Y. Lin (eds.), The Oxford Handbook of Africa and Economics: Policies and Practices 2. New York: Oxford University Press, 1—20.

Myrdal, Gunnar. 1968. Asian Drama: An Inquiry into the Poverty of Nations. New York: Pantheon.

Nelson, R. R., and E. Phelps 1966. "Investment in Humans, Technological Diffusion and Economic Growth." American Economic Review 61 (2): 69—75.

OECD. 2001. The Well-being of Nations: The Role of Human and Social Capital. Paris: OECD.

Pagés, Carmen (ed.). 2010. The Age of Productivity: Transforming Economies from the Bottom Up. Washington, DC: Inter-American Development Bank.

Parente, S. L., and E. C. Prescott. 2002. *Barriers to Riches*. Cambridge, MA: MIT Press.

Powell, Andrew. 2013. *Rethinking Reforms: How Latin America and the Caribbean Can Escape Suppressed World Growth*. Washington, DC: Inter-American Development Bank.

Pritchett, Lant. 2001. "Where Has All the Education Gone?" *The World Bank Economic Review* 15 (3): 367—391.

Restuccia, D., and R. Rogerson. 2008. "Policy Distortions and Aggregate Productivity with Heterogeneous Establishments." *Review of Economic Dynamics* 11 (4): 707—720.

Russell, John. 1828. *A Tour in Germany*, vol. 1. Edinburgh: Archibald Constable & Co.

Sanchez-Robles, B. 1998. "Infrastructure Investment and Growth: Some Empirical Evidence." *Contemporary Economic Policy* 16: 98—108.

Sarkozy, Nicolas. 2007. *Speech at the Cheikh Anta Diop University of Dakar*. Senegal, July 26.

Schultz, Theodore W. 1960. "Capital Formation by Education." *Journal of Political Economy* 68: 571—583.

Schultz, Theodore W. 1961. "Investment in Human Capital." *American Economic Review* 51 (1): 1—17.

Vogel, Ezra F. 2011. *Deng Xiaoping and the Transformation of China*. Cambridge, MA: Harvard University Press.

Webb, Sidney, and Beatrice Webb. 1978. In N. MacKenzie and J. MacKenzie (eds.), *The Letters of Sidney and Beatrice Webb*. Cambridge: Cambridge University Press.

Whalley, John, and Xiliang Zhao. 2010. "The Contribution of Human Capital to China's Economic Growth." NBER Working Paper No. 16592. New York: NBER.

World Economic Forum. 2011. *The Global Competitiveness Report 2011—2012*. Geneva.

Wignaraja, Ganeshan. 2013. "Asian Infrastructure Development Needs and a Way Forward." Presentation at the Business Forum 8th Transport Ministerial Meeting, Tokyo. 4 September 2013. Available at: http://www.adbi.org/files/2013.09.04.cpp.wignaraja.asian.infrastructure.dev.way.forward.pdf

World Bank, *Doing Business 2013*. Washington, DC.

第二章

Abramoff, Jack. 2011. *Capitol Punishment: The Hard Truth about Washington*. WND Books.

Beck, T., Asli Demirgüç-Kunt, and Ross Levine. 2007. "Bank Concentration and Fragility: Impact and Mechanics." In Mark Carey and René M. Stulz (eds.), *The Risks of Financial Institutions*. Chicago: Chicago University Press, 193—231.

Becker, G. S. 1968. "Crime and Punishment: An Economic Approach." *The Journal of Political Economy* 76 (2) (March—April): 169—217.

Bourguignon, François. 2006. "Economic Growth: Heterogeneity and Firm-Level Disaggregation." PREM Lecture (May). Washington, DC: World Bank.

Boycko, M., A. Shleifer, and R. Vishny. 1995. *Privatizing Russia*. Cambridge, MA: MIT Press.

Caro, Robert. *The Years of Lyndon Johnson: The Path to Power; Means of Ascent; Master of the Senate; The Passage of Power*. Four vols. New York: Alfred A. Knopf.

Castberg, A. D. 1999. "Corruption in Japan and the US." Available at: http://www.unafei.or.jp/english/pdf/PDF_rms/no56/56-33.pdf

Cecchetti, Stephen G., and Enisse Kharroubi. 2012. *Reassessing the Impact of Finance on Growth*. BIS Working Papers No. 381 (July), Bank for International Settlements.

Demirguç-Kunt, Asli, and Leora Klapper. 2012. *Financial Inclusion in Africa: An Overview*. Washington: World Bank.

Demirguc-Kunt, A., and R. Levine. 2001. *Financial Structures and Economic Growth: A Cross-Country Comparison of Banks, Markets, and Development*. Cambridge, MA: MIT Press.

Ela, J. M. 1990. *Ma foi d'Africain*. Paris: Karthala.

Elster, J., and J. Roemer (eds.). 1991. *Interpersonal Comparisons of Well-Being*. New York: Cambridge University Press.

FitzGerald, Valpy. 2006. "Financial Development and Economic Growth: A Critical View." Background paper for *World Economic and Social Survey 2006*. Available at: http://www.un.org/en/development/desa/policy/wess/wess_bg_papers/bp_wess2006_fitzgerald.pdf

Glaeser, E. L. and C. Goldin (eds.). 2006. *Corruption and Reform: Lessons from America's Economic History*. Chicago: Chicago University Press.

Glaeser, E. L. and R. Sacks. 2004. *Corruption in America*. Cambridge, MA: Harvard Institute of Economic Research, Discussion Paper No. 2043.

Goldsmith, R. 1969. *Financial structure and development*. New Haven: Yale University Press.

Grossman, S. J. and O. D. Hart. 1982. "Corporate Financial Structure and Managerial Incentives." In John J. McCall (ed.), *The Economics of Information and Uncertainty*. Chicago: University of Chicago Press, 107—140.

Huntington, S. P. 1968. *Political Order in Changing Societies*. New Haven: Yale University Press.

Jayaratne, J. and John Wolken. 1999. "How Important are Small Banks to Small Business Lending? New Evidence from a Survey of Small Firms." *Journal of Banking and Finance* 23: 427—458.

Johnson, D. T. 2001. "Bureaucratic Corruption in Japan." JPRI Working Paper No. 76. San Francisco: Japan Policy Research Institute at the University of San Francisco Center for the Pacific Rim.

Joseph, R. 1998. "Class, State and Prebendal Politics in Nigeria." In P. Lewis (ed.), *Africa: Dilemmas of Development and Change*. Boulder, CO: Westview Press.

Keefer, P., and S. Knack. 1997. "Why Don't Poor Countries Catch Up? A Cross-National Test of an Institutional Explanation." *Economic Inquiry* 35 (July): 590—602.

Knack, S. 2007. "Measuring Corruption: A Critique of Indicators in Eastern Europe and Central Asia." *Journal of Public Policy* 27 (3) (December): 255—291.

Krueger, A. O. 1974. "The Political Economy of the Rent-Seeking Society." *American Economic Review* 64 (June): 291—303.

Leff, N. 1964. "Economic Development through Bureaucratic Corruption." *American Behavioral Scientist* 8 (3): 8—14.

Lien, D-H. D. 1986. "A Note on Competitive Bribery Games." *Economics Letters* 22: 337—341.

Lin, Justin Yifu. 2012. *New Structural Economics: A Framework for Rethinking Development and Policy*. Washington, DC: World Bank.

Lin, Justin Yifu. 2009. *Economic Development and Transition: Thought, Strategy, and Viability*. Cambridge: Cambridge University Press.

Lin, Justin Yifu, and Célestin Monga. 2012. "Solving the Mystery of African Governance." *New Political Economy* 17 (5): 659—666.

Lin, Justin Yifu, Xifang Sun, and Ye Jiang. 2013. "Endowment, Industrial Structure and Appropriate Financial Structure: A New Structural Economics Perspective." *Journal of Economic Policy Reform* 16 (2): 1—14.

Lui, F. T. 1985. "An Equilibrium Queuing Model of Bribery." *Journal of Political Economy* 93 (August): 760—781.

Mauro, P. 1995. "Corruption and Growth." *Quarterly Journal of Economics*, 110 (August): 681—712.

Mayer, Colin. 1990. "Financial Systems, Corporate Finance, and Economic Development." In R. Glenn Hubbard (ed.), *Asymmetric Information, Corporate Finance, and Investment*. Chicago: The University of Chicago Press, 307—327.

McKinnon, R. 1973. *Money and Capital in Economic Development*. Washington, DC: Brookings Institution.

Merton, R. C. 1995. "Financial Innovation and the Management and Regulation of Financial Institutions." *Journal of Banking and Finance* (July): 461—482.

Merton, R. C., and Z. Bodie. 1995. "A Framework for Analyzing the Financial System." In D. B. Crane et al. (eds.), *The Global Financial System: A Functional Perspective*. Boston, Harvard Business School Press.

Mitchell, R. H. 1996. *Political Bribery in Japan*. Honolulu, HI: University of Hawaii Press.

Mogae, F. G. 2009. *Democracy in Africa: What Africa Expects from the Obama Administration*. Schomburg International Update Lecture at The New York Public Library's Schomburg Center for Research in Black Culture, September 23.

Monga, C. 2015. "Measuring Democracy: An Economic Approach." In C. Monga and J. Y. Lin (eds.), *The Oxford Handbook of Africa and Economics: Context and Concepts*, Vol. 1. New York: Oxford University Press, 427—451.

Monga, C. 1996. *The Anthropology of Anger: Civil Society and Democracy in Africa*. Boulder, Co., Lynne Rienner Publishers.

Murphy, K. M., Andrei Shleifer, and Robert W. Vishny. 1993. "Why is Rent-Seeking So Costly to Growth?" *The American Economic Review Papers and Proceedings* 83 (May): 409—414.

Myrdal, G. 1968. *Asian Drama: An Inquiry into the Poverty of Nations*. New York: Pantheon Books.

Petersen, M. A., and Raghuram G. Rajan. 1995. "The Effect of Credit Market Competition on Firm-Creditor Relationships." *Quarterly Journal of Economics* 110: 407—443.

Poirson, H. 1998. *Economic Security, Private Investment, and Growth in Developing Countries*. IMF Working Paper No. 98/4. Washington, DC: International Monetary Fund.

Premchand, A. 1993. *Public Expenditure Management*. Washington, DC: International

Monetary Fund.

Rajan, R. G. 1992. "Insiders and Outsiders: The Choice between Informed and Arm's Length Debt." *Journal of Finance* 47: 1367—1400.

Rajan, R. G. and Luigi Zingales. 2003. "The Great Reversals: the Politics of Financial Development in the Twentieth Century." *Journal of Financial Economics* 69: 5—50.

Romer, P. M. 1994. "New Goods, Old Theory, and the Welfare Costs of Trade Restrictions." *Journal of Development Economics* 43 (February): 5—38.

Rose-Ackerman, S. 1975. "The Economics of Corruption." *Journal of Public Economics* 4 (February): 187—203.

Said, E. W. 1978. *Orientalism*. New York: Pantheon.

Shaw, E. 1973. *Financial Deepening and Economic Development*. New York: Oxford University Press.

Shleifer, A., and R. Vishny. 1993. "Corruption." *Quarterly Journal of Economics* 108 (August): 599—617.

Tanzi, V. 1998. "Corruption Around the World: Causes, Consequences, Scope, and Cures." IMF Staff Papers 45 (December): 559—594.

Stiglitz, Joseph. 1998. "The Role of the Financial System in Development." Paper presented at the 4th Annual Bank Conference on Development in Latin America and the Caribbean, June 29.

United Nations. 2007. *Good Governance Practices for the Protection of Human Rights*. New York: Office of the High Commissioner for Human Rights.

Thomas, M. A. 2015. *Govern Like Us: U. S. Expectations of Poor Countries*. New York: Columbia University Press.

White, Anna. 2011. "Top Ten Banker Jokes." *The Telegraph* (London), December 8.

World Bank. 1989. *World Development Report 1989: Financial Systems and Development*. New York: Oxford University Press.

U. S. Department of Justice. 2006. *Report to Congress on the Activities and Operations of the Public Integrity Section for 2006*. Washington, DC.

第三章

Acemoglu, Daron, and Fabrizio Zilibotti. 2001. "Productivity Differences." *Quarterly Journal of Economics* 116: 563—606.

Akinola, G. A. 1997. "Colonialism and Imperialism: The African Experience." In John Middleton (ed.), *Encyclopedia of Africa South of the Sahara*, four vols. New York: Charles Scribner's Sons, 321—328.

Austen, Ralph. 1987. *African Economic History*. London and Portmouth, NH: James Currey and Heinemann.

Austin, G. 2015. "The Economics of Colonialism," In Célestin Monga and Justin Yifu Lin (eds.), *The Oxford Handbook of Africa and Economics*, volume 1, *Context and Concepts*. New York: Oxford University Press.

Austin, Gareth. 2010. "African Economic Development and Colonial Legacies." *International Development Policy | Revue internationale de politique de développement*. Available at: http://poldev.revues.org/78; DOI: 10.4000/poldev.78

Ayyagari, Meghana, Asli Demirguç-Kunt, and Vojislav Maksimovic. 2008. "How Important Are Financing Constraints? The Role of Finance in the Business Environment." *The World Bank Economic Review* 22 (3): 483—516.

Banerjee, Abhijit V., and Andrew F. Newman. 2004. "Notes for Credit, Growth and Trade Policy." Cambridge, MA: Massachusetts Institute of Technology. Mimeo.

Bauer, P. T. 1976. *Dissent on Development*. London: Weidenfeld and Nicolson.

Ben-David, Dan. 1998. "Convergence Clubs and Subsistence Economies." *Journal of Development Economics* 55 (February): 153—169.

Blanchard, Olivier, Giovanni Dell'Ariccia, and Paolo Mauro. 2013. "Rethinking Macroeconomic Policy II: Getting Granular." IMF Staff Discussion Note 13/03.

Blanchard, Olivier, Giovanni Dell'Ariccia, and Paolo Mauro. 2010. "Rethinking Macroeconomic Policy." *Journal of Money, Credit, and Banking* 42 (supplement): 199—215.

Blanchard, O. J. 2009. "The State of Macro." *Annual Review of Economics* 1 (May): 209—228.

Bourguignon, François. 2006. "Economic Growth: Heterogeneity and Firm-Level Disaggregation." *PREM Lecture* (May). Washington, DC: World Bank.

Cissé, Daniel Amara. 1988. *Histoire économique de l'Afrique noire*. Abidjan and Paris: Presses Universitaires et Scolaires d'Afrique and L'Harmattan.

Cooper, Frederick. 1997. "Colonialism and Imperialism: An Overview." In John Middleton (ed.), *Encyclopedia of Africa South of the Sahara*. New York: Charles Scribner's Sons, 316—321.

Dinh, Hinh T., and Célestin Monga. 2013. *Light Manufacturing in Tanzania: A Reform Agenda for Job Creation and Prosperity*. Washington, DC: World Bank.

Dinh, Hinh T., Vincent Palmade, Vandana Chandra, and Frances Cossa. 2012. *Light Manufacturing in Africa: Targeted Policies to Enhance Private Investment and Create Jobs*. Washington, DC: World Bank.

Dornbusch, Rudi. 1991. "Policies to Move from Stabilization to Growth." In Stanley Fischer, Dennis de Tray, and Shekhar Shah (eds.), *Proceedings of the World Bank Annual Conference on Development Economics 1990*. Washington, DC: World Bank, 19—48.

Ela, J.-M. 1990. *Quand l'Etat pénètre en brousse: les ripostes paysannes à la crise*. Paris: Karthala.

Fieldhouse, D. K. 1981. *Colonialism: An Introduction*. London: Weidenfeld and Nicolson.

Hobson, John Atkinson. 1902 [1988]. *Imperialism: A Study*. London: Unwin Hyman.

Fischer, Stanley. 2012. "The Washington Consensus." In C. Fred Bergsten and C. Randall Henning (eds.), *Global Economics in Extraordinary Times: Essays in Honor of John Williamson*. Washington, DC: Peterson Institute for International Economics.

Hausmann, Ricardo, Lant Pritchett, and Dani Rodrik. 2005. "Growth Accelerations." *Journal of Economic Growth* 10 (4): 303—329.

Hausmann, R., D. Rodrik, and A. Velasco. 2008. "Growth Diagnostics." In N. Serra and J. E. Stiglitz (eds.), *The Washington Consensus Reconsidered: Towards a New Global Governance*. New York: Oxford University Press, 324—354.

Hopkins, A. G. 1973. *An Economic History of West Africa*. London: Longman.

Hynes, Williams G. 1979. *The Economics of Empire: Britain, Africa, and the New Imperialism, 1870—1895*. London: Longman.

James, John T. 2013. "A New, Evidence-based Estimate of Patient Harms Associated with Hospital Care." *Journal of Patient Safety* 9 (3): 122—128.

Jemio M., Luis Carlos, Fernando Candia C., and José Luis Evia V. 2009. "Reforms and Counter-Reforms in Bolivia." IDB Working Papers. Washington, DC: Inter-American Development Bank.

Lin, Justin Yifu, and Célestin Monga. 2014. "The Evolving Paradigms of Structural Change." In Bruce Currie-Adler, Ravi Kanbur, David Malone, and Rohinton Medhora (eds.), *International Development: Ideas, Experience, and Prospects*. New York: Oxford University Press, 277—294.

Lin, J. Y., and C. Monga. 2011. "Growth Identification and Facilitation: The Role of the State in the Dynamics of Structural Change." *Development Policy Review* 29 (3): 259—310.

Lin, Justin Yifu. 2012. *New Structural Economics: A Framework for Rethinking Development and Policy*. Washington, DC: World Bank.

Lin, Justin Yifu. 2009. *Economic Development and Transition: Thought, Strategy, and Viability*. Cambridge: Cambridge University Press.

Manning, Patrick. 1988. *Francophone Sub-Saharan Africa, 1880—1985*. New York: Cambridge University Press.

Marseille, Jacques. 1984. *Empire colonial et capitalisme français: histoire d'un divorce*. Paris: Albin Michel.

Mkandawire, Thandika, and Charles Soludo (eds.), 2003. *African Voices on Structural Adjustment*. Dakar: Codesria.

Monga, Célestin. 2006. "Commodities, Mercedes-Benz, and Adjustment: An Episode in West African History." In E. K. Akyeampong (ed.), *Themes in West Africa's History*. Oxford: James Currey, 227—264.

Monga, Célestin. 1997. *L'argent des autres: Banques et petites entreprises en Afrique—le cas du Cameroun*. Paris: LGDJ.

Nunn, Nathan. 2008. "The Long Term Effects of Africa's Slave Trades." *The Quarterly Journal of Economics* 123 (1) (February): 139—176.

Ocampo, Jose Antonio. 2005. *Beyond Reforms: Structural Dynamics and Macroeconomic Vulnerability*. Stanford and Washington, DC: Stanford University Press and World Bank.

Popov, Vladimir. 2007. "Shock Therapy versus Gradualism Reconsidered: Lessons from Transition Economies after 15 Years of Reforms." *Comparative Economic Studies* 49 (1): 1—31.

Rodrik, Dani. 2002. "After Neoliberalism, What?" Paper presented at the Alternatives to Neoliberalism Conference, May 23—24, Washington, DC. Available at: http://www.new-rules.org/storage/documents/afterneolib/rodrik.pdf

Rodrik, Dani. 2006. "Goodbye Washington Consensus, Hello Washington Confusion? A Review of the World Bank's Economic Growth in the 1990s: Learning from a Decade of Reform." *Journal of Economic Literature* XLIV (December): 973—987.

Rodrik, Dani. 2012. "Why We Learn Nothing from Regressing Economic Growth on Policies." *Seoul Journal of Economics* 25 (2): 137—151.

Rosenstein-Rodan, P. 1943. "Problems of Industrialization of Eastern and Southeastern Europe." *Economic Journal* 111 (210—211) (June—September): 202—211.

Said, Edward W. 1978. *Orientalism*. New York: Pantheon.

Serra, Narcís, and Joseph E. Stiglitz. 2008. *The Washington Consensus Reconsidered: Towards a New Global Governance*. New York: Oxford University Press.

Soludo, C. C., and T. Mkandawire. 2003. *African Voices on Structural Adjustment*. New Jersey: Africa World Press.

Suret-Canale, Jean. 1971. *French Colonialism in Tropical Africa, 1900—1945*. London: C. Hurst and Co.

Williamson, John. 1990. "What Washington Means by Policy Reform." In J. Williamson (ed.), *Latin American Adjustment: How Much Has Happened?* Washington, DC: Institute for International Economics.

Williamson, John. 2002. "Did the Washington Consensus Fail?" Paper presented at the Center for Strategic & International Studies. Washington, DC, November 6. Available at: http://www.iie.com/publications/papers/williamson1102.htm

Woolcock, Michael. 2012. "Dueling Development Visions: Shaping the World Bank for the Future." Blog Post, April 13. Available at: http://blogs.worldbank.org/developmenttalk/what-exactly-is-development

World Bank. 2002. *Transition, the First Ten Years: Analysis and Lessons for Eastern Europe and Former Soviet Union*. Washington, DC.

World Bank. 2005. *Economic Growth in the 1990s: Learning from a Decade of Reform*. Washington, DC.

World Bank. 2014. *Country Partnership Strategy for Georgia, FY 2014-FY 2017*, Report No. 85251-GE. Washington, DC.

第四章

Addison, T., and L. Demery. 1985. *Macroeconomic Stabilization, Income Distribution, and Poverty: A Preliminary Survey*. ODI Working Paper No. 15. London: Overseas Development Institute, February.

American Psychiatric Association. 2000. *Diagnostic and Statistical Manual of Mental Disorders*, 4th Edition, Text Revision (DSM-IV-TR). Washington, DC.

Arndt, C., S. Jones, and F. Tarp. 2015. "Assessing Foreign Aid's Long-Run Contribution to Growth and Development." *World Development* 69 (May): 6—18.

Bratton, M. G. Lambright, and R. Sentamu. 2000. *Democracy and Economy in Uganda: A Public Opinion Perspective*. Afrobarometer Paper No. 4, December.

Burnside, C., and D. Dollar. 2000. "Aid, Policies, and Growth." *The American Economic Review* 90 (4): 847—868.

Christiaensen, L., L. Demery, and S. Paternostro. 2002. *Growth, Distribution and Poverty in Africa: Messages from the 1990s*. Washington, DC: World Bank.

Clemens, M., S. Radelet, R. R. Bhavnani, and S. Bazzi. 2012. "Counting Chickens When They Hatch: The Short-Term Effect of Aid on Growth." *Economic Journal* 122 (561): 590—617.

Collier, C. 1999. "Aid 'Dependency': A Critique." *Journal of African Economies* 8 (4): 528—45.

Collier, P., P. Guillaumont, S. Guillaumont, and J. W. Gunning. 1997. "Redesigning

Conditionality." *World Development* 25 (9): 1399—1407.

Dervis, K. 1981. "Comments on Taylor." In W. R. Cline and S. Weintraub (eds.), *Economic Stabilization in Developing Countries*. Washington, DC: Brookings Institution, 503—506.

Devarajan, S. 2012. "In defense of industrial policy." *Africa Can End Poverty*. Available at: http://blogs.worldbank.org/africacan/in-defense-of-industrial-policy

Devarajan, S. 2011. "OBG talks to Shanta Devarajan, Chief Economist for Africa, World Bank." Available at: http://www.oxfordbusinessgroup.com/interview/obg-talks-shanta-devarajan-chief-economist-africa-world-bank

Dornbusch, Rudi. 1991. "Policies to Move from Stabilization to Growth." In Stanley Fischer, Dennis de Tray, and Shekhar Shah (eds.), *Proceedings of the World Bank Annual Conference on Development Economics 1990*. Washington, DC: World Bank, 19—48.

Dornbusch, R. 1990a. *From Stabilization to Growth*. Working Paper No. 3302. Cambridge, MA: NBER.

Dornbusch, R. 1990b. *Policies to Move from Stabilization to Growth*. CEPR Discussion Paper No. 458. London: Center for Economic Policy Research, September.

Dornbusch, R., and S. Edwards. 1989. *Macroeconomic Populism in Latin America*. NBER Working Paper No. 2986.

Easterly, W. 2002. "The Cartel of Good Intentions: Bureaucracy Versus Markets in Foreign Aid." Washington, DC: Center for Global Development.

Easterly, William. 2003. "Can Foreign Aid Buy Growth?" *Journal of Economic Perspectives* 17 (3): 23—48.

Easterly, William. 2006. *The White Man's Burden: Why the West's Efforts to Aid the Rest Have Done So Much Ill and So Little Good*. New York: Penguin Press.

Easterly, William, 2009. "The Cartel of Good Intentions." *Foreign Policy*, November 11.

Fifa. 2007. "El Flaco Menotti Raised Argentina's Game." Available at: http://www.fifa.com/news/y=2007/m=4/news=flaco-menotti-raised-argentina-game-510452.html

Gerschenkron, A. 1962. *Economic Backwardness in Historical Perspective: A Book of Essays*. Cambridge, MA: Belknap Press of Harvard University Press.

Hansen, H., and F. Tarp. 2001. "Aid and Growth Regressions." *Journal of Development Economics*, 64 (2) (April): 547—570.

Harrison, A., and A. Rodríguez-Clare. 2010. "Trade, Foreign Investment, and Industrial Policy for Developing Countries." In D. Rodrik (ed.), *Handbook of Economic Growth* 5. Amsterdam: North-Holland, 4039—4214.

Herfkens, E. 1999. "Aid Works—Let's Prove It!" *Journal of African Economies* 8 (4): 481—486.

IMF. 2001. *Conditionality in Fund-Supported Programs—Overview*. Washington, DC: February.

Ju, J., J. Y. Lin, and Y. Wang. 2015. "Endowment Structures, Industrial Dynamics, and Economic Growth." *Journal of Monetary Economics* 76 (November): 244—263.

Khan, M., and M. D. Knight. 1985. *Fund-Supported Adjustment Programs and Economic Growth*. Occasional Paper No. 41. Washington, DC: IMF.

Killick, T. 1997. "Principals, Agents, and the Failings of Conditionality." *Journal of International Development* 9 (4): 483—495.

Kissinger, H. 2000. "Foreword." *From Third World to First—The Singapore Story: 1965—2000*. Singapore: Singapore Press Holdings and Time Editions, 8—16.

Koeberle, S., H. Bedoya, P. Silarszky, and G. Verheyen (eds.). 2005. *Conditionality Revisited: Concepts, Experiences, and Lessons*. Washington, DC: World Bank.

Kuper, S. 2006. *Soccer Against the Enemy: How the World's Most Popular Sport Starts and Fuels Revolutions and Keep Dictators in Power*. New York: Nation Books.

Lancaster, C. 1999. "Aid Effectiveness in Africa: the Unfinished Agenda." *Journal of African Economies* 8 (4): 487—503.

Leibenstein, H. 1957. *Economic Backwardness and Economic Growth: Studies in the Theory of Economic Development*. New York: Wiley.

Letz. 2007. Available at: http://www.luxembourg.public.lu/catalogue/economie/letz-economie-histoire/letz-economie-histoire-2007-EN.pdf

Lin, J. Y., 2011. *From Flying Geese to Leading Dragons: New Opportunities and Strategies for Structural Transformation in Developing Countries*. WIDER Annual Lecture 15, Helsinki, UNU-WIDER.

Lizondo, S., and P. Montiel. 1989. "Contractionary Devaluation in Developing Countries: An Analytical Overview." *IMF Staff Papers* 36 (1).

Miller, G. E. 2009. *Kicking the Old Habits: How the World Cup Memories of Argentina's 1978 National Team Are Crossing Cultural Divides and Scoring in the Field of Reconciliation*. PhD Dissertation (History). Vanderbilt University.

Monga, C. 2014. *Aid Addiction: Symptoms, Side Effects, and Possible Cures*. Washington, DC: World Bank.

Monga, C. 2014. "Winning the Jackpot: Job Dividends in a Multipolar World." In J. Stiglitz, J. Y. Lin, and E. Patel (eds), *The Industrial Policy Revolution II: Africa in the 21st Century*. New York: Palgrave Macmillan, 135—172.

Mussa, M., and M. Savastano. 2000. "The IMF Approach to Economic Stabilization." In B. S. Bernanke and J. J. Rotemberg (eds.), *NBER Macroeconomics Annual 1999* 14. Cambridge, MA: MIT Press, 79—128.

Oqubay, A., 2015. *Made in Africa: Industrial Policy in Africa*, Oxford, Oxford University Press.

Polak, J. J. 1991. "The Changing Nature of IMF Conditionality." *Essays in International Finance* 184. Princeton: Princeton University.

Radelet, S. 2006. *A Primer on Foreign Aid*. Working Paper No. 92. Washington, DC: Center for Global Development.

Sachs, J. D. 2005. *The End of Poverty: Economic Possibilities for Our Time*. New York: Penguin Press.

Taylor, L. 1981. "IS/LM in the Tropics: Diagrammatics of the New Structuralist Macro Critique." In W. R. Cline and S. Weintraub (eds.), *Economic Stabilization in Developing Countries*. Washington, DC: the Brookings Institution, 465—506.

Taylor, L. 1988. *Varieties of Stabilization Experience*. Oxford: Clarendon Press.

Taylor, L. (ed.). 1993. *The Rocky Road to Reform*. Cambridge, MA: MIT Press.

World Bank. 2005. *Review of World Bank Conditionality*. Washington, DC, September.

World Bank. 2002. *Transition, the First Ten Years: Analysis and Lessons for Eastern*

Europe and Former Soviet Union. Washington, DC.

第五章

ActionAid, 2011. *Milking the Poor: How EU Subsidies Hurt Dairy Producers in Bangladesh*.

Alcorta, L. 2014. *Patterns of Industrialization*. Lecture at Peking University National School of Development.

Alston, J. M., and P. G. Pardey, 2014. "Agriculture in the Global Economy." *Journal of Economic Perspectives* 28(1) (Winter): 121—146.

Anderson, K. and Y. Hayami, with associates. 1986. *The Political Economy of Agricultural Protection: East Asia in International Perspective*. London: Allen and Unwin.

Basu, K. 2013. *Shared Prosperity and the Mitigation of Poverty: In Practice and in Precept*. Policy Research Working Paper No. 6700 (November). Washington, DC: World Bank.

Bates, R. H. 1981. *Markets and States in Tropical Africa: The Political Basis of Agricultural Policies*. Berkeley: The University of California Press.

Cameron, R. 1993. *A Concise Economic History of the World*, 2nd ed. Oxford: Oxford University Press.

Chenery, H. B. and M. Syrquin. 1975. *Patterns of Economic Growth*. London: Oxford University Press.

Clark, C., 1940 (1957). *The Conditions of Economic Progress*, 3rd ed. London: Macmillan.

Cooper, R. N. 1974. "Economic Mobility and National Economic Policy." *Wicksell Lectures 1973*. Uppsala, Sweden: Almqvist & Wiksell.

Cuddington, J. T., R. Ludema, and S. Jayasuriya. 2002. "Prebisch-Singer Redux." Working Paper No. 15857, United States International Trade Commission, Office of Economics.

China Information Office of State Council (国务院新闻办). 2010. "White Paper on China-Africa Economic and Trade Cooperation." September 23. Available at: http://news.xinhuanet.com/english2010/china/2010-12/23/c_13661632.htm

Deininger, K. 2003. *Land Policies for Growth and Poverty Reduction: Key Issues and Challenges Ahead*. Washington, DC: World Bank.

Deininger, K, H. Selod, and A. Burns. 2011. *The Land Governance Assessment Framework: Identifying and Monitoring Good Practice in the Land Sector*. Washington, DC: World Bank.

Galbraith, J. K. 1977. *The Age of Uncertainty Episode 1—The Prophets and Promise of Classical Capitalism*. Television series co-produced by the BBC, CBC, KCET and OECA.

Gates, B. 2012. Remarks at the International Fund for Agricultural Development Governing Council, February 23. Available at: http://www.gatesfoundation.org/media-center/speeches/2012/02/bill-gates-ifad

Gates Foundation. Africa Strategy.

Ghani, E., and S. D. O'Connell. 2014. *Can Service Be a Growth Escalator in Low Income Countries?* Policy Research Working Paper No. 6971. Washington, DC: World Bank.

Haltiwanger, J. C., E. Bartelsman, and S. Scarpetta. 2009. "Measuring and Analyzing Cross Country Differences in Firm Dynamics." In Dunne, Jensen, and Roberts (eds.), *Producer*

Dynamics: New Evidence from Micro Data. Chicago: NBER/University of Chicago Press.

Haltiwanger, J. C., M. Eslava, A. Kugler, and M. Kugler. 2004. "The Effect of Structural Reforms on Productivity and Profitability Enhancing Reallocation: Evidence from Colombia." *Journal of Development Economics*, December.

Haraguchi, N. 2014. *Patterns of Industrialization and Effects of Country-specific Conditions*. Presentation at the Meeting of the IPD/JICA Task Force on Industrial Policy and Transformation. Dead Sea, Jordan, June 5—6.

Hausmann, R., and C. Hidalgo. 2012. "Economic Complexity and the Future of Manufacturing." *The Future of Manufacturing: Opportunities to Drive Economic Growth*. Cologny/Geneva: World Economic Forum, April 13.

Hausmann, R., C. Hidalgo, S. Bustos, M. Coscia, A. Simoes, and M. A. Yildirim. 2011. *Atlas of Economic Complexity: Mapping Paths to Prosperity*. Cambridge, MA: Harvard Center for International Development.

ILO. 2014. *Global Employment Trends 2014: Risk of a Jobless Recovery?* Geneva.

Imbs, J., and R. Wacziarg. 2010. The Process of Economic Integration. Paper presented at the World Bank seminar on structural transformation. Washington, DC, October 19.

Imbs, J., and R. Wacziarg. 2003. "Stages of Diversification." *American Economic Review* 93 (1): 63—86.

Johnston, D. G., 1970. "Agriculture and Structural Transformation in Developing Countries: A Survey of Research," *Journal of Economic Literature* 3: 369—404.

Johnston, D. G., 1973. *World Agriculture in Disarray*, New York, St. Martin Press.

Krugman, P. 1994. "Competitiveness: A Dangerous Obsession." *Foreign Affairs* (March—April): 28—44.

Kuznets, S. 1971. *Modern Economic Growth: Findings and Reflections*. Nobel Lecture. Oslo, December 11.

Kuznets, S. 1966. *Modern Economic Growth: Rate, Structure and Spread*. New Haven, CT and London: Yale University Press.

Lapper, R. 2010. "Brazil Accelerates Investment in Africa." *Financial Times*, February 9.

Lederman, D., and W. F. Maloney. 2011. *Does What You Export Matter? In Search of Empirical Guidance for Industrial Policies*. Washington, DC: World Bank.

Lehrer, J. 2009. "Don't! The Secret of Self-Control." *The New Yorker*, May 18.

Lewis, W. A., 1954. "Economic Development with Unlimited Supplies of Labor," *Manchester School of Economic and Social Studies* 22: 139—191.

Lin, J. Y. 2014. "China's Rise and Structural Transformation in Africa: Ideas and Opportunities." In C. Monga and J. Y. Lin (eds.), *Oxford Handbook of Africa and Economics: Policies and Practices* 2. New York: Oxford University Press. DOI: 10.1093/oxfordhb/9780199687107.013.53

Lin, J. Y. 2011. *From Flying Geese to Leading Dragons: New Opportunities and Strategies for Structural Transformation in Developing Countries*. WIDER Lecture. Maputo: UNU, May 4.

Lin, Justin Yifu, 1992. "Rural Reforms and Agricultural Growth in China," *The American Economic Review* 82(1) (March): 34—51.

Lin, Justin Yifu, and Célestin Monga. 2014. The Evolving Paradigms of Structural Chance.

In Bruce Currie-Alder, Ravi Kanbur, David M. Malone, and Rohinton Medhora (eds.), *International Development: Ideas, Experience, and Prospects*. New York: Oxford University Press.

Lin, J. Y., and C. Monga. 2011. "Growth Identification and Facilitation: The Role of the State in the Dynamics of Structural Change." *Development Policy Review* 29 (3): 259—310.

Lin, J. Y., and C. Monga. 2010. "The Growth Report and New Structural Economics." Policy Research Working Papers No. 5336. Washington, DC: World Bank. Available at: http://dx.doi.org/10.1596/1813-9450-5336

Maddison, A. 2008. *Historical Statistics of the World Economy, 1-2008AD*. Available at: http://www.ggdc.net/maddison/historical_statistics/horizontal-file_02-2010.xls

Matthews, Alan, 2015. "The EU has finally agreed to eliminate export subsidies…three cheers!" CAPReform. Eu.

McMillan, M., and D. Rodrik. 2011. *Globalization, Structural Change and Productivity Growth*. Mimeo, February.

Mischel. W. 2014. *The Marshmallow Test: Mastering Self-Control*. Boston: Little, Brown and Company.

Mishra, S, S. Lundstrom, and R. Anand. 2011. "Service Export Sophistication and Economic Growth." Policy Research Working Paper 5606, Washington, DC, World Bank.

Monga, C. 2012. "The Hegelian Dialectics of Global Imbalances." *Journal of Philosophical Economics* 6(1): 1—52.

Monga, C. 2013. "Winning the Jackpot: Jobs Dividends in a Multipolar World." In Joseph E. Stiglitz, Justin Yifu Lin, and Ebrahim Patel (eds.), *The Industrial Policy Revolution II— Africa in the 21st Century*. New York: Palgrave MacMillan, 135—171.

Nurkse, R. 1953. *Problems of Capital Formation in Underdeveloped Countries*. Oxford, Basil Blackwell.

Obama, B. 2014. Remarks at APEC CEO Summit. Beijing, November 10.

Ocampo, J. A., Codrina Rada, and Lance Taylor. 2009. *Growth and Policy in Developing Countries: A Structuralist Approach*. New York: Columbia University Press.

Oxfam. 2002. *Stop the Dumping! How EU Agricultural Subsidies are Damaging Livelihoods in the Developing World*.

Oxfam. 2004. *Dumping on the World: How EU Sugar Policies Hurt Poor Countries*.

Page, J. 2012. "Can Africa Industrialise?" *Journal of African Economies* 21 (Supplement 2): ii86—ii124.

Ravallion, Martin, and Chen, Shaohua. 2012. "Absolute Poverty Measures for the Developing World." In *Measuring the Real Size of the World Economy—The Framework, Methodology, and Results of the International Comparison Program (ICP)*. Washington, DC: World Bank.

Ravenhill, J. 2006. "Is China an Economic Threat to South Asia?" *Asian Survey* 46 (5): 653—674.

Ross, M. L. 1999. "The Political Economy of the Resource Curse." *World Politics* 51: 297—322.

Roy, D. 1996. "The 'China Threat' Issue: Major Arguments." *Asian Survey* 36 (8) (August): 758—771.

Schlam, T. R., N. L. Wilson, Y. Shoda, W. Mischel, and O. Ayduk. 2013.

"Preschoolers' Delay of Gratification Predicts their Body Mass 30 Years Later." *The Journal of Pediatrics* 162 (1) (January): 90—93.

Sen, A. 1982. *Poverty and Famines: An Essay on Entitlement and Deprivation*. New York: The Clarendon Press, Oxford University Press.

Stiglitz, J. E., and B. C. Greenwald, 2014. *Creating a Learning Society: A New Approach to Growth, Development, and Social Progress*. New York, Columbia University Press.

Timmer, C. P. 1988. "The Agricultural Transformation." in: H. Chenery and T. N. Srinivasan (eds.), *Handbook of Development Economics*, Vol. 1, Elsevier Science Publishers B. V., 276—331.

Timmer, C. P. 2014. "Managing Structural Transformation: A Political Economy Approach." WIDER Lecture, Helsinki, UNU-WIDER.

Vogel, Ezra F. 2011. *Deng Xiaoping and the Transformation of China*. Cambridge, MA: The Belknap Press of Harvard University Press.

UNIDO. 2013. *Industrial Development Report 2013—Sustaining Employment Growth: The Role of Manufacturing and Structural Change*. Vienna.

UNIDO. 2009. *Industrial Development Report 2009—Breaking In and Moving Up: New Industrial Challenges for the Bottom Billion and the Middle-Income Countries*. Vienna.

Vogel, E. F., 2011. *Deng Xiaoping and the Transformation of China*. Cambridge, MA: Harvard University Belknap Press.

Wang, Y. 2009. "Development Partnerships for Growth and Poverty Reduction: A Synthesis of the First Event Organized by the China—DAC Study Group." Beijing: International Poverty Reduction Center in China, October 28—29.

World Bank. 2012. *World Development Report 2013: Jobs*. Washington, DC.

World Bank, 2008. World Development Report Agriculture.

World Bank, 1986. World Development Report.

World Bank, 1982. World Development Report Agriculture.

Zoellick, R. B. 2010. "The End of the Third World? Modernizing Multilateralism for a Multipolar World." Speech at the World Bank—International Monetary Fund Spring Meetings. Washington, DC, April 14.

第六章

Adhikary, B. K. 2011. "FDI, Trade Openness, Capital Formation, and Economic Growth in Bangladesh: A Linkage Analysis." *International Journal of Business Management* 6 (1) (January): 16—28.

Asiedu, E. 2006. "Foreign Direct Investment in Africa: The Role of Natural Resources, Market Size, Government Policy, Institutions and Political Instability." *The World Economy*, 29 (1) (January): 63—77.

Ayyagari, M., A. Demirguc-Kunt, and V. Maksimovic. 2012. "Financing of Firms in Developing Countries: Lessons from Research." *Policy Research Working Paper* No. 6036 (April). Washington, DC: World Bank.

Ayyagari, M., A. Demirguc-Kunt, and V. Maksimovic. 2010. "Are Innovating Firms Victims or Perpetrators? Tax Evasion, Bribe Payments, and the Role of External Finance in Developing Countries." Policy Research Working Paper No. 5389. Washington, DC: World Bank.

Barro, R. J., and X. Sala-i-Martin. 1995. "Capital Mobility in Neoclassical Models of Growth." *American Economic Review* 85: 103—115.

Betcherman, Gordon, Karina Olivas and Amit Dar. 2004. *Impacts of Active Labor Market Programs: New Evidence from Evaluations with Particular Attention to Developing and Transition Countries*. Social Protection Discussion Paper Series No. 0402, World Bank, Washington, DC.

Calderon, Cesar, and Luis Serven. 2011. "Infrastructure in Latin America." In José Antonio Ocampo and Jaime Ros (eds.), *Handbook of Latin American Economies*. London: Oxford University Press.

Carter, J. 1982. *Keeping Faith: Memoirs of a President*. New York: Bantam Books.

Chan, Vei-Lin. 2000. "Foreign Direct Investment and Economic Growth in Taiwan's Manufacturing Industries." In Takatoshi Ito and Anne O. Krueger (eds.), *The Role of Foreign Direct Investment in East Asian Economic Development*. Chicago: Chicago University Press, 249—266.

Cooper, R. N. 1974. "Economic Mobility and National Economic Policy." *Wicksell Lectures 1973*. Uppsala, Sweden: Almqvist & Wiksell.

Devarajan, S., C. Monga and T. Zongo. 2011. "Making Higher Education Finance Work for Africa." *Journal of African Economies* 20 (3): iii133—iii154.

Devarajan, Shanta, William Easterly, and Howard Pack 2003. "Low Investment is not the Constraint on African Development." *Economic Development and Cultural Change* 51 (3) (April): 547—571.

Dinh, H., and others. 2011. *Light Manufacturing in Africa*, vol. 2. Washington, DC: World Bank.

Dinh, H., and C. Monga. 2013. *Light Manufacturing in Tanzania: A Reform Agenda for Job Creation and Prosperity*. Washington, DC: World Bank.

Dornbusch, R., S. Fischer, and P. A. Samuelson. 1977. "Comparative Advantage, Trade and Payments in a Ricardian Model with a Continuum of Goods." *American Economic Review* 65 (5): 823—839.

Edwards, L., and S. S. Golub. 2004. "South Africa's International Cost Competitiveness and Exports in Manufacturing." *World Development* 32 (8): 1323—1339.

FIAS. 2008. *Special Economic Zones: Performance, Lessons Learned, and Implications for Zone Development*. Washington, DC: IFC-World Bank.

Fox, L., and T. P. Sohnesen. 2012. "Household Enterprise in Sub-Saharan Africa: Why They Matter for Growth, Jobs, and Livelihoods." The World Bank, Washington, DC., mimeo.

Giugale, M., and M. R. Thomas. 2014. "African Debt and Debt Relief." In C. Monga and J. Y. Lin (eds.), *The Oxford Handbook of Africa and Economics: Volume 2, Policies and Practices*. New York: Oxford University Press, DOI: 10.1093/oxfordhb/9780199687107.013.012

Government of Canada. 2013. "Harper Government Launches Key Aerospace and Defence Program." Press release. Ottawa. Minister of Industry, September 4.

Government of United Kingdom. 2014. "Industry and Government Join Forces to Launch New Vision for UK Rail Supply Chain."

Graham, E. M., and E. Wada. 2001. "Foreign Direct Investment in China: Effects on

Growth and Economic Performance." In P. Drysdale (ed.), *Achieving High Growth: Experience of Transitional Economies in East Asia*. New York: Oxford University Press.

Harding, T. and B. S. Javorcik. 2012. "Foreign Direct Investment and Export Upgrading." *The Review of Economics and Statistics* 94 (4), November: 964—980.

Harding, T., and B. S. Javorcik. 2011. "FDI and Export Upgrading." *Discussion Papers Series* 526 (January). University of Oxford, Department of Economics.

Heath, R., and A. M. Mobarak, 2015. "Manufacturing Growth and the Lives of Bangladeshi Women." *Journal of Development Economics* 115 (July): 1—15.

Koojaroenprasit, S. 2010. "The Impact of Foreign Direct Investment on Economic Growth: A Case Study of South Korea." *International Journal of Business and Social Science* 3 (21): 8—19.

Krugman, P. "In Praise of Cheap Labor: Bad Jobs at Bad Wages Are Better Than No Jobs at All." Slate.com, March.

Krugman, P. 1991. *Geography and Trade*. Cambridge, MA: MIT Press.

Lahiri, S., and Ono, Y. 1998. "Foreign Direct Investment, Local Content Requirement and Profit Taxation." *Economic Journal* 108: 444—457.

La Porta R., F. Lopez-de-Silanies, A. Shleifer. 2008. "The Unofficial Economy and Economic Development." Brookings Papers on Economic Activity, Economic Studies Program. The Brookings Institution 39 (2): 275—363.

Lin, J. Y. 2012a. *New Structural Economics: A Framework for Rethinking Development and Policy*. Washington, DC: World Bank.

Lin, J. Y. 2012b. *The Quest for Prosperity: How Developing Economies Can Take Off*. Princeton, NJ: Princeton University Press.

Lin, J. Y., and C. Monga. 2011. "Growth Identification and Facilitation: The Role of the State in the Dynamics of Structural Change." *Development Policy Review* 29 (3): 259—310.

Loewendahl, H. 2001. "A Framework for FDI Promotion." *Transnational Corporations* 10 (1): 1—42.

Lucas, R. E. 1988. "On the Mechanics of Economic Development." *Journal of Monetary Economics* 22 (1): 3—42.

Manufacturing Institute. 2012. *Facts about Manufacturing*. Washington, D.C.

Monga, C. 1996. *The Anthropology of Anger: Civil Society and Democracy in Africa*, Boulder, Co., Lynne Rienner Publishers.

Monga, C. 2013. "Winning the Jackpot: Job Dividends in a Multipolar World." In J. E. Stiglitz, J. Y. Lin, and E. Patel (eds.), *The Industrial Policy Revolution II: Africa in the 21st Century*. New York: Palgrave Macmillan, 135—172.

Monga, C. 2012. "Shifting Gears: Igniting Structural Transformation in Africa." *Journal of African Economies* 21 (supplement 2): ii19—ii54.

Monga, C., and P. Mpango. 2012. *Creating New Jobs in Tanzania: A Growth Identification and Facilitation Approach*, Washington, DC: World Bank, Unpublished Manuscript.

Nath, H. K. 2009. "Trade, Foreign Direct Investment, and Growth." *Comparative Economic Studies* 51: 20—50.

POPC-President's Office Planning Commission. 2011. *The Tanzania Five Year Development Plan 2011/12—2015/16: Unleashing Latent Growth Potentials*, Dar-es-Salaam.

Politi, J. 2013. "Barack Obama Unveils Plans to Attract Foreign Investment." *Financial Times*, October 31.

Prigogine, I. 1977. "Time, Structure, and Fluctuations." *Nobel Lecture*, December 8. Stockholm.

Proksch, M. 2004. "Selected Issues on Promotion and Attraction of Foreign Direct Investment in Least Developed Countries and Economies in Transition." United Nations Publications. *Investment Promotion and Enterprise Development Bulletin for Asia and the Pacific* 2: 1—17.

Rhee, Y. W. 1990. "The Catalyst Model of Development: Lessons from Bangladesh's Success with Garment Exports." *World Development* 18 (2) (February): 333—346.

Rhee, Y. W., and T. Belot. 1990. *Export Catalysts in Low-Income Countries: A Review of Eleven Success Stories*. World Bank Discussion Papers No. 72. Washington, DC: World Bank.

Romer, P. M. 1986. "Increasing Returns and Long-Run Growth." *Journal of Political Economy* 95 (5): 1002—1037.

Saint-Paul, G. 1992. "Technological Choice, Financial Markets, and Economic Development." *European Economic Review* 36 (4): 763—781.

Schieve, W. C., and P. M. Allen (eds.). 2014. *Self-Organization and Dissipative Structures: Applications in the Physical and Social Sciences*. Austin: University of Texas Press.

Skidelsky, R., and F. Martin. 2011. "For a National Investment Bank." *The New York Review of Books* LVIII (7) (April 28): 26—29.

Strom, S. H. 1989. "Light Manufacturing': The Feminization of American Office Work, 1900—1930." *Industrial and Labor Relations Review* 43 (1) (October): 53—71.

Sula, O., and T. D. Willett. 2009. "The Reversibility of Different Types of Capital Flows to Emerging Markets." *Emerging Markets Review* 10 (4) (December): 296—310.

Thorbecke, W., and N. Salike. 2013. "Foreign Direct Investment in East Asia." *RIET Policy Discussion Paper Series* No. 13-P-003 (March). Tokyo: The Research Institute of Economy, Trade, and Industry.

UNCTAD. 1992. *World Investment Report: Transnational Corporations as Engines of Growth*. New York: United Nations.

Wade, R. 1990. *Governing the Market: Economic Theory and the Role of Government in East Asian Industrialization*, Princeton University Press.

Wang, J. Y. and M. Blomström, 1992. "Foreign Investment and Technology Transfer: A Simple Model." *European Economic Review* 36: 137—155.

Wei, S. J. 1996. "Foreign Direct Investment in China: Sources and Consequences." In T. Ito and A. Krueger (eds.), *Financial Deregulation and Integration in East Asia*. Chicago: Chicago University Press.

White House. 2013. *Foreign Direct Investment in the United States*. Washington, DC.

第七章

Aghion, P. 2009. "Some Thoughts on Industrial Policy and Growth." Working Paper No. 2009-09. Paris: OFCE-Sciences Po.

Amador, J., and F. di Mauro. 2015. "Introduction." In J. Amador and F. di Mauro (eds.), *The Age of Global Value Chains: Maps and Policy Issues*. London: CEPR Press.

Aryeetey, E. 2015. "African Development Banks: Lessons for Development Economics." In

C. Monga and J. Y. Lin (eds.), *The Oxford Handbook of Africa and Economics: Policies and Practices 2*. New York: Oxford University Press, 663—679.

Atkinson, R. D., and S. J. Ezell. 2012. *Innovation Economics: The Race for Global Advantage*. New Haven: Yale University Press.

Ayele, G., L. Moorman, K. Wamisho, and X. Zhang. 2010. "Infrastructure and Cluster Development: A Case Study of Handloom Weavers in Ethiopia." IFPRI Discussion Paper No. 00980. Washington, DC: IFPRI.

Baldwin, Richard E. 2011. "Trade and Industrialisation after Globalisation's Second Unbundling: How Building and Joining a Supply Chain are Different and Why it Matters." In R. C. Feenstra & A. M. Taylor (eds.), *Globalization in an Age of Crisis: Multilateral Economic Cooperation in the Twenty-First Century*. Cambridge, MA: National Bureau of Economic Research (NBER).

Baldwin, R. 2012. "Global Supply Chains: Why They Emerged, Why They Matter, and Where They Are Going." CEPR Discussion Paper No. 9103. London: Centre for Economic Policy Research.

Bernanke, B. S. 2007a. "Global Imbalances: Links to Economic and Financial Stability." Speech at the Banque de France Financial Stability Review, February 18.

Bernanke, B. S. 2007b. "Global Imbalances: Recent Developments and Prospects." Bundesbank Lecture. Berlin, Germany, September 11.

Bessen, J. 2015a. "How Technology Has Affected Wages for the Last 200 Years." *Harvard Business Review*, April 29.

Bessen, J. 2015b. *Learning by Doing: The Real Connection between Innovation, Wages, and Wealth*. New Haven: Yale University Press.

Bresnahan T., A. Gambardella, A. Saxenian. 2001. "'Old Economy' Inputs for 'New Economy' Outcomes: Cluster Formation in the New Silicon Valleys." *Industrial and Corporate Change* 4: 835—860.

Brynjolfsson, E., and A. McAfee. 2012. *Race Against the Machine: How the Digital Revolution is Accelerating Innovation, Driving Productivity, and Irreversibly Transforming Employment and the Economy*. Digital Frontier Press.

Cadot, O., and J. Gourdon. 2012. "Assessing the Price-Raising Effect of Non-Tariff Measures in Africa." Working Papers 2012-16. Paris: CEPII Research Center.

Christofakis, M., and A. Papadaskalopoulos. 2011. "The Growth Poles Strategy in Regional Planning: The Recent Experience of Greece." *Theoretical and Empirical Researches in Urban Management* 6 (2) (May): 5—20.

Ciravegna, L. 2011. "FDI, Social Ties and Technological Learning in New Silicon Valley Clones. Evidence from the Costa Rican ICT Cluster." *Journal of Development Studies* 47 (8): 1178—1198.

Collier, P., and A. J. Venables. 2007. *Trade Preferences and Manufacturing Export Response: Lessons from Theory and Policy*. University of Oxford, London School of Economics, and CEPR, unpublished.

Constantinescu, C., A. Mattoo, and M. Ruta. 2015. "The Global Trade Slowdown: Cyclical or Structural?" IMF Working Paper WP/15/6 (January). Washington, DC: IMF.

Darwent, D. 1969. "Growth Poles and Growth Centers in Regional Planning—A Review."

Environment and Planning 1: 5—32.

David, P. A. 1985. "Clio and the Economics of QWERTY." Papers and Proceedings of the Ninety-Seventh Annual Meeting of the American Economic Association. *The American Economic Review* 75 (2): 332—337.

Davies, G. 2013. "Why World Trade Growth Has Lost Its Mojo." *Financial Times*, September 29.

De Sousa, J., Thierry Mayer, and Soledad Zignago. 2012. "Market Access in Global and Regional Trade." *Regional Science and Urban Economics*, November: 1037—1052.

DFAIT. 2011. "The Evolution of Global Value Chains." In *Canada's State of Trade: Trade and Investment Update—2011*. Ottawa: Department of Foreign Affairs and International Trade, 85—101.

Dinh, H. T., Thomas G. Rawski, Ali Zafar, Lihong Wang, Eleonora Mavroeid. 2013. *Tales from the Development Frontier: How China and Other Countries Harness Light Manufacturing to Create Jobs and Prosperity*. Washington, DC: World Bank.

Disdier, A.-C., L. Fontagné, and M. Mimouni. 2008. "The Impact of Regulations on Agricultural Trade: Evidence from the SPS and TBT Agreements." *American Journal of Agricultural Economics* 90 (2): 336—350.

Duranton, G., and D. Puga. 2005. "Micro-Foundations of Urban Agglomeration Economies." In Henderson V., and J. Thisse (eds.), *Handbook of Urban and Regional Economics* 4, Amsterdam: North Holland.

Economist. 2015. *Special Economic Zones: Political Priority, Economic Gamble. Free Trade Zones Are more Popular than Ever—With Politicians, If Not Economists*. April 4.

Evenett, S. J. 2013. "Five More Years of the G20 Standstill on Protectionism?" Voxeu. org, September 3. Available at: http://www.voxeu.org/article/five-more-years-g20-standstill-protectionism

Farole, T. 2011. "Special Economic Zones: What Have We Learned?" Voxeu. org, September 28. Available at: http://www.voxeu.org/article/special-economic-zones-what-have-we-learned

FIAS. 2008. *Special Economic Zones: Performance, Lessons Learned, and Implications for Zone Development*. Washington, DC: IFC-World Bank.

Fontagné, L., and CC. Mitaritonna. 2013. "Assessing Barriers to Trade in the Distribution and Telecom Sectors in Emerging Countries." *World Trade Review* 12 (1) (January): 57—78.

Foster-McGregor, N., F. Kaulich, and R. Stehrer. 2015. *Global Value Chains in Africa*. Background paper for UNIDO Industrial Development Report 2016, Vienna.

Gray, Jules. 2013. "Special Economic Zones: Spurring Urban Regeneration." *World Finance*, Angust 15. Available at: http://www.worldfinance.com/infrastructure-investment/government-policy/special-economic-zones-spurring-urban-regeneration

Griliches, Z. 1979. "Issues in Assessing the Contribution of R&D to Productivity Growth." *Bell Journal of Economics* 10: 92—116.

Groves, D. 2013. "Washington State is the Clear Choice for Building the 777X." The Stand, October 31. Available at: http://www.thestand.org/2013/10/washington-the-clear-choice-for-the-777x

Harrison, A., and Rodríguez-Clare, A. 2010. "Trade, Foreign Investment, and Industrial

Policy for Developing Countries." In D. Rodrik (ed.), *Handbook of Economic Growth* 5: 4039—4213.

Hausmann, R., L. Pritchett, and D. Rodrik. 2005. "Growth Accelerations." *Journal of Economic Growth* 10: 303—329.

Hindle, T., and C. Oxford. 2008. *Guide to Management Ideas and Gurus*. The Economist.

Irwin, D. A. 2002. "Long-Run Trends in World Trade and Income." *World Trade Review* 1 (1) (March): 89—100.

ITC-International Trade Centre. 2015. "The Invisible Barriers to Trade: How Businesses Experience Non-Tariff Measures." Technical Paper No. MAR-15-326. E. Geneva: ITC.

Jones, R. W., and H. Kierzkowski. 1990. "The Role of Services in Production and International Trade: A Theoretical Framework." In R. W. Jones and A. Krueger (eds.), *The Political Economy of International Trade*. Oxford: Basil Blackwell, 31—48.

Joseph, R. A. 2014. *Democracy and Prebendal Politics in Nigeria: The Rise and Fall of the Second Republic*. New York: Cambridge University Press.

Ketels, C. H. M. 2009. *Clusters and Dubai's Competitiveness*. Report, Dubai Economic Council. Dubai: United Arab Emirates.

Krueger, A. O. 1974. "The Political Economy of the Rent-Seeking Society." *American Economic Review* 64 (June): 291—303.

Krugman, P. 1991. *Geography and Trade*. Cambridge: MIT Press.

Krugman, P. 1994. *Peddling Prosperity: Economic Sense and Nonsense in the Age of Diminished Expectations*. New York: W. W. Norton and Co.

Krugman, P. R. 1995. "Increasing Returns, Imperfect Competition, and the Positive Theory of International Trade." In G. M. Grossman and K. Rogoff (eds.), *Handbook of International Economics* 3. Amsterdam: North-Holland.

Krugman, P. 2008. "The Increasing Returns Revolution in Trade and Geography." Nobel Prize Lecture. Oslo, December 8.

Krugman, P. 2013. "Should Slowing Trade Growth Worry Us?" *The New York Times*, September 30.

Lall, S., and G. Wignaraja. 1998. *Mauritius: Dynamising Export Competitiveness*. London: Commonwealth Secretariat.

Lamy, P. 2013. "Global Value Chains, Interdependence, and the Future of Trade." Voxeu.org, December 18. Available at: http://www.voxeu.org/article/global-value-chains-interdependence-and-future-trade

Lane, P. R., and G. M. Milesi-Ferretti. 2014. "Global Imbalances and External Adjustment after the Crisis." IMF Working Paper No. 14/151. Washington, DC: IMF, August.

Lim, L. 2006. "Chinese 'Button Town' Struggles with Success." National Public Radio Morning Edition, August 22.

Lin, J. Y. 2012a. *New Structural Economics: A Framework for Rethinking Development and Policy*. Washington DC: World Bank.

Lin, J. Y. 2012b. *The Quest for Prosperity: How Developing Economies Can Take Off*. Princeton, NJ: Princeton University Press.

Lin, J. Y., K. Lu, and C. Mandri-Perrott. 2015. "New Equities for Infrastructure Investment." *Project Syndicate*, March 4.

Lin, Justin Yifu, and Célestin Monga. 2012. "Solving the Mystery of African Governance." *New Political Economy* 17 (5): 659—666.

Lyn, G., and A. Rodríguez-Clare. 2011. *Marshallian Externalities, Comparative Advantage, and International Trade*. Mimeo. University of California Berkeley. Available at: http://emlab.berkeley.edu/~arodeml/Papers/LR_Marshallian_Externalities_Trade.pdf

Marshall, A. 1890. *Principles of Economics*. London: Macmillan.

Monga, C. 2012. "The Hegelian dialectics of global imbalances." *The Journal of Philosophical Economics* 6 (1) (Autumn): 2—51.

OECD. 1994. *Technology, Productivity and Job Creation—Best Policy Practices*. Paris.

Pack, H. 2010. "Sectoral Upgrading a Half Century Later—2010 Is Not 1960." Let's Talk Development. World Bank Blog, November 1. Available at: http://blogs.worldbank.org/developmenttalk/sectoral-upgrading-a-half-century-later-2010-is-not-1960

Paul, C. J., and D. S. Siegel. 1999. "Scale Economies and Industry Agglomeration Externalities: A Dynamic Cost Function Approach." *American Economic Review* 89: 272—290.

Perroux, F. 1955. "Note sur les notion de pole de croissance." *Economie Appliquée* 7 (1—2): 307—320.

Porter, M. 1998. "Clusters and the New Economics of Competition." *Harvard Business Review* 20 (November—December): 77—90.

Prebisch, R. 1950. *The Economic Development of Latin America and Its Principal Problems*. New York: United Nations. Reprinted in Economic Bulletin for Latin America 7 (1) (February 1962): 1—22.

Quigley, P. 2012. "Why Do China's Leaders Love Visiting Shannon?" Business ETC—Economy, Technology, and Companies, February 23. Available at: http://businessetc.thejournal.ie/why-do-chinas-leaders-love-visiting-shannon-363579-Feb2012/

Rasiah, R., Xin-Xin Kong, and Jebamalai Vinanchiarachi. 2012. "Moving up in the Global Value Chain in Button Manufacturing in China." In Rajah Rasiah, Thiruchelvam Kanagasundram, and Keun Lee (eds.), *Innovation and Learning Experiences in Rapidly Developing East Asia*. London: Routledge, 27—40.

Rodriguez-Clare, A. 2005. "Clusters and Comparative Advantage: Implications for Industrial Policy." Working Paper No. 523. Washington, DC: Inter-American Development Bank.

Rosenthal, S. S., and W. C. Strange. 2005. "Evidence on the Nature and Sources of Agglomeration Economies." In V. Henderson and J. Thisse (eds.), *Handbook of Urban and Regional Economics* 4. Amsterdam: North-Holland.

Singer, H. 1950. "The Distribution of Gains between Investing and Borrowing Countries." *American Economic Review* 40 (May): 473—485.

Swann G. M. P., M. Prevezer, D. Stout. 1998 (eds.). *The Dynamics of Industrial Clustering*. Oxford: Oxford University Press.

UNCTAD. 2013. *World Investment Report 2013: Global Value Chains: Investment and Trade for Development*. Geneva.

UNIDO. 2009. *Industrial Development Report*. Vienna: United Nations Industrial Development Organization.

Watts, J. 2005. "The Tiger's Teeth." *The Guardian*, May 25.

World Bank. 1995. *Bureaucrats in Business: The Economics and Politics of Government*

Ownership. New York: Oxford University Press.

WTO. 2014. *World Trade Report 2013*. Geneva.

Xu, C. 2011. "The Fundamental Institutions of China's Reforms and Development." *Journal of Economic Literature* 49 (4): 1076—1151.

Zeng, D. Z. (ed.) .2010. *Building Engines for Growth and Competitiveness in China: Experience with Special Economic Zones and Industrial Clusters*. Washington, DC: World Bank.

Zeng, D. Z. 2012. "SEZs in Africa: Putting the Cart in Front of Horse?" *Let's Talk Development*, April 9.

Zhang, X. 2012. "Clusters as an Instrument for Industrial Policy: The Case of China." Paper presented at the International Economic Association (IEA) —World Bank Roundtable "New Thinking in Industrial Policy" at the World Bank, May.

Zhang, X., J. Yang, and T. Reardon. 2015. "Mechanization Outsourcing Clusters and Division of Labor in Chinese Agriculture." IFPRI Discussion Paper No. 01415 (February). Washington, DC: IFPRI.

结语

Attar, Farid al-Din Attar [1177]. 1984. *The Conference of the Birds*, edited and translated by Afkham Darbandi and Dick Davis. New York, Penguin Classics.

Lin, J. Y. 2011. "From Flying Geese to Leading Dragons: New Opportunities and Strategies for Structural Transformation in Developing Countries." WIDER Lecture 15. Helsinki: UNU-WIDER, May 4.

Lin, J. Y. 2012. *New Structural Economics: A Framework for Rethinking Development and Policy*. Washington DC: World Bank.

Rodrik, D. 2016. "Premature Deindustrialization." *Journal of Economic Growth* 21 (1): 1—33.

Woolcock, M. 2012. "Dueling Development Visions: Shaping the World Bank for the Future." *Let's Talk Development*, April 13.

World Economic Forum. 2013. *Enabling Trade: Valuing Growth Opportunities* (in collaboration with Bain & Company and the World Bank), Geneva. Available at: http://www3.weforum.org/docs/WEF_SCT_EnablingTrade_Report_2013.pdf